中国经济增长报告2016

中国经济面临新的机遇和挑战

China Economic Growth Report 2016
New Challenges and Opportunities in China's Current Economic Growth

北京大学中国国民经济核算与经济增长研究中心
主　编　刘　伟
副主编　许宪春　蔡志洲

北京大学出版社
PEKING UNIVERSITY PRESS

图书在版编目(CIP)数据

中国经济增长报告.2016:中国经济面临新的机遇和挑战/刘伟主编.—北京:北京大学出版社,2016.10
(教育部哲学社会科学系列发展报告)
ISBN 978-7-301-27534-4

Ⅰ.①中… Ⅱ.①刘… Ⅲ.①中国经济—经济增长—研究报告—2016 Ⅳ.①F124.1

中国版本图书馆 CIP 数据核字(2016)第 214849 号

书　　　名	中国经济增长报告2016——中国经济面临新的机遇和挑战 ZHONGGUO JINGJI ZENGZHANG BAOGAO 2016
著作责任者	刘　伟　主编　　许宪春　蔡志洲　副主编
责任编辑	刘　京
标准书号	ISBN 978-7-301-27534-4
出版发行	北京大学出版社
地　　　址	北京市海淀区成府路 205 号　100871
网　　　址	http://www.pup.cn
电子信箱	em@pup.cn　　QQ:552063295
新浪微博	@北京大学出版社　@北京大学出版社经管图书
电　　　话	邮购部 62752015　发行部 62750672　编辑部 62752926
印　刷　者	北京宏伟双华印刷有限公司
经　销　者	新华书店
	730 毫米×980 毫米　16 开本　25 印张　462 千字 2016 年 10 月第 1 版　2016 年 10 月第 1 次印刷
定　　　价	68.00 元

未经许可,不得以任何方式复制或抄袭本书之部分或全部内容。
版权所有,侵权必究
举报电话:010-62752024　电子信箱:fd@pup.pku.edu.cn
图书如有印装质量问题,请与出版部联系,电话:010-62756370

目　　录

绪论：中国经济面临新的机遇和挑战 …………………………………… 1
 第一节　机遇和挑战 …………………………………………………… 1
 第二节　中国的经济增长现在发生的问题和原因 …………………… 5
 第三节　中国的宏观经济政策调整及其变化 ………………………… 15
 第四节　中国能够实现宏伟的发展目标 ……………………………… 20

第一章　中国国民经济核算体系的改革 …………………………………… 27
 第一节　中国国民经济核算体系的修订 ……………………………… 27
 第二节　怎样看待关于政府统计数据的三项质疑 …………………… 51
 第三节　中国的经济增长速度能反映实际情况吗 …………………… 67
 第四节　房地产经济及其对中国经济增长的贡献 …………………… 79

第二章　从主要经济体比较看中国经济增长 …………………………… 96
 第一节　从 GDP 比较看世界主要经济体的发展水平 ……………… 96
 第二节　中国长期经济增长与世界经济格局变化 …………………… 101
 第三节　从主要经济体比较看中国经济增长前景 …………………… 103

第三章　发达经济"新常态"对中国的启示 …………………………… 108
 第一节　科技进步率下滑是发达经济"新常态"的主要根源 ……… 108
 第二节　凯恩斯主义需求管理与发达经济"新常态" ……………… 110
 第三节　发达经济"新常态"的运行特点 …………………………… 111
 第四节　发达经济"新常态"的具体表现 …………………………… 113
 第五节　世界发达经济的前景及其对中国经济的影响 ……………… 114

第四章　新常态下的供给侧结构性改革 ………………………………… 116
 第一节　需求管理和供给管理 ………………………………………… 116

第二节　新常态下加强供给侧结构性改革的重要性 …………… 119
　　第三节　如何加强供给侧的结构性改革 ………………………… 125

第五章　我国经济结构的变化与面临的挑战 …………………………… 130
　　第一节　我国重要经济结构正在发生积极变化 ………………… 130
　　第二节　我国经济结构调整仍然面临严峻挑战 ………………… 140
　　第三节　思考和建议 ……………………………………………… 146

第六章　21世纪以来收入分配格局的变化 ……………………………… 149
　　第一节　收入分配体制改革与经济增长 ………………………… 149
　　第二节　国民收入重要指标和资金流量表 ……………………… 151
　　第三节　从各个机构部门资金流量看国民收入的分配与使用 … 166
　　第四节　对居民收入分配的进一步分析 ………………………… 207
　　第五节　结论 ……………………………………………………… 229

第七章　人口、就业与经济增长 ………………………………………… 235
　　第一节　新常态与人口政策 ……………………………………… 235
　　第二节　现阶段中国经济增长与就业的关系 …………………… 239

第八章　农业转移人口就近市民化的路径与政策 ……………………… 255
　　第一节　导言 ……………………………………………………… 255
　　第二节　农业转移人口就业及流动基本状况 …………………… 263
　　第三节　不同流向农业转移人口的群体特征及影响因素 ……… 268
　　第四节　不同流向农业转移人口发展意愿分析 ………………… 285
　　第五节　农业转移人口就近城镇化面临的主要问题 …………… 299
　　第六节　不同流向农业转移人口发展意愿影响因素的分析 …… 306
　　第七节　农业转移人口返乡时间及返乡后流向分析 …………… 362
　　第八节　农业转移人口就近市民化的基本路径和政策建议 …… 365

第九章　我国能源的供给和需求 ………………………………………… 369
　　第一节　从能源视角看供给侧改革 ……………………………… 369
　　第二节　新常态下中国能源需求预测 …………………………… 376

主要参考文献 ……………………………………………………………… 392

绪论：中国经济面临新的机遇和挑战

第一节 机遇和挑战

当一个国家的经济进入到"上中等收入"阶段，将面临什么机会呢？在我们眼前有三大机遇。至 2020 年能否实现从"上中等收入"至"高收入"的跨越？2030 年之前经济总量能否超过美国，成为世界第一？2050 年，能否跻身发达国家之列，实现现代化？

一、至 2020 年，能否实现从"上中等收入"至"高收入"的跨越？

改革开放以来，中国经济增长取得了举世瞩目的成就。自 1978—2015 年，年均经济增长率达到了 9.6%，即实现了 9% 以上的年均高速增长。第二次世界大战之后，首先开创长期高速经济增长纪录的是日本，从 20 世纪 50 年代到 70 年代保持了 20 年的高速增长；随后，中国台湾地区以 26 年的持续高速增长打破了纪录，韩国又以 30 年的持续高速增长再创一个新的纪录。接下来是中国，改革开放以来，从 1978 年到 2015 年，一共 37 年的时间，实现了年均 9.6% 的持续高速增长。这使我们国家的综合国力、人民生活与国际地位发生了根本性的变化。

从总量来看，2015 年年底中国 GDP 达到 67.7 万亿元人民币，按不变价格计算为 1978 年的 29.9 倍。经济总量仅次于美国为世界第二大经济体。从人均 GDP 来看，2015 年年末为 49 351 元人民币，按可比价格计算，改革开放以来年均增长 8.4%，为 1978 年的 20 倍。中国人口基数大，占全球人口 22%。改革开放 37 年来，在人口总量增长 43% 的情况下，人均 GDP 的年均增长率仍然能够达到 8.4%，这是一个很了不起的成就。这不仅极大地提高了中国的经济发展水平，同时也对全球经济增长做出了重大贡献。中国的经济增长在提高了世界经济总量的同时，也大大提升了全球人均 GDP 的水平。

从国际比较的角度看，我国 2014 年的人均 GDP 如果按汇率法换算成美元，略超 7 500 美元。按照世界银行最新的划分方法，人均 GDP 小于 12 476 美元，高于 4 056 美元，属于"上中等收入"的国家。至 2014 年年末，有 54 个国家属于此类。如果从这个划分标准来看，中国已进入"上中等收入"的发展中国家之列。从目前情况看，在列入世界银行统计的国家中 70 个国家属于"高收入"国家，其中主要是欧美发达国家，也有一些是石油输出国家。在这 70 个"高收入"国家中，有 20

个人口超过1 000万人的"人口大国"。大国经济的特点,是在起飞前的准备和起飞初期,发动得会比较慢,但是到了起飞之后的中后期,特别是到了工业化、城市化加速的时候,高增长的持续性要比较小的经济体更好。因为它有较为完整的国内的生产和分工体系以及较大的内需,具有较强的冲击力和发展惯性。而如果能够保持持续的较高增长,就有可能实现由上中等收入国家到高收入国家的跨越[①]。中国是世界上人口最多的国家,根据成功地进入高收入国家行列的那些大国的历史经验,我们也存在着用10年左右的时间,进入高收入国家的可能性。如果以中国在2010年达到世行划定的"上中等收入"标准为起点线,再用10年时间,到了2020年,我们能否把这种可能转变为现实,实现由中等收入国家向高收入国家的跨越?

党的十八大进一步重申了我国两个一百年的奋斗目标,首先是在建党100年前后全面建成小康社会,然后是在本世纪中叶,达到中等发达国家的发展水平。2020年正是中国实现发展的第一个百年目标——全面建成小康社会的时点。这也就是说,我们要建成小康社会的时间与实现由上中等收入国家向高收入国家跨越的时间基本上是一致的。全面建成小康社会包含的内容非常丰富,如政治、经济、文化、社会等领域,就经济发展本身来讲,它包含的内容也非常广泛。但是从物质基础上看,这些目标都需要以人均GDP衡量的经济发展水平来提供支持,否则就称不上是建成了小康社会。因此,我们提出来的经济增长目标是"到2020年,中国GDP的总量比2010年(按可比价格)翻一番"。2010年中国GDP总量为40.89万亿元,翻一番就是82万亿元左右。按照2010年的汇率换算为17.6万亿美元。而美国2014年的GDP总量是17.4万亿多美元,也就是说,如果中国经济在2020年实现了翻一番的目标,中国经济的总量就达到了美国当前的水平。

与此同时,我们提出的另一个数量目标是"到2020年,城乡居民收入翻一番"。如果居民可支配收入在国民收入中的比重不变,那就要求人均国民收入翻一番。如果这一比重还有所提高,那么城乡居民的收入还有可能增加得更多。因为中国现在已经处于人口高峰,未来还有可能减少。所以人均国民总收入的增长,现在基本上和GDP的增长是同步的。2015年我国人均国民收入是49 000元人民币,如果人均增长和GDP保持同步,即从2016—2020年的年均增长率保持在6.5%—7%,那么到了2020年我国的人均国民收入将达到67 000—69 000元人民币(按照2015年价格计算),按2015年的三年平均汇率换算成美元,为12 000

---

① 根据林毅夫的研究,从1950年到2008年,只有13个中等收入经济体进入到高收入阶段,其中有8个是西欧周边的欧洲国家,本来差距就不大,或者是石油生产国,去除这8个,只有5个经济体,即日本和亚洲"四小龙"(参见林毅夫:"中国2020年可能跻身高收入国家",和讯网,2015年10月30日)。而这些东亚经济体完成由上中等收入向高收入的跨越,大约花了10年的时间。

美元左右,这正是目前世行划定的高收入经济体的起点线。也就是说,如果在十年的时间里我国的人均国民收入翻一番,到了 2020 年,我们就有可能实现从"上中等收入"向"高收入"的跨越。所以说,如果我们实现了第一个百年目标"全面建成小康社会",就经济增长水平来看,则相当于实现了从"上中等收入"到"高收入"的历史穿越。

二、2030 年之前,经济总量能否超过美国,成为世界第一?

"十三五"规划就是实现这个历史穿越的决胜期,这最后五年是中国经济面临的最大机会。如果该目标得到实现,中国就进入了"高收入"阶段。再往下发展,如果不出意外,中国 GDP 的总量很可能在 2030 年之前超过美国。

中国 GDP 超过美国的意义有多大? 在 19 世纪初叶以前,中国是世界老大。按照麦迪森的研究,1820 年前后中国的经济总量曾经占到世界的 30% 多[①],比美国在当代占比最高的年份还要高(美国 GDP 占全球最高的年份是 2000 年前后,2000 年为 30.7%,这十多年来随着中国占比的提高而不断降低,到 2014 年降到了 23.1%,但仍然是世界上 GDP 占比最高的国家)。但是 1840 年第一次鸦片战争后,中国开始了落后和挨打的历史,中华民族逐渐重视全面学习西方文明。从经济发展来说,中国让出了帝国位置,成为一个半殖民地半封建社会,英国成为世界经济的老大。到 19 世纪末德国人曾经一度超过了英国。而到了 1913 年第一次世界大战前夕,美国又超过了英国和德国成为世界第一大经济体。从 1913 年到现在,美国在世界第一大经济体的位置上已经待了整整一个世纪了。所以,如果在 2030 年之前,中国经济的总量能够超过美国,重新回到第一大经济体的位置,这在我们的民族发展历史上颇有意义。

三、2050 年,能否跻身发达国家之列,实现现代化?

再往下的第二个百年,也就是到了本世纪中叶 2050 年,我们要实现社会主义现代化。实现社会主义现代化的内容非常丰富,其中一个非常重要的指标就是人均 GDP 的水平要赶上发达国家的平均水平,跻身发达国家的行列。所谓现代化,它是一个历史的范畴,20 世纪的现代化和 21 世纪的现代化的内涵是不同的。它不仅是个历史的范畴,更是一个国际的范畴,一定要在国际上领先,才能叫现代化。也就是要赶上西方发达国家,这才叫实现了现代化。

这个目标回过头看,就是当年邓小平给中国提出的三步走的战略的具体实施。

---

① 按照史学家麦迪森《世界经济千年史》统计,1820 年中国国内生产总值(GDP)占世界经济总量的 32.9%。西欧各国的总和占 23.6%,美国和日本分别占 1.8% 和 3%。参见〔英〕安格斯·麦迪森:《世界经济千年史》,伍晓鹰、许宪春等译,北京大学出版社,2003,第 261 页,"附录 B:1820 年以前世界人口、GDP 和人均 GDP 的增长"。

1979年,邓小平同志接见日本首相大平正芳,1987年接见意大利共产党领导人约蒂和赞盖里,接见西班牙工人社会党副总书记、政府副首相格拉等外国政要,多次讲到中国经济发展分三步走:

第一步,用十年左右的时间,也就是到20世纪80年代,基本解决温饱。20世纪70年代末的中国,是一个没有解决温饱的国家,直到1992年,中国840多个县市才取消了粮票和粮食的限价,宣告中国人的吃饭问题、温饱问题基本解决。这其实就是走出了低收入国家的行列,达到按世行的标准的"下中等收入"的起点。

第二步,到20世纪末,也就是2000年,实现初步小康。当时提法很简单,工农业生产总值达到1000美元,那时候中国的经济总量统计还是按照传统苏联的物质资料统计方法(MPS)、用工农业生产总值来统计。但是到十三大报告,由于我国的经济总量统计已经改革为市场经济国家通用的"国民经济核算体系",不再用工农业生产总值而开始使用GDP指标(服务业的增加值也放在里面,但是扣除了工农业总产值中的原材料投入以及重复计算的部分),我们的目标调整为接近或达到1000美元,基本实现初步小康。从此中国对经济总量和增长的变化,采取了与世界大多数国家共同的衡量标准。在2000年,我国经过全面测算,宣布初步小康或总体小康的目标基本达到。

第三步,到21世纪中叶,达到"中等发达国家"的水平,统计学上中等相当于平均数,表述得更精确一点,就是"本世纪中叶,赶上发达国家的平均发展水平",跻身于"发达国家"的行列。目前的"中等发达国家"水平,人均GDP已经达到了20 000美元以上,我们仍然有较大的差距。

后来,党和国家又根据我国现代化进程的实际进展,提出了一些中期目标,如从2010年到2020年GDP和城乡居民人均收入再翻一番,2020年全面建成小康社会等,把邓小平当年描绘的远景更加具体化了。在实践中我们也取得了重大进展,成为世界第二大经济体和上中等收入国家,而且经济增长仍然充满活力。如果我们在全面建成小康社会、人均国民收入达到12 000美元之后,在这个基础上再翻一番甚至更多,在2050年达到25 000美元以上(按照2020年可比价格计算),我们就可以说是全面实现了现代化。从这个角度来说,中华民族在我们的发展历史上,距离现代化的目标从来没有像今天这样近过。我们经过多少代人的努力,终于把这样一个古老的文明带到这样一个门槛上:再给中国5年时间,中国实现向高收入阶段的跨越;再给中国15年左右的时间,中国有可能重返世界第一大经济体的位置;再给中国35年的时间,中国赶上西方发达国家,实现现代化。

第二节　中国的经济增长现在发生的问题和原因

一、跨越"中等收入陷阱"遭遇系统性挑战

有机会就有挑战。挑战概括起来就一句话,如何穿越中等收入陷阱?到了"上中等收入"阶段,国民经济发展的基本条件已经发生了系统性的变化,这个系统性变化大概归结为两个方面:一个是供给(生产)方面,一个是需求(销售)方面。

（一）供给方面：四大成本强势拉高，供给变化中隐藏严重衰退风险

供给产生了哪些变化呢?国民经济生产的总成本全面地大幅度提高。总成本概括起来是四个方面:第一个方面是劳动力、工资成本,人口红利在下降,工资、价格、社会保障福利在提高,人口老龄化趋势提前到来。中国现在的工资水平上升和社会保障的增加是合理的,因为发展经济的最终目标就是为了人民的幸福。但对于企业而言,所支付的劳动报酬、社保缴费、公积金等的大幅度提高,就意味着成本的增加。现在60多岁以上的人已经达到2亿多,进入了老龄社会,可以说中国是"未富先老",这也会增加经济发展的成本。第二个方面的成本是自然资源,包括土地、能源、原材料等,价格大幅度上升,属于由于自然资源的稀缺性导致的成本上升。第三个方面就是环境,环境成本也在大幅度上升。改革开放初期,经济发展水平低的时候,破坏环境对一个国家的影响小,政府和群众也不重视。但是现在环境变得越来越宝贵,成为越来越稀缺的资源,它对整个经济发展的约束力度越来越强,甚至任何一个变化都有可能成为压死骆驼的最后一根稻草。河南秋冬之交雾霾比较严重,大家说是因为秋收之后农民烧秸秆。东北入冬后雾霾比较严重,有人说是因为东北冬天烧煤取暖。那么过去河南农民就不烧秸秆吗?过去东北人就不烧煤取暖吗?为什么过去就没有雾霾?为什么现在有了雾霾?实际上,就是整个环境资源已经到了一个临界点,稍有一点变化都可能引发严重的问题甚至是崩溃。第四个方面的成本就是技术进步。经济发展水平低的时候,技术进步主要靠技术模仿,这是成本最低、风险最小、见效最快的技术进步方式;如果知识产权保护不严,这也是最经济的技术进步方式。但是到了"上中等收入"阶段,当我们的技术总体进步了,和发达国家的差距缩小了,可以模仿的空间也就变小了,另外,随着世界各国知识产权保护的发展,在这一领域中法制化程度越来越高,模仿的机会就越来越少了。技术进步越来越要靠自主研发和创新。而自主研发和创新在各种技术进步当中投入最大、周期最长、成本最高。所以技术进步的成本也在上升。

人工成本、自然资源成本、环境成本和技术进步的成本,都在大幅度上升,这就使得整个国家经济生产的总成本大幅度提高。这个时候就要求经济增长方式的转变,从以往主要依靠要素投入量大、规模扩张来带动增长,转变为主要依靠改

善效率带动增长。如果不进行这种转变、改善效率滞后的话,这种总成本的上升在单位产品成本中消化不掉,它就进入价格,形成这个社会的成本推动的通货膨胀。这种成本推动的通货膨胀,就社会发展来讲属于不稳定因素,人民群众有意见;就经济发展来讲导致国民经济缺乏竞争力,成本高、价格高,在市场上没有竞争性。没有竞争性就不可持续,经济增长就会出现衰退。

(二)需求方面:从旺盛变成了疲软,总需求不足带来高失业风险

我国在经济发展水平较低的时候,需求的特点是:需求膨胀,供给不足,甚至是长期短缺经济。发达国家的企业家非常羡慕穷国的企业家,因为穷国的企业家只需关心生产即可,不用关心销路。只要将产品生产出来,就有人排队抢购。但是到了"上中等收入"阶段,情况就发生了改变,需求从旺盛变成疲软。

(1)投资需求疲软。投资为什么会疲软呢?按说居民收入提高,银行存款增加,银行储蓄规模扩大,银行可以把更多的钱贷出去形成投资。但这里其实有一个条件,就是看这个国家的自主研发和创新力如何。如果自主研发创新力不足,情形就会发生变化。过去投资需求增长快,很重要的影响因素是发达国家往我们这里转移资本、转移技术、转移产品,因为这里的劳动力便宜、资源便宜、环境便宜,成本水平低,有生产要素的比较优势,如果政策好,就能吸引到大量的外商直接投资(FDI)。现在随着经济发展水平的提高,生产要素的成本不便宜了。世界上还有比我们更穷的国家,那些地方的生产要素成本更便宜,如果只是比较生产要素成本,外商直接投资就会流向那些国家。这时候就要发展新技术、新产品,或者是进入国际分工合作体系,或者是独立发展,这些都会有比较好的前景。但如果我们自己的自主研发能力上不来,这时候,商业银行大量的储蓄就很难在市场上找到有利可图的投资机会,找不到项目。如果各级政府硬要鼓励银行放款形成投资,那得到的结果经常就是低水平的重复建设,形成泡沫,到了经济不好的时候就要破灭,企业陷入困境,商业银行则形成大量不良贷款。这在很多地方已经由事实得到了验证。所以到了一定的阶段,就会出现银行大量的储蓄无法转化成为投资的现象。因此到了上中等收入阶段,虽然收入提高了,存款增加了,储蓄扩大了,但是投资能否旺盛地保持增长,自主研发和创新能力是基本和重要的影响因素。如果自主研发和创新上不去,有钱也投不出去,就会形成投资需求的疲软。

(2)消费需求疲软。按理说居民收入提高,消费能力应该提高。但是它必须依赖于一个前提:国民收入分配是否合理?进入中等收入阶段尤其是在由低收入及下中等收入向上中等收入发展的国家,往往出现收入分配差异扩大的现象,这是这个阶段的发展特征。如果国民收入分配和居民收入分配的改革跟不上经济发展的步伐,收入分配不合理,继续两极分化,把大部分的钱给了少数人,那就会影响消费能力的提高。我们知道,人的消费是受生理限制的,越是有钱人,消费在

总收入中所占的比重就越小。如果大部分的钱给了少数人,有钱人的消费增长是有限的。而大部分人的收入增长迟缓,积累了贫困(至少是相对贫困),这些人即使是想增加消费也没有钱,而越是没有钱的人,对未来越没有信心,也就是对未来的预期越差,而预期越差就越不敢花钱,他们会牺牲现在必要的消费,节衣缩食,增大储蓄。储蓄对国家来说是投资,是积累,但是对个人来说是把当前消费转化为未来的消费,这就使得整个社会的消费能力的增长出现下行。

(3)高失业风险。投资需求疲软,消费需求疲软,加在一起就形成了总需求的不足。而这就意味着市场不活跃,购买力不强,企业销路不畅,企业资金循环周转有问题。那些欠银行的钱还不上的企业,就要依法进入破产程序,停产、破产的企业增加,失业率就会上去,这就会带来严重的社会问题——高失业。经济发展水平低的时候,也就是在低收入和下中等收入阶段,失业率高一点不要紧,因为失业的主要是农民工,农民工是分散的,没有组织。到了"上中等收入"阶段,如果出现高失业,那么其中相当大的部分是生活在城市的人群,其中很多人还受过很好的教育,他们的失业将会形成很大的社会压力。

从上面的分析中我们可以看到,中国的经济和社会发展到了这个阶段,供求两方面的条件都发生了变化:一是供给成本上升,消耗不掉,最后就会形成高通胀;二是需求发生了变化,若是不能改善就会出现高失业。高通胀的同时出现高失业,对经济和社会发展都会产生重大影响。

二、能否穿越"中等收入陷阱"?拉美漩涡、东亚泡沫、西亚北非危机之鉴

第二次世界大战后实现对"中等收入陷阱"的穿越并达到"高收入"阶段的发展中国家和地区,一共有15个。这15个国家和地区当中,从"低收入"状态开始,经"下中等收入"和"上中等收入"阶段,每一个阶段都不落下,最后完整地实现"穿越"而成为"高收入"经济体的只有两个,一个是韩国,一个是中国台湾地区。其他另外13个国家和地区的穿越都不完整,大多数其实是完成了由中等收入国家向高收入国家的跨越。

而大部分发展中国家没有实现这种穿越,通过一波发展到达了"中等收入阶段"后,就停留在这个地方。最典型的有三波。

第一波是20世纪70年代的拉美,一共有十几个国家,它们经过70年代以前的发展达到了世界中等收入的水平,但是到了这个水平之后,由于不能适应各种条件的变化,增长方式和发展模式没有转变,长期停在这个阶段。一直到今天,算下来有40多年了。这些拉美国家不仅没有实现对"中等收入陷阱"的穿越,而且从70年代以后危机不断,墨西哥危机、阿根廷危机、巴西危机、秘鲁危机、智利危机、委内瑞拉的动荡,一路下来,使拉美国家的经济停滞不前。人们将之称为"拉美漩涡"。

第二波发生在20世纪80年代,在日本、韩国、新加坡等经济体经济起飞以后,东南亚的几个国家被带动,也得到了一定程度的经济发展,到80年代达到了"中等收入"甚至是"上中等收入"阶段,像马来西亚、泰国、菲律宾、印度尼西亚等国,都属于这一波。同样的,到了这个阶段之后就穿越不过去了,尤其是1997年亚洲金融危机爆发之后,这些经济体进行低水平经济规模扩张所形成的过剩的劣质产能,被危机淘汰掉。就算到了今天,它们也没有实现向"高收入"阶段的穿越。人们将之称为"东亚泡沫"。

第三波发生在我们现在看到的西亚、北非这些出现严重动荡的国家,包括突尼斯、也门、利比亚、叙利亚、埃及等,这些国家在20世纪90年代的时候,经济达到了"上中等收入"水平。首先它们的政治是稳定的,不管是军事独裁还是家族独裁,它们的社会是稳定的;同时,它们的经济资源是丰富的,拥有丰富的石油、矿山等。这使国际社会对它们有信心,大量外资进入这些国家,又使它们有了充裕的资本,导致它们有一段快速的发展时期,在20世纪90年代达到了世界"上中等收入"水平。但是由于不能适应新阶段的新变化,发展也开始停滞。特别是2008年世界金融危机爆发后,过去固有的但是能得到缓解和控制的一些矛盾,政治的、社会的、文化的、宗教的甚至军事的矛盾变成危机,和经济危机纠缠在一起,导致了这一地区的全面动荡。这些国家到达中等收入阶段算下来也有二十几年的时间了,它们不但没有实现向"高收入"阶段的穿越,而且当前的危机什么时候能够完结,现在还看不到一个明确的时间表。人们将之称为"西亚北非危机"。

拉美漩涡、东亚泡沫、西亚北非危机,各自形势都不相同,但就经济发展的背景而言,都是同一个问题:如何穿越中等收入陷阱?这对我们国家的经济发展也是一个警示,我们到了上中等收入的阶段,也是机遇与挑战并存。机遇在于我们距离现代化的目标,从来没有像今天这样近过。挑战也非常严峻,构成中等收入陷阱的所有因素,在我们的国民经济和社会发展中几乎都存在,而且某些方面还很典型。所以当中国是否也可能遭遇"中等收入陷阱"这一命题被提时,还有人提出质疑,认为这是一个伪命题。但是从现在的实际看,这一阶段的经济和社会发展确实具有特殊性,也受到了党和政府的高度重视。在中国防止中等收入陷阱的问题,并不是一个伪命题,而是一个非常现实的问题。

三、通货膨胀与经济下行,根源在于结构失衡

经济增长是一个宏观问题,宏观反映的是总量,宏观经济如果发生问题,突出的矛盾就是总量失衡。它无外乎有两种表现:一种失衡是总需求大于总供给,过多的货币在追逐不足的商品,带来通货膨胀;另一种失衡是总需求不足,小于总供给,过多的商品在追逐不足的货币,销路不畅,经济萧条,带来高失业。宏观经济失衡最典型的两种表现,要么高通胀,要么高失业。我们国家对宏观经济调控运用了一系列的政策,特别是宏观经济政策,包括财政政策和货币政策,使这个总量失衡的程度能够调整到国民经济运行可以承受的范围之内。

（一）改革开放后中国宏观经济失衡的三个阶段

改革开放三十多年,中国的宏观经济失衡,大致经历了三个阶段。

宏观经济失衡的第一阶段(1998年以前):需求膨胀,供给不足。

第一个阶段,从1978年改革开放初期到1998年上半年,将近20年的时间里,除了个别年份,比如1989年、1990年等,绝大部分时间里,中国宏观经济失衡的特点是需求膨胀、供给不足,甚至是长期处于经济短缺状态。因此宏观经济政策的主要问题就是防止通货膨胀。改革开放以来,我们发生了三次大的通胀,或者抢购风潮。回过头看,都是发生在1998年之前,每次通胀的具体原因有所不同。

第一次通胀是在1985年,通货膨胀率达到9.3%。1984年秋天,中共中央召开的十二届三中全会做出了全面开展经济体制改革的决定。在那之前,改革主要在农村进行,即家庭联产承包责任制。十二届三中全会做出这个改革的决定之后,经济体制改革的重点由农村转移到了城市,城镇居民担心物价上涨而去抢购,形成了抢购风潮,这是在对通胀预期发生变化后形成的通货膨胀。但是当时的居民购买力有限,而供给又在不断改善,所以到了一定的阶段,供需矛盾得以缓解,物价总水平上涨的势头也缓和下来。

第二次通货膨胀在1988年。1988年5月中央政治局在北戴河的工作会议做出了价格闯关的重要部署。当时的指导思想是长痛不如短痛,既然要推动经济改革,那么价格改革是早晚的事,还不如一夜之间将价格放开。价格闯关的决定一经做出,又形成了抢购风潮。又因为1988年的老百姓比1984年有钱,这次通货膨胀率达到了18.8%。后来,中央政府被迫出来宣布价格闯关失败,停止价格闯关,通货膨胀这才慢慢地得以缓解。

第三次是1994年,通货膨胀率达到了24.1%。1992年邓小平南方谈话后,党的十四大上决定发展社会主义市场经济和继续推动高速经济增长。在一系列的利好消息的推动下,我国形成了一个加快发展的投资热潮,需求迅速膨胀。这种需求到了1993年之后开始传导到物价上,1994年的物价上升的幅度更大,通货膨胀率达到了24.1%。

这三次大的抢购都是发生在1998年以前,尽管具体原因各不相同,但是供需失衡的情况是类似的。在那个短缺的年代供给不足,但需求开始膨胀,整个社会对通货膨胀的担心预期值很强,稍有风吹草动就去抢购,因而形成需求拉上的通货膨胀。在这个时期里,中国的宏观政策(财政政策和货币政策)是长期紧缩的,在货币政策上收紧银根,在财政政策上控制财政赤字,减少财政支出,其目的就是把流通中的购买力和需求管住,防止出现恶性的通货膨胀。

宏观经济失衡的第二阶段(1998—2010年):需求疲软,产能过剩。

第二个阶段的失衡是从1998年下半年到2010年年底,这十几年时间,除了中间个别年份,中国宏观经济失衡的突出特点是需求疲软,特别是内需不足,产能过剩。1998年那一轮产能过剩主要集中在轻工业消费品。改革开放初期经济短缺,生活消费品严重不足,所以改革开放首先要激活生产力,上了很多传统工业项目。比如当时居民家庭的传统三大件,即手表、自行车、缝纫机,后来又有新三大件,即电视、洗衣机、冰箱,产能也增长得很快,到20世纪90年代末就饱和了。20世纪90年代末,我们就开始面临传统工业消费品产能过剩和淘汰,要有新的结构升级。2008年金融危机后,新一轮产能过剩就更严重了,工业投资品也出现了产能过剩。前些年一直高价运行的钢材、木材、水泥,到了2008年这一轮危机之后开始出现过剩,这种过剩不是短期的,而是长期的,不是相对的,而是绝对的。中国黑色冶金的产量占全球产量一半以上,产能就更大,实际上根本消化不了,问题越来越严重。

在内需不足情况下形成的产能过剩,如果有出口支持,那还能消化一部分。但是恰恰不巧的是,我们在这个时期经历了1997年的亚洲金融危机和2008年的全球金融危机,这两次经济危机的冲击都很猛,对我国向国际市场出口的冲击都很大。1997亚洲金融危机时,中国做出了一个承诺:人民币不贬值,也就是说,在出售相同或类似的产品时,人家的产品在降价,我们的价格仍然保持不变,等于将市场让给人家。为此我们赢得了世界广泛的尊重,但是赢得尊重是有代价的。2008年的冲击就更大了,2003—2007年,每年出口增长平均在22%以上,而2008年金融危机之后,2009年的中国出口增长为负的16%以上,对中国经济增长的影响力度很大。

增长动力不足,就会使失业问题更加突出。1998年,我国有3600多万国有职工下岗,1/3乡镇企业倒闭,大量的农民工找不着活,于1998年5月提前返乡。我们始终没用"失业"这个词,我们用的是"下岗""返乡",其实就是增长动力不够,就业机会减少,失业率上升。2008年金融危机的压力更大一些,在经济下行的情况下,我们采取了和前一时期(2003—2008年)不同的宏观经济政策,对宏观经济政策进行了方向上的调整,由紧缩政策改为扩张政策,由于国际市场动荡,特别提出要扩大内需。1998年下半年,我们提出来"积极的财政政策、稳健的货币政策",来应对1998年的经济衰退。到了2008年,我们提出来"更加积极的财政政策和适度宽松的货币政策",更强有力地来刺激经济,应对世界金融危机的冲击,其目的就是寻求增长的新动力,从而避免或缓解可能增加的失业。

现阶段,宏观经济失衡的第三阶段:既通货膨胀,又经济下行。

2010年10月,中国政府宣布从反危机的政策轨道上率先退出。这意味着我们的宏观调控进入了新的一个阶段。而与之对应的,是我国宏观经济失衡也反映出了新的特征。这个新的阶段现被称为"新常态"。

新常态下,中国宏观经济失衡有了新的特点,既有通货膨胀的压力,又有经济下行的威胁,叫双重风险并存。在前两个阶段,虽然总量失衡很严重,但是方向清楚。第一个阶段就是需求膨胀,供给不足;第二个阶段是需求疲软,产能过剩。所以,第一个阶段的应对之道就是紧缩,第二个阶段的应对之道就是扩张。政策方向很清晰,目标很清楚。

现在是双重风险同时发生,宏观政策既不敢扩张,也不敢紧缩。若是扩张的话,全面刺激经济,有利于遏制经济下行,但是可能把潜在的通货膨胀激活。若是紧缩的话,有利于遏制通货膨胀,可是会加剧经济下行。如何应对这种局面?

20世纪60年代,西方发达国家出现了滞胀。一方面是需求疲软,增长动力不足,高失业,同时,成本推动的通货膨胀高居不下。滞胀一旦出现之后,政策上就很难办,既不敢扩张,也不敢紧缩。他们虽然采取了很多调节办法,但效果不佳。因此,很多人提出凯恩斯的传统经济理论已经失灵。从70年代开始,这些西方国家的政府干预手段有了一定的变化,宏观经济理论也有了一定的发展,如货币主义、供给学派等都在这一时期有了很大的发展,并且在实际中对缓解经济发展中的短期矛盾发挥了一定的作用,但是长期累积的弊端仍然非常严重。可以说2008年全球金融危机的根源,就是70年代以来为解决滞胀采取的政策调整所形成的政策积弊。这次危机深刻到什么程度呢?第二次世界大战以后,多次发生的周期性危机,没有导致出现全球的负增长,2008年这次金融危机,导致2009年全球首次出现负增长。这说明70年代以来为缓解滞胀所采取的政策弊大于利。

(二)宏观经济失衡致"双重风险并存"

中国作为一个发展中国家,也遇到了发达国家遇到的、一直到现在还没有成功解决的问题,虽然我们没有用"滞胀"这个词,而是"双重风险",但是,经济的内涵是一样的。这就是我们在新常态下的新失衡。

第一重风险:潜在的通胀压力,根源是投入产出结构失衡。

宏观经济失衡看起来是个总量问题,是经济速度快与慢的问题,是经济下行问题、通货膨胀问题,等等,但是深层次的原因是结构性的失衡,是由一系列的结构矛盾所导致的。

为什么我们治理的是通胀而不是通缩?从生产者价格指数(PPI)看,中国进入了典型的通货紧缩时期。先来看通货膨胀。我们现在的通货膨胀非常低,工业品出厂价格指数已经连续三年为负增长,2015年的工业品出厂价格指数是-5.2%,从这个指数看,我们已经进入了典型的通货紧缩,而不是通货膨胀。从消费者价格指数(CPI)来看,中国也进入了通货紧缩时期。我们的消费品价格指数 CPI 从 2013 年以来，长期稳定在 3% 上下，很多时候降到了 2% 以下。2015 年的 CPI 为 1.4%。考虑到统计误差，一个国家的 CPI 如果降到 2% 以下，这个国家的货币政策重点不应该是治理通胀，而是防止通缩。因为通缩比通胀更可怕。通胀是让老百姓口袋里的钱不值钱，通缩是使越来越多的老百姓没有钱，通缩意味着市场萧条、降价，意味着企业活力不够，销路不畅，然后导致劳动者的收入减少、失业率上升。所以说通货紧缩比通货膨胀的危害性更大，对劳动力大国来说更是如此，治理起来难度也非常大。

按道理中国应该去治理通缩，但是宏观部门特别是央行，对于治理通缩非常谨慎。治理通缩，意味着要向流通领域注入大量的资金，活跃市场需求。为什么我们现实的价格这么低，而我们的货币政策治理通缩却这么谨慎？就是因为中国经济潜在的通胀压力，虽然它没表现出来，但是潜在的压力非常大，主要来自结构失衡。

通货膨胀主要是两个方面的动力：成本推动与需求拉上。我们做过一个测算，中国通胀大概 50% 多一点是来自需求拉上，还有 49% 多一点，将近 50%，是来自成本推动。我们国家进入了一个比较典型的需求拉上和成本推动共同作用的通货膨胀时期。

先来看成本推动。成本推动主要是我们进入新常态，进入上中等收入阶段以后，国民经济生产的总成本大幅度提高，要求投入产出结构必须改变，不能再用过去的投入产出结构、经济增长方式了。过去那种增长方式有动力、有效益，是由那时候的要素成本的状况所决定的，要素成本结构中便宜的生产要素的比重大。但是到了现阶段，各种要素成本价格都在大幅度上升，原先便宜的生产要素已经不再便宜，如果还用过去的投入产出结构，由于过去的低要素成本的状况已经不复存在，单位成品的成本就会很高，那么就根本不能适应现阶段经济增长的要求，企业甚至是整个国民经济也就没有竞争力。可是要改变投入产出结构，就意味着要提高创新力和效率。也就是说，要通过创新（技术创新和制度创新），改善在生产过程中生产要素（科学技术、劳动、资本、资源、环境等）的组合及使用效率，使同样的生产要素投入能够获得更大的产出，以消化甚至是降低要素成本上升对单位产品价格的影响，使技术进步而不是增加投入成为经济增长的主要动力。因此，结构的改变是效率的含义，效率的改变是创新的含义，创新是一个长期的过程。现在的问题是，要素成本结构迅速改变了，而我们的投入产出结构的改变滞后，对应不足，增加的成本消化不掉，这些成本就进入到价格之中。

再来看需求拉上。所谓需求拉上，就是流通中的票子多，货币供应量大。我国 2015 年的 GDP 为 67.7 万亿元，而年末广义货币供应量（M2）余额 139.2 万亿元，M2 与 GDP 的比例达到了 2∶1 以上，远远高于发达市场经济国家，这个比例是有问题的。为什么现在货币供应量这么大？排在第一的原因是外汇占款，就是结汇结成的人民币。我国2015年的外汇储备达到3.33万亿美元，是金砖国家中外汇储备第一大的国家。外汇储备和通货膨胀是什么关系？它是什么机理？企业和居民生产的产品卖给了国外，从而赚回来外汇。还有一些其他的转移收入，也增加了国内企业和居民所持有的外汇。这个钱是属于企业、属于居民的，但存在了商业银行，等到要用的时候，就从商业银行取出来，去投资或者消费。提款的时候，要换成本币，因为外币不能流通。这个环节等于是他们把外汇卖给了商业银行，商业银行用人民币把居民和企业的外汇买进来。商业银行收了外汇也不能用，因为外汇不能流通，那怎么办呢？于是就去找中央银行，因为是中央银行授权商业银行为境内的企业和居民提供外汇服务的，这样就形成了商业银行和央行之间所谓的定期结汇这个制度。定期结汇就是央行给商业银行人民币，再把商业银行的外汇买进来，这个外汇就属于国家，入了国库。这就是我们看到的公布的国家外汇储备。这没有什么特殊，各国都是这样做的。特殊点在什么地方呢？我国和其他的一般市场经济国家很大的区别在于央行的结汇制度：中国的中央银行买进外汇的时候，不是用自己的资产，而是回去印钱给商业银行，或者说是新发行货币给商业银行。结汇量越大，意味着央行印出去的钞票就越多。钞票印出去之后就进入了流通环节，形成了通货膨胀需求拉上的压力。要控制流通中需求拉上的潜在压力，就是要控制货币投放量，控制货币投放量就要控制结汇量，但是结汇量不是谁能控制的，它是由国际收支形成的。由于我国在国际收支领域里，长期是收大于支，就形成了结构失衡，结汇量不断地增加，越来越大。要实现再平衡，最简单的办法就是限制出口。可是在世界金融危机后，各国的贸易保护主义抬头，都在为自己的出口商争饭碗、抢订单，缓解经济危机的冲击，我们怎么能限制出口呢？不仅不能，还得扶持、保护出口商。这几年来，国务院每年都要对外贸工作开专门的协调会，支持国内的企业扩大出口。问题在于我们保护、支持出口企业，他们赚了钱回来要结汇，结汇就得印钞，印钞就可能形成通货膨胀的压力。这就需要我们增加进口，做到国际收支平衡，就可以减少结汇。但在实际中做到这一点很难。我们想买的，人家不卖，人家想卖的，我们不想买。人家想卖给我们的是一般的工业消费品，而现在中国的工业和制造业的规模已经达到了世界第一，在总量上已经超过美国。中国制造已经可以响当当地喊"中国制造"了，大多数商品比国外生产的便宜，质量也达到了一定的水平。因此对这一方面的需求是有限的。我们想买高科技，还想买能源、油田、气田、矿山。但是想买的这些东西，又经常受到各种限制而买不回来。钱花不出去就得回来，回来后央行就得结汇，就得印钞，就又形成通货膨胀的压力。2014年我国的外汇储备到达了峰值，为38 430亿美元，2015年有所回落，下降了5 000亿左右，为33 304亿美元，但外汇占款的规模仍然很大,形成了巨大的货币供应量。

所以中国的通胀问题,表面上看是因为总量上潜在的压力比较大,但是深入地看,压力之所以大不在于总量,不是由于经济增长速度太快,需求膨胀,导致物价上涨,而是深层次的结构矛盾所引起的。从成本推动和需求拉上两方面看,成本推动是在要素成本变化之后,投入产出结构不适应,形成了成本推动的压力,消化不掉。从需求拉上来看,它是国际收支结构失衡,导致央行不断印钞票,形成了需求拉上的一种威胁。真正要缓解目前潜在的通胀压力,实际上是要解决深层次的结构性失衡的问题。

另一重风险:经济下行,根源是国民收入分配结构不合理。

经济下行看起来是需求拉动不足,我们要在投资和消费领域寻求新动力。

从投资来看,为什么我们现在投资需求疲软?不是说银行没有钱,也不是流通当中货币供应量不够,而是结构性的。实体经济特别是制造业缺少有效的投资机会。国有大型和特大型企业,现在融资问题都不大,从直接融资看,它们在境内境外都有上市渠道;而从间接融资看,国有商业银行对国有大企业和特大型企业总体上是信任的,也是支持的,甚至是追捧的。问题出在哪呢?问题在于这些国有大型和特大型企业创新力不够,自主研发能力不强,所以产业结构升不了级。它们在现在这种结构不变、技术不变、产品不变的基础上,如果要扩大投资的话,就是低水平的重复。而低水平重复的结果,就是加剧产能过剩。在中国目前普遍去产能的时代,加剧产能过剩的投资不可能维持。非国有企业同样存在这样的问题。2015年我国全社会固定资产投资562 000亿元,比上年增长9.8%,扣除价格因素,实际增长11.8%。比2014年15.2%的增幅又下降5个百分点。

消费需求疲软,看起来是社会消费品零售总额的增速在下降,但深层次的问题,同样是结构问题,是国民收入分配结构不合理。中国的国民收入分配结构在三个层面出了问题,包括宏观层面、中观层面、微观层面。

在宏观层面,国民收入生产出来之后,初次分配在生产者当中进行,生产者包括政府、企业、劳动者。政府是税收,企业是资本盈余,劳动者是工资或称为劳动报酬。长期以来这三个部分在分配的时候,政府税收增长最快,企业利润次之,劳动者工资增长最慢。劳动者的工资用来消费,但是其增速慢,而且比重在下降,这样消费肯定就上不去。近几年这种情况虽然有所改善,但各个部门间收入分配和再分配失衡的局面还没有根本改变。

在中观层面,中国经济发展不均衡,地区之间收入水平差别非常大。如果发展均衡,贫困地区都上来的话,中国消费规模能够大幅度提高。中国收入水平为什么会有地区差,会有这种繁荣和落后的差距呢?深入分析,主要原因是城乡差距。城市居民税后可支配收入是农村居民纯收入的3.3倍。哪个地方的城市化程度高,它的整体收入水平就高;哪个地方的农民多,城市化水平低,哪个地方总体上居民平均水平就低。城乡为什么会有这么大的差距？主要来自产业差距,就是农业劳动生产率和非农产业劳动生产率的差距。2014年63.7万亿元的GDP中,农业只占了9%多一点,可是从2014年的劳动力就业结构上看,农业劳动力的就业比重在32%左右,意味着32%的劳动力分享了9%的GDP,剩下的60%多非农劳动力分享了90%以上的GDP。这就使得农业和非农产业的差距拉开了。

微观层面,劳动者之间,居民之间收入差距也在扩大。国家统计局从2002年开始公布基尼系数,到2015年总共13年的时间,这13年来,中国的基尼系数都在0.4以上。大部分年份甚至在0.45以上,也就是说,20%最富的人分享了40%甚至45%以上的国民收入,剩下80%的人分享了不到60%的国民收入。出现这种情况,收入分配差距的红灯就开启了,就需要加以重视了。但是在事实上,到了这个点位之后我们的基尼系数还在提高,高的时候甚至达到了49.1%,也就是20%的人分享了49.1%的国民收入。这几年来,尤其是从2009年以来,我们开始对这个问题有所注意,之后数据有所回落,说明对微观分配的调整取得了一定的效果,但是还不大够,2015年我国的基尼系数为46.2%,比上一年有所改善,但仍然还是在警戒线之上。这还是官方数据,民间发生的真实情况,恐怕还要更严重。这样的收入差距一旦扩大,它会使得整个社会的消费倾向于下降,导致消费不足,产能过剩。收入分配差距,不仅影响公平,同时影响效率,影响增长动力,所以,寻求经济增长的动力,很重要的一条,就是要调整、改变国民收入分配的结构,包括宏观、中观、微观这三个层面。2015年,我国的货物进出口总额下降了7%（现行价格）,全社会固定资产投资的增长率又回落了5%（现行价格）,但是按照可比价格计算的经济增长率只回落了0.5%,消费对于经济增长拉动的程度扩大了。这就证明了改善收入分配对拉动消费是有积极意义的。

改善这些结构性的矛盾都很艰难,不是短期政策能够奏效的。中国经济下行来自内需不足,内需一是靠投资,二是靠消费。投资上不去是因为产业结构升级动力不足;消费上不去是国民收入分配结构扭曲,同样都是结构问题。因此中国现在要使得经济均衡协调发展,政策的着力点、核心应该聚焦在调整结构,所以结构调整就成了"十三五"期间要处理的核心问题。

第三节 中国的宏观经济政策调整及其变化

一、"稳中求进",宏观政策体现"松紧搭配"的格局

针对中国经济发展中的这些问题,我国的宏观经济政策现在又回到了危机之前的"松紧搭配"的格局,也就是"积极的财政政策,稳健的货币政策"。"积极的财政政策",说明财政政策还是扩张的,它的首要目标还是保增长,目的就是稳定社

会的就业。"稳健的货币政策",相对于前一个时期宽松的货币政策而言,稳健的货币政策,总体方向是从紧的,它的首要目标是遏制通货膨胀。现在宏观政策两大政策与手段,方向不同,一个是"积极"的,一个是"稳健"的。目标不同,一个是首先保增长,一个是首先遏制通胀。

为什么不能把两个政策统一到一个方向上来,提高政策的有效性呢?就是前面讨论过的,新常态下的新失衡,双重风险并存,它要求货币政策和财政政策在方向上刚好是相反的。要遏制经济下行,总体上来说,就要扩张,但是一扩张,就可能激发通胀。要遏制通货膨胀,总体上来说,就要紧缩,但是一紧缩,就会加剧经济衰退。当面对这两个风险治理的时候,它要求的政策是相反的,这就增加了政策的难度。我们现在既不敢双紧,也不敢双松。若是财政、货币政策统一在一个方向"双紧",有利于遏制通货膨胀,但是会激化经济下行的矛盾。若是"双松",财政和货币同时扩张,它有利于遏制经济下行,但是会加剧通胀。于是就搞了一个松紧搭配的组合,带来的问题可能是政策效果之间相互抵消,相互矛盾,从而降低政策的有效性。

但是,在双重风险并存的失衡状态下,控制风险就成为优先任务,宁愿损失一部分政策的有效性,也要确保政策风险的可控性。如果我们采取"双松"或者"双紧"的政策,就意味着在双重风险并存的情况下,我们为了治理一重风险,而置另一重风险不顾,宁愿加剧一重风险,来确保另一重风险的治理,这样风险太大。所以我们既不采取双松,也不采取双紧,而且采取了松紧搭配的政策组合。这样的组合,可能使政策的有效性受到一定的伤害,但是它能保证宏观调控的风险得以有效的控制,体现"稳中求进"的基本指导思想。

二、为什么要确保6.5%—7%的经济增长速度?

松紧搭配的格局不能改变的话,现在能变化的是什么呢?就是松紧的力度。既可以朝"松"的方向倾斜,也可以朝"紧"的方向倾斜。松紧力度的调整,它的根据与核心指标是经济增长速度。围绕经济增长速度来控制财政、货币政策。

经济增长速度应该怎么调?根据是什么?2015年政府工作报告里有一段话,共两句:第一句,"要考虑国民经济的需要和可能";第二句,"还要联系国民经济中长期增长目标的要求"。国家就是依据这两点来确定经济增长速度合理的区间。

第一句话,"增长速度的确认,要考虑国民经济的需要和可能"。"需要"是什么?就是下限,最低速度。国民经济至少需要增长多少,下限因素很多,核心因素是就业目标。经济增长速度和失业率之间有一个稳定关联,如果其他条件不变,经济增长速度越低,失业率相对越高。所以,在确定一个国家一定时期的最低增长速度的时候,非常重要的一个因素,就是要考虑这个国家就业目标的基本要求。

美国的失业率的红灯线锁定在6%,欧盟的《马斯特里赫特条约》(简称《马约》)

锁定在7%,也就是说,到了这个水平以下,政府就要干预,就要去刺激经济,扩大就业岗位。中国能承受的失业率到底有多大?这个很难说,因为中国二元结构比较复杂。2015年政府工作报告定的是4.5%的城镇登记失业率,4.5%这个数值看起来很低,但是根据我国的具体情况加以分析就不低了。和欧美的失业率相比,我们有两个比较大的差别:一是我们的农业劳动力的比重比较高。美国、欧盟的失业率,无论是6%也好,7%也罢,涵盖的面非常广,这些国家和地区的农业劳动力就业稳定而且占的比重很低。美国农业劳动力就业比重约2.3%,欧盟农业劳动力就业比重平均在5%左右,因此,非农产业的失业率涵盖面已经非常广,涵盖了98%和95%以上的劳动者。而我们国家是二元经济结构,农村还有32%的劳动力在农业部门就业,但每年以几百万的速度向城市转移,进入城镇的就业市场,找不到工作其实就是失业,但没有纳入"登记失业率"。二是在统计上,一些地方的数据还不能反映真实的失业情况。要求城镇登记失业率在4.5%以内,如果超出了这个界限,一些地方政府会采取一些手段让数字不再上升。考虑到这个情况,一般公布出来的城镇登记失业率要比真实的情况低2个点左右,如果城镇登记失业率是4.5%,实际上的失业率在6.5%的水平。要保证城镇登记失业率在4.5%以下,根据中国目前的技术和经济结构水平,就是要实现经济增长6.5%,这就是经济增长的所谓下限。

"增长速度的确认,要考虑国民经济的需要和可能"。"可能"是什么,就是国民经济能承受的速度。其中一个非常重要的指标就是通货膨胀率。其他条件不变,经济增长速度越高,一般通货膨胀率越高。所以,在确定经济增长速度上限的时候,一般要考虑在一定时期,社会通货膨胀的控制目标。今后这几年,如果经济增长平均在6.5%的水平,到2020年,就能实现比2010年翻一番的目标。

所以,6.5%的经济增长速度,无论就中长期增长目标的要求,还是就当前的就业目标的要求,或是当前控制通货膨胀的政策目标的要求来说,都是比较合适的。十八届五中全会、中央经济工作会议、"十三五"规划纲要等,就短期增长来说也大多要求有6.5%左右的增长率。因此我们的宏观经济政策,从保持适度经济增长率上看,就必须围绕着6.5%来实施。如果实际增长率低于6.5%的话,"松紧搭配"就要朝着"松"的方向去倾斜,要出台更多的刺激手段。如果高于6.5%太多,通胀压力加大,"松紧搭配"就要朝着"紧"的方向来倾斜。因此,国家又确定了经济增长的上限7.0%。这种安排是符合我国现阶段经济发展的要求的。

就具体经济手段而言,主要的还是财政政策(包括财政支出与财政收入政策)和货币政策。

就财政支出来说,我国目前财政赤字占GDP的比重是2%左右,欧盟马约的警戒线是3%,所以,继续扩大财政支出的空间还是有的,继续举债的能力还是有的。从财政收入来说,就是减税,尤其是结构性减税还有空间。特别是围绕降低企业成本,降低企业的交易费用,无论营改增、对第三产业的鼓励政策也好,还是属于地区性的优惠政策、特殊性的保障也好,减税的空间也还是有的,关键是能不能下得了决心。而且中国政府手里还有一笔国有经济资产。中央和地方的国有企业加在一起,差不多有50多万亿元的资产,还有大概120多万亿元的国有金融资产,60多万亿元的土地财政收入,这几项加在一起,国有的财政可动用的资产有230多万亿元,这在世界上是没有的。所以,运用财政的手段还是比较丰富的。

在货币政策方面,通常使用的手段包括两个方面,一是数量政策,二是价格政策。数量政策主要是调节信贷量,价格政策主要是调节利率。从信贷量来说,主要是对存款准备金控制,中国的存款准备金率在世界上是高的,降准空间还是有的。再一个就是价格政策,对贷款的价格也就是利率进行调节,我们的利率现在还比较高,而欧洲一些国家已经实现零利率了。所以降息的空间也是有的。现在的问题在于,在运用货币政策的时候,降准和降息一定要同步,不能割裂开来,我们过去做的时候往往是单向来,单向来的效果不是很好。因为中国的货币市场化程度逐渐在深入,数量和价格之间的内在联系越来越密切。如果将它们割裂开,这个政策就很成问题了。降准不降息,降息不降准,达不到预期的效果,所以今后一定要联系起来运用。

三、破解"中等收入陷阱"的根本在于反腐

中国现在的宏观经济失衡,表面上看起来是总量失衡以及速度快和慢的问题,但深层次的原因是结构失衡。松紧搭配的政策能够短期平抑波动,为解决问题赢得时间,但不能根本解决问题。要解决背后的原因,还要靠经济发展方式的转变,这样才能真正解决一系列的结构失衡。而转变经济发展方式,首先要靠创新,所以我们提出了"创新、协调、绿色、开放和共享"这五大理念。其核心就是创新。没有创新就不可能有结构的改变,没有结构的改变就不可能有发展方式的转换。

创新包括技术创新和制度创新,二者相比,更重要的是要制度创新。制度重于技术,制度又推动技术。制度创新包括两个大的方面,一是经济制度,二是政治制度。为什么在第二次世界大战后70年的历史中,只有15个国家实现了从"上中等收入"至"高收入"的跨越,剩下的都没有跨过去?而且不断地出现拉美漩涡、东亚泡沫、西亚北非危机?其实原因很简单,就两个字——腐败。这些国家发展到了一定阶段,就开始滋生腐败,出现权钱交易、寻租等,而高度腐败的国家经济发展必然出现停滞。

首先,权力要关进制度的笼子。

腐败背后是制度出了问题,包括经济制度和政治制度。经济制度改革的核心是要解决市场化发展和完善的问题,我们叫社会主义市场经济。2020年,我们不仅要全面建成小康社会,同时在经济体制上,要初步建立比较完备的社会主义市场经济体制。如果经济体制改革滞后、市场化不完备,就意味着市场失灵。在市场失灵的情况下,越是稀缺的资源配置,市场越不起作用,权力集中在政府手里。市场经济体制改革要解决的核心问题就是处理政府和市场的关系。

一旦政府和市场的关系发生扭曲,市场就不能起资源配置的决定作用,政府不能起宏观调控的主导作用。大量的政府越位替代了市场。企业要获得机会和资源,不能通过市场竞争获得,而是要去找政府谈判,劝说政府官员将机会批准给自己。政府官员手中握有大量的权力,同时这个权力也缺少约束。市场化进程如果迟缓,政治体制改革肯定滞后,政治改革要解决的是两大问题:民主、法治。民主解决的是授权,法治解决的是约束。民主共和,监督约束。习总书记最近讲得最多的是,"让权力在阳光下运行,把权力关进制度的笼子里"①,关键就在这里。

其次,保护私权,规范公权,这是达到法治社会的标志。

一个国家和民族,可以有法律,但未必有法治,这是法国启蒙主义思想家孟德斯鸠的一句名言。按照亚里士多德的政治理论,法制首先得有良法,法的贯彻成本低,公平公正。其次是大家都得拥护它,得有法治精神,守法自觉,这才叫法治社会。要达到法治社会,核心问题是私权(包括企业和个人的权利)一定要保护,公权一定要规范。这个社会是不是法治社会,重要的不是给老百姓定了多少法,而是给当官的定了多少法,对公权到底有什么法律约束,这才是真正的法治,也是真正的困难所在。

政治制度改革滞后,则民主和法治无法进步。经济制度改革滞后,则造成政府和市场关系扭曲,市场失灵。企业要获得机会,不能通过市场竞争获得,而是去找政府官员审批。但因为政治制度改革落后,政府权力的背后既没有民主的监督,也没有法治的约束。这在经济学上叫寻租,即权钱交易。一旦腐败严重了,给社会带来的问题是既无正义,又无效率。钱权交易,哪里来的公正?资源配置不是按市场竞争的效率而是由寻租配置的。在市场竞争当中,应该是谁的效率高就给谁资源,而权钱交易中,是按照寻租的力度配置资源的,谁行贿的力度大就把资源给谁,资源配置有什么效率可言?拉美漩涡、东亚泡沫、西亚北非危机,正是因为高度腐败,既破坏了公正,又瓦解了效率,所以经济发展才会出现长期徘徊,落入"中等收入陷阱"。反之,但凡穿越过"中等收入陷阱"的工业化国家或地区,不能说没有腐败,因为腐败是和人性的弱点相联系的,但是他们反腐败的制度建设都特别强。日本和亚洲"四小龙"就是这种制度建设的代表。我们国家很有幸,十八

---

① 参见习近平在全国人民代表大会成立60周年大会上的讲话,2014年9月5日。

届三中全会通过了《中共中央关于全面深化改革若干重大问题的决定》,提出了改革的时间表与路线图。十八届四中全会通过决议,提出"全面推进依法治国",法治中国、法治政府、法治社会,这是 2020 年的法治目标。如果这些目标就像钉钉子一样,就像中国共产党的"三严三实"一样,"全面从严治党",坚持下去,我们确实有希望。

第四节　中国能够实现宏伟的发展目标

2016 年是"十三五"规划的开局之年。在"十三五"期间,我国要实现全面建成小康社会的战略目标,这对我国的现代化进程具有关键性的意义。经过四十多年的努力(1978—2020 年),我们终于要实现在改革开放伊始就提出并在发展中不断完善的长期发展目标,这最后的五年的发展任务确实艰巨而复杂。"十三五"规划中,中国的年均经济增长目标确定在 6.5%—7%。而在 2016 年的《政府工作报告》中,也提出了当年的增长目标为 6.5%—7%。这是在改革开放后,第一次以"区间"的方式规定我国的年度增长目标。这实质上反映了我国宏观调控观念、宏观调控目标与宏观调控方式发生了重要变化。自 1978 年至 2011 年,我国以 10%的年均经济增长率实现了长达 33 年的持续高速增长,使我国的综合实力、人民生活与国际地位发生了根本性的变化。在这一期间,我国经济发展的主要目标就是要实现"高速增长",并且在这种增长中逐步解决经济和社会发展中的各种矛盾。要做到这一点并不容易,在这一时期里,世界上没有一个国家在推动了高增长后又将其保持了 30 年以上的时间。这就是被世人称道的"中国奇迹"。这证明了我国把工作重点转移到经济建设上来和通过改革开放来促进经济增长的决策以及措施是适应中国生产力的发展要求的。

另外一方面,由于长期以来,我们在经济建设中的主要指导思想是要实现"高速增长",在发展过程中虽然也注意控制过热、控制投资、控制通胀,但增长仍然是第一位的。因此在改革开放以后,尤其是在 21 世纪初我国进入新一轮加速经济增长周期后,我国在大多数年份的经济增长都是超过预期的。我国历次提出的中长期增长"翻番"目标,大多数是十年翻一番,也就是年均增长率在 7.2%左右;而在 2011 年以前的历次《政府工作报告》中,所提出的年度经济增长目标最多也就是 8%,但在执行中总是被超额完成。随着我国的经济发展水平不断提高,经济增长开始受到越来越多的条件约束,包括经济的、社会的、资源和环境的条件约束,同时,随着社会主义市场经济体系的发展,在这种情况下,中国政府对于经济增长目标以及实现经济增长的路径进行了调整,不再只是强调经济增长数量,而且同时关心经济增长的质量;在经济增长中不能只是依靠增加投入来扩大产出,更要重视制度创新和技术创新的作用;国家必须提高宏观调控的水平,但更要重视市场在资源配置中的决定性作用。因此,在我国的经济增长进入新常态后,我们开始对经济增长实行更加精准的调控,不是越高越好,也不能停滞不前。只有在市场化建设、经济发展和宏观调控到达了一定水平后,才有可能提出这样具体的调控目标,这是对我国政府的新的挑战和考验。这种目标的提出是有客观依据的,这就是我国现阶段仍然具备保持较高增长率的潜力,只要我们坚持改革,坚持中国特色的社会主义道路,坚持按照客观经济规律制定政策并实行科学的宏观调控,我们就有可能实现我们长期的经济和社会发展目标。

在经过三十多年的改革开放和高速经济增长后,随着经济发展水平和发展阶段的变化,我国近些年的年均经济增长率开始由原先的10%左右降低到现在的7%左右。有些人担心即使是这样的经济增长率也难以继续保持,这样就会影响我们实现中长期发展目标。这种担心并不是完全没有根据,因为我们的经济增长确实仍在放缓,现实经济活动中也存在着很多问题。但是,如果我们对中国的实际情况有一个清醒和深刻的认识,我们就会看到,在进入"新常态"之后,中国仍然保持着中高速经济增长的条件。从大多数新兴国家和地区的经验看,在保持了多年10%左右的高增长并进入上中等收入国家和地区的行列之后,随着原有的生产要素的比较优势的减弱,年均经济增长率会出现一定的回落,但是与此同时,新的比较优势又会被培育出来,因此中高速的经济增长仍然可能保持比较长的时期。从我国目前的情况看,虽然经济增长率出现了一定的放缓,但是仍然属于全世界发展速度最快的经济体。从发展阶段上看,仍然处于由发展中国家向新兴工业化国家、由上中等收入国家向高收入国家发展的阶段,具备保持中高速经济增长的条件。关键在于我们能否通过体制创新、深化改革和宏观调控,改善和解决我国经济发展中的各种矛盾尤其是结构性矛盾,跨越中等收入陷阱,实现我们的增长和发展目标。

从中国改革开放以后高速经济增长的实践看,任何时候都是挑战和机遇并存。在我们进入全面建成小康社会的决胜阶段的时候,我们实际上面临着一次新的挑战和历史机遇。正是在这种条件下,国家提出了要在适度扩大总需求的同时,加强供给侧的结构性改革,这是符合我国现阶段经济发展要求的。具体地看,至少在以下几个方面,我国的经济增长和经济发展目前仍然具有巨大的潜力。

一是实现经济、社会和环境的可持续发展,尤其是注重在保护环境的基础上实现的经济增长,实际上为我们创造了新的经济增长点。能源开发和使用在我国经济增长中一直发挥着基础性的作用。改革开放后三十多年以来,我国能源消费对经济增长的弹性系数一直很高,长期保持在0.8—0.9,而在21世纪后的前十年则达到0.9以上。中国目前已经是全球最大的能源消费国,能源消费量占世界的比重已经达到20%以上。目前国际能源和资源价格的下跌,事实上降低了我们的发展成本。但是一旦国际市场上能源和资源的价格重新上升,就有可能形成外部输入的通货膨胀,给我国的经济增长带来冲击。由于在能源开发和工业化中我国的环境保护措施没有跟上,我国的环境污染尤其是空气污染已经发展到相当严重的地步,经济增长和环境保护之间的矛盾已经相当尖锐。在这种情况下,环保产业以及环保型产业实际上就有了巨大的发展空间。这些产业的发展,不仅有助于改善环境,而且能够为经济增长做出贡献。

二是混合所有制的改革,将大大提高国有和国有控股企业的市场效率,加强实体经济的活力。我国现阶段对国有企业特别是大型和特大型企业进行混合所有制改革,是20世纪末国有企业产权制度改革的继续。单纯的国有制独资或绝对控股的国有企业,在制度上具有国有企业服务社会发展和体现国家总体利益要求的功能,但却难以实现市场竞争性效率最大化目标。并非说实现了企业混合所有制经济改革就必然能保证充分实现市场竞争赢利目标,但不进行混合所有制改革,传统国有制企业在所有制上和企业功能定位上难以实现微观盈利的效率目标,国有企业混合所有制经济改革正是在企业所有制上为企业适应市场竞争创造必要的基础。众多的国有企业经改造成为混合所有制经济之后,其企业目标原则上会发生根本的变化,将以适应市场竞争,获取最大盈利作为首要目标。而企业服务社会、贡献国家的职能只需要通过保留少数企业或以其他方式来实现。经过十多年国有企业产权制度改革的实践,证明了对更多的国有企业进行混合所有制改革、为它们提升市场竞争性盈利最大化能力创造制度基础是完全可行的。

三是通过城镇化进程,实现区域间生产力布局和经济发展的均衡将为我们带来新的需求。改革开放以来,我国是通过"一些地区先富起来"来带动整个国家的经济发展和经济增长的。这样做的好处是可以集中有限的资源在部分地区实现零的突破,形成示范效应,问题在于在一些地区的经济发展起来之后,经济发展不均衡的格局可能长期延续下去,从而降低资源配置的效率并影响全国整体福利水平的提升。目前我国一些先富起来的地区(如浙江、江苏和广东等),现代化的水平已经相当高,上海、北京、天津、广州、深圳这些大都市,其人均GDP及实际经济发展水平甚至已经达到了高收入国家或地区的水平。但以贵州、云南等地区为代表的欠发达地区,平均发展水平却仍然在下中等收入的水平或者说刚刚达到上中等水平,很多地区仍然处于下中等收入水平。在同一个地区(省份),大都市与小城市之间,城乡之间,经济发展水平也仍然存在着很大的差距。这种发展水平以及相应的居民收入水平上的差距,导致人口及生产要素向大城市流动,在大城市人口拥挤、投资条件恶化的同时,欠发达地区的发展却没有跟上来,导致资源配置效率降低,经济增长的动力减弱。因此,如何通过合理的政策,引导各种资源和生产要素向发达程度较低的地区流动,推动这些地区的工业化和城镇化进程,发挥这些地区的比较优势,是改善我国生产力布局,实现可持续增长的重要途径。近两年来,我国高收入地区的增速普遍回落,但重庆等地却由于有了比较好的政策(城乡综合一体化发展),同时又有生产要素的比较优势,经济增长仍然保持了很好的势头。就中国的经济发展水平较低的地区而言,经济增长不是太快而是仍然有提高的空间,但问题是在经济发展过程中得不到充分的资源,投入不足。中国的城镇化进程,不应该是大量的劳动力向少数发达城市转移,而是应该让欠发达地区发展起来,在这些地区容纳更多的非农就业。经济增长在区域间的非均衡性,是我国作为一个发展中国家在工业化和现代化进程中的必经之路,这一方面反映了中国和欧美等发达国家之间的差距,说明部分地区的现代化并不等于一个国家的现代化,个别地区经济上的超前发展如果不能充分带动其他地区的发展,那么这些地区的整体福利也不可能真正地得到彻底改善;另一方面,这种区域间经济发展的不均衡事实上又是我国经济发展的比较优势,因为在这些地区,无论是在改善需求还是加强供给方面,都有更大的空间。

四是产业结构升级将进一步提高我国经济增长的效率。我国的第三产业在传统上是发展不足的。改革开放之后,由于强调和追求高增长,仍然是制造业及第二产业在优先发展,相比较于制造业、工业及整个第二产业而言,无论是在传统服务业(批发零售、运输等)上还是现代服务业(科技创新、金融、通信等)上的发展,都是滞后的。在高增长下,这种服务业发展不足所带来的经济增长中的结构性矛盾在一定程度上被掩盖,但是到了一定的阶段,无论是从投资形成的基础设施看(大部分基础设施投资最后都会转化成为第三产业的固定资产,如机场、铁路、公路、港口、互联网等),还是从制造业的转型升级和专业化分工来看(制造业中将有越来越多的功能由第三产业来承担,如制造业的融资、技术服务、运输、销售等),抑或是从容纳工业化和城镇化带来的就业压力来看(第三产业是吸收就业最多的产业,而第二产业则是排斥劳动的,将在不断的产业升级中用机器和技术代替劳动),第三产业都需要而且必然会有一个大的发展。近几年来,在整个经济增长放缓的背景下,第二产业的增长率出现了显著的回落,从10%以上回落到6%左右,而第三产业的增长率也有所放缓,但仍然保持了8%左右的增长,这实际上表明我国的经济增长将会通过一次较大的产业结构调整和升级,为可持续的经济增长建立新的基础。在第二产业尤其是制造业的发展上,我国现在已经形成了自身的新的优势,交通运输工具、通信和高科技产品、成套设备等的制造都已经在世界上形成了竞争力,而在另外一方面,世界各国尤其是发展中国家的建设需求(尤其是基础设施建设的需求)则为我们提供了难得的机遇。这说明我们的第二产业本身实际上仍然有很大的发展空间,问题是第二产业应该如何调整结构来适应国内外市场的需求。

五是收入分配和再分配的改革将为我国经济增长带来新的拉动。收入分配

的改革调整的是企业、政府和劳动者之间的利益关系。就发展趋势看,从2009年开始,我国居民收入分配差异扩大化(微观分配),居民部门和企业部门、政府部门之间的收入增长失衡(宏观分配)的矛盾已经有所改善,基尼系数有缩小的趋势。但是这些变化的幅度还不够,居民可支配收入的增长不足影响了居民消费水平的进一步提高;而就企业而言,一方面用工成本在增加,另一方面市场扩张相对缓慢、一部分企业甚至还面临严重的产能过剩,企业的利润空间明显压缩,影响了企业的发展甚至是生存。在这种情况下,在鼓励企业加快技术进步、提高市场竞争力的同时,要适当减轻企业在税收和公共事业收费方面的负担。企业发展了,国家向企业征收的税收(包括间接税和直接税)就能增加,劳动者的收入也就有可能随着企业的发展而提高(国家可以通过法律和行政手段来对此进行调节),劳动者也就有更强的纳税能力,国家从劳动者那里征收的所得税也可以增加。国家通过税收制度的改革,由政府适度承担一些经济发展中的收入风险,增加企业和劳动者的收入,各个收入主体的收入就能够得到提升,由此进一步拉动经济增长。

2012年,我国在对全球金融危机后推出的扩张性宏观经济政策实施择机退出后,经济增长率由上一年的9.5%回落到7.7%,这是进入21世纪后中国的经济增长率第一次回落到8%以下,在此之后,中国的经济增长一直处于缓慢的回落过程中,2015年降到了6.9%。从表面上看,中国经济增长的势头似乎比改革开放后前33年有所减弱,但在实际上,这4年(2012—2015年)却是中国经济苦练内功、解决深刻的结构性矛盾、经济增长质量得到显著提升的4年。在这4年中,我国的就业在不断改善、人民生活水平在不断提高、产业结构有明显改善、内需尤其是居民消费越来越成为拉动中国经济的重要力量。"文武之道、一张一弛",这种必要的经济调整实际上已经为中国全面建成小康社会以及未来的发展创造了更好的条件。我们完全有能力应对机遇和挑战,实现我们的宏伟发展目标。

2003年春天,在国家统计局与北京大学经济学院领导的共同支持下,北京大学中国国民经济核算与经济增长中心成立。中心成立之时,正值中国经济增长和经济发展进入新的繁荣时期。从20世纪90年代中后期开始,尤其是在亚洲金融危机后,我国经过深化财税体制改革、金融体制改革、国有企业的现代企业制度改革、推进加入"世贸"的谈判、推动民营经济的发展、实施积极的财政政策等多方面努力,终于使中国经济在2003年下半年完全走出了通货紧缩阴影,开始了新一轮以加速工业化带动的高速经济增长,极大地推进了中国的现代化进程。在这一期间,中国经济增长取得了伟大的成就,也在发展中积累了不少矛盾,我们通过对中国国民经济核算资料的全面应用,跟踪研究中国的经济增长和经济发展,取得了许多研究成果。能够在这样一个伟大的时代亲眼见证伟大祖国的变化,并通过我们的工作为这种变化做出一点自己的贡献,使我们深感自豪。2016年是我们国家进入全面建成小康社会决胜阶段的第一年,我们坚信在未来的五年里,经过全国人民的共同努力,我们一定会取得胜利,全面建成小康社会。然后,中国还将在这个基础上继续努力,实现第二个"百年目标",成为一个完全现代化的国家。我们将为中国的经济增长继续贡献自己的力量。

北京大学中国国民经济核算与经济增长中心成立之后,已经连续出版了12部年度报告,分别为《中国经济增长报告2004——进入新一轮经济增长周期的中国经济》《中国经济增长报告2005——宏观调控下的经济增长》《中国经济增长报告2006——对外开放中的经济增长》《中国经济增长报告2007——和谐社会与可持续发展》《中国经济增长报告2008——经济结构和可持续发展》《中国经济增长报告2009——全球衰退下的中国经济可持续增长》《中国经济增长报告2010——从需求管理到供给管理》《中国经济增长报告2011——克服中等收入陷阱的关键在于经济发展方式转变》《中国经济增长报告2012——宏观调控与体制创新》《中国经济增长报告2013——实现新的历史性跨越》《中国经济增长报告2014——深化经济改革与适度经济增长》和《中国经济增长报告2015——新常态下的宏观调控与结构升级》。

本期报告的主编为刘伟(中国人民大学校长,北京大学教授、博士生导师,北京大学中国国民经济核算与经济增长研究中心常务副主任),副主编为许宪春(北京大学教授、博士生导师,国家统计局副局长,北京大学中国国民经济核算与经济增长研究中心常务副主任)和蔡志洲(北京大学中国国民经济核算与经济增长研究中心研究员、副主任),课题组主要成员包括黄桂田(北京大学教授、校长助理)、施发启(北京大学中国国民经济核算与经济增长研究中心研究员,国家统计局国民经济核算司处长)、金三林(国务院发展研究中心研究员、农村经济研究部第一研究室主任)、李心愉(北京大学经济学院教授)、苏剑(北京大学经济学院教授)、林卫斌(北京师范大学教授、能源与战略资源研究中心副主任)、王大树(北京大学经济学院教授)、张辉(北京大学经济学院教授、副院长)和王莎莎(北京大学经济学院研究生办公室)。在此我要感谢历年来对本报告做出贡献的兄弟院校的专家学者们和本校的同事,尤其是蒋萍教授(东北财经大学)、杨灿教授(厦门大学)、潘建伟教授(北京物资学院)和北京大学的李绍荣、李连发、肖治合、冯科、吴萨、李正全、田咚同志,通过大家的共同支持和努力,我们才能不断地把新的成果提供给社会各方。本报告受"教育部哲学社会科学发展报告资助项目"(10JBG002)资助,部分专题研究受到国家社会科学基金重点项目"我国中长期经济增长与结构变动趋势研究"(09AZD013)资助。

在本报告出版之际,我要向历年来支持北京大学中国国民经济核算与经济增长研究中心的发展以及历年《中国经济增长报告》出版的朋友们表示感谢。我首先要感谢国家统计局的历任领导朱之鑫、李德水、谢伏瞻、马建堂局长对中心的支持,你们的支持是国家统计局与北京大学合作能够取得成功的坚实基础。秦龙国际集团的李晓明董事长多年来一直无私地资助中心的发展,还在北京大学经济学院建立了奖学金、奖教金,支持教育事业的发展,我在此对他以及秦龙国际集团的冯博先生表示敬意。我还要感谢历年来关心我们的媒体记者们,特别是朱剑红(人民日报社)、王永志(中国新闻社)、刘铮(新华社)、魏晞(中国新闻社)、方烨(新华社经济参考报社)、冯蕾(光明日报社)、定军(21世纪经济报道报社)和商灏(华夏时报社)等同志,从中心成立大会以来就一直关心我们的建设,使我们的影响力和知名度不断扩大。最后,我要感谢中国经济出版社的官永久、黄静同志,中国发展出版社的尚元经、李莉同志,北京大学出版社的林君秀、刘京、赵学秀同志,正是你们的辛勤劳动,才使我们的成果能够高质量地呈现在广大读者朋友的面前。本期报告的责任编辑刘京同志以非常专业的精神为本书的出版做了大量工作,在此特别表示感谢。

刘 伟
2016 年 5 月 1 日

第一章 中国国民经济核算体系的改革

第一节 中国国民经济核算体系的修订

一、引言

中国国民经济核算体系是中国国民经济核算工作的标准和规范,它界定了中国国民经济核算的一系列基本概念、基本核算范围、基本分类、基本核算框架、基本指标体系和基本计算方法,是反映中国国民经济运行状况的重要工具。根据这个标准核算出来的一整套国民经济核算数据是经济分析和研究的重要基础,也是经济管理和决策的重要依据。

我国现行国民经济核算国家标准是国家统计局等有关部门共同颁布的《中国国民经济核算体系 2002》[①]。该标准颁布实施以来,我国社会主义市场经济发展产生了许多新情况。例如,为了更好地发挥技术进步对经济增长的驱动作用,政府和企业不断加大研发投入力度;为了推动土地集约化经营,国家允许土地承包经营权依法进行流转,土地承包经营权流转现象越来越普遍;为了调动企业管理人员和技术人员的积极性和创造性,越来越多的企业将雇员股票期权作为激励员工的一种重要方式;政府在推动经济发展的同时,更加注重改善民生,政府用于教育、文化、医疗卫生等民生方面的支出不断增加;随着城镇化进程的加快和居民收入水平的提高,城镇住房需求不断增长,房地产市场迅速发展,住房租赁市场逐步成熟。针对社会主义市场经济发展产生的许多新情况,经济管理相应地也产生了许多新的需求,要求国民经济核算提供准确客观的信息,为经济管理和决策提供依据。

为了适应世界经济环境的发展变化,反映国民经济核算理论方法研究取得的成果和各国国民经济核算实践获取的经验,满足广大用户不断变化的需求,以及为了与国际收支统计、政府财政统计、货币金融统计等其他国际统计标准更加协

---

① 参见国家统计局、国家发展计划委员会、国家经济贸易委员会、国家财政部、中国人民银行、国家外汇管理局、国家税务总局、国家工商行政管理总局:《关于实施〈中国国民经济核算体系 2002〉的通知》,国统字〔2002〕71 号;国家统计局:《中国国民经济核算体系 2002》。

调一致,联合国等国际组织制定了新的国际标准——《国民账户体系2008》①,对原国际标准的基本概念、基本核算范围、基本分类、基本指标和基本计算方法进行了修订。例如,它引进了知识产权产品、经济所有权、雇员股票期权等一系列新的基本概念;拓展了生产范围和资产范围;调整和细化了机构部门、交易和其他流量、资产和负债分类;修订了财产收入、货币黄金等基本指标的定义;改进了金融中介服务、非寿险服务产出等基本指标的计算方法;等等。联合国统计委员会第四十届会议通过了这个新的国际标准,并鼓励所有国家尽快实施这一标准。2008年SNA颁布以来,许多发达国家已经开始实施这一新的国际标准。例如,美国、加拿大和澳大利亚都已经结合本国的实际情况实施了2008年SNA。欧盟统计局以2008年SNA为标准,修订了本地区的国民经济核算体系——《欧洲国家和地区账户体系2010》,并推动欧盟国家实施了2008年SNA。

为了更好地适应我国社会主义市场经济发展产生的新情况,满足经济管理产生的新需求,反映国际标准的新变化,国家统计局开展了一系列国民经济核算制度方法改革研究。例如,针对政府和企业不断加大研发投入力度的情况和国际标准关于研发支出处理方法的修订,为了反映研发支出对经济增长的驱动作用,开展了将研发支出由中间投入调整为固定资本形成,计入GDP的核算方法改革研究;针对城镇房地产市场迅速发展,住房租赁市场逐步成熟的情况,开展了利用市场租金法替代成本法计算城镇居民自有住房服务价值的核算方法改革研究;针对政府用于教育、文化、医疗卫生等民生方面的支出不断增加,为了更好地反映居民的实际消费水平和政府在改善民生方面发挥的重要作用,开展了实际最终消费核算方法改革研究。这些改革研究的成果逐渐成熟。

总之,自《中国国民经济核算体系2002》颁布实施以来,社会主义市场经济发展产生了许多新情况,经济管理产生了许多新需求,联合国等国际组织颁布了新的国际标准,我国国民经济核算制度方法改革研究取得了许多新成果,所以需要对我国现行的国民经济核算体系进行修订,使之适应新情况,满足新需求,反映新变化,体现新成果。

近年来,国家统计局对2008年SNA的基本概念、基本核算范围、基本分类、基本指标和基本计算方法的修订进行了系统的梳理,对社会主义市场经济发展产生的新情况、经济管理产生的新需求进行了认真研究,对十多年来,特别是近年来国民经济核算制度方法改革成果进行了总结和归纳,对《中国国民经济核算体系

---

① 《国民账户体系》(System of National Accounts)即联合国等国际组织制定的国民经济核算国际标准,它包括不同的版本,分别于1953年、1968年、1993年和2008年颁布,简称为1953年SNA、1968年SNA、1993年SNA和2008年SNA。其中1993年SNA和2008年SNA都是由联合国、欧盟委员会、国际货币基金组织、经济合作与发展组织和世界银行共同制定的。

2002》(以下简称 2002 年 CSNA)进行了系统的修订。计划于 2015 年完成修订工作,制定出国民经济核算新的国家标准,即《中国国民经济核算体系 2015》(以下简称 2015 年 CSNA)。

对 2002 年 CSNA 的修订包括基本概念、基本核算范围、基本分类、基本核算框架、基本指标和基本计算方法的修订。本章第二至七部分分别阐述这些修订内容。

二、基本概念的修订

(一)知识产权产品概念

2008 年 SNA 引入了知识产权产品概念。知识产权产品指的是研究、开发、调查或者创新等活动的成果,这些活动会产生知识,开发者能够销售这些知识,或者在生产中使用这些知识来获利,因为通过法律或其他保护手段,这些知识的使用是受到限制的。① 2008 年 SNA 把知识产权产品纳入固定资产,把关于这种产品的支出作为固定资本形成计入 GDP。2008 年 SNA 把知识产权产品分为五种类型:研究与开发、矿藏勘探与评估、计算机软件与数据库、娱乐文学和艺术品原件、其他知识产权产品。其中,矿藏勘探与评估、计算机软件与数据库、娱乐文学和艺术品原件在 1993 年 SNA 中已经被纳入固定资产,2008 年 SNA 将研究与开发纳入固定资产,把研究与开发支出作为固定资本形成计入 GDP。②

在 1993 年 SNA 以前的国民经济核算国际标准中,研究和开发支出是作为中间投入处理的。在 1993 年 SNA 的研究制定过程中,关于研发支出是继续作为中间投入还是调整为固定资本形成,曾经进行过比较深入的研究和讨论,由于最终没有形成一致意见,1993 年 SNA 还是把研发支出继续作为中间投入处理了。1993 年以后,世界各国尤其是发达国家,在研发方面的支出不断增加,研发已经成为推动经济增长的重要动力,研发作为固定资产的属性更加明显。同时,部分发达国家对把研发支出作为固定资本形成核算进行了长期研究,方法逐渐成熟。这些因素促使国际专家们形成了一致意见,因此 2008 年 SNA 明确把研发支出作为固定资本形成处理。

2002 年 CSNA 已经按照 1993 年 SNA 的建议,把矿藏勘探支出、计算机软件支出作为固定资本形成计入 GDP 了。21 世纪以来,我国不断加大研发投入力度,

---

① 参见联合国、欧盟委员会、国际货币基金组织、经济合作与发展组织、世界银行:《国民账户体系 2008》,中国国家统计局国民经济核算司、中国人民大学国民经济核算研究所译,中国统计出版社,2012,第 236 页。

② 根据 2008 年 SNA,不能给所有者提供经济利益的研究与开发不形成固定资产,这样的研发支出应作为中间投入处理。参见联合国、欧盟委员会、国际货币基金组织、经济合作与发展组织、世界银行:《国民账户体系 2008》,中国国家统计局国民经济核算司、中国人民大学国民经济核算研究所译,中国统计出版社,2012,第 237 页。

研究与开发在我国经济发展中发挥了越来越重要的作用。关于研究与开发支出核算,我国拥有了比较丰富的基础数据。例如,我国分别于2000年和2009年进行了两次R&D资源清查,在常规年度也开展了企业、研究与开发机构、高等学校等研发活动的调查,掌握了R&D经费支出及构成等数据。同时,发达国家,如美国、加拿大、澳大利亚等,在开展研发支出核算方面积累了比较丰富的经验可供借鉴。因此,按照2008年SNA的建议,引入知识产权产品概念,将研发支出作为固定资本形成计入GDP不仅存在必要性,而且具备了可能性。所以2015年CSNA引入了知识产权产品概念,把研究与开发作为固定资产,把研发支出从中间投入调整为固定资本形成。

关于数据库、娱乐文学和艺术品原件、其他知识产权产品,我国虽然还缺乏基础统计资料,但从需要和前瞻性角度考虑,2015年CSNA也把它们作为知识产权产品的构成部分一并处理。

(二)经济所有权概念

2008年SNA引入了经济所有权概念,它是相对于法定所有权而言的。法定所有权指的是在法律上拥有货物和服务、自然资源、金融资产和负债,并能够持续获得相应经济利益的权利;经济所有权指的是承担了货物和服务、自然资源、金融资产和负债有关的经济风险,享有相应经济利益的权利。① 通常情况下,经济所有权与法定所有权归属于同一所有者。当经济所有权与法定所有权分离时,2008年SNA建议按经济所有权进行核算。这样可以使有关核算结果更加合理和符合实际情况。

随着社会主义市场经济的发展,为了推动土地集约化经营,我国2002年颁布的《农村土地承包法》明确规定,土地承包经营权可以依法进行流转。近年来,我国土地承包经营权流转现象越来越普遍。土地承包经营权流转收入成为农民收入的重要组成部分。那么,在国民经济核算中应当如何处理这些收入呢?

我国宪法规定,农村的土地属于集体所有(法律规定属于国家所有的土地除外),所以拥有土地承包经营权的农民对相应的土地并不拥有法定所有权。如果按照法定所有权的原则,土地承包经营权流转收入不能作为拥有土地承包经营权的农民的财产收入处理。但是,拥有土地承包经营权的农民对相应的土地承担经济风险,享受经济收益,所以拥有相应土地的经济所有权。按照经济所有权的原则,拥有土地承包经营权的农民成为土地的经济所有者,把土地承包经营权流转

---

① 参见联合国、欧盟委员会、国际货币基金组织、经济合作与发展组织、世界银行:《国民账户体系2008》,中国国家统计局国民经济核算司、中国人民大学国民经济核算研究所译,中国统计出版社,2012,第47—48页。

给其他个人或单位使用所获得的收入就形成了 SNA 定义的地租,从而构成农民财产收入的一部分。因此,2015 年 CSNA 引入了 2008 年 SNA 的经济所有权概念,这样,作为我国农民收入重要组成部分的土地承包经营权流转收入就有了合理的处理方法。

(三) 雇员股票期权概念

雇员股票期权指的是公司授予其部分员工在未来一个约定的日期或一段时间内,按照预先确定的价格和条件购买一定数量的公司股票的权利。被授权的员工大多是公司董事、高级管理人员以及核心技术人员等,他们一般需要满足一定的条件才可以被授权,这些条件往往同公司业绩及个人业绩挂钩。雇员股票期权是对员工的酬劳或激励,因而具有劳动者报酬的属性。近年来,许多国家,特别是发达国家越来越多的企业将雇员股票期权作为激励员工的重要方式。因此 2008 年 SNA 引入了雇员股票期权概念,建议对雇员股票期权进行估价,将其计入雇员报酬。

随着改革的逐步深入,我国有越来越多的企业将雇员股票期权作为激励员工的重要方式。2006 年《上市公司股权激励管理办法》(试行)正式实施以后,我国上市公司的股权激励制度得到了快速发展,雇员股票期权制度正被我国越来越多的企业所接受和实施。因此,2015 年 CSNA 按照 2008 年 SNA 的建议,引入了雇员股票期权概念,将其计入劳动者报酬。

(四) 实物社会转移概念

在 2008 年 SNA 中,有一类重要的收入转移,称为实物社会转移,指的是政府和为住户服务的非营利机构免费或以没有显著经济意义的价格提供给住户的消费性货物和服务。[①] 这类货物和服务的支出由政府和为住户服务的非营利机构承担,被住户所消费。

2008 年 SNA 设置了两类最终消费指标,一类是最终消费支出,包括住户部门、一般政府部门和为住户服务的非营利机构部门的最终消费支出;一类是实际最终消费,包括住户部门、一般政府部门和为住户服务的非营利机构部门的实际最终消费。其中,住户部门实际最终消费等于其最终消费支出加上从一般政府部门和为住户服务的非营利机构部门获得的实物社会转移;一般政府部门和为住户服务的非营利机构部门实际最终消费等于相应部门的最终消费支出减去对住户部门的实物社会转移。

---

① 参见联合国、欧盟委员会、国际货币基金组织、经济合作与发展组织、世界银行:《国民账户体系 2008》,中国国家统计局国民经济核算司、中国人民大学国民经济核算研究所译,中国统计出版社,2012,第 204 页。

因此，住户部门实际最终消费反映了居民获得的所有消费性货物和服务的价值，它不仅包括了住户部门自身承担支出所获得的消费性货物和服务的价值，还包括住户部门以实物社会转移的形式从一般政府部门和为住户服务的非营利机构部门获得的消费性货物和服务的价值，体现了居民的实际消费水平。而一般政府部门和为住户服务的非营利机构部门以实物社会转移的形式向住户部门提供的消费性货物和服务提高了居民的实际消费水平，体现了一般政府部门和为住户服务的非营利机构部门在改善居民生活方面所发挥的作用。

近年来，我国政府在推动经济发展的同时，更加注重改善民生，政府用于教育、文化、医疗卫生等民生方面的支出不断增加。例如在教育方面，政府财政不断加大投入力度，教育事业不断发展，教育水平逐步提高；在医疗卫生方面，政府财政不断加大投入力度，医疗卫生事业不断发展，医疗卫生服务水平逐步提高。

2002 年 CSNA 只设置了一类最终消费指标，即最终消费支出，包括居民消费支出和政府消费支出[①]；没有设置实际最终消费指标。近年来，为了更全面地反映我国居民的实际消费水平和政府在改善民生方面所发挥的重要作用，国家统计局开展了实际最终消费核算方法研究和数据试算工作，为正式开展实际最终消费核算工作奠定了较好的基础。因此，2015 年 CSNA 引入了实物社会转移概念，设置了实际最终消费指标。

三、基本核算范围的修订

2015 年 CSNA 关于基本核算范围的修订包括生产范围、资产范围和消费范围的修订。

（一）生产范围

根据 2008 年 SNA 的建议，2015 年 CSNA 明确其生产范围包括以下四个部分：第一，生产者提供或准备提供给其他单位的所有货物和服务的生产；第二，生产者用于自身最终消费或固定资本形成的所有货物的自己性生产；第三，生产者用于自身最终消费或固定资本形成的知识载体产品的自己性生产，不包括住户的相应产品的自己性生产；第四，自有住房者的自给性住房服务和雇佣付酬的家庭雇员提供的家庭和个人服务的自己性生产。与 2002 年 CSNA 的生产范围相比，2015 年 CSNA 的生产范围多出了第三部分，即生产者用于自身最终消费或固定资本形成的知识载体产品的自己性生产，不包括住户的相应产品的自己性生产。知识载体产品指为使消费者能够重复获取知识而提供、存储、交流和发布的各种信息、咨询和娱乐产品，包括一般或专业信息、新闻、咨询报告、电脑程序、电影、音

---

① 2002 年 CSNA 没有单独设置为住户服务的非营利机构部门，所以最终消费支出中不包括为住户服务的非营利机构部门的消费支出。

乐等产品。这些产品可以确定所有权,它们经常存储于一个实物(纸介质或电子介质)之中,而这些实物可以像货物一样进行交易。

(二)资产范围

2015年CSNA关于资产范围的修订包括非金融资产范围的修订和金融资产范围的修订。非金融资产范围的修订主要包括四个方面:一是由于将生产者用于自身最终消费或固定资本形成的知识载体产品的自己性生产纳入生产范围,从而生产者自己生产自己使用的一部分知识载体产品被纳入固定资产范围,而2002年CSNA的固定资产范围中不包括这部分资产。二是按照2008年SNA的建议将全部知识产权产品,包括研究与开发、矿藏勘探与评估、计算机软件和数据库、娱乐文学和艺术品原件、其他知识产权产品纳入固定资产范围,而2002年CSNA只把其中的矿藏勘探和计算机软件纳入固定资产范围。因此,2015年CSNA中的固定资产范围比2002年CSNA多出了研究与开发、数据库、娱乐文学和艺术品原件、其他知识产权产品。三是按照2008年SNA的建议将贵重物品纳入非金融生产资产范围,2002年CSNA没有将贵重物品纳入非金融资产范围。① 四是按照2008年SNA的建议以合约租约和许可、外购商誉和营销资产代替2002年CSNA中的专利权、商标权、商誉等无形资产。金融资产范围的修订主要是按照2008年SNA的建议,将金融衍生产品和雇员股票期权纳入金融资产范围,而2002年CSNA中的金融资产范围中不包括这类金融资产。

(三)消费范围

2015年CSNA关于消费范围的修订,主要包括两个方面,一是由于生产范围的扩大,即将生产者用于自身最终消费或固定资本形成的知识载体产品的自己性生产(不包括住户的相应产品的自己性生产)纳入生产范围,从而消费范围相应地扩大了。二是由于将全部知识产权产品纳入固定资产范围,也引起消费范围发生了变化。例如,将研究与开发、数据库、娱乐文学和艺术品原件等知识产权产品纳入固定资产范围之后,行政和非营利事业单位关于这些产品的支出就不再作为中间投入,而是作为固定资本形成处理,从而从经常性业务支出成本角度计算的行政和非营利性事业单位的产出就不再包括这些知识产权产品的支出,但行政和非营利性事业单位关于这些知识产权产品的固定资产折旧将纳入到它们的产出之中。由于政府消费基本上决定于行政和非营利性事业单位的产出,后者发生变化也导致政府消费范围发生变化。

---

① 2002年CSNA没有把非金融资产划分为生产资产和非生产资产,而是直接划分为固定资产、存货和其他非金融资产,这三类非金融资产中都没有明确包括贵重物品。参见国家统计局:《中国国民经济核算体系2002》,中国统计出版社,2003,第45、64—65页。

四、基本分类的修订

2015 年 CSNA 关于基本分类的修订包括机构部门分类的修订、产业部门分类的修订、交易项目分类的修订、资产和负债分类的修订。

（一）机构部门分类的修订

机构部门分类的修订主要是在机构部门分类中单独设置为住户服务的非营利机构。2002 年 CSNA 把所有常住机构单位划分为非金融企业部门、金融机构部门、政府部门和住户部门四个国内机构部门，没有像 2008 年 SNA 及其以前国际标准那样，就为住户服务的非营利机构单位单独设置一个机构部门。为住户服务的非营利机构是指那些从事非市场生产，免费或以没有显著经济意义的价格向住户提供货物和服务，经费主要来自会员或社会捐赠，而不是来自财政的机构，主要包括消费者协会，教会，社会、文化、娱乐和体育俱乐部，以及慈善、救济和援助机构等。以前，符合国际标准要求的为住户服务的非营利机构比较少，在经济发展中的作用非常有限。近些年来，符合国际标准要求的为住户服务的非营利机构发展很快，它们在经济发展中发挥着越来越重要的作用，因此有必要单独设置一个机构部门，以反映它的作用及其与其他机构部门之间的经济联系。

此外，由于政府部门除了行政单位外，还包括非营利性事业单位，所以 2015 年 CSNA 将其名称修改为广义政府部门。

（二）产业部门分类的修订

2002 年 CSNA 的产业部门分类采用的是国家标准管理部门 2002 年颁布的国家标准——《国民经济行业分类》[①]。2011 年，国家标准管理部门颁布了新的国家标准——《国民经济行业分类》[②]。后者对前者进行了一系列修订。[③] 2015 年 CSNA 的产业部门分类采用了新的国家标准。

（三）交易项目分类的修订

1. 最终消费

最终消费分类的修订，一是在原来的最终消费支出分类中增加了为住户服务的非营利机构的最终消费支出；二是引入了实际最终消费分类；三是调整了居民消费支出分类。

2002 年 CSNA 没有单独设置为住户服务的非营利机构部门，它的最终消费

[①] 中华人民共和国国家质量监督检验检疫总局：《国民经济行业分类》(GB/T4754-2002)，中国标准出版社，2002。

[②] 中华人民共和国国家质量监督检验检疫总局、中国国家标准化管理委员会：《国民经济行业分类》(GB/T4754-2011)，中国标准出版社，2011。

[③] 参见《国民经济行业分类注释》中的《附录 2 国民经济行业分类新旧结构对照表》《附录 3 国民经济行业分类新旧类目对照表》《附录 4 国民经济行业分类新旧类目对照表》；许宪春："关于第三次经济普查年度中国国内生产总值核算的修订"，《比较》，2015 年第 2 期。

主体只有住户部门和政府部门,所以它的最终消费支出仅划分为居民消费支出和政府消费支出。①2015年CSNA在机构部门分类中单独设置了为住户服务的非营利机构部门,它的最终消费主体除了住户部门和广义政府部门外,还包括为住户服务的非营利机构部门,所以最终消费支出被划分为居民消费支出、政府消费支出和为住户服务的非营利机构消费支出,即增加了为住户服务的非营利机构消费支出。

2015年CSNA在最终消费核算中引入了实际最终消费核算,所以除了最终消费支出分类外它还引入了实际最终消费分类,即把实际最终消费划分为居民实际最终消费、政府实际最终消费和为住户服务的非营利机构实际最终消费。

表1.1给出了2015年CSNA和2002年CSNA的最终消费分类。

表1.1 2015年CSNA与2002年CSNA的最终消费分类比较

2015年CSNA的最终消费分类	2002年CSNA的最终消费分类
最终消费支出	最终消费
居民消费支出	居民消费
农村居民消费支出	农村居民消费
城镇居民消费支出	城镇居民消费
政府消费支出	政府消费
为住户服务的非营利机构消费支出	
实际最终消费	
居民实际最终消费	
政府实际最终消费	
为住户服务的非营利机构实际最终消费	

居民消费支出分类的调整主要是由于2015年CSNA与2002年CSNA关于居民消费支出分类所依据的分类标准不同。2002年CSNA中的居民消费支出分类是依据城乡住户调查中的相应分类制定的(见表1.2第二列)。2013年,国家统计局制定了《居民消费支出分类2013》②,2015年CSNA中的居民消费支出分类是依据此分类标准制定的(见表1.2第一列)。2015年CSNA对2002年CSNA的居民消费支出分类主要做了以下几个方面的调整:一是取消了集体福利服务;二是将金融中介服务与保险服务分开;三是将食品、家庭设备用品及服务、文化教育娱乐用品及服务分别更名为食品烟酒、生活用品及服务、教育文化和娱乐;四是将

---

① 2002年CSNA分别称为最终消费、居民消费和政府消费,实际上是最终消费支出、居民消费支出和政府消费支出。

② 国家统计局:《居民消费支出分类2013》,2013。

居住调整到生活用品及服务之前,将医疗保健调整到教育文化和娱乐之后。

表 1.2　2015 年 CSNA 与 2002 年 CSNA 的居民消费支出分类比较

2015 年 CSNA 中的居民消费支出分类	2002 年 CSNA 中的居民消费支出分类
食品烟酒	食品
衣着	衣着
居住	家庭设备用品及服务
生活用品及服务	医疗保健
交通和通信	交通和通信
教育文化和娱乐	文化教育娱乐用品及服务
医疗保健	住房服务
金融中介服务	金融中介服务及保险服务
保险服务	集体福利服务
其他商品及服务	其他商品和服务

2. 资本转移

资本转移分类的修订就是在原来分类的基础上增加资本税这一类别。2002 年 CSNA 将资本转移划分为投资性补助和其他两个类别;2015 年 CSNA 将资本转移划分为资本税、投资性补助和其他三个类别,即比 2002 年 CSNA 的资本转移分类增加了资本税这一类别。

3. 资本形成总额

资本形成总额分类的修订,一是在原来分类的基础上增加贵重物品的获得减处置类别,二是对固定资本形成总额分类进行系统调整。

2002 年 CSNA 将资本形成总额划分为固定资本形成总额和存货增加两个类别,由于 2015 年 CSNA 将贵重物品纳入到生产资产范围,从而将资本形成总额划分为固定资本形成总额、存货变动和贵重物品的获得减处置三个类别,即比 2002 年 CSNA 中的资本形成总额分类增加了贵重物品的获得减处置。

2002 年 CSNA 主要依据我国专业统计中的全社会固定资产投资统计分类标准将固定资本形成总额划分为建筑安装工程、设备工器具购置、土地改良和其他几个类别,其中在建筑安装工程项下单列住宅。① 2015 年 CSNA 依据 2008 年 SNA 将固定资本形成总额按资产类型划分为住宅、其他建筑和构筑物、机器和设备、培育性生物资源、知识产权产品、非生产资产所有权转移费用、其他等 7 个主要类别,其中知识产权产品进一步划分为研究与开发、矿藏勘探与评估、计算机软

---

① 参见国家统计局:《中国国民经济核算体系 2002》,中国统计出版社,2003,第 10、37 页。

件和数据库、娱乐文学与艺术品原件和其他知识产权产品。

（四）资产和负债分类的修订

2015年CSNA与2002年CSNA一样，将资产划分为非金融资产和金融资产两大类。但对非金融资产和金融资产的细分类，2015年CSNA进行了较大幅度的修订。表1.3给出了2015年CSNA和2002年CSNA的非金融资产分类。

表1.3　2015年CSNA与2002年CSNA的非金融资产分类比较

2015年CSNA的非金融资产分类	2002年CSNA的非金融资产分类
非金融资产	非金融资产
生产资产	固定资产
固定资产	存货
住宅	其他非金融资产
其他建筑和构筑物	
机器和设备	
培育性生物资源	
知识产权产品	
研究与开发	
矿藏勘探和评估	
计算机软件和数据库	
娱乐文学与艺术品原件	
其他知识产权产品	
其他	
存货	
贵重物品	
非生产资产	

从表1.3可以看出，2015年CSNA对2002年CSNA的非金融资产分类主要做了以下几个方面的修订：一是增加了生产资产和非生产资产分类；二是将固定资产划分为住宅、其他建筑和构筑物、机器和设备等6个类别，并对其中的知识产权产品做了进一步细分；三是在生产资产项下列出贵重物品类别。

表1.4给出了2015年CSNA和2002年CSNA的金融资产和负债分类。

表 1.4　2015 年 CSNA 与 2002 年 CSNA 金融资产和负债分类比较

2015 年 CSNA 的金融资产和负债分类	2002 年 CSNA 的金融资产和负债分类
金融资产	金融资产
通货	国内金融资产
存款	通货
贷款	存款
股权和投资基金份额	贷款
股权	证券(不含股票)
投资基金份额	股票及其他股权
债务性证券	保险准备金
保险准备金和社会保险基金权益	其他
金融衍生产品和雇员股票期权	国外金融资产
储备资产	直接投资
货币黄金	证券投资
特别提款权	其他投资
在基金组织的储备头寸	储备资产
外汇储备	其中:货币黄金
其他债权	外汇储备
其他	
负债	负债
通货	国内负债
存款	通货
贷款	存款
股权和投资基金份额	贷款
股权	证券(不含股票)
投资基金份额	股票及其他股权
债务性证券	保险准备金
保险准备金和社会保险基金权益	其他
金融衍生产品和雇员股票期权	国外负债
其他	直接投资
	证券投资
	其他投资

从表 1.4 可以看出,2015 年 CSNA 对 2002 年 CSNA 的金融资产与负债分类的修订主要包括以下几个方面:一是取消了国内金融资产与负债和国外金融资产

与负债的划分,对国外金融资产与负债也按金融工具类型进行分类;二是按照2008年SNA的建议新引入了金融衍生产品和雇员股票期权这一类别;三是分别用股权和投资基金份额、债务性证券、保险准备金和社会保险基金权益代替了股票及其他股权、证券(不含股票)、保险准备金;四是细化了储备资产分类①。

五、基本核算框架的修订

2002年CSNA由基本核算表、国民经济账户和附属表三大部分组成。基本核算表包括国内生产总值表、投入产出表、资金流量表、资产负债表和国际收支表;国民经济账户包括经济总体账户、国内机构部门账户和国外部门账户;附属表包括自然资源实物量核算表和人力资源与人力资本实物量核算表。2015年CSNA对其中的基本核算表进行了补充和完善,不再单独设置国民经济账户,对附属表进行了补充和调整,形成了新的拓展核算。

(一)基本核算表的修订

2015年CSNA对2002年CSNA的每张基本核算表都进行了修订。

1. 国内生产总值表的修订

2015年CSNA和2002年CSNA的国内生产总值表都由国内生产总值总表、生产法国内生产总值表、收入法国内生产总值表和支出法国内生产总值表四张表组成。2015年CSNA对这四张表的修订实际上是产业部门分类修订、最终消费分类修订和资本形成总额分类修订在这些表中的具体体现。对国内生产总值总表的修订包括三个方面:一是在支出法国内生产总值下增加实际最终消费指标,与最终消费支出指标并列,并增加其细分类指标,即居民实际最终消费、政府实际最终消费和为住户服务的非营利机构实际最终消费;二是在最终消费支出指标下增加次级分类指标,即住户服务的非营利机构消费支出;三是在资本形成总额指标下增加次级分类指标,即贵重物品的获得减处置。对生产法国内生产总值表和收入法国内生产总值表的修订就是将其中的产业部门分类由采用国家标准管理部门2002年颁布的国民经济行业分类标准调整为采用2011年颁布的分类标准;三次产业分类由采用国家统计局2003年制定的三次产业划分规定②调整为采用2012年制定的划分规定③。对支出法国内生产总值表的具体修订包括三个方面:一是用表1.2中新的居民消费支出分类代替原来的居民消费支出分类;二是在资本形成总额指标下增加次级分类指标,即贵重物品的获得减处置;三是将固定资

---

① 在2002年CSNA的资产负债表中,储备资产下面只列出货币黄金和外汇储备两个类别,但在国际收支表中,储备资产下面列出货币黄金、特别提款权、在基金组织的储备头寸、外汇储备和其他债权五个类别。

② 国家统计局:《三次产业划分规定》,国统字〔2003〕14号。

③ 国家统计局:《三次产业划分规定》,国统字〔2012〕108号。

本形成总额分类由原来主要依据全社会固定资产投资统计分类修订为按资产类型分类。①

2. 投入产出表的修订

2015年CSNA和2002年CSNA的投入产出表都由供给表、使用表和产品部门×产品部门表三张表组成。2015年CSNA对这三张表的修订实际上是产业部门分类修订、最终消费支出次级分类修订和资本形成总额次级分类修订在这些表中的体现。具体修订内容包括：一是供给表和使用表中的产业部门分类由原来采用国家标准管理部门2002年颁布的国民经济行业分类标准调整为采用2011年颁布的分类标准；二是使用表和产品部门×产品部门表宾栏最终消费支出指标下增加次级分类指标，即为住户服务的非营利机构消费支出，宾栏资本形成总额指标下增加次级分类指标，即贵重物品的获得减处置。

3. 资金流量表的修订

2015年CSNA和2002年CSNA的资金流量表都由非金融交易表②和金融交易表两张表组成。2015年CSNA对这两张表的修订实际上是机构部门分类修订、最终消费支出次级分类修订、资本形成总额次级分类修订、金融资产和负债分类修订、引入实物社会转移概念和引入实际最终消费分类在这些表中的体现。非金融交易表的具体修订内容包括：一是主栏最终消费支出指标下增加次级分类指标，即为住户服务的非营利机构消费支出；二是主栏为住户服务的非营利机构消费支出指标之后依次增加实物社会转移和调整后可支配收入两个一级指标；三是主栏调整后可支配收入指标之后增加实际最终消费一级指标及其次级分类指标，即居民实际最终消费、政府实际最终消费和为住户服务的非营利机构实际最终消费；四是主栏资本形成总额指标下增加次级分类指标，即贵重物品的获得减处置；五是用新的机构部门分类代替原来的机构部门分类③。金融交易表的具体修订内容包括：一是基本上利用表1.4中新的金融资产和负债分类对应的流量分类代替原来的金融资产和负债流量分类；二是用新的机构部门分类代替原来的机构部门分类。

4. 资产负债表的修订

2015年CSNA对2002年CSNA资产负债表的修订包括两个方面：一是对期初和期末资产负债表的修订；二是在两张存量表基础上增加两张流量表。

2015年CSNA对期初和期末资产负债表的修订实际上是非金融资产分类的

---

① 见本节"基本分类的修订"部分。
② 2002年CSNA称为"实物交易表"。
③ 见本节"基本分类的修订"部分。

修订、金融资产和负债分类的修订以及机构部门分类的修订在这两张存量表中的体现。具体修订内容包括：一是利用表1.3左栏中新的非金融资产分类代替右栏中旧的非金融资产分类；二是利用表1.4左栏中新的金融资产和负债分类代替右栏中旧的金融资产和负债分类，同时，将金融资产及其分类指标与负债及其分类指标在主栏上分列；三是用新的机构部门分类代替原来的机构部门分类，并且机构部门和经济总体下方不再设置来源栏和运用栏。

2002年CSNA中的资产负债表只包括期初和期末资产负债表，2015年CSNA把资产负债表扩充为期初资产负债表、资产负债交易变化表、资产负债其他变化表和期末资产负债表，即除了期初和期末两张存量表之外，增加了两张流量表。其中资产负债交易变化表反映由交易引起的期初期末资产、负债和净值的变化，这些变化在资金流量表中进行了描述；资产负债其他变化表反映由非交易因素引起的期初期末之间资产、负债和净值的变化。非交易因素包括由于核算期内资产负债价格变化，以及资产、负债的经济出现、经济消失、外部事件等因素（其中经济出现如发现新的可开采矿藏，经济消失如自然资源消耗，外部事件如自然灾害损失等），这些因素也会导致期初期末之间资产、负债和净值发生变化。资产负债交易变化表和资产负债其他变化表两张流量表将期初和期末两张资产负债存量表完整地连接起来，从而修订之后的资产负债表既可以观察期初和期末资产、负债和净值的存量，也可以观察当期资产、负债和净值的变化量。

2015年CSNA新增加的资产负债交易变化表和资产负债其他变化表主栏指标的设置和宾栏机构部门的设置与修订后的期初和期末资产负债表是一致的，不过，这两张流量表主栏中的指标是资产、负债和净值的变化，而不是资产、负债和净值存量。资产负债交易变化表主栏中的指标用来描述交易引起的期初期末之间资产、负债和净值的变化；资产负债其他变化表主栏中的指标用来描述非交易因素引起的期初期末之间资产、负债和净值的变化。

5. 国际收支表的修订

2015年CSNA和2002年CSNA的国际收支表都由国际收支平衡表和国际投资头寸表两张表组成。2015年CSNA对国际收支平衡表的修订主要包括以下几个方面：一是项目名称的修订，即将"经常项目"修订为"经常账户"，"资本和金融项目"修订为"资本和金融账户"，"资本项目"修订为"资本账户"，"金融项目"修订为"金融账户"，"收益"修订为"初次收入"，"经常转移"修订为"二次收入"，"职工报酬"修订为"雇员报酬"。二是增加初次收入的分类项目，即在雇员报酬和投资收益项目之外增加其他初次收入，它包括地租、产品税和补贴、其他生产税和补贴，从而使得国际收支平衡表中的初次收入项目与资金流量表中初次分配收入项目相对应。三是在资本账户中列出具体项目，即资本转移项目和非金融非生产资产的获得减处置项目。四是将储备资产并入金融账户,即将储备资产从原来与经常项目、资本和金融项目并列的项目修订为金融账户的附属项目。这项修订是采用了国际货币基金组织2009年发布的《国际收支手册》(第六版)的项目设置方式。同时,为了兼顾国内用户的习惯,在金融账户下设置非储备性质的金融账户和储备资产两大项目。五是在非储备性质的金融账户中的直接投资、证券投资和其他投资项目之外,增加金融衍生产品和雇员股票期权项目。

2015年CSNA对2002年CSNA国际投资头寸表的修订主要是在对外金融资产和对外负债项目下增加了金融衍生产品和雇员股票期权项目。

(二)国民经济账户的修订

2002年CSNA是对国务院1992年颁布的《中国国民经济核算体系(试行方案)》①(以下简称1992年CSNA)进行系统修订的结果。1992年CSNA是一种混合型体系,体现了从适应高度集中的计划经济体制需要的物质产品平衡表体系(简称MPS)向适应市场经济体制需要的国民账户体系(SNA)转换的过渡性特点。受传统体系的影响,其中的基本核算表的设计不完善,主要表现:一是部分基本核算表,特别是资金流量表的设计保留了传统体系的统计指标,与国民经济核算国际标准有较大差别;二是核算内容不完整,没有全面地反映从期初到期末各种因素导致的资产、负债和净值的变化;三是不同基本核算表之间的衔接性不够。1992年CSNA中的国民经济账户②部分实际上起到了弥补上述不足的作用。经过2002年CSNA的修订和本次修订,2015年CSNA中的基本核算表的设计比较完善,上述问题基本上都得到了解决,所以不再单独设置国民经济账户部分,以免与基本核算表的内容相重复。

(三)附属表的修订

2002年CSNA中的附属表包括自然资源实物量核算表、人口资源与人力资本实物量核算表两张表。2015年CSNA中的拓展核算包括资源环境核算、卫生核算和旅游核算三部分。可见,2015年CSNA中的拓展核算取消了2002年CSNA附属表中的人口资源与人力资本实物量核算表,增加了环境核算、卫生核算和旅游核算。这种修订也是依据2008年SNA的建议以及中国经济管理的需求确定的。其中,资源环境核算描述资源环境状况及其变化、经济系统与资源环境系统之间的相互作用。资源环境核算包括资源核算和环境核算两部分:资源核算包括自然资源资产核算表、自然资源供给表和自然资源使用表;环境核算包括环境保

---

① 国务院:《关于实施新国民经济核算体系方案的通知》,国发〔1992〕48号;国家统计局:《中国国民经济核算体系(试行方案)》,1992。

② 1992年CSNA称为经济循环账户。

护支出核算表和污染物排放实物量核算表。卫生核算描述卫生保健的资金来源及其支出情况和卫生保健产业活动及其产品供求情况。卫生保健核算包括卫生总费用核算表、卫生供给表和卫生使用表。旅游核算描述旅游及相关产业的生产、供给和旅游消费情况。旅游核算包括旅游产业及其他产业生产核算表、旅游供给和消费核算表。

六、基本指标的修订

基本指标的修订包括对 2002 年 CSNA 中原有基本指标的定义和口径范围的修订,也包括 2015 年 CSNA 新基本指标的引入。关于原有基本指标的定义和口径范围的修订实际上可以划分为两种类型,一种是直接对某些基本指标的定义和口径范围进行修订,另一种是由于知识产权产品、经济所有权、雇员股票期权等新的基本概念的引入,生产范围、资产范围、消费范围等基本核算范围的修订,以及机构部门、交易项目、资产负债等基本分类的修订,间接地导致一些基本指标的口径范围发生变化。下面从国内生产总值核算和投入产出核算、资金流量核算、资产负债核算和国际收支核算四个方面比较具体地阐述 2015 年 CSNA 关于基本指标的定义和口径范围的修订。

(一)国内生产总值核算和投入产出核算基本指标的修订

2015 年 CSNA 关于国内生产总值核算和投入产出核算基本指标的定义和口径范围的修订是一致的,所以在此一并阐述。

1. 总产出

2015 年 CSNA 关于总产出口径范围的修订主要包括两个方面:一是引入知识产权产品概念之后导致总产出口径范围发生变化;二是生产范围的修订导致总产出口径范围发生变化。

引入知识产权产品概念之后,2015 年 CSNA 把全部知识产权产品支出都作为固定资本形成处理,而 2002 年 CSNA 仅把其中的矿藏勘探支出和计算机软件支出作为固定资本形成处理,因此,2015 年 CSNA 的固定资本形成口径范围有所扩大,中间投入口径范围有所缩小。由于企业的总产出是由企业生产的货物和提供的服务确定的,不受中间投入口径范围变化的影响,所以引入知识产权产品概念对企业总产出的口径范围没有影响。但是,行政单位和非营利事业单位的总产出是由经常性业务支出成本确定的,其中包括中间投入成本,引入知识产权产品概念之后,中间投入口径范围有所缩小,必然导致有知识产权产品支出的行政单位和非营利事业单位总产出口径范围有所缩小。另外,像其他类型固定资产一样,针对知识产权产品计算的固定资产折旧增加经常性业务支出成本,所以有知识产权产品支出的行政单位和非营利事业单位的总产出口径范围会因此有所扩大。因此,行政单位和非营利事业单位总产出的口径范围会由于引入知识产权产品的概念而发生变化。

2015年CSNA把生产者用于自身最终消费或固定资本形成的知识载体产品的自己性生产(不包括住户的相应产品的自己性生产)纳入生产范围,针对这种生产活动要计算总产出,因此,总产出口径范围相应地发生变化。

2. 中间投入

如上所述,2015年CSNA引入知识产权产品概念之后,全部知识产权产品支出都作为固定资本形成处理,而2002年CSNA仅把其中的矿藏勘探支出和计算机软件支出作为固定资本形成处理,因此,2015年CSNA的固定资本形成口径范围有所扩大,中间投入口径范围有所缩小。

3. 增加值

2015年CSNA引入知识产权产品概念之后导致增加值口径范围发生变化。对于企业来说,由于总产出是由企业生产的货物和提供的服务确定的,不受中间投入口径范围变化的影响,所以引入知识产权产品概念之后,中间投入口径范围有所缩小必然导致增加值口径范围有所扩大。[①] 对于行政单位和非营利事业单位来说,由于总产出是由经常性业务支出成本确定的,引入知识产权产品概念之后,中间投入口径范围有所缩小直接导致总产出口径范围有所缩小,增加值口径范围不受影响。但是,针对知识产权产品计算的固定资产折旧,既导致总产出增加,也导致增加值增加。[②] 因此,无论是企业还是行政单位和非营利事业单位,引入知识产权产品概念之后增加值的口径范围都会发生相应的变化。

4. 劳动者报酬

2015年CSNA关于劳动者报酬口径范围的修订主要包括两个方面:一是将雇员股票期权纳入劳动者报酬;二是将个体经营户的业主及其家庭成员从事工作应得的劳动回报与经营利润区分开来。

2002年CSNA没有涉及雇员股票期权概念,从而其劳动者报酬不包括雇员股票期权。2015年CSNA引入了雇员股票期权概念,并将其纳入劳动者报酬。

由于个体经营户的业主及其家庭成员从事工作应得的劳动回报与经营利润不易区分,2002年CSNA将这两部分统一作为劳动者报酬处理。[③] 但这种处理方法导致劳动者报酬高估,从第二次全国经济普查(2008年)开始,我国国民经济核算按同一行业内相近规模企业的收入法增加值中的劳动者报酬和营业盈余的比例将上述两部分划分开来,把其中的劳动回报作为劳动者报酬处理,把其中的经

[①] 这是因为总产出=总投入=中间投入+增加值。

[②] 对于行政单位和非营利事业单位来说,固定资产折旧既是总产出的构成部分,也是增加值的构成部分。

[③] 参见国家统计局:《中国国民经济核算体系2002》,中国统计出版社,2003,第11页。

营利润作为营业盈余处理。① 2015 年 CSNA 采纳了第二次全国经济普查以来采用的新的处理方法,对 2002 年 CSNA 的处理方法进行了修订。②

5. 固定资产折旧

2002 年 CSNA 虽然将矿藏勘探和计算机软件作为固定资产处理(统计局,2003b,第 64 页),但没有明确要求计算这部分固定资产的折旧。2015 年 CSNA 引入了知识产权产品概念,扩大了固定资产的范围,并且明确要求针对知识产权产品计算固定资产折旧。

6. 营业盈余

2015 年 CSNA 关于营业盈余口径范围的修订主要包括三个方面:一是引入知识产权产品概念之后,企业中间投入口径范围有所缩小,直接导致企业增加值中的营业盈余口径范围有所扩大;同时针对知识产权产品计算的固定资产折旧增加了企业的固定资产折旧,减少了企业的营业盈余。因此,引入知识产权产品概念从两个角度导致企业营业盈余口径范围发生变化。二是引入雇员股票期权概念之后,企业的劳动者报酬增加了,营业盈余相应地减少了,因此,企业营业盈余口径范围发生变化。三是 2015 年 CSNA 将个体经营户的业主及其家庭成员从事工作应得的劳动回报与经营利润划分开来,把其中的经营利润作为营业盈余处理,因此,其营业盈余包括了个体经营户的经营利润;而 2002 年 CSNA 把上述劳动回报与经营利润统一作为劳动者报酬处理了,从而其营业盈余不包括个体经营户的经营利润。③

7. 政府消费支出

2015 年 CSNA 关于政府消费支出口径范围的修订主要是引入知识产权产品概念的结果。如上所述,引入知识产权产品概念导致行政单位和非营利事业单位

---

① 2002 年 CSNA 颁布之后,我国国民经济核算对个体经营户的业主及其家庭成员从事工作应得的劳动回报与经营利润的处理方法进行过两次修订,第一次修订始于第一次经济普查,将上述两部分均作为营业盈余处理,参见国家统计局国民经济核算司:《中国经济普查年度国内生产总值核算方法》,中国统计出版社,2007,第 3 页;国家统计局国民经济核算司:《中国非经济普查年度国内生产总值核算方法》,中国统计出版社,2008,第 6 页。第二次修订始于第二次经济普查,按同一行业内相近规模企业的收入法增加值中的劳动者报酬和营业盈余的比例将上述两部分划分开来,把其中的劳动回报作为劳动者报酬处理,把其中的经营利润作为营业盈余处理,参见国家统计局国民经济核算司:《中国第二次经济普查年度国内生产总值核算方法》,2011,第 4—5 页;国家统计局国民经济核算司:《中国非经济普查年度国内生产总值核算方法》(第一次修订),2013,第 7—8 页。

② 2002 年 CSNA 没有将个体经济区分为个体经营户和农户,第二次经济普查将两者明确区分开来,参见国家统计局、国务院第二次全国经济普查领导小组办公室:《第二次全国经济普查方案 2008》,2008,第 238 页。如上一脚注所述,我国国民经济核算对个体经营户的业主及其家庭成员从事工作应得的劳动回报与经营利润的处理方法进行过两次修订,但对农户没有进行相应的修订,一直将上述两部分统一作为劳动者报酬处理,主要是考虑到农户的经营利润比较少。

③ 详见"基本指标的修订"中"劳动者报酬"指标的修订部分。

总产出口径范围发生了变化。① 由于行政单位和非营利事业单位总产出基本上决定了政府消费支出,所以引入知识产权产品概念必然导致政府消费支出的口径范围相应地发生变化。

8. 资本形成总额

2015年CSNA关于资本形成总额口径范围的修订主要包括三个方面:一是由于将生产者用于自身最终消费或固定资本形成的知识载体产品的自己性生产纳入生产范围(不包括住户的相应产品的自己性生产),从而生产者自己生产自己使用的一部分知识载体产品进入固定资本形成总额。二是由于将全部知识产权产品纳入固定资产范围,从而全部知识产权产品支出进入固定资本形成总额,而在2002年CSNA中,只有矿藏勘探支出和计算机软件支出进入固定资本形成总额。三是由于将贵重物品纳入生产资产范围,从而贵重物品的获得减处置进入资本形成总额。

(二) 资金流量核算基本指标的修订

1. 财产收入

2015年CSNA关于财产收入的修订包括以下三个方面:一是修订了财产收入的定义。依据2008年SNA,2015年CSNA将财产收入定义如下:财产收入是金融资产和自然资源所有者将其交由其他机构单位支配而获得的收入。财产收入包括投资收入和地租两部分。投资收入是金融资产所有者向另一机构单位提供资金应得的收入,包括利息、公司已分配收入和其他投资收入。地租指自然资源所有者将自然资源交由另一机构单位支配供其在生产中使用应得的收入。与2002年CSNA相比,这里的定义用"自然资源"代替了"有形非生产资产",同时明确了财产收入由投资收入和地租两部分组成。2015年CSNA的财产收入定义更加清晰和明确。二是依据2008年SNA,2015年CSNA将属于投保人的投资收入、养老金权益的应付投资收入和属于投资基金股东集体的投资收入明确纳入财产收入。三是根据新引入的经济所有权的概念,将农村土地承包经营权流转收入作为地租包括在财产收入中。②

2. 所得税及财产税

2015年CSNA将2002年CSNA经常转移中的收入税修订为所得税及财产税,它指对住户收入或公司利润所征收的税以及每个纳税期定期应征的财产税,但不包括对企业拥有并用于生产的土地、房屋或其他资产所征收的税,后者属于生产税。2015年CSNA中的所得税及财产税比2002年CSNA中的收入税增

---

① 参见"基本指标的修订"中"总产出"指标的修订部分。
② 参见"基本概念的修订"部分。

加了每个纳税期定期应征收的财产税。

3. 调整后可支配总收入

2015年CSNA引入实物社会转移概念和指标之后,产生了新的可支配总收入指标,即调整后可支配总收入。该指标只涉及住户部门、广义政府部门和为住户服务的非营利机构部门。住户部门调整后可支配总收入等于其可支配总收入加上获得的实物社会转移;广义政府部门和为住户服务的非营利机构部门调整后可支配总收入等于其可支配总收入减去支付的实物社会转移。2002年CSNA没有引入实物社会转移概念和指标,从而没有设置调整后可支配总收入指标。

4. 贵重物品的获得减处置

2015年CSNA将贵重物品纳入生产资产范围,从而其资本形成总额包括贵重物品的获得减处置。贵重物品的获得减处置指贵重物品的持有者获得的贵重物品价值减去处置的贵重物品的价值。2002年CSNA没有将贵重物品纳入非金融资产范围[①],所以其资本形成总额不包括贵重物品的获得减处置。

5. 非金融非生产资产的获得减处置

2015年CSNA将非金融资产划分为生产资产和非生产资产,所以它将2002年CSNA中的其他非金融资产的获得减处置指标修订为非金融非生产资产的获得减处置。

6. 投资基金份额

2015年CSNA在金融资产中设置了投资基金份额这一指标。投资基金是将投资者的资金集中起来投资于金融或非金融资产的集体投资。投资基金包括共同基金和单位信托基金。投资基金采用公司结构时,发行基金份额;采用信托结构时,发行基金单位。投资基金份额指共同基金发行的股份。在资金流量核算中,投资基金份额指标指的是投资基金份额在核算期内的变动。2002年CSNA在金融资产中没有设置投资基金份额这一指标,在资金流量表中没有设置相应的流量指标。

7. 金融衍生产品

2015年CSNA在金融资产中设置了金融衍生产品指标,它是与特定的金融工具、指数或商品相联系的金融工具,通过这种金融工具,特定金融风险本身(如利率风险、外汇风险、股权和商品价格风险、信用风险等)可以在金融市场上进行交易。在资金流量核算中,金融衍生产品指标指的是金融衍生产品在核算期内的变动。2002年CSNA在金融资产中没有设置金融衍生产品指标,在资金流量表中没有设置相应的流量指标。

---

① 2002年CSNA没有引入生产资产概念,所以这里只能讲没有将贵重物品纳入非金融资产范围。

(三) 资产负债核算基本指标的修订

1. 生产资产和非生产资产

2015年CSNA的资产负债核算设置了生产资产和非生产资产指标。生产资产是作为生产过程的产出而形成的非金融资产；非生产资产是通过生产过程以外的方式形成的非金融资产。生产资产包括固定资产、存货和贵重物品。非生产资产包括自然资源、合约租约和许可、外购商誉和营销资产。2002年CSNA的资产负债核算没有设置生产资产和非生产资产指标。

2. 固定资产

2015年CSNA关于固定资产指标口径范围的修订在本章资产范围的修订部分已经阐明，主要包括两个方面：一是将生产者用于自身最终消费或固定资本形成的知识载体产品的自己性生产纳入生产范围（不包括住户的相应产品的自己性生产）之后，生产者自己生产自己使用的一部分知识载体产品进入固定资产，2002年CSNA的固定资产不包括这部分资产。二是把全部知识产权产品纳入固定资产范围之后，研究与开发、数据库、娱乐文学与艺术品原件、其他知识产权产品进入固定资产，2002年CSNA的固定资产不包括这部分资产。

3. 贵重物品

2015年CSNA的资产负债核算设置了贵重物品指标。贵重物品指主要不是用于生产和消费，而是作为价值储藏手段持有的，具有相当大价值的生产性货物。在正常情况下经过一段时间，贵重物品的实际价值会上升或至少不会下降，其质量也不会变坏。贵重物品包括贵金属和宝石、古董和其他艺术品以及其他贵重物品。2002年CSNA的资产负债核算没有设置贵重物品指标。

4. 有关金融资产指标

2015年CSNA的资产负债核算新设置了投资基金份额、金融衍生产品和雇员股票期权等金融资产指标，这些指标的定义在本章前面已经阐述过，此处不再赘述。

(四) 国际收支核算基本指标的修订

2015年CSNA对2002年CSNA国际收支核算指标的修订主要包括以下几个方面：一是在初次收入中增加了其他初次收入指标[①]；二是在资本账户中增加了非金融非生产资产的获得减处置指标[②]；三是在非储备性质的金融账户中增加了

---

① 见"基本核算框架的修订"中"国际收支表的修订"部分。

② 从本节"基本核算框架的修订"中"国际收支表的修订"部分可知，2015年CSNA在国际收支平衡表中的资本账户中列出了资本转移和非金融非生产资产的获得减处置两个具体指标，2002年CSNA国际收支平衡表中的资本项目虽然没有列出具体指标，但反映的就是资本转移内容，所以只有非金融非生产资产的获得减处置是2015年CSNA国际收支核算资本账户新增加的指标。

金融衍生产品和雇员股票期权流量指标,相应地在国际投资头寸表的对外金融资产和对外负债项目下增加了金融衍生产品和雇员股票期权存量指标。上述新增加的指标实际上在资金流量核算基本指标的修订部分或在资产负债核算基本指标的修订部分都已经阐述过了,所不同的是在国际收支核算部分这些指标都是发生在常住单位与非常住单位之间的交易或资产负债存量,但其基本定义和口径范围与资金流量核算和资产负债核算中的相应指标是一致的,所以此处不再赘述。

七、基本计算方法的修订

2015年CSNA对城镇居民自有住房服务价值、金融中介服务产出、非寿险服务产出的计算方法进行了修订。

(一)城镇居民自有住房服务价值计算方法的修订

本章中的居民自有住房指的是居民自己拥有自己居住的住房,不包括居民自己拥有出租给其他用户的住房。由于居民自有住房与租赁住房的比率,在不同的国家之间,同一国家不同时期之间都是不同的,为了保持住房服务的生产和消费的国际可比性和历史可比性,需要对居民自有住房服务价值进行虚拟计算。

居民自有住房服务价值的虚拟计算有两种基本方法:一是市场租金法,即按市场上相同类型、相同大小和相同质量的住房租金来估算。这种方法适用于存在规范的住房租赁市场的国家。二是成本法,即按居民自有住房服务的成本来估算。其中的成本一般包括居民自有住房的维护修理费、物业管理费和固定资产折旧等。这种方法适用于住房租赁市场不大规范的国家。2002年CSNA关于城镇居民和农村居民自有住房服务价值的虚拟计算均采用的是成本法。[①]

2002年CSNA之所以采用成本法计算城镇居民自有住房服务价值,是因为当时我国城镇住房租赁市场不完善,成本法被认为是当时较为可行的方法。

随着城镇房地产市场的快速发展,我国城镇住房租赁市场逐步成熟,房租的代表性逐步增强。近年来,国家统计局已经利用住户调查取得的住房租金、住房面积等数据以及人口统计数据,试算了城镇居民自有住房服务价值,试算方法逐步成熟。[②] 因此,2015年CSNA对2002年CSNA的计算方法进行了修订,即利用市场租金法代替成本法计算城镇居民自有住房服务价值。由于农村住房租赁情况相对较少,住房租赁市场不完善,农村居民自有住房服务价值仍采用成本法计算。

(二)金融中介服务产出计算方法的修订

金融中介服务指的是金融机构通过吸收存款、发放贷款的方式提供的金融服

[①] 参见国家统计局:《中国国民经济核算体系2002》,中国统计出版社,2003,第11页。
[②] 参见许宪春:"中国当前重点统计领域的改革",《经济研究》,2013年第10期,第18—28页。

务。对于这种服务,金融机构不是向存款人和借款人直接收取服务费用,而是通过贷款利率高于存款利率的方式间接地收取服务费用。

关于金融中介服务产出的计算,2002年CSNA基本上采用的是1993年SNA推荐的方法,即金融中介服务产出等于银行业利息收入减去利息支出,扣除银行业利用自有资金获得的利息收入。[①] 2015年CSNA采用了2008年SNA推荐的方法,即采用参考利率的方法计算金融中介服务产出。[②] 参考利率是一种介于存贷款利率之间的利率,它不应该包括服务因素,而应该反映存贷款的风险和期限结构。采用这种方法,金融中介服务产出等于金融机构对存款人提供的间接服务费用加上对借款人提供的间接服务费用之和。其中,金融机构对存款人提供的间接服务费用等于金融机构存款额乘以参考利率减去其实际支付的存款利息;金融机构对借款人提供的间接服务费用等于金融机构实际收取的贷款利息减去其贷款额乘以参考利率。

(三)非寿险服务产出计算方法的修订

在1993年SNA中,非寿险服务产出等于实收保费加上追加保费再减去实际赔付。在正常年度,用这种方法计算非寿险服务产出是没有问题的。但是,在发生巨大灾难、产生巨额保险赔付的年度,用这种方法计算的非寿险服务产出会出现大幅度下降,甚至出现负值。因此,2008年SNA对非寿险服务产出的计算方法进行了改进,用调整后已生索赔代替实际赔付[③],其中调整后已生索赔可以利用统计技术对历史数据进行平滑后得到。

2002年CSNA关于非寿险服务产出的计算采用的是1993年SNA推荐的方法,2015年CSNA根据2008年SNA的建议修订了非寿险服务产出的计算方法。

---

① 这里之所以说基本上采用的是1993年SNA推荐的方法,是因为2002年CSNA采用的方法与1993年SNA的处理方法还有所不同。在1993年SNA中,金融中介服务产出等于金融机构应收财产收入减去应付利息,扣除金融机构利用自有资金获得的财产收入,参见联合国、欧盟共同体委员会、国际货币基金组织、经济合作与发展组织、世界银行:《国民经济核算体系1993》,国家统计局国民经济核算司译,中国统计出版社,1995,第141—142页。与1993年SNA的计算方法不同之处在于,2002年CSNA在计算金融中介服务产出时只包括利息收入,没有包括利息收入以外的财产收入;只扣除了自有资金获得的利息收入,没有扣除利用自有资金获得的其他财产收入,参见国家统计局:《中国国民经济核算体系2002》,中国统计出版社,2003,第10页。

② 2008年SNA推荐的方法参见许宪春:《国际标准的修订与中国国民经济核算体系改革研究》,北京大学出版社,2014,第165—166页。

③ 参见联合国、欧盟委员会、国际货币基金组织、经济合作与发展组织、世界银行:《国民账户体系2008》,中国国家统计局国民经济核算司、中国人民大学国民经济核算研究所译,中国统计出版社,2012,第132页。

第二节 怎样看待关于政府统计数据的三项质疑

由于种种原因,中国政府统计中的某些数据经常受到质疑。本节对近年来三项比较有影响的质疑进行概括和简析,对有关常用专业和部门统计指标与国民经济核算中的最终需求和居民可支配收入指标之间的区别系统地阐述,在此基础上对上述三项质疑给予解答。

一、对中国政府统计的三项比较有影响的质疑

(一)质疑之一:2009年第一季度贸易顺差和产成品资金均保持两位数增长,很难相信净出口和存货变动对经济增长形成负拉动

国家统计局发布的数据表明,国际金融危机对2009年第一季度中国经济增长形成了较大的冲击,经济增速下滑到6.1%[①],这是亚洲金融危机以来中国季度经济增速的最低值。其中,货物和服务净出口以及存货变动都对经济增长形成了负拉动。

针对国家统计局发布的数据,一位知名学者指出:2009年第一季度贸易顺差增幅达到50%以上,对GDP是一个强有力的拉动,在这种情况下,似乎很难相信服务贸易在第一季度出现巨幅逆差,以至于彻底抵消了货物贸易顺差的拉动作用,造成整个净出口对经济增长形成负拉动;统计局公布的2009年2月末工业产成品资金同比增长11.7%,财政部统计的国有企业产成品资金增幅也在两位数,似乎很难相信全社会存货出现巨幅下降,以至于对经济增长形成负拉动。

对于这项质疑,首先需要明确统计指标的口径:一是质疑者讲的贸易顺差指的是海关统计的货物贸易差额,即海关统计的货物出口与进口的差额,而净出口指的是支出法GDP的构成项目,即货物和服务出口与货物和服务进口的差额;二是质疑者讲的产成品资金即产成品存货,它是一个存量指标,是资产的构成项目,而存货变动是一个流量指标,它是支出法GDP的构成项目。

其次需要明确所要回答的问题:一是海关统计的贸易差额与支出法GDP中的货物和服务净出口之间存在什么区别?在贸易顺差大幅增长的情况下,货物和服务净出口会不会下降,从而对经济增长形成负拉动?二是存货与存货变动之间存在什么区别?在存货增长的情况下,存货变动有没有可能下降,从而对经济增长形成负拉动?

---

① 这是初步核算数,最终核实数为6.6%。

（二）质疑之二：2012年上半年社会消费品零售总额实际增速比第一季度上升,消费贡献率却明显下降,难以自圆其说

国家统计局发布的数据显示,2012年上半年,社会消费品零售总额同比名义增长14.4％,实际增长11.2％,名义增速比第一季度回落0.4个百分点,实际增速比第一季度上升0.3个百分点;最终消费贡献率为60.8％,比第一季度回落17.8个百分点。

针对国家统计局发布的数据,2012年7月一位知名经济学家撰文指出,2012年上半年社会消费品零售总额实际增速高于第一季度,而消费贡献率却明显下降,难以自圆其说。

对于这项质疑,首先需要明确统计指标的口径,社会消费品零售总额是反映商品市场零售情况的重要指标,消费贡献率指的是支出法GDP的构成指标最终消费支出对经济增长的贡献率。

其次,需要明确所要回答的问题:社会消费品零售总额与支出法GDP中的最终消费支出之间存在什么区别?在社会消费品零售总额实际增速上升的情况下,消费贡献率会不会明显下降?

（三）质疑之三：住户调查中的居民收入和居民消费支出数据被低估,投资统计中的全社会固定资产投资数据被高估,导致对中国经济结构的重大误判

2012年上半年,一位知名证券公司经济学家撰文认为,中国住户调查中的居民收入和居民消费支出统计数据被低估,中国的固定资产投资统计数据被高估,从而导致对中国经济结构的重大误判。

对于这项质疑,首先需要明确质疑者所说的统计数据和经济结构:该文所说的被低估的居民收入和居民消费支出统计数据指的是住户调查中的居民收入和居民消费支出数据,被高估的固定资产投资统计数据指的是投资统计中的全社会固定资产投资数据;该文所说的中国经济结构指的是需求结构和国民收入分配结构,前者即消费需求、投资需求和净出口需求占最终需求的比重,后者即国民可支配收入在居民、企业、政府三者之间的分配结构。

其次,需要明确所要回答的问题包括三个方面。第一个方面问题是:住户调查中的居民收入和居民消费支出数据是否存在低估?投资统计中的全社会固定资产投资数据是否存在高估?

关于这个方面问题的回答是:质疑者提出的问题在一定程度上是存在的,即住户调查中的居民收入和居民消费支出数据存在一定程度的低估,主要原因是:调查户保护隐私和怕露富的意识日益增强,部分高收入户拒绝接受调查,接受调查的住户存在少报和漏报的倾向。事实上,调查户配合程度不高,存在少报和漏

报的现象不仅是中国政府统计面临的一大难题,也是政府统计的世界性难题。全社会固定资产投资数据存在一定程度的高估,主要原因是:一些地区制定不切实际的投资计划目标,并作为考核指标层层分解;固定资产投资项目变动快,调查难度大;财务资料难以满足计算全社会固定资产投资的需要。

那么,住户调查中的居民收入和居民消费支出数据存在一定程度的低估,全社会固定资产投资数据存在一定程度的高估,是不是必然导致对需求结构和国民收入分配结构的重大误判呢?这就需要回答第二个方面的问题:一是住户调查中的居民消费支出是不是反映居民消费需求的指标;二是投资统计中的全社会固定资产投资是不是反映固定资本投资需求的指标;三是住户调查中的居民收入是不是国民可支配收入的构成指标。

国际上通用的反映最终需求的指标是支出法GDP:

$$支出法GDP=消费需求+投资需求+净出口需求$$

在支出法GDP核算中,消费需求称为最终消费支出,包括居民消费支出和政府消费支出;投资需求称为资本形成总额,包括固定资本形成总额和存货变动;净出口需求称为货物和服务净出口,即货物和服务出口减去货物和服务进口的差额。

因此,支出法GDP中的居民消费支出和固定资本形成总额才是反映居民消费需求和固定资本投资需求的指标,住户调查中的居民消费支出和投资统计中的全社会固定资产投资不是反映居民消费需求和固定资本投资需求的指标。这意味着,住户调查中的居民消费支出数据被低估和投资统计中的全社会固定资产投资数据被高估并不一定导致需求结构的误判。

在中国,国民收入分配是通过资金流量表来核算的。在资金流量表中,

$$国民可支配收入=居民可支配收入+企业可支配收入\\+政府可支配收入$$

因此,资金流量表中的居民可支配收入才是国民可支配收入构成指标,住户调查中的居民可支配收入不是国民可支配收入的构成指标。这意味着,住户调查中的居民可支配收入数据被低估并不一定导致国民收入分配结构的误判。

接下来需要回答第三个方面的问题:一是住户调查中的居民消费支出与支出法GDP中的居民消费支出之间存在什么区别?二是投资统计中的全社会固定资产投资与支出法GDP中的固定资本形成总额之间存在什么区别?三是住户调查中的居民可支配收入与资金流量表中的居民可支配收入之间存在什么区别?

归纳起来,对以上三个比较有影响的质疑的回答主要集中在以下六个方面的问题:一是住户调查中的居民消费支出与支出法GDP中的居民消费支出之间存

在什么区别？二是社会消费品零售总额与支出法GDP中的最终消费支出之间存在什么区别？三是投资统计中的全社会固定资产投资与支出法GDP中的固定资本形成总额之间存在什么区别？四是存货与支出法GDP中的存货变动之间存在什么区别？五是海关统计的贸易差额与支出法GDP中的货物和服务净出口之间存在什么区别？六是住户调查中的居民可支配收入与资金流量表中的居民可支配收入之间存在什么区别？

上述六个方面问题都是一些常用经济统计指标与支出法GDP构成项目和国民可支配收入构成指标之间的区别问题，支出法GDP构成项目和国民可支配收入构成指标分别是反映需求结构和国民收入分配结构的重要指标，这些指标都是国民经济核算中的重要指标。另一个常用经济统计指标（政府财政统计中的财政支出）也与支出法GDP的构成项目（政府消费支出）之间既存在联系也存在区别。

二、国民经济核算与常用的专业、部门统计中的收入与需求指标

本部分探讨国民经济核算中的一些重要基本指标与相关专业和部门统计指标之间的差别。

（一）住户调查中的居民消费支出与支出法GDP中的居民消费支出之间的区别

住户调查中的居民消费支出与支出法GDP中的居民消费支出在主要用途、口径范围、资料来源和数据表现上都存在区别。

1. 主要用途上的区别

住户调查中的居民消费支出主要用于反映居民消费支出的详细构成项目和不同类型居民群体之间的消费支出差距；支出法GDP中的居民消费支出主要用于反映居民消费需求及其在最终需求中所占比重的情况。

2. 口径范围上的区别

住户调查中的居民消费支出与支出法GDP中的居民消费支出在口径范围上的区别主要包括以下几个方面。一是居住消费支出口径范围的区别：住户调查中的居民消费支出包括农村居民购买生活用房支出、建筑生活用房材料支出和建筑生活用房雇工工资，支出法GDP中的居住消费支出不包括这些支出。[①] 在支出法GDP核算中，居民购买生活用房和建筑生活用房支出属于固定资本形成总额，上述建筑生活用房材料支出和建筑生活用房雇工工资是建筑生活用房支出的成本构成，因而均属于固定资本形成总额。二是医疗保健消费支出口径范围的区别：

---

① 参见国家统计局国民经济核算司：《中国非经济普查年度国内生产总值核算方法》（第一次修订），2013，第156页。

支出法GDP居民消费支出中的医疗保健消费支出包括国家财政为农村居民支付的新农合医疗和医药费、社保基金为城镇居民支付的医疗和医药费以及行政事业单位职工享受的公费医疗和医药费[1]，住户调查中的医疗保健消费支出不包括这些费用。三是关于间接计算的金融中介服务、保险服务和居民自有住房服务消费支出的区别：支出法GDP中的居民消费支出包括居民对间接计算的金融中介服务、保险服务和自有住房服务的消费支出，住户调查中的居民消费支出不包括这些类型的消费支出。间接计算的金融中介服务主要指金融机构从事存贷款业务所提供的服务。对于这种服务来说，金融机构是通过贷款利率高于存款利率这种间接的方式获取服务费用的，所以在金融机构存款和使用贷款的住户并不知道自己支付了多少服务费用，因此通过住户调查无法获取相应的服务消费支出。根据国民经济核算国际标准[2]的建议，GDP核算按照参考利率法计算间接计算的金融中介服务产出，根据居民储蓄存款、居民住房公积金存款和居民消费贷款年平均余额在金融机构存贷款年平均余额中所占的比重计算居民关于间接计算的金融中介服务的消费支出。[3] 同样，住户调查也无法获取居民关于保险服务的消费支出，支出法GDP核算通过间接方法计算居民关于保险服务的消费支出。[4] 目前的住户调查也没有调查居民关于自有住房服务的虚拟消费支出，支出法GDP核算则计算了居民关于这部分服务的虚拟消费支出。[5] 四是关于实物消费的区别：支出法GDP中的居民消费支出包括城镇居民的实物消费，即城镇居民以实物报酬和实物转移的形式得到的货物和服务的消费以及城镇居民自己生产自己消费的农副产品的消费[6]，住户调查中的居民消费支出不包括这种类型消费。

3. 资料来源上的区别

支出法GDP中的居民消费支出的部分类别采用了与住户调查中的居民消费支出不同的资料来源，主要表现在：一是农村居民医疗保健消费支出中的新农合医疗和医药费、城镇居民医疗保健消费支出中由社保基金支付的医疗和医药费以及行政事业单位职工享受的公费医疗和医药费分别采用了国家卫生和计划生育

---

[1] 参见国家统计局国民经济核算司：《中国非经济普查年度国内生产总值核算方法》（第一次修订），2013，第157、160—161页。

[2] 指联合国、欧盟委员会、国际货币基金组织、经济合作与发展组织、世界银行共同制定的《国民账户体系2008》，简称2008年SNA。

[3] 参见国家统计局国民经济核算司：《中国第二次经济普查年度国内生产总值核算方法》，2011，第111—113、154、158页。

[4] 参见国家统计局国民经济核算司：《中国非经济普查年度国内生产总值核算方法》（第一次修订），2013，第158、162—163页。

[5] 同上书，第159、163—164页。

[6] 同上书，第164页。

委员会、人力资源社会保障部和财政部的相应资料①;二是间接计算的金融中介服务和保险服务采用了金融机构、保险机构的有关资料②。

4. 数据表现上的区别

从表 1.5 可以看出,2009—2011 年,支出法 GDP 中的居民消费支出相当于住户调查中的居民消费支出的 1.2 倍或接近 1.2 倍。

表 1.5　住户调查中的居民消费支出与支出法 GDP 中的居民消费支出之间的比较

年度	支出法 GDP 中的居民消费支出（亿元）(1)	住户调查中的居民消费支出（亿元）(2)	支出法 GDP 中的居民消费支出/住户调查中的居民消费支出 (1)/(2)
2009	123 585	105 650	1.17
2010	140 759	118 376	1.19
2011	164 945	137 797	1.20

资料来源:许宪春,"准确理解中国的收入、消费和投资",《中国社会科学》,2013 年第 2 期。

(二) 社会消费品零售总额与支出法 GDP 中的最终消费支出之间的区别

社会消费品零售总额与支出法 GDP 中的最终消费支出在主要用途、口径范围、资料来源和数据表现上都存在区别。

1. 主要用途上的区别

社会消费品零售总额主要用于反映商品市场零售情况;支出法 GDP 中的最终消费支出主要用于反映消费需求及其在最终需求中所占比重的情况。

2. 口径范围上的区别

社会消费品零售总额与支出法 GDP 中的最终消费支出在口径范围上的区别主要包括以下几个方面:一是社会消费品零售总额既包括销售给城乡居民的零售额,也包括销售给企业的零售额③,后者不属于最终消费支出;二是社会消费品零售总额包括销售给城乡居民建房用的建筑材料④,如前所述,居民建房支出属于固定资本形成总额,居民购买建房用的建筑材料是居民建房支出的成本构成,因而属于固定资本形成总额,而不属于最终消费支出;三是社会消费品零售总额不包括居民自产自用产品,例如农民自产自用的农林牧渔产品,而最终消费支出则包

---

① 参见上述"口径范围上的区别"部分关于医疗保健消费支出口径范围的区别的脚注。
② 参见上述"口径范围上的区别"部分关于间接计算的金融中介服务和保险服务消费支出的区别的脚注。
③ 参见国家统计局:《国家统计调查制度 2012》,第 1311 页。
④ 同上书,第 1314 页。

括对这些产品的消费;四是社会消费品零售总额不包括教育、医疗、文化、艺术、娱乐等服务,最终消费支出则包括对这些服务的消费;五是社会消费品零售总额不包括间接计算的金融中介服务、保险服务和居民自有住房服务,最终消费支出则包括对这些服务的消费支出①。

3. 资料来源上的区别

社会消费品零售总额来自批发和零售业、住宿和餐饮业以及其他行业的社会消费品零售总额调查②;支出法 GDP 中的最终消费支出主要来自住户调查、政府部门的行政记录、金融机构、保险机构的有关资料③。

4. 数据表现上的区别

从表 1.6 可以看出,2009—2011 年,最终消费支出相当于社会消费品零售总额的 1.2 倍以上。

表 1.6 社会消费品零售总额与支出法 GDP 中的最终消费支出之间的比较

年度	支出法 GDP 中的最终消费支出（亿元）	社会消费品零售总额（亿元）	支出法 GDP 中的最终消费支出/社会消费品零售总额
	(1)	(2)	(1)/(2)
2009	169 275	132 678	1.28
2010	194 115	156 998	1.24
2011	228 561	183 919	1.24

资料来源:支出法 GDP 中的最终消费支出数据取自《中国统计年鉴(2012)》第 61 页;社会消费品零售总额数据取自《中国统计年鉴(2012)》第 699 页和《中国统计年鉴(2011)》第 693 页。

(三) 财政支出与政府消费支出之间的区别

财政支出与政府消费支出在主要用途、口径范围和数据表现上都存在区别。

1. 主要用途上的区别

财政支出主要用于反映各种类型财政支出情况;政府消费支出主要用于反映政府消费需求及其在最终需求中所占比重的情况。

2. 口径范围上的区别

财政支出与政府消费支出在口径范围上的区别主要表现在以下几个方面:一是财政支出包括经常性业务支出、投资性支出和转移性支出,政府消费支出只包

---

① 参见上述"住户调查中的居民消费支出与支出法 GDP 中的居民消费支出之间的区别"部分。
② 参见国家统计局:《国家统计调查制度 2012》,第 421 页。
③ 参见国家统计局国民经济核算司:《中国非经济普查年度国内生产总值核算方法》(第一次修订),2013,第 154—155、167 页。

括其中的经常性业务支出,不包括投资性支出和转移性支出;二是政府消费支出包括政府部门的固定资产折旧,财政支出不包括这部分折旧;三是政府消费支出要剔除政府部门的经营性收入,财政支出不需要剔除这部分收入。① 这是因为政府消费支出主要是与政府部门提供的公共服务相对应的指标,政府部门提供的公共服务的价值是利用政府部门提供公共服务的成本来衡量的。首先,这种成本只与财政支出中的经常性业务支出有关,与财政支出中的投资性支出和转移性支出无关;其次,政府部门提供公共服务所消耗的固定资产价值也是这种成本的构成部分;最后,政府部门提供的市场性服务不属于公共服务,所以在衡量政府部门提供的公共服务的价值时需要剔除政府部门的经营性收入。

3. 数据表现上的区别

从表1.7可以看出,2009—2011年,政府消费支出相当于财政支出的60%或接近60%。

表1.7　财政支出与政府消费支出之间的比较

年度	支出法GDP中的政府消费支出（亿元）(1)	财政支出（亿元）(2)	支出法GDP中的政府消费支出/财政支出 (1)/(2)
2009	45 690	76 300	0.60
2010	53 356	89 874	0.59
2011	63 616	109 248	0.58

资料来源:支出法GDP中的政府消费支出数据取自《中国统计年鉴(2012)》,第62页;财政支出数据取自《中国统计年鉴(2012)》,第290页。

(四) 全社会固定资产投资与固定资本形成总额之间的区别

全社会固定资产投资与固定资本形成总额在主要用途、口径范围、资料来源和数据表现上都存在区别。

1. 主要用途上的区别

全社会固定资产投资主要服务于建设项目管理的需要,反映全社会固定资产投资规模及其详细结构情况;固定资本形成总额主要用于反映固定资本投资需求及其在最终需求中所占比重的情况。

2. 口径范围上的区别

全社会固定资产投资与固定资本形成总额在口径范围上的区别主要包括以

---

① 参见国家统计局国民经济核算司:《中国非经济普查年度国内生产总值核算方法》(第一次修订),2013,第167—168页。

下几个方面:一是全社会固定资产投资包括土地购置费、旧设备和旧建筑物购置费①,而固定资本形成总额不包括这些费用②。如前所述,全社会固定资产投资是从建设项目管理需求角度设置的统计指标。从建设项目管理需求角度看,凡是建设项目需要支付的费用,包括土地购置费、旧建筑物和旧设备购置费,都包括在全社会固定资产投资中。固定资本形成总额作为支出法GDP的构成项目,一定是生产活动创造出来的产品,不是生产活动创造出来的产品是不能计入固定资本形成总额的,这是GDP核算必须遵循的基本准则。土地购置费是指通过划拨方式或出让方式取得土地使用权而支付的各项费用,这种土地使用权不是生产活动的成果,所以固定资本形成总额不包括土地购置费。旧建筑物和旧设备虽然是生产活动成果,但是它们已经包括在前期或者当期的固定资本形成总额中,不能重复计算,所以固定资本形成总额也不包括旧建筑物和旧设备购置费。二是全社会固定资产投资不包括城镇和农村非农户500万元以下项目的固定资产投资③,而固定资本形成总额作为全面反映固定资本投资需求的指标应当包括这部分投资。三是全社会固定资产投资不包括矿藏勘探、计算机软件等无形固定资产的支出,而固定资本形成总额包括这方面的支出。④ 根据目前的固定资产投资统计制度规定,全社会固定资产投资包括建筑工程、安装工程、设备工器具购置和其他费用,不包括矿藏勘探、计算机软件等无形固定资产的支出。但是,这些无形固定资产与有形固定资产一样,能够在生产活动中长期发挥作用(例如,计算机软件与计算机硬件一样能够在生产活动中长期发挥作用),按照国民经济核算国际标准的要求,固定资本形成总额包括这些无形固定资产支出。四是全社会固定资产投资不包括商品房销售增值,而固定资本形成总额包括商品房销售增值。⑤ 就商品房来说,全社会固定资产投资中的房地产开发投资是从开发商开发商品房的投资成本角度计算的,而固定资本形成总额是从最终用户购买商品房的支出(即开发商的商品房销售额)角度计算的,两者之间的差额是商品房销售额与相应商品房投资成本之差,即所谓商品房销售增值。所以全社会固定资产投资不包括这部分商品房销售增值,而固定资本形成总额则包括这部分商品房销售增值。

---

① 参见国家统计局:《国家统计调查制度2012》,第1336—1337页。
② 参见国家统计局国民经济核算司:《中国非经济普查年度国内生产总值核算方法》(第一次修订),2013,第170—171页。
③ 这是由固定资产投资统计的建设项目起点标准决定的。2011年以前,固定资产投资统计的建设项目起点标准是50万元,随着建设项目规模的不断扩大,为了减轻基层统计部门的工作负担和提高数据质量,从2011年起建设项目起点标准确定在500万元及以上。
④ 参见国家统计局国民经济核算司:《中国非经济普查年度国内生产总值核算方法》(第一次修订),2013,第170、172页。
⑤ 同上书,第170—171页。

3. 资料来源上的区别

全社会固定资产投资的资料来源主要包括以下几个方面：一是500万元及以上建设项目的固定资产投资的全面调查；二是房地产开发企业的房地产开发投资的全面调查；三是农村住户固定资产投资的抽样调查。① 固定资本形成总额的资料来源主要包括以下几个方面：一是全社会固定资产投资统计；二是房地产开发企业的商品房销售统计；三是工业和信息化部的计算机软件统计；四是国土资源部的矿藏勘探支出统计。② 可见，固定资本形成总额的后三个方面资料来源与全社会固定资产投资的资料来源不同。

4. 数据表现上的区别

从表1.8可以看出，2009—2011年，固定资本形成总额接近全社会固定资产投资的70％。

表1.8　全社会固定资产投资与固定资本形成总额之间的比较

年度	固定资本形成总额（亿元）	全社会固定资产投资（亿元）	固定资本形成总额/全社会固定资产投资
	(1)	(2)	(1)/(2)
2009	156 680	224 599	69.8
2010	183 615	278 122	66.0
2011	213 043	311 485	68.4

资料来源：固定资本形成总额数据取自《中国统计年鉴(2012)》，第62页；全社会固定资产投资数据取自《中国统计年鉴(2012)》，第158页。

（五）存货与存货变动之间的区别

存货与存货变动在主要用途、口径范围和数据表现上都存在区别。

1. 主要用途上的区别

存货主要用于反映存货资产及其在非金融资产中所占比重的情况；存货变动主要用于反映存货变动需求及其在最终需求中所占比重的情况。

2. 口径范围上的区别

存货与存货变动在口径范围上的区别主要表现在：存货是非金融资产的构成项目，是存量指标；存货变动是支出法GDP的构成项目，是流量指标。

---

① 详细情况请参见许宪春，"准确理解中国的收入、消费和投资"，《中国社会科学》，2013年第2期。
② 参见上述"全社会固定资产投资与固定资本形成总额之间的区别"中关于"口径范围上的区别"部分的脚注。

3. 数据表现上的区别

从表 1.9 可以看出,2009 年 3 月末,全国规模以上工业产成品存货同比增长 9.3%,而 2009 年第一季度全国规模以上工业产成品存货变动同比大幅度下降;2009 年年末,全国规模以上工业产成品存货比上年末增长 5.3%,而 2009 年全国规模以上工业产成品存货变动比上年大幅度下降 73.1%。可见,在存货增长的情况下,存货变动有可能下降,甚至是大幅度下降。

表 1.9　规模以上工业产成品存货和存货变动额　　单位:亿元

	产成品存货				产成品存货变动额			
	3月末	6月末	9月末	12月末	第一季度	上半年	前三个季度	全年
2007	14 721	16 300	17 293	17 768				
2008	18 406	20 707	22 635	22 139	638	2 939	4 867	4 371
2009	20 118	21 426	22 636	23 313	−2 021	−713	497	1 174

资料来源:许宪春,"准确理解中国经济统计",《经济研究》,2010 年第 5 期。

2009 年第一季度、上半年、前三个季度和全年,存货变动同比都是下降的,对经济增长形成负拉动。同样,2012 年第一季度、上半年、前三个季度和全年存货变动同比也是下降的,也对经济增长形成负拉动。

(六)海关统计的贸易差额与支出法 GDP 中的货物和服务净出口之间的区别

海关统计的贸易差额与支出法 GDP 中的货物和服务净出口在主要用途、口径范围、资料来源和数据表现上都存在区别。

1. 主要用途上的区别

海关统计的贸易差额主要用于反映通过海关出口和进口的货物贸易差额情况;货物和服务净出口主要用于反映净出口需求及其在最终需求中所占比重的情况。

2. 口径范围上的区别

海关统计的贸易差额与支出法 GDP 中的货物和服务净出口在口径范围上的区别主要包括以下几个方面:一是贸易差额只包括货物贸易差额,不包括服务贸易差额,而货物和服务净出口既包括货物贸易差额,也包括服务贸易差额;二是贸易差额中的货物进口是按到岸价格计算的,而货物和服务净出口中的货物进口是按离岸价格计算的,货物到岸价格和离岸价格之间存在运输和保险费用等方面的差别;三是贸易差额增速是按当期价格计算的,货物和服务净出口增速是按不变价格计算的,即按分别剔除出口价格和进口价格变化因素之后的可比价格计算的。①

3. 资料来源上的区别

贸易差额来自海关统计;货物和服务净出口来自国家外汇管理局编制的国际收支平衡表。

4. 数据表现上的区别

从表 1.10 可以看出,2009 年第一季度,贸易出口和贸易进口都是下降的,由于贸易进口下降幅度明显大于贸易出口下降幅度,导致贸易差额增速高达 52.7%;但是,主要是由于贸易进口价格降幅远大于贸易出口价格降幅(见表 1.11),反致货物和服务净出口同比下降 29.4%。2011 年上半年和前三个季度,贸易出口和贸易进口同比增速都在 20%以上,由于贸易进口增速明显高于贸易出口,导致贸易差额下降;但是,主要是贸易进口价格涨幅明显高于贸易出口价格涨幅(见表 1.11),反致货物和服务净出口转为正增长。2012 年上半年、前三个季度和全年,贸易出口和贸易进口增速都保持在一位数以内,但贸易差额增速高达 30%甚至 50%以上,主要是贸易进口价格涨幅低于贸易出口价格涨幅(见表 1.11),反致货物和服务净出口呈负增长。

表 1.10 贸易差额增长率与货物和服务净出口增长率之间的比较　　单位:%

年度	季度	贸易出口	贸易进口	贸易差额	货物和服务净出口
2009	第一季度	−19.7	−30.9	52.7	−29.4
	上半年	−21.8	−25.4	−1.2	−57.2
	前三个季度	−21.3	−20.4	−25.6	−61.0
	全年	−16.0	−11.2	−33.6	−47.5
2011	第一季度	26.5	33.3	…	−3.9
	上半年	24.0	27.6	−19.9	1.9
	前三个季度	22.7	26.7	−11.2	2.3
	全年	20.3	24.9	−15.3	−10.3
2012	第一季度	7.6	6.8	…	−38.9
	上半年	9.2	6.7	55.5	−28.6
	前三个季度	7.4	4.8	38.7	−16.4
	全年	7.9	4.3	48.1	−5.7

资料来源:贸易出口、贸易进口和贸易差额数据取自海关总署网站中的海关主要统计数据。

---

① 参见国家统计局国民经济核算司:《中国非经济普查年度国内生产总值核算方法》(第一次修订),2013,第 179—183 页。

表 1.11　贸易进出口价格指数　　　　　　　　　　　　单位:%

年度	季度	贸易出口	贸易进口
2009	第一季度	98.1	84.4
	上半年	95.7	82.3
	前三个季度	94.5	82.5
	全年	94.0	86.3
2011	第一季度	109.5	114.2
	上半年	110.2	114.7
	前三个季度	109.9	114.8
	全年	110.0	113.9
2012	第一季度	104.3	104.5
	上半年	103.9	101.5
	前三个季度	102.8	100.2
	全年	102.2	99.5

资料来源:海关总署,《中国对外贸易指数》,2009年、2011年、2012年。

(七) 住户调查中的居民可支配收入与资金流量表中的居民可支配收入之间的区别

住户调查中的居民可支配收入与资金流量表中的居民可支配收入在主要用途、口径范围、资料来源和数据表现上都存在区别。

1. 主要用途上的区别

住户调查中的居民可支配收入主要用于反映居民可支配收入的详细收入来源和不同类型居民群体之间的收入分配差距情况;资金流量表中的居民可支配收入主要用于反映居民可支配收入总量及其在国民可支配收入中所占比重的情况。

2. 口径范围上的区别

住户调查中的居民可支配收入由工资性收入、经营性净收入、财产性收入和转移性收入四个项目组成;资金流量表中的居民可支配收入由劳动者报酬、营业盈余、财产净收入和经常转移净收入四个项目组成。前面四个项目与后面四个项目存在一一对应的关系,但彼此在口径范围上均存在区别。[①]

例如,资金流量表中的劳动者报酬与住户调查中的工资性收入在口径范围上存在区别。举例来说,资金流量表采取的是权责发生制原则,所以它的劳动者报酬包括单位交纳的社会保险缴款、住房公积金和行政事业单位职工的离退休金及

---

① 住户调查中的居民可支配收入与资金流量表中的居民可支配收入在口径范围上的详细区别请参见许宪春,"准确理解中国的收入、消费和投资",《中国社会科学》,2013年第2期。

其所享受的公费医疗和医药费①,而住户调查采取的是收付实现制原则,它的工资性收入不包括上述项目。

又如,资金流量表中的财产净收入与住户调查中的财产性收入在口径范围上存在区别。举例来说,在资金流量表中,居民出租房屋的租金净收入,即居民出租房屋的租金收入扣除有关税费和维修费用等各种成本支出后的净额,属于增加值中的营业盈余;而在住户调查中,居民出租房屋的租金净收入是作为财产性收入处理的。作为增加值处理与作为财产性收入处理是完全不同的,因为增加值是新的生产成果的创造,而财产性收入是对已有生产成果的分配。如果把GDP比做蛋糕的话,增加值是增大蛋糕,而财产性收入是对既定蛋糕的分配。

3. 资料来源上的区别

住户调查中的居民可支配收入是利用调查户的收支资料计算出来的,因此调查户的代表性、调查户收支填报的准确性等因素对居民可支配收入具有重要的影响。随着市场经济的发展,住户保护隐私和怕露富的意识日益增强,部分高收入住户拒绝接受调查,所以调查户对高收入住户的代表性不够;同时,接受调查的一些住户也存在少报和漏报的现象。因此,住户调查中的居民可支配收入不可避免地存在一定程度的低估。

资金流量表按照国民经济核算国际标准的要求利用多种资料来源计算居民可支配收入,在很大程度上避免了住户调查对居民可支配收入的低估。②例如,资金流量表利用经济普查资料计算普查年度的劳动者报酬,避免了利用住户调查中的工资性收入计算劳动者报酬对普查年度居民可支配收入的低估;又如,资金流量表利用银行业及相关金融业损益表中的应付存款利息计算居民的存款利息收入,避免了利用住户调查中的居民存款利息收入对居民可支配收入的低估。

4. 数据表现上的区别

从表1.12可以看出,2008年和2009年,资金流量表中的居民可支配收入相当于住户调查中的居民可支配收入的1.4倍以上。

---

① 大部分行政事业单位没有为其职工交纳社会保险缴款,其职工基本上是直接从单位领取离退休金、享受公费医疗和医药费,这被视为社会保险缴款中的基本养老保险和医疗保险缴款的替代。
② 参见国家统计局国民经济核算司:《中国经济普查年度资金流量表编制方法》,中国统计出版社,2007;国家统计局国民经济核算司:《中国资金流量表编制方法》,2012。

表 1.12　住户调查中的居民可支配收入与资金流量表中的居民可支配收入的比较

年度	资金流量表中的居民可支配收入（亿元）(1)	住户调查中的居民可支配收入（亿元）(2)	资金流量表中的居民可支配收入/住户调查中的居民可支配收入(1)/(2)
2008	186 038	130 856	1.42
2009	207 479	144 888	1.43

资料来源：许宪春，"准确理解中国的收入、消费和投资"，《中国社会科学》，2013 年第 2 期。

三、对三个比较有影响的质疑的解答

现在，我们回过头来，对本节第一部分提出的三个比较有影响的质疑予以解答。

（一）对质疑之一的解答

1. 关于货物和服务净出口问题的解答

本节第一部分曾经指出，关于货物和服务净出口需要回答的问题是：海关统计的贸易差额与支出法 GDP 中的货物和服务净出口之间存在什么区别？在贸易顺差大幅增长的情况下，货物和服务净出口会不会对经济增长形成负拉动？

从本节第二部分可以看出：海关统计的贸易差额与支出法 GDP 中的货物和服务净出口在主要用途、口径范围、资料来源和数据表现上都存在明显的不同；在贸易顺差大幅度增长的情况下，货物和服务净出口有可能下降，从而对经济增长形成负拉动，2009 年和 2012 年都出现了这种情况。

2. 关于存货变动问题的解答

本节第一部分曾经指出，关于存货变动，需要回答的问题是：存货与存货变动之间存在什么区别？在存货增长的情况下，存货变动有没有可能下降，从而对经济增长形成负拉动？

从本节第二部分可以看出：存货与存货变动在主要用途、口径范围和数据表现上都存在明显的不同；在存货增长的情况下，存货变动有可能下降，从而对经济增长形成负拉动，2009 年和 2012 年都出现了这种情况。

（二）对质疑之二的解答

本节第一部分曾经指出，关于质疑之二需要回答的问题是：社会消费品零售总额与最终消费支出之间存在什么区别？在社会消费品零售总额实际增速上升的情况下消费贡献率会不会明显下降？

从本节第二部分可以看出：社会消费品零售总额与最终消费支出在主要用途、口径范围、资料来源和数据表现上都存在明显的不同。那么，在社会消费品零售总额实际增速上升的情况下，消费贡献率会不会明显下降？

回答是肯定的。也就是说,在社会消费品零售总额实际增速上升的情况下,消费贡献率有可能明显下降。为什么会出现这种情况呢?理由并不复杂。我们以质疑者针对的2012年上半年的数据为例加以说明。

2012年上半年,社会消费品零售总额名义增长14.4%,实际增长11.2%,名义增速比第一季度回落0.4个百分点,实际增速上升0.3个百分点。固定资产投资(不含农户)名义增长20.4%,实际增长18.0%,名义增速比第一季度回落0.5个百分点,实际增速回落0.2个百分点。

2012年上半年,社会消费品零售总额的实际增速虽然比第一季度是上升的,但只增长11.2%,固定资产投资(不含农户)的实际增速虽然是回落的,但增速为18.0%,比社会消费品零售总额实际增速高6.8个百分点。而且固定资产投资(不含农户)绝对额远大于社会消费品零售总额绝对额。所以,2012年上半年,固定资产投资(不含农户)的实际增加量必然大于社会消费品零售总额的实际增加量。相应地,资本形成总额的实际增加量大于最终消费支出的实际增加量,从而投资需求对经济增长的贡献率上升,最终消费需求对经济增长的贡献率下降。

这样看来,2012年上半年社会消费品零售总额实际增速高于第一季度,而消费贡献率却明显下降,完全可以自圆其说。

(三)对质疑之三的解答

本节第一部分曾经指出,关于质疑之三需要回答三个方面问题,前两个方面的问题,本节第一部分给予了回答,第三个方面问题本节第二部分给予了回答。

现在,可以对质疑之三的回答简要总结如下:

(1)住户调查中的居民收入和居民消费支出数据的确存在一定程度的低估,投资统计中的全社会固定资产投资数据的确存在一定程度的高估。

(2)反映居民消费需求和固定资本投资需求的指标是支出法GDP中的居民消费支出和固定资本形成总额,而不是住户调查中的居民消费支出和投资统计中的全社会固定资产投资;资金流量表中的居民可支配收入是国民可支配收入的构成指标,住户调查中的居民可支配收入不是国民可支配收入的构成指标。

(3)住户调查中的居民消费支出与支出法GDP中的居民消费支出、投资统计中的全社会固定资产投资与支出法GDP中的固定资本形成总额、住户调查中的居民可支配收入与资金流量表中的居民可支配收入,在主要用途、口径范围、资料来源和数据表现等方面都存在明显的区别。

(4)住户调查中的居民收入和居民消费支出数据的低估,投资统计中的全社会固定资产投资数据的高估,并不会直接导致中国需求结构和国民收入分配结构,也就是质疑者所说的中国经济结构的误判。

第三节 中国的经济增长速度能反映实际情况吗

国家统计局发布的数据显示,2015年第一季度中国经济同比实际增长7.0%,名义增长5.8%,GDP缩减指数下降1.1%,居民消费价格指数上涨1.2%,工业生产者出厂价格下降4.6%,工业生产者购进价格下降5.6%。针对国家统计局发布的数据,国外个别媒体发表了几篇从GDP缩减指数和不变价GDP计算方法角度质疑中国经济增长速度的文章。本节对这几篇文章的主要质疑内容进行了简要归纳,有针对性地阐述了中国不变价GDP生产核算中主要行业增加值和不变价GDP使用核算中主要需求项目的计算方法,在此基础上对这些质疑进行解答。

一、关于中国经济增长速度的质疑

质疑之一:2015年第一季度中国GDP缩减指数下降1.1%,与居民消费价格上涨1.2%相矛盾。

2015年7月15日,英国《经济学人》发表《是否应该相信中国经济数据》的文章,该文指出,中国发布2015年第一季度经济同比实际增长7%,这与5.8%的名义增长不相符,较高的实际增长的唯一解释就是GDP缩减指数下降1.1%,而这意味着经济普遍通缩,与同期居民消费价格上涨1%以上相矛盾。

针对这一质疑,我们需要回答的问题是,2015年第一季度GDP缩减指数下降1.1%与同期居民消费价格上涨1.2%是不是存在矛盾?

质疑之二:由于在计算多数经济领域的缩减指数时没有扣除进口价格的变化,导致中国经济增长速度被高估1到2个百分点。

2015年6月9日,英国《金融时报》发表《中国经济增速"被高估"》的报道。报道称,据凯投宏观(Capital Economics)估计,由于计算方法上的技术问题,中国当前经济增长速度被高估了1到2个百分点。这个技术问题的核心在于中国在计算多数经济领域的缩减指数时没有扣除进口价格的变化,导致中国2015年第一季度GDP缩减指数被低估1到2个百分点,实际经济增速被夸大同样的幅度,第一季度实际经济增速应为5%到6%,而不是7%。

如果我们理解正确的话,质疑者讲的中国在计算多数经济领域的缩减指数时没有扣除进口价格的变化,指的是在不变价GDP生产核算中,多数行业不变价增加值计算所使用的价格指数没有扣除进口价格变化;在不变价GDP使用核算中,多数不变价需求项目计算所使用的价格指数没有扣除进口价格的变化。

针对这一质疑,我们需要回答的问题是,在不变价GDP生产核算中,多数行业不变价增加值计算所使用的价格指数是不是需要扣除进口价格变化?在不变价GDP使用核算中,多数不变价需求项目计算所使用的价格指数是不是需要扣除进口价格的变化?

质疑之三:由于不变价GDP核算使用单缩法,导致中国2015年第一季度经济增长速度被高估约0.5个百分点。

2015年7月15日,英国《金融时报》中文网发表了《中国GDP高估了?》一文,该文认为,中国不变价GDP核算使用了单缩法,没有考虑中间投入价格变化与产出价格变化的差异,其中工业增加值计算使用单缩法导致中国2015年第一季度经济增速被高估了约0.5个百分点。

针对这一质疑,我们需要回答的问题是,计算行业不变价增加值使用单缩法一定不如使用双缩法吗?工业增加值计算使用单缩法真的导致中国2015年第一季度经济增速被高估了约0.5个百分点吗?

二、关于中国不变价国内生产总值核算方法

经济增长速度就是GDP增长速度,其计算公式为:

$$GDP_t 增长速度 = (不变价GDP_t - 不变价GDP_{t-1}) / 不变价GDP_{t-1}$$

不变价GDP既可以从生产角度核算,也可以从使用角度核算。从生产角度核算,不变价GDP为各行业不变价增加值之和,即:

$$不变价GDP = \sum 各行业不变价增加值$$

从使用角度核算,就是从支出法角度核算,不变价GDP为各项不变价最终需求项目之和,即:

$$\begin{aligned}不变价GDP &= \sum 不变价最终需求项目 \\ &= 不变价消费需求 + 不变价投资需求 + 不变价净出口需求 \\ &= 不变价最终消费支出 + 不变价资本形成总额 \\ &\quad + 不变价货物和服务净出口 \\ &= 不变价居民消费支出 + 不变价政府消费支出 \\ &\quad + 不变价固定资本形成总额 + 不变价存货变动 \\ &\quad + 不变价货物和服务出口 - 不变价货物和服务进口\end{aligned}$$

不变价GDP核算又包括年度核算和季度核算,其中,季度核算又包括同比核算和环比核算。从年度GDP核算看,t指的是报告年度,$t-1$指的是上一年度;从季度同比看,t指的是报告季度,$t-1$指的是上年同季度;从季度环比看,t指的是报告季度,$t-1$指的是报告季的上一季度。

从上述计算公式可以看出,计算GDP增长速度的关键在于计算不变价GDP。从生产核算的角度看,就是计算各行业不变价增加值;从使用核算的角度看,就是计算各项不变价最终需求项目。

（一）不变价国内生产总值核算的基本方法

下面介绍国际上通用的不变价 GDP 核算的基本方法，主要包括两大类，一类是价格指数缩减法，一类是物量指数外推法。

1. **价格指数缩减法**

价格指数缩减法包括两种基本方法，一种是双缩法，一种是单缩法。

(1) 双缩法。从生产核算的角度，双缩法就是分别利用产出价格指数和中间投入价格指数缩减报告期现价总产出和现价中间投入，得出报告期不变价总产出和不变价中间投入，两者之差为报告期不变价增加值，即：

报告期不变价总产出 ＝ 报告期现价总产出 ÷ 产出价格指数

报告期不变价中间投入 ＝ 报告期现价中间投入 ÷ 中间投入价格指数

报告期不变价增加值 ＝ 报告期不变价总产出 － 报告期不变价中间投入

从使用核算的角度，双缩法是仅针对货物和服务净出口使用的方法，具体方法是，用出口价格指数缩减报告期现价货物和服务出口，用进口价格指数缩减报告期现价货物和服务进口，分别得出报告期不变价货物和服务出口及报告期不变价货物和服务进口，两者之差为报告期不变价货物和服务净出口，即：

报告期不变价货物和服务出口 ＝ 报告期现价货物和服务出口 ÷ 出口价格指数

报告期不变价货物和服务进口 ＝ 报告期现价货物和服务进口 ÷ 进口价格指数

报告期不变价货物和服务净出口 ＝ 报告期不变价货物和服务出口 － 报告期不变价货物和服务进口

(2) 单缩法。从生产核算的角度，单缩法就是直接利用产出价格指数缩减报告期现价增加值，得出报告期不变价增加值，即：

报告期不变价增加值 ＝ 报告期现价增加值 ÷ 产出价格指数

这种计算方法有一个基本假定，即产出价格与中间投入价格基本上保持同幅度变动。

从使用核算的角度，单缩法就是利用各需求项目价格指数缩减报告期相应现价需求项目，得出报告期各不变价需求项目，即：

报告期不变价需求项目 ＝ 报告期现价需求项目 ÷ 相应需求项目价格指数

2. **物量指数外推法**

物量指数外推法也包括两种基本方法，一种是双外推法，一种是单外推法。

(1) 双外推法。从生产核算的角度，双外推法就是分别利用产出物量指数和

中间投入物量指数外推基期现价总产出和基期现价中间投入,得出报告期不变价总产出和报告期不变价中间投入,两者之差为不变价增加值,即:

报告期不变价总产出＝基期现价总产出×产出物量指数

报告期不变价中间投入＝基期现价中间投入×中间投入物量指数

报告期不变价增加值＝报告期不变价总产出－报告期不变价中间投入

从使用核算的角度,双外推法是仅针对货物和服务净出口使用的方法,具体方法是,用出口物量指数外推基期现价货物和服务出口,用进口物量指数外推基期现价货物和服务进口,分别得出报告期不变价货物和服务出口及报告期不变价货物和服务进口,两者之差为报告期不变价货物和服务净出口,即:

报告期不变价货物和服务出口 ＝基期现价货物和服务出口×出口物量指数

报告期不变价货物和服务进口 ＝基期现价货物和服务进口×进口物量指数

报告期不变价货物和服务净出口 ＝报告期不变价货物和服务出口

－报告期不变价货物和服务进口

(2) 单外推法。从生产核算的角度,单外推法就是直接利用产出物量指数外推基期现价增加值,得出报告期不变价增加值,即:

报告期不变价增加值＝基期现价增加值×产出物量指数

这种计算方法有一个基本假定,即产出物量与中间投入物量基本上保持同幅度变动。

从使用核算的角度,单外推法就是利用各需求项目物量指数外推基期相应现价需求项目,得出报告期不变价需求项目,即:

报告期不变价需求项目＝基期现价需求项目×相应需求项目物量指数

世界各国都是根据上述不变价 GDP 核算的基本方法,结合本国的具体资料来源情况计算本国的不变价 GDP,中国不变价 GDP 核算遵从的是国际惯例。

自从 1985 年建立 GDP 核算制度以来,中国 GDP 核算方法进行过多次修订,特别是 21 世纪初建立起周期性经济普查制度以来,国家统计局一直利用经济普查的机会对 GDP 核算方法,包括不变价 GDP 核算方法进行系统修订,使之不断改进和完善。本节下面重点介绍中国当前不变价 GDP 生产核算和使用核算方法。

(二) 中国不变价国内生产总值生产核算方法

中国 GDP 核算以生产核算为主,不变价 GDP 核算也以不变价 GDP 生产核算为主。

如前所述,不变价 GDP 生产核算就是计算各行业不变价增加值。下面介绍中国主要行业不变价增加值计算方法。

1. 农林牧渔业不变价增加值

农林牧渔业不变价增加值按农业、林业、畜牧业、渔业、农林牧渔业服务业5个行业大类分别计算①，均使用单缩法②，价格指数分别为农产品生产价格指数、林产品生产价格指数、畜产品生产价格指数、水产品生产价格指数和农业生产资料价格指数中的农业生产服务价格指数。③

2. 工业不变价增加值

工业不变价增加值按41个工业行业大类计算，均使用单缩法④，价格指数为工业生产者出厂价格指数中对应的41个工业行业大类指数。⑤

3. 建筑业不变价增加值

建筑业不变价增加值按房屋建筑业、土木工程建筑业、建筑安装业、建筑装

---

① 本节中的行业大类均指国家标准管理部门颁布的国民经济行业分类标准中的大类，参见中华人民共和国国家质量监督检验检疫总局、中国国家标准化管理委员会：《国民经济行业分类》（GB/T4754-2011），中国标准出版社，2011。

② 中国农林牧渔业不变价增加值计算方法曾经发生过两次重大变化：一次是在2004年，另一次是在2005年。2004年前，农林牧渔业不变价增加值使用以下计算方法：农林牧渔业不变价总产出利用农林牧渔业统计中的农林牧渔业基期现价总产值和同一基期内各年不变价总产值发展速度外推的方法计算；农林牧渔业不变价中间投入利用农林牧渔业统计中的种子、肥料、燃料、农药、用电等各项现价中间投入以及价格统计中的相应价格指数进行缩减，然后汇总得到；农林牧渔业不变价增加值等于不变价总产出减去不变价中间投入。详见国家统计局国民经济核算司：《中国年度国内生产总值计算方法》，中国统计出版社，1997，第27—30页；许宪春："中国现行工农业不变价增加值的计算方法及其改革"，《管理世界》，2001年第3期。2004年，即第一次经济普查年度，农林牧渔业中的农业、林业、畜牧业和渔业不变价增加值使用以下计算方法：不变价总产出使用价格指数缩减法，价格指数分别为农产品、林产品、畜产品和水产品生产价格指数；不变价中间投入仍然利用农林牧渔业统计中的种子、肥料、燃料、农药、用电等各项现价中间投入以及价格统计中的相应价格指数进行缩减，然后汇总得到；不变价增加值等于不变价总产出减去不变价中间投入。农林牧渔业服务业不变价增加值使用单缩法，价格指数为农村居民消费价格指数中的服务项目价格指数。参见国家统计局国民经济核算司：《中国经济普查年度国内生产总值核算方法》，中国统计出版社，2007，第12—13页。2005年以后，农林牧渔业不变价增加值计算使用本节阐述的方法。

③ 参见国家统计局国民经济核算司：《中国非经济普查年度国内生产总值核算方法》，中国统计出版社，2008，第15页；《中国第二次经济普查年度国内生产总值核算方法》，2011，第14—15页；《中国非经济普查年度国内生产总值核算方法》（第一次修订），2013，第16页。其中，《中国非经济普查年度国内生产总值核算方法》关于农林牧渔服务业所使用的价格指数为居民消费价格指数，后两本文献将该价格指数修订为农业生产资料价格指数中的农业生产服务价格指数。

④ 中国工业不变价增加值计算一直使用单缩法，但是，所使用的缩减指数在2004年发生重大变化。2004年前，采用的是报告期工业现价总产出同同期工业不变价总产出之比，详见国家统计局国民经济核算司：《中国年度国内生产总值计算方法》，中国统计出版社，1997，第40—41页；许宪春："中国现行工农业不变价增加值的计算方法及其改革"，《管理世界》，2001年第3期。从2004年开始，采用工业生产者出厂价格指数。

⑤ 参见国家统计局国民经济核算司：《中国经济普查年度国内生产总值核算方法》，中国统计出版社，2007，第21页；《中国非经济普查年度国内生产总值核算方法》，中国统计出版社，2008，第22页；《中国第二次经济普查年度国内生产总值核算方法》，2011，第22页；《中国非经济普查年度国内生产总值核算方法》（第一次修订），2013，第24—25页。

饰和其他建筑业 4 个大类计算,使用单缩法,价格指数均为建筑安装工程价格指数。①

4. 批发和零售业不变价增加值

批发和零售业不变价增加值按批发业和零售业 2 个大类计算,使用单缩法,价格指数均为商品零售价格指数。②

5. 交通运输、仓储和邮政业不变价增加值

交通运输、仓储和邮政业不变价增加值按铁路运输业、道路运输业、水上运输业、航空运输业、管道运输业、装卸搬运和运输代理业、仓储业和邮政业等 8 个大类分别计算。其中,铁路运输业、道路运输业、水上运输业、航空运输业、管道运输业和邮政业,使用物量指数外推法,前四个行业物量指数分别为相应行业的客货运周转量指数,后两个行业分别为输油(气)周转量指数和邮政业务总量指数;装卸搬运和运输代理业、仓储业,使用单缩法,价格指数为居民消费价格指数中的服务项目价格指数。③

6. 住宿和餐饮业不变价增加值

住宿和餐饮业不变价增加值按住宿业和餐饮业 2 个大类计算,使用单缩法。其中,住宿业价格指数为宾馆住宿价格指数和其他住宿价格指数的简单平均指数;餐饮业价格指数为在外用膳食品价格指数。④

7. 金融业不变价增加值

金融业不变价增加值按货币金融服务、资本市场服务、保险业、其他金融业 4

---

① 参见国家统计局国民经济核算司:《中国经济普查年度国内生产总值核算方法》,中国统计出版社,2007,第 27 页;《中国非经济普查年度国内生产总值核算方法》,中国统计出版社,2008,第 27 页;《中国第二次经济普查年度国内生产总值核算方法》,2011,第 29 页;《中国非经济普查年度国内生产总值核算方法》(第一次修订),2013,第 30 页。

② 参见国家统计局国民经济核算司:《中国经济普查年度国内生产总值核算方法》,中国统计出版社,2007,第 46 页;《中国非经济普查年度国内生产总值核算方法》,中国统计出版社,2008,第 49 页;《中国第二次经济普查年度国内生产总值核算方法》,2011,第 48 页;《中国非经济普查年度国内生产总值核算方法》(第一次修订),2013,第 59—60 页。

③ 参见国家统计局国民经济核算司:《中国非经济普查年度国内生产总值核算方法》,中国统计出版社,2008,第 37、38 页;《中国第二次经济普查年度国内生产总值核算方法》,2011,第 41 页;《中国非经济普查年度国内生产总值核算方法》(第一次修订),2013,第 47—48 页。由于分类略有变化,本节介绍的计算方法与上述文献略有不同,主要表现在城市公共交通业不变价增加值的计算上。由于新的国民经济行业分类国家标准把城市公共交通业分别归入道路运输业和水上运输业,新的计算方法中没有再单独计算这部分不变价增加值。

④ 参见国家统计局国民经济核算司:《中国非经济普查年度国内生产总值核算方法》,中国统计出版社,2008 年,第 53 页;《中国第二次经济普查年度国内生产总值核算方法》,2011,第 54 页;《中国非经济普查年度国内生产总值核算方法》(第一次修订),2013,第 67—68 页。

个大类分别计算。① 其中,货币金融服务使用单缩法,价格指数为存贷款利率指数、同业拆借利率指数、消费投资价格指数加权平均指数。其中,

存贷款利率指数＝(1年期存款利率指数＋1年期贷款利率指数)÷2

同业拆借利率指数＝银行间同业拆借利率指数

$$消费投资价格指数 = 居民消费价格指数 \times \frac{最终消费支出}{最终消费支出 + 固定资本形成总额} + \frac{固定资产}{投资价格指数} \times \frac{固定资本形成总额}{最终消费支出 + 固定资本形成总额}$$

资本市场服务使用单外推法,物量指数为股票成交量指数。保险业使用单缩法,价格指数为资本市场服务缩减指数和消费投资价格指数加权平均指数。其中,资本市场服务缩减指数即资本市场服务现价增加值与不变价增加值之比。其他金融服务使用单缩法,价格指数为货币金融服务价格指数。②

8. 房地产业不变价增加值

房地产业不变价增加值按房地产开发经营业、物业管理业、房地产中介服务业、居民自有住房服务和其他房地产活动计算,其中,房地产开发经营业、物业管理业、房地产中介服务业和其他房地产活动使用单缩法,居民自有住房服务使用单外推法。房地产开发经营业采用房屋销售价格指数、土地交易价格指数和房屋租赁价格指数的加权平均指数;物业管理业采用物业管理价格指数;房地产中介服务业和其他房地产活动均采用居民消费价格指数中的服务项目价格指数;居民自有住房服务采用城镇居民和农村居民自有住房面积指数。③

(三) 中国不变价国内生产总值使用核算方法

如前所述,不变价 GDP 使用核算,就是计算不变价支出法 GDP 的需求项目。下面介绍中国不变价支出法 GDP 主要需求项目的计算方法,即不变价居民消费

---

① 金融业不变价增加值的计算方法在第二次经济普查年度(2008年)进行过一次较大幅度的修订。2008年之前,金融业不变价增加值统一采用消费投资价格指数进行缩减,没有按4个大类分别计算。参见《中国经济普查年度国内生产总值核算方法》,中国统计出版社,2007,第58页;《中国非经济普查年度国内生产总值核算方法》,中国统计出版社,2008,第64页;2008年以后,修订为本节介绍的方法。

② 参见国家统计局国民经济核算司:《中国第二次经济普查年度国内生产总值核算方法》,2011,第67—68页;《中国非经济普查年度国内生产总值核算方法》(第一次修订),2013,第83—85页。

③ 参见国家统计局国民经济核算司:《中国非经济普查年度国内生产总值核算方法》,中国统计出版社,2008,第69—70页;《中国第二次经济普查年度国内生产总值核算方法》,2011,第81,82页;《中国非经济普查年度国内生产总值核算方法》(第一次修订),2013,第91—93页。关于居民自有住房服务不变价增加值的计算方法,前一部参考文献与后两部参考文献不同,前一部使用的是价格指数缩减法,价格指数为房屋租赁价格指数;后两部文献使用的物量指数外推方法,物量指数为城镇居民和农村居民自有住房面积指数。实际上,国家统计局利用第二次经济普查(2008年)的机会对国内生产总值核算方法进行了一系列修订,居民自有住房服务不变价增加值计算方法的修订是这一系列修订的内容之一,后两部文献体现了这些计算方法的修订。

支出、不变价政府消费支出、不变价固定资本形成总额、不变价存货变动、不变价货物和服务净出口的计算方法。

1. 不变价居民消费支出

中国现价和不变价支出法GDP核算把居民消费支出划分为以下10个类别：(1) 食品烟酒；(2) 衣着；(3) 居住；(4) 生活用品及服务；(5) 交通和通信；(6) 教育文化和娱乐；(7) 医疗保健；(8) 货币金融服务；(9) 保险服务；(10) 其他用品和服务。除了居住类中的居民自有住房服务虚拟消费支出外，中国不变价居民消费支出各类别计算均使用价格指数缩减法。其中，食品烟酒采用综合食品类价格指数，即居民消费价格指数中的食品类价格指数和烟酒类价格指数的加权平均指数；衣着、生活用品及服务、交通和通信、教育文化和娱乐、医疗保健分别采用居民消费价格指数中的衣着、生活用品及服务、交通和通信、教育文化和娱乐、医疗保健类价格指数；居住中的住房、水、电、燃料等方面的支出采用居民消费价格指数中的居住类价格指数；货币金融服务采用存贷款利率指数、同业拆借利率指数和消费投资价格指数的加权平均指数①；保险服务采用资本市场服务缩减指数和消费投资价格指数的加权平均指数②；其他用品和服务采用居民消费价格指数中的个人用品及服务价格指数。居民自有住房服务虚拟消费支出使用物量指数外推法，物量指数为城镇居民和农村居民自有住房面积指数。③

2. 不变价政府消费支出

不变价政府消费支出的计算使用价格指数缩减法，按政府消费支出的构成部分，即政府部门的工资福利支出、商品和服务性支出、固定资产折旧进行缩减，缩减指数分别为政府部门人均工资指数、居民消费价格指数和固定资产投

---

① 存贷款利率指数、同业拆借利率指数和消费投资价格指数，参见本节前面"金融业不变价增加值"计算部分。

② 资本市场服务缩减指数，参见本节前面"金融业不变价增加值"计算部分。

③ 参见国家统计局国民经济核算司：《中国第二次经济普查年度国内生产总值核算方法》，2011，第161—162页；《中国非经济普查年度国内生产总值核算方法》(第一次修订)，2013，第165—166页。不变价居民消费支出中的居民自有住房服务虚拟消费支出、货币金融服务、保险服务的计算方法在第二次经济普查年度(2008年)进行了系统修订。2008年以前，不变价居民自有住房服务虚拟消费支出使用价格指数缩减法，价格指数为固定资产投资价格指数或房屋租赁价格指数；不变价货币金融服务和不变价保险服务均使用价格指数缩减法，缩减指数均为消费投资价格指数。参见国家统计局国民经济核算司：《中国经济普查年度国内生产总值核算方法》，中国统计出版社，2007，第99—100页；《中国非经济普查年度国内生产总值核算方法》，中国统计出版社，2008，第123页。2008年以后，不变价居民自有住房服务虚拟消费支出使用物量指数外推法，即本节阐述的方法，这种计算方法与居民自有住房服务不变价增加值的计算方法保持一致；不变价货币金融服务和不变价保险服务的计算使用本节阐述的方法，这种计算方法与货币金融服务和保险服务不变价增加值的计算方法保持一致。

资价格指数。①

3. 不变价固定资本形成总额

不变价固定资本形成总额的计算使用价格指数缩减法,按固定资本形成总额分类,即住宅、非住宅建筑物、机器和设备、土地改良支出、矿藏勘探费、计算机软件、其他项分别进行缩减,前2个类别均采用固定资产投资价格指数中的建筑安装工程价格指数,后5个类别依次采用设备工器具购置价格指数、固定资产投资价格指数、固定资产投资价格指数中的其他费用价格指数、商品零售价格指数中的计算机软件价格指数和固定资产投资价格指数中的其他费用价格指数。②

4. 不变价存货变动

不变价存货变动的计算主要使用价格指数缩减法,针对不同行业的存货变动采用不同的价格指数,其中,农林牧渔业存货变动采用农产品生产者价格总指数③,工业存货变动采用工业生产者出厂价格指数,建筑业存货变动也采用工业生产者出厂价格指数,批发和零售业、住宿和餐饮业存货变动均采用商品零售价格指数,等等。④

5. 不变价货物和服务净出口

不变价货物和服务净出口的计算使用价格指数缩减法,按照货物出口、服务出口、货物进口和服务进口分别进行缩减。其中,货物出口采用出口货物价格指数,服务出口采用居民消费价格指数中的服务项目价格指数,货物进口采用进口货物价格指数,服务进口参考美国、欧盟、日本、韩国、中国香港等发达国家和地区

---

① 第三次经济普查以前,不变价政府消费支出按固定资产折旧和政府消费支出减去固定资产折旧两部分计算,前一部分采用固定资产投资价格指数缩减,后一部分采用居民消费价格指数缩减,参见国家统计局国民经济核算司:《中国经济普查年度国内生产总值核算方法》,中国统计出版社,2007,第101页;《中国非经济普查年度国内生产总值核算方法》,中国统计出版社,2008,第125页;《中国第二次经济普查年度国内生产总值核算方法》,2011,第164—165页;《中国非经济普查年度国内生产总值核算方法》(第一次修订),2013,第168页。第三次经济普查以后,使用本节阐述的方法。

② 参见国家统计局国民经济核算司:《中国第二次经济普查年度国内生产总值核算方法》,2011,第169页;《中国非经济普查年度国内生产总值核算方法》(第一次修订),2013,第173页。关于不变价固定资本形成总额的计算方法,前一参考文献与后一参考文献针对不变价住宅、非住宅建筑物、机器和设备、土地改良支出和计算机软件的计算所采用的价格指数是一致的,只有不变价矿藏勘探费和其他项的计算所采用的价格指数有所不同,前一参考文献均采用固定资产投资价格指数,后一参考文献均采用固定资产投资价格指数中的其他费用价格指数。本节介绍的是后一参考文献的方法,它对前一参考文献的方法进行了修订,所采用的价格指数更加合理。

③ 指农产品、林产品、畜产品、水产品生产价格总指数,下同。

④ 参见国家统计局国民经济核算司:《中国经济普查年度国内生产总值核算方法》,中国统计出版社,2007,第106页;《中国非经济普查年度国内生产总值核算方法》,中国统计出版社,2008,第130、131页;《中国第二次经济普查年度国内生产总值核算方法》,2011,第174—175页;《中国非经济普查年度国内生产总值核算方法》(第一次修订),2013,第178—179页。

的服务出口价格指数。①

三、关于中国经济增长速度质疑的解答

（一）关于质疑之一的解答

本节第一部分已经指出,关于质疑之一需要回答的问题是:2015年第一季度GDP缩减指数下降1.1%,与同期居民消费价格上涨1.2%是不是存在矛盾?

从生产核算的角度看,中国不变价GDP核算采用了多种价格指数,其中包括农产品、林产品、畜产品、水产品生产价格指数,工业生产者出厂价格指数,建筑安装工程价格指数,商品零售价格指数,居民消费价格指数中的服务项目价格指数,等等。

2015年第一季度,农产品生产者价格总指数同比下降0.7%,工业生产者出厂价格下降4.6%,建筑安装工程价格下降1.4%,商品零售价格下降0.2%,居民消费中的服务项目价格上涨1.9%,而GDP缩减指数下降1.1%,位于上述价格变动幅度之间,属于正常情况,与同期居民消费价格上涨1.2%并不矛盾。

从需求核算的角度看,中国不变价GDP核算也采用了多种价格指数,其中包括居民消费价格指数、建筑安装工程价格指数、设备工器具购置价格指数、货物出口和进口价格指数、农产品生产者价格总指数、工业生产者出厂价格指数,等等,其中第一季度的工业生产者出厂价格指数、建筑安装工程价格指数、货物出口和进口价格指数都是下降的,GDP缩减指数出现下降也完全属于正常情况。

（二）关于质疑之二的解答

本节第一部分已经指出,关于质疑之二需要回答的问题是:在不变价GDP生产核算中,多数行业不变价增加值计算所使用的价格指数是不是需要扣除进口价格变化?在不变价GDP使用核算中,多数不变价需求项目计算所使用的价格指数是不是需要扣除进口价格变化?

从图1.1可以看出,货物进口价格变化对工业生产者价格的变化产生明显的影响,但是这样的工业生产者价格变化就是市场价格的真实变化,如果从中扣除进口价格变化,那就不是市场价格的真实变化了,所以这种扣除是没有道理的。

同时,进口价格变化对不同行业价格变化的影响是不一样的。扣除进口价格变化,要么都扣除同样的进口价格变化,这样会导致扣除的不合理性;要么采取不同的行业扣除不同的进口价格变化,但这样会导致随意性,因为每一个行业的价格变化既受到进口价格变化的影响,也受国内需求等因素的影响,把每一行业的

---

① 参见国家统计局国民经济核算司:《中国经济普查年度国内生产总值核算方法》,中国统计出版社,2007,第109页;《中国非经济普查年度国内生产总值核算方法》,中国统计出版社,2008,第133页;《中国第二次经济普查年度国内生产总值核算方法》,2011,第178—179页;《中国非经济普查年度国内生产总值核算方法》(第一次修订),2013,第182—183页。

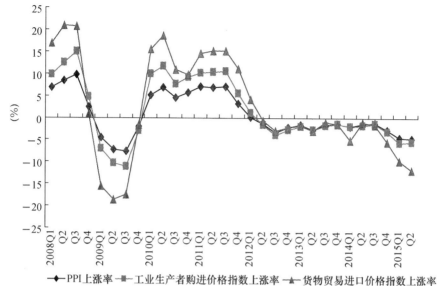

图 1.1　2008 年以来季度工业生产者出厂价格和购进价格以及货物进口价格上涨率

价格变化区分为进口价格变化的影响和其他因素的影响并不是很容易的。

所以,从生产核算的角度看,说中国 GDP 缩减指数没有扣除进口价格变化,导致中国 GDP 缩减指数被低估 1—2 个百分点,进而导致实际经济增速被高估 1—2 个百分点,是一种带有非常强的主观因素的做法,既缺乏理论依据,也缺乏可操作性。

从需求核算的角度看,从前面关于主要不变价需求项目计算方法的介绍可以看出,不变价进口利用进口价格指数进行缩减,由于进口处于减项位置,这种计算方法实际上已经从 GDP 缩减指数中扣除了进口价格变化。

从图 1.2 可以看出,进口价格的变化对居民消费价格变化和固定资产投资价格变化产生明显的影响,但是这样的居民消费价格变化和固定资产投资价格变化就是市场价格的真实变化,如果从中扣除进口价格变化,那就不是市场价格的真实变化了,所以这种扣除也是没有道理的。

如果从居民消费价格变化和固定资产投资价格变化中扣除进口价格变化,那么带来的问题与从各行业价格变化中扣除进口价格变化是一样的,要么导致扣除的不合理性,要么导致扣除的随意性。

所以,从需求核算的角度看,说中国 GDP 缩减指数没有扣除进口价格变化,导致中国 GDP 缩减指数被低估 1—2 个百分点,进而导致 GDP 实际增速高估 1—2 个百分点,无论是从理论方面讲,还是从实践方面讲,都是站不住脚的。

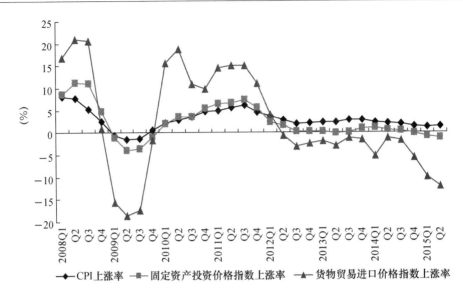

图 1.2　2008 年以来居民消费价格、固定资产投资价格和进口货物价格上涨率

(三) 关于质疑之三的回答

本节第一部分已经指出,关于质疑之三需要回答的问题是:计算行业不变价增加值使用单缩法一定不如使用双缩法吗?工业增加值使用单缩法真的导致中国 2015 年一季度经济增速高估了约 0.5 个百分点吗?

关于第一个需要回答的问题的答案是:统计学家早已证明,计算行业不变价增加值使用双缩法不一定优于单缩法。

双缩法所使用的估计变量是不变价增加值真值的无偏估计,单缩法所使用的估计变量是不变价增加值真值的有偏估计。由于双缩法涉及编制两套价格指数,且中间投入价格指数的编制难度大于产出价格指数,因此,双缩法的统计误差一般要大于单缩法的统计误差。在实践中,很难保证由于编制中间投入价格指数产生的统计误差对不变价增加值估计值的影响小于单缩法产生的估计偏差。因此,计算行业不变价增加值使用双缩法不一定优于单缩法。

关于第二个需要回答的问题的答案是:从中国 2015 年第一季度数据看,工业不变价增加值计算使用单缩法并没有导致中国经济增长速度的高估。

第一季度工业生产者出厂价格同比下降 4.6%,工业生产者购进价格下降 5.6%,工业生产者购进价格降幅大于工业生产者出厂价格降幅 1 个百分点。但是,工业中间投入除了工业原材料、燃料和动力投入外,还包括交通运输服务、金融服务、保险服务、广告咨询服务、租赁服务等一系列服务投入,而第一季度居民消费价格中的服务项目价格上涨1.9%。利用2012年全国投入产出表资料计算，工业中间投入中的原材料、燃料和动力投入占86.01%，服务投入占13.99%。反映原材料、燃料和动力投入价格变动的是工业生产者购进价格上涨率，如果利用居民消费价格中的服务项目价格上涨率作为工业中间服务投入的价格上涨率[①]，利用2012年投入产出表中的工业中间投入中的原材料、燃料、动力投入和服务投入占比进行加权，第一季度工业中间投入价格同比下降4.6%，恰巧与工业生产者出厂价格降幅一致。因此，2015年第一季度，工业中间投入价格与产出价格变动幅度基本一致的假定是成立的。所以，工业不变价增加值计算使用单缩法并没有导致中国2015年第一季度工业增长速度的高估，从而也就没有导致中国2015年第一季度经济增长速度的高估。

第四节 房地产经济及其对中国经济增长的贡献

改革开放以来，特别是住房制度改革以来，我国商品房开发从无到有，房地产市场不断发展壮大，房地产业逐步成为国民经济发展的支柱产业，房地产开发投资逐步成为全社会固定资产投资的重要组成部分，房地产消费逐步成为居民消费的重要组成部分，房地产经济对我国国民经济增长作出了重要贡献。

本节从投资、生产、消费三个角度研究房地产经济对我国国民经济增长的作用，探索房地产经济的合理增长对国民经济持续健康发展的重要意义。

一、房地产经济的界定

本节讲的房地产经济包括房地产开发投资活动、房地产生产活动和房地产消费活动三个方面。

房地产开发投资活动指房地产开发企业统一开发房屋建筑物、配套服务设施，土地开发和土地购置活动。从房地产经济自身的循环来看，房地产开发投资活动可以看作循环的起点，其结果是建成住宅等各类房屋建筑物，这些房屋建筑物进入房地产的生产和消费环节，使房地产经济的循环得以有效进行。

房地产生产活动指房地产业本身和房地产相关行业的生产活动。房地产业生产活动包括房地产开发经营、物业管理、房地产中介服务、自有房地产经营活动和其他房地产业生产活动。房地产相关行业的生产活动包括建筑、建材、物流、金融等与房地产密切相关产业的生产活动。房地产生产活动实现了房地产业和房地产相关产业的发展，是房地产经济循环过程的重要中间环节。

---

① 中国没有编制工业中间投入价格指数，尽管工业中间投入中的服务投入结构和价格变化与居民消费中的服务结构和价格变化不完全一致，但利用居民消费中的服务项目价格变化替代工业中间投入中的服务价格变化不失为一种可接受的方法。

房地产消费活动指居民生活用房以及与之相关的服务消费活动,包括生活用房租赁、维修、物业管理、中介服务、生活用水电燃料、自有住房服务等消费活动。房地产消费活动是对房地产投资和生产服务的使用,是房地产投资和生产活动的最终目的。

房地产经济对国民经济增长的作用表现在投资、生产和消费三个方面。从投资方面表现为房地产开发投资对国民经济增长的贡献;从生产方面表现为房地产业和相关行业对国民经济增长的贡献;从消费方面表现为住房服务和相关服务消费对国民经济增长的贡献。

二、房地产开发投资对国民经济增长的贡献

(一)房地产开发投资的概念和统计方法

房地产开发投资是指全部房地产开发法人单位(以下简称房地产开发企业)统一开发的房屋建筑物、配套的服务设施,土地开发工程和土地购置的投资。其中,房屋建筑物包括住宅、厂房、仓库、饭店、宾馆、度假村、写字楼、办公楼等;配套的服务设施包括为完成楼盘总体规划而建设的小区内道路,以及为提高商品房品质而建设的绿地和其他必要设施;土地开发工程是指前期工程,包括通电、路、暖、气、给水、排水、通信和平整场地(即七通一平)等基础设施工程;土地购置投资指房地产开发企业通过各种方式(招拍挂、出让、划拨等)取得土地使用权而支付的费用。

房地产开发投资分为建筑工程、安装工程、设备工器具购置和其他费用。建筑工程指各种房屋、建筑物的建造工程;安装工程指各种设备、装置的安装工程,其中不包括被安装设备本身的价值;设备工器具购置指购置或自制的达到固定资产标准的设置、工具、器具的价值;其他费用指在固定资产建造和购置过程中发生的除上述构成部分以外的费用,其中包括土地购置费。

房地产开发投资采取全面统计调查方法,即对所有房地产开发企业的每个房地产开发项目所完成的房地产开发投资进行全数统计调查。

(二)房地产开发投资的历史变化

我国房地产开发投资的建立和发展与住房制度改革及其不断深化密切相关。

1980年以前,我国城镇居民住房由国家建造、分配和管理,形成了住房"统一管理,统一分配,以租养房"的公有住房实物分配制度。1980年4月,邓小平同志就住房问题发表重要讲话,当年6月,中共中央、国务院正式允许实行住房商品化政策,揭开了中国城镇住房制度改革的序幕。1980年1月8日,深圳成立了深圳特区房地产公司,被认为是新中国首家带有商品房开发性质的企业,与港商按照"补偿贸易"原则(深圳出土地,港商出钱合作建房,利润双方分成)合作建设了中国第一个商品房小区"东湖丽苑"。但由于当时土地交易方式未明确,东湖丽苑还不是完全意义上的商品房小区。1988年1月,第一次全国住房制度改革工作会议在北京召开,宣布从当年开始,住房制度改革正式列入中央和地方的改革计划,在全国分期分批展开。改革办法是实现住房商品化,基本构思是提高房租,增加工资,鼓励职工买房。正是在这一年,新中国第一个土地以拍卖方式获得、房屋以按揭贷款形式销售的完全意义上的商品房小区——东晓花园在深圳竣工。从此房地产开发企业生根开花,茁壮成长。从1986年到1998年,我国的房地产开发企业由1991家发展到24378家。1998年,国务院出台《关于进一步深化城镇住房制度改革加快住房建设的通知》,明确指出从1998年下半年开始,停止住房实物分配,逐步实行住房分配货币化和住房供应体系商品化,标志着我国住房供应和分配机制发生了根本变化,住房制度改革全面展开。

伴随着住房制度的改革和发展,我国房地产开发投资活动从无到有,由小到大,蓬勃发展起来。为及时进行统计监测,1986年国家统计局、原国家计委、原建设部联合发文要求把商品住宅统计扩大为商品房统计,原建设部正式建立了商品房建设统计制度,房地产开发统计的雏形基本形成。政府综合统计部门的房地产开发统计正式建立于1990年,与基本建设、更新改造等并列于固定资产投资统计制度中。2005年,房地产开发统计制度从固定资产投资统计制度中单列出来,成为国家统计调查制度中独立的一套统计制度。

因此,我国最早的房地产开发投资数据产生于1986年,仅101亿元,经过近30年的发展,2013年房地产开发投资已达86013亿元,是1986年的852倍,年均增长28.4%。

如图1.3所示,房地产开发投资发展的特点以2000年为界,可以分为两个阶段:2000年以前,房地产开发投资高速发展,但很不平稳,增速大起大落,1987—1999年年均增长33%,其中,1992年增长117.5%,1993年增速又进一步攀升至165%,达到历史最高点;同时,这一时期也有1990年-7.1%的历史最低值,另一个下降年份为1997年的-1.2%。2000年以后,房地产开发投资增长比较平稳,2000—2013年年均增长24.3%,其中增速最高的2010年与最低的2009年增速差为17.1个百分点,绝大多数年份增长速度为20%—30%。

住房制度改革推动了房地产开发投资持续发展,大量满足不同需求的商品房不断推向市场,极大地缓解了新中国成立以来直至20世纪90年代城镇居民住房的严重短缺状况,城镇居民人均住房建筑面积由1978年的6.7平方米提高至2012年的32.9平方米[①],居民住房水平有了明显提高,住房条件得到根本性改变,

---

① 由于统计口径调整,2013年开始不再计算城镇和农村的人均住房面积。本节第四部分"房地产消费对国民经济增长的贡献"相关数据也截止到2012年。

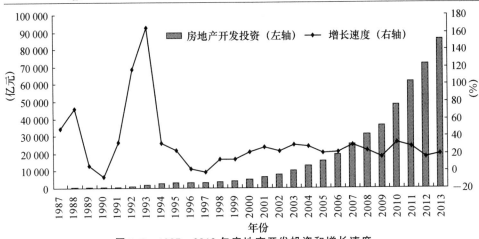

图 1.3　1987—2013 年房地产开发投资和增长速度

资料来源：房地产开发投资数据取自《中国统计年鉴(2013)》，第 154 页。

房地产开发投资为改善民生做出了重要贡献。

(三) 房地产开发投资对全社会固定资产投资增长的贡献

全社会固定资产投资是以货币形式表现的一定时期内全社会建造和购置的固定资产的工作量以及与此有关的费用总称。① 全社会固定资产投资包括 500 万元及以上建设项目投资②、房地产开发投资和农村住户固定资产投资三部分，房地产开发投资是全社会固定资产投资的重要组成部分。

从房地产开发投资占全社会固定资产投资的比重看(见图 1.4)，1986—1995 年呈现明显的上升态势，由 1986 年的 3.2% 提高至 1995 年的 15.7%，年平均比重为 8.5%；1996—2000 年五年是调整期，比重先降后升，处于 12%—15%，年平均比重为 13.7%；2001—2013 年基本呈稳定状态，比重从 2001 年的 17% 上升到 2013 年的 19.2%，这一阶段的年平均比重进一步上升，为 18.3%，仅低于制造业投资比重，是全社会固定资产投资的第二大重点领域。

从房地产开发投资增长对全社会固定资产投资增长的贡献率来看(见表 1.13)，1987—1998 年波动剧烈，平均为 7.7%，1989 年、1990 年、1997 年三个年份的贡献率为负值，而 1993 年则达到 24.2%；1999—2004 年贡献率保持在高位，平均为 26.2%，除 2003 年外，其他各年均超过 20%，1999 年为 33.8%，是历史最高点；2005—2013 年贡献率相对稳定，平均为 17.8%，其中 2009 年受国际金融危机

---

① 国家统计局：《国家统计调查制度 2013》，第 1209 页。
② 随着我国经济的快速发展，建设项目个数不断增多。1983 年，建设项目投资统计起点由计划总投资 2 万元提高到 5 万元；1997 年由 5 万元提高到 50 万元；2011 年由 50 万元提高到 500 万元。

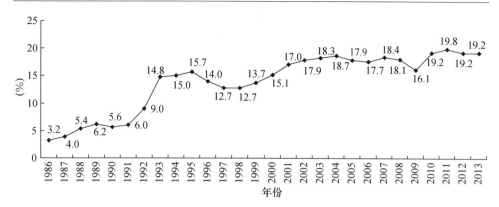

图 1.4　1986—2013 年房地产开发投资占全社会固定资产投资的比重

资料来源：全社会固定资产投资、房地产开发投资数据取自《中国统计年鉴(2013)》，第 154 页。

影响仅为 9.7%。1987—2013 年，房地产开发投资增长对全社会固定资产投资增长的贡献率平均为 15.1%。

表 1.13　房地产开发投资对全社会固定资产投资增长的贡献

年份	房地产开发投资 (亿元)	占全社会固定资产 投资的比重 (%)	对全社会固定资产 投资增长的贡献率 (%)
1987	149.88	4.0	7.3
1988	257.23	5.4	11.2
1989	272.65	6.2	−4.5
1990	253.25	5.6	−18.2
1991	336.16	6.0	7.7
1992	731.20	9.0	15.9
1993	1 937.51	14.8	24.2
1994	2 554.08	15.0	15.5
1995	3 149.02	15.7	20.0
1996	3 216.40	14.0	2.3
1997	3 178.37	12.7	−1.9
1998	3 614.23	12.7	12.6
1999	4 103.20	13.7	33.8
2000	4 984.05	15.1	28.8
2001	6 344.11	17.0	31.7
2002	7 790.92	17.9	23.0
2003	10 153.80	18.3	19.6

(续表)

年份	房地产开发投资 （亿元）	占全社会固定资产 投资的比重 （%）	对全社会固定资产 投资增长的贡献率 （%）
2004	13 158.25	18.7	20.1
2005	15 909.25	17.9	15.0
2006	19 422.92	17.7	16.6
2007	25 288.84	18.4	21.5
2008	31 203.19	18.1	16.7
2009	36 241.81	16.1	9.7
2010	48 259.40	19.2	22.5
2011	61 796.89	19.8	22.6
2012	71 803.79	19.2	15.8
2013	86 013.38	19.2	19.6

注：房地产开发投资对全社会固定资产投资增长的贡献率根据以下公式计算：贡献率＝（当年房地产开发投资－上年房地产开发投资）/（当年全社会固定资产投资－上年全社会固定资产投资）×100%。

资料来源：房地产开发投资数据取自《中国统计年鉴(2013)》，第201页。

（四）房地产开发投资对国民经济增长的贡献

房地产开发投资对国民经济增长的贡献是通过支出法GDP中的固定资本形成总额对GDP增长的贡献间接推算出来的。

固定资本形成总额是常住单位在一定时期内获得的固定资产减处置的固定资产的价值总额。固定资产是通过生产活动生产出来的资产，不包括土地等自然资产。固定资本形成总额包括有形固定资本形成总额和无形固定资本形成总额。有形固定资本形成总额指一定时期内完成的建筑工程、安装工程和设备工器具购置减处置价值，以及土地改良、新增役、种、奶、毛、娱乐用牲畜和新增经济林木价值；无形固定资本形成总额包括矿藏的勘探和计算机软件等获得减处置。[①]

全社会固定资产投资是固定资本形成总额核算的基础资料。以全社会固定资产投资为基础核算固定资本形成总额，主要扣除不形成固定资本的土地等费用，加上未包括在全社会固定资产投资中而需要计算在固定资本形成总额中的项目，再经过必要的数据调整，最终形成固定资本形成总额。[②]

作为全社会固定资产投资的组成部分，房地产开发投资也是固定资本形成总额核算的重要基础资料。但在口径范围上两者主要存在两大区别：一是房地产开

---

① 国家统计局：《国家统计调查制度2013》，第306页。
② 参见许宪春："准确理解中国的收入、消费和投资"，《中国社会科学》，2013年第2期，第4—24页。

发投资包括土地和旧建筑物购置费,而固定资本形成总额不包括这部分费用;二是房地产开发投资不包括商品房销售增值,即商品房销售价值与商品房投资成本之间的差额,而固定资本形成总额包括这部分价值。

经过对现有统计资料的分析发现,可以利用"固定资本形成总额占支出法GDP的比重"和扣除土地购置费之后的房地产开发投资占扣除土地购置费之后的全社会固定资产投资的比重,推算出房地产开发投资形成的固定资本形成总额占支出法GDP的比重;利用"固定资本形成总额对GDP增长的贡献率"和扣除土地购置费之后的房地产开发投资占扣除土地购置费之后的全社会固定资产投资的比重,推算出房地产开发投资对GDP增长的贡献率。

为什么要利用扣除土地购置费之后的房地产开发投资占扣除土地购置费之后的全社会固定资产投资的比重,而不是直接利用房地产开发投资占全社会固定资产投资的比重进行推算呢?那是因为土地购置费占房地产开发投资的比重远大于土地购置费占全社会固定资产投资的比重,而土地购置费是不能计入固定资本形成总额的,不剔除土地购置费的比重就会明显高估房地产开发投资形成的固定资本形成总额占支出法GDP的比重以及房地产开发投资对GDP增长的贡献率。

推算结果显示(见表1.14),2004年以来,房地产开发投资形成的固定资本形成总额占GDP的比重呈上升的态势。2009年及以前为6%左右,2009年以后均超过7.5%,2013年达8%。2004—2013年,房地产开发投资形成的固定资本形成总额占GDP的平均比重为6.8%。

表1.14 房地产开发投资形成的固定资本形成总额占支出法GDP的比重　　单位:%

年份	房地产开发投资占全社会固定资产投资的比重(扣除土地购置费)	固定资本形成总额占支出法GDP的比重	房地产开发投资形成的固定资本形成总额占支出法GDP的比重
2004	15.9	40.5	6.4
2005	15.5	39.6	6.1
2006	15.0	39.5	5.9
2007	15.8	39.0	6.2
2008	15.4	40.5	6.2
2009	14.2	44.9	6.4
2010	16.4	45.6	7.5
2011	17.4	45.6	7.9

（续表）

年份	房地产开发投资占全社会固定资产投资的比重（扣除土地购置费）	固定资本形成总额占支出法GDP的比重	房地产开发投资形成的固定资本形成总额占支出法GDP的比重
2012	17.1	45.7	7.8
2013	17.3	45.9	8.0

注:1. 房地产开发投资占全社会固定资产投资的比重(扣除土地购置费)的计算公式为:比重＝(房地产开发投资－房地产开发投资中的土地购置费)/(全社会固定资产投资－全社会固定资产投资中的土地购置费)×100%。全社会固定资产投资、房地产开发投资数据取自《中国统计年鉴(2013)》,第154页,土地购置费数据取自国家统计局的国家统计数据库。

2. 房地产开发投资形成的固定资本形成总额占支出法GDP比重的计算公式为:比重＝房地产开发投资占全社会固定资产投资的比重(扣除土地购置费)×固定资本形成总额占支出法GDP的比重。支出法GDP、固定资本形成总额数据取自《中国统计年鉴(2013)》,第62、63页。

从房地产开发投资对GDP增长的贡献率来看(见表1.15),2004年以来均在5.8%以上,年度间有所波动;2005—2008年低于6.5%;2009年最高,为13.3%;2012年和2013年持续提高,2013年达到9.3%。2004—2013年,房地产开发投资对GDP增长的年平均贡献率为7.8%。

表1.15　房地产开发投资对GDP增长的贡献　　　　　　　　　单位:%

年份	房地产开发投资占全社会固定资产投资的比重（扣除土地购置费）	固定资本形成总额对支出法GDP增长的贡献率	房地产开发投资对支出法GDP增长的贡献率
2004	15.9	45.8	7.3
2005	15.5	41.5	6.4
2006	15.0	39.1	5.9
2007	15.8	37.1	5.9
2008	15.4	38.0	5.8
2009	14.2	93.7	13.3
2010	16.4	48.3	7.9
2011	17.4	42.9	7.5
2012	17.1	51.4	8.8
2013	17.3	53.4	9.3

注:房地产开发投资形成的固定资本形成总额对支出法GDP增长的贡献率的计算公式为:贡献率＝房地产开发投资占全社会固定资产投资的比重(扣除土地购置费)×固定资本形成总额对支出法GDP增长的贡献率。

三、房地产生产对国民经济增长的贡献

按照本节定义,房地产生产活动包括房地产业本身的生产活动和房地产相关行业的生产活动。以下就从这两个方面分析房地产生产活动对国民经济增长的贡献。

(一)房地产业对国民经济增长的贡献

1. 房地产业的范围

根据2011年版的《国民经济行业分类》[①],在房地产业这个大类下,包括房地产开发经营、物业管理、房地产中介服务、自有房地产经营活动和其他房地产业五个中类行业,属于第三产业。房地产开发经营是指房地产开发企业进行的房屋、基础设施建设等开发,以及转让房地产开发项目或者销售、出租房屋等活动;物业管理是指物业服务企业对房屋及配套的设备设施和相关场地进行维修、养护、管理,维护环境卫生和相关秩序的活动;房地产中介服务是指房地产咨询、房地产价格评估、房地产经纪等活动;自有房地产经营活动是指除房地产开发商、房地产中介、物业公司以外的单位和居民住户对自有房地产的买卖和以营利为目的的租赁活动,以及房地产管理部门和企事业、机关提供的非营利租赁服务,还包括居民居住自有住房所形成的住房服务。

2. 房地产业增加值的计算

房地产业增加值是GDP生产额的重要组成部分,衡量的是全社会住房(包括出租和自住)提供的住房服务,以及房地产开发经营企业、物业管理、房地产中介公司等在建房和房屋使用及交易环节提供的商业性服务活动创造的增加价值。在具体核算时采用收入法,房地产开发经营、物业管理、房地产中介服务和其他房地产业增加值由企业的劳动者报酬、生产税净额、固定资产折旧和营业盈余四项相加计算得出;居民自有住房服务总产出按成本价格计算,包括维护修理费、物业管理费和固定资产折旧,增加值中的劳动者报酬、生产税净额和营业盈余三项均为零,仅包括固定资产折旧一项,为居民自有住房的虚拟折旧,计算公式为:虚拟折旧=居民自有住房价值×折旧率,其中,居民自有住房价值按住房造价计算,城镇居民自有住房的折旧率为2%,农村居民自有住房的折旧率为3%。[②]

3. 房地产业增加值占GDP的份额不断上升

改革开放以来,特别是住房制度改革以来,随着房地产市场的不断发展,房地产业增加值迅速增加。1978—2013年,房地产业增加值由80亿元增长到33 295

---

① 由中华人民共和国国家质量监督检验检疫总局、中国国家标准化管理委员会于2011年4月29日发布,2011年11月1日实施,中国标准出版社出版。

② 参见国家统计局国民经济核算司:《中国非经济普查年度国内生产总值核算方法》,第64—70页。

亿元,按可比价格计算,增长了39.6倍,年均增长11.1%,比同期GDP年均增长率高1.5个百分点。

随着房地产业增加值总量的不断扩大,其占GDP的比重呈明显的上升趋势,由1978年的2.2%上升到2013年的5.9%。

房地产业增加值占GDP比重的提高步伐与住房市场化进程相吻合,可分为三个阶段(见图1.5):1978—1986年,是住房生产和分配的计划经济时代,房地产业增加值的比重在3%以下,除1986年为2.9%以外,其他年份均未超过2.4%;1987—1997年,是住房市场化的探索期,房地产业增加值的比重为3%—4.1%;1998年以后,是住房市场化不断发展的时期,房地产业增加值的比重由1998年的4.1%逐步提高到2007年的5.2%,受国际金融危机影响,2008年下降到4.7%,2009年以后,房地产业增加值的比重均保持在5.5%以上,2013年为5.9%。可见,房地产业增加值占GDP的份额不断上升。

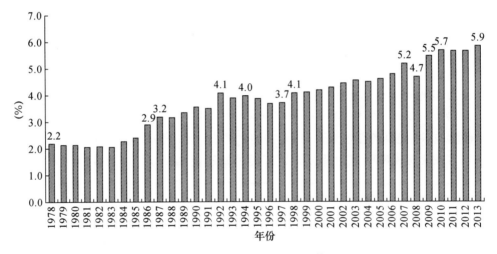

图1.5 房地产业增加值占GDP的比重

注:按当年价格计算。

资料来源:《中国统计年鉴(2013)》,第44、49页。

从房地产业增加值占第三产业增加值的比重看(见图1.6),呈波动上升态势,由1978年的9.2%上升到2013年的12.7%。

4. 房地产业对经济增长的贡献率呈上升趋势

利用GDP的不变价数据,可以计算扣除价格因素之后房地产业增加值对经济增长的贡献率。计算公式为:房地产业增加值对经济增长的贡献率=Δ房地产业不变价增加值/ΔGDP不变价增加值×100%。计算结果显示,1979—1988年年贡献率平均为1.7%;1989—2000年为2.4%;2001—2013年为4.3%,其中最高

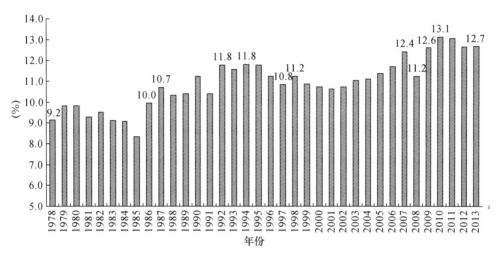

图 1.6 房地产业增加值占第三产业增加值的比重

注:按当年价格计算。

资料来源:《中国统计年鉴(2013)》,第 49 页。

的 2007 年达到 8.1%。可见,房地产业增加值对经济增长的贡献率呈上升趋势,房地产业成为推动经济增长的重要因素。

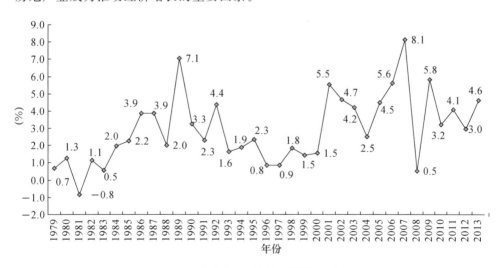

图 1.7 房地产业对经济增长的贡献率

注:房地产业对经济增长的贡献率按不变价格计算,计算公式为:贡献率=(当年房地产业不变价增加值-上年房地产业不变价增加值)/(当年不变价 GDP-上年不变价 GDP)×100%。

资料来源:《中国统计年鉴(2013)》,第 46、51 页。

(二) 房地产相关行业对国民经济增长的贡献

房地产具有产业链条长、关联行业多的特点,与房地产密切相关行业的生产活动是房地产经济活动的延伸。房地产开发一方面与建筑业生产活动密不可分,另一方面直接消耗大量建筑材料,带动了水泥、钢铁、玻璃、五金、冶金、陶瓷、化工等多个制造行业的发展。住房销售后,与住房有关的消费活动促进了家电、家具、家纺等制造行业的生产。房地产的开发和销售,都会相应地对物流、金融等第三产业具有很强的拉动效应。

投入产出表是研究国民经济不同行业之间相互联系和相互影响的有力工具。根据国民经济核算制度,我国每五年通过投入产出调查,编制基准投入产出表,在基准年份之间的年份,则通过搜集到的部分信息,在基准表的基础上编制延长表。目前我国最新的基准表是 2007 年投入产出表,最新的延长表是 2010 年投入产出表。利用投入产出基础模型和 2010 年 41 个部门投入产出延长表,可以构建以下投入产出开放模型:

$$\Delta X = [I-(I-\hat{M})A]^{-1}(I-\hat{M})\Delta F$$

其中,ΔX 为各部门总产出变化的列向量,ΔF 为国内最终使用变化的列向量,$\hat{M}$ 为各部门进口额占国内需求的比例系数向量($m_1 \cdots m_2$)对角化形成的矩阵。

各部门总产出变化的列向量(ΔX)乘以各部门的增加值率,就可计算对增加值的直接影响。

2013 年,房地产开发投资 86 013 亿元,其中建筑安装工程投资 63 919 亿元,设备工器具购置 1 250 亿元,其他费用 20 844 亿元。建筑安装工程投资、设备工器具购置大部分形成固定资本,其他费用主要包括土地购置费、旧建筑物购置费,不直接形成固定资本,予以扣除。根据上述模型,分析计算房地产开发投资对各行业的拉动作用,得出(见表 1.16):2013 年,房地产开发投资拉动 GDP 为 53 848 亿元,占 GDP 的比重为 9.4%,其中第一、二、三产业增加值分别为 1 651 亿元、39 418 亿元和 12 779 亿元,占比分别为 2.9%、15.8% 和 4.9%,拉动进口 11 320 亿元(假设 2013 年各部门技术和价格结构与 2010 年相比变化不大,下同)。其中,对建筑业增加值的拉动作用最大,达 16 808 亿元,占建筑业增加值的比重为 43.1%;对水泥、玻璃、钢铁、化工、五金、家电、家居用品、家具等工业增加值拉动作用明显,拉动全部工业增加值达 22 611 亿元,占工业增加值的比重为 10.7%;对交通运输、批发零售、金融等第三产业部门也有较强的拉动作用,拉动金融业增加值 2 281 亿元,占金融业增加值的 6.8%。

用同样方法测算,2012 年房地产开发投资拉动相关行业增加值合计 43 839 亿元,可以推算出 2013 年房地产相关行业对 GDP 增长的贡献率为 24.8%。

表 1.16 房地产开发投资拉动国民经济主要行业增加值情况　　　　单位:亿元

行业	增加值	
	2012 年	2013 年
合计	43 839	53 848
第一产业	1 344	1 651
第二产业	32 091	39 418
其中:建筑业	13 683	16 808
非金属矿物制品业	3 382	4 155
金属冶炼及压延加工业	2 516	3 090
煤炭开采和洗选业	1 634	2 007
电力、热力的生产和供应业	1 478	1 816
化学工业	1 450	1 781
通用、专用设备制造业	1 176	1 444
石油和天然气开采业	1 025	1 259
石油加工、炼焦及核燃料加工业	919	1 129
金属制品业	668	820
金属矿采选业	652	801
非金属矿及其他矿采选业	553	679
电气机械及器材制造业	536	659
第三产业	10 404	12 779
其中:交通运输及仓储业	3 220	3 956
批发和零售业	2 164	2 659
金融业	1 857	2 281
信息传输、计算机服务和软件业	682	837
综合技术服务业	562	690
住宿和餐饮业	548	673

资料来源:房地产开发投资数据取自《中国统计年鉴(2013)》,第 201 页;投入产出结构数据取自国家统计局的国家统计数据库。

将房地产业自身的增加值与房地产开发投资拉动相关行业增加值相加,可以看出房地产生产活动对国民经济增长的重要作用。2013 年,房地产业增加值为 33 295 亿元,房地产开发投资拉动相关行业增加值合计 53 848 亿元,两者总计为 87 143 亿元,占全部 GDP 的 15.3%;房地产业对 GDP 增长的贡献率为 4.6%,房地产相关行业对 GDP 增长的贡献率为 24.8%,两者合计为 29.4%。

四、房地产消费对国民经济增长的贡献

前面已经指出,房地产消费活动指居民生活用房以及与之相关的服务消费活动。房地产消费是居民消费的重要组成部分。

(一)居民住房条件极大改善

改革开放以来,特别是随着住房制度的改革和发展,我国住房建设力度不断加大,城乡新建住房面积不断增加,人均面积大幅提高,居民住房条件极大改善。

1. 城镇情况

1978年,城镇新建住房仅3800万平方米,1986—1992年,城镇年新建住房面积均在2.4亿平方米以内,其中1990年仅1.73亿平方米;1993—1998年,城镇新建住房面积由3.08亿平方米提高到4.76亿平方米;1999—2004年,城镇年新建住房面积在5.5亿平方米上下;2005年开始迅速上了多个台阶,由6.61亿平方米提高到2013年的12.12亿平方米。2002—2012年,城镇新建住房共81亿平方米,城镇居民人均住房建筑面积由24.5平方米提高到32.9平方米。

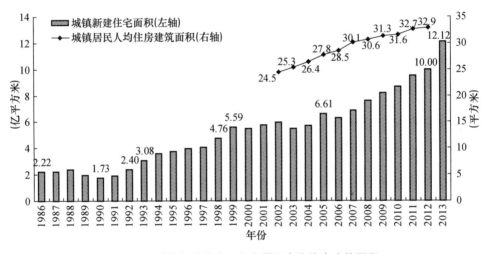

图1.8 城镇新建住房面积和居民人均住房建筑面积

注:数据取自《中国统计年鉴(2013)》,第410页。

2. 农村情况

1978年,农村新建住房面积为1亿平方米,1980年迅速达5亿平方米。1985—2008年,农村年均新建住房面积7.5亿平方米。2009年,农村新建住房面积突破10亿平方米,至2013年,农村每年新建住房面积均在10亿平方米左右。随着新建住房投入使用,农村居民人均住房面积持续增加,从1978年的8.1平方米逐步增长为 2012 年的 37.1 平方米。①

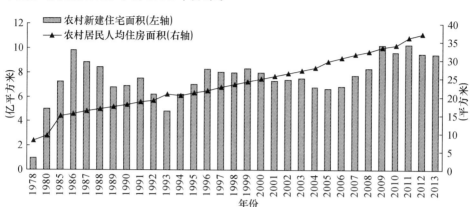

图 1.9　农村新建住房面积和居民人均住房面积

注：数据取自《中国统计年鉴(2013)》,第 410 页。

（二）房地产消费占支出法 GDP 的比重保持稳定,贡献率为 5% 左右

居民消费支出包括食品、衣着、居住、家庭设备用品及服务、医疗保健、交通和通信、文教娱乐用品及服务、金融中介服务、保险服务和其他等十类支出。其中,居住类支出包括房租、住房维修管理费、水电煤气费用和自有住房虚拟支出,构成了房地产消费。②

如表 1.17 所示,计算结果显示 2008—2011 年③,房地产消费占居民消费支出的比重保持基本稳定,在 17% 左右;占最终消费支出的比重保持在 12% 左右;占支出法 GDP 的比重在 6% 左右。

从 2009—2011 年房地产消费对 GDP 增长的贡献率看（见图 1.10）,三年分别为 4.1%、2.6% 和 2.8%,贡献率保持相对稳定。

表 1.17　2008—2011 年房地产消费情况

	2008	2009	2010	2011
支出法 GDP	315 975	348 775	402 816	472 619
最终消费支出（亿元）	153 422	169 275	194 115	232 112

---

①　农村居民人均住房面积的增加也与我国城镇化的不断推进有关。一方面,城镇化使农村居民人数减少;另一方面,城镇化的进程与地区经济发展水平相关,相对于尚未城镇化的地区,较早城镇化的地区土地资源紧张,其人均居住面积往往小些。

②　居民消费中的家庭设备用品及服务类包括与家庭相关的设备用品购置和服务等支出,也与房地产消费有关,本节计算房地产消费支出时未包括这部分支出。

③　由于资料来源和核算方法变化,居民消费支出数据截止到 2011 年。

(续表)

	2008	2009	2010	2011
居民消费支出(亿元)	111 670	123 585	140 759	164 945
农村居民消费支出	27 677	29 005	31 975	37 395
居住类支出	5 006	4 851	5 042	5 792
城镇居民消费支出	83 993	94 579	108 784	127 551
居住类支出	14 187	15 889	19 168	21 596
房地产消费(亿元)	19 193	20 740	24 210	27 389
房地产消费占居民消费支出比重(%)	17.2	16.8	17.2	16.6
房地产消费占最终消费支出比重(%)	12.5	12.3	12.5	11.8
房地产消费占支出法 GDP 比重(%)	6.1	5.9	6.0	5.8

注：居民消费支出数据取自《中国统计年鉴(2012)》，第 63 页。

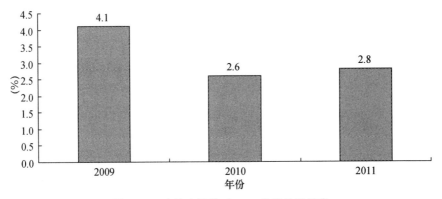

图 1.10 房地产消费对 GDP 增长的贡献率

如前推算，2011 年房地产开发投资形成的固定资本形成总额为 37 469 亿元，房地产消费 27 389 亿元，两者合计 64 858 亿元，占支出法 GDP 的 13.7%，对 GDP 增长的贡献率为 10.3%。

五、房地产经济合理增长对国民经济健康发展具有重要意义

（一）房地产经济对国民经济增长发挥了重要作用

改革开放以来，随着我国从计划经济转变为市场经济，随着社会主义市场经济的不断发展，房地产经济对整个国民经济的增长发挥了重要作用。

根据本节前面的分析可知，从房地产生产活动来看，房地产业和房地产相关行业增加值占 GDP 的比重稳步提高，贡献率不断上升。2013 年，房地产生产活动创造的增加值为 87 143 亿元，占 GDP 的比重为 15.3%，对 GDP 增长的贡献率为 29.4%。

从房地产使用来看，2004—2013 年，作为固定资产投资重要组成部分的房地产开发投资形成的固定资本形成总额占 GDP 的比重和对 GDP 增长的贡献率均

呈上升的态势;2009—2011年,作为居民消费支出重要组成部分的房地产消费占GDP的比重和对GDP增长的贡献率均保持相对稳定。2011年,房地产开发投资形成的固定资本形成总额和房地产消费合计64 858亿元,占支出法GDP的比重为13.7%,对GDP增长的贡献率为10.3%。居民消费支出中的家庭设备用品及服务支出中的一部分也是由于房地产开发投资导致的消费活动,考虑到这一因素,房地产使用占支出法GDP的比重和对GDP增长的贡献率还会高些。

可见,无论从房地产生产活动,还是从房地产使用活动看,房地产经济对整个国民经济增长的贡献作用十分明显。

(二)防范房地产经济的消极作用,促进房地产经济合理增长

然而,在经济发展过程中,如果过分倚重房地产,会出现房地产市场过热、房价上涨过快、房地产泡沫、房地产信贷风险等诸多问题,从而影响国民经济的持续稳定健康发展。20世纪90年代的日本、我国的海南都出现过房地产泡沫破裂引发的经济衰退。房地产经济的消极作用主要体现在三个方面:

1. 对实体经济的"抽血效应"

在市场经济条件下,资本具有天然的逐利性,房地产市场过热会吸引大量资本进入这一利润丰厚的行业,助推房地产价格的进一步上涨,造成制造业等实体经济失血,拖累国民经济的健康发展。

2. 对居民消费的"挤出效应"

房地产市场过热会造成房价过快上涨,使房价收入比超出正常区间,居民为购买住房透支自身的消费能力,从而会对居民消费产生明显的"挤出效应",对转方式、调结构、惠民生的宏观调控目标产生不利影响。

3. 对金融和经济运行的"风险效应"

2013年,房地产开发企业开发贷款和个人按揭贷款占房地产开发项目到位资金的27.6%。中国人民银行数据表明,2013年,房地产贷款(包括房地产开发贷款、购房贷款和证券化的房地产贷款)余额为14.61万亿元,占金融机构人民币各项贷款的比重为21.0%。近年让人谈虎色变的地方政府债务,其中一部分就投向了房地产。房地产过快发展所带来的风险可能会影响中国金融业,以致给整个国民经济运行带来风险隐患。

因此,对房地产经济的消极作用要有清醒认识,并认真加以防范,从而形成房地产经济与整个国民经济发展的良性互动。

可见,房地产经济对国民经济健康发展具有重要意义。房地产经济增长速度过低,将影响国民经济稳定增长,妨碍人民生活改善;房地产经济增长速度过高,又可能带来房价过快上涨,形成房地产泡沫,引发金融风险,破坏社会和谐稳定。因此,房地产经济应保持合理增长,从而有效推动国民经济保持健康稳定增长,促进民生改善,避免生产、生活、金融、社会稳定等方面的矛盾和问题。

第二章 从主要经济体比较看中国经济增长

改革开放以后,中国经历了长时期的高速经济增长。这一增长不仅提升了中国的经济规模、综合国力和人民生活,同时也对全球的经济发展和经济格局产生了巨大的影响。在新的发展基础上,中国的经济增长能否持续下去?本章通过对世界上最大的15个经济体经济增长的比较分析,从世界视角分析了中国实现可持续增长,实现两个一百年奋斗目标的现实基础。

第一节 从 GDP 比较看世界主要经济体的发展水平

国际比较可以从不同的角度进行,众多研究机构和国际组织都在进行这一方面的研究。由于视角不同,所提出的方法也不同,其中包括了对经济发展水平的比较(如人均 GDP 或 GNI),经济和社会发展水平的比较(如人类发展指数 HDI),经济、社会和环境的比较(绿色国民经济核算)以及对人们心理感受的研究(幸福指数)等,但从最基本的影响因素看,经济发展水平与一个国家现代化的关系最为密切,以人均 GDP 反映的经济发展水平事实上影响着一个国家或经济体其他方面的发展,与其他比较指标之间具有高度的相关性。[1]

从对全球经济的影响看,大的经济体或者说是大国具有举足轻重的影响。表2.1列出了世界上最大的15个经济体的经济总量的情况,这些国家的数量不到世界银行公布数据时所包含的国家和地区(200个左右)的1/10,全部人口为39.2亿,占世界人口的55.6%,比一半略高,但 GDP 总量占世界的比重则高达74.18%(按汇率法计算;按购买力平价法计算则是67.69%)近3/4,可以说,它们的发展和变化基本上决定了世界的经济格局及发展趋势。我们通过对这些主要经济体的分析来观察中国经济增长所导致的国际地位的变化以及世界经济发展的一般趋势。

---

[1] 参见刘伟主编《中国经济增长报告2012》,北京大学出版社,2012,第四章"对中国社会经济发展的测度"。

表 2.1　2014 年主要经济体按两种不同方法计算的 GDP

国家	汇率法		人口		购买力平价法		
	排序	GDP（万亿美元）	占世界百分比(%)	人数（亿）	占世界百分比(%)	排序	GDP（万亿国际元）	占世界百分比(%)
美国	1	17.42	22.37	3.14	4.5	2	17.42	16.06
中国	2	10.36	13.30	13.51	19.2	1	18.03	16.62
日本	3	4.60	5.91	1.28	1.8	4	4.63	4.27
德国	4	3.85	4.95	0.82	1.2	6	3.69	3.40
英国	5	2.94	3.78	0.63	0.9	10	2.52	2.33
法国	6	2.83	3.63	0.66	0.9	9	2.57	2.37
巴西	7	2.35	3.01	1.99	2.8	7	3.26	3.01
意大利	8	2.14	2.75	0.61	0.9	11	2.13	1.97
印度	9	2.07	2.65	12.37	17.6	3	7.39	6.82
俄罗斯	10	1.86	2.39	1.44	2.0	5	3.75	3.45
加拿大	11	1.79	2.29	0.35	0.5	15	1.57	1.44
澳大利亚	12	1.45	1.87	0.23	0.3	20	1.03	0.95
韩国	13	1.41	1.81	0.50	0.7	13	1.73	1.60
西班牙	14	1.40	1.80	0.46	0.7	16	1.57	1.44
墨西哥	15	1.28	1.65	1.21	1.7	12	2.13	1.96
以上国家		57.76	74.18	39.17	55.6		73.42	67.69
世界		77.87	100	70.43	100		108.46	100

资料来源：根据世界银行数据库资料整理，人口数据来自《中国统计年鉴(2014)》。

表 2.1 中的 GDP 数据，是用汇率法和购买力平价法这两种不同的方法所反映的。随着计价标准的不同，各国的排序也发生了变化。在按汇率法计算时，美国是世界第一大经济体，但是用购买力平价法计算，中国从 2014 年开始，已经成为世界最大的经济体。不仅中国的位次发生了变化，其他一些国家的位次也有变化，如印度从第 9 大经济体变为第 3 大经济体，俄罗斯的排序则由第 10 位提高到了第 5 位。澳大利亚和西班牙两个国家在按购买力平价计算经济总量时，排序已经落到 15 位以外，而一些按汇率法计算时不在前 15 位的国家，在按购买力平价法计算时排序还相当靠前（如印度尼西亚，按购买力平价法计算排第 8 位），但是从总体上看，用两种方法列出的主要经济体重合度很高，未同时列入两种排序的只有个别国家。这说明成为世界主要经济体的客观标准是存在的。

表 2.2 分别按汇率法和购买力平价法列出了 2014 年主要经济体人均 GDP 的比较，从表 2.1 与表 2.2 的比较中可以看出，人均 GDP 水平和人口规模都是一个

国家要成为世界主要经济体(即 GDP 总量排名靠前的国家)的重要的影响因素:人均 GDP 水平反映了一个国家人均国民收入的数量,又体现着这个国家的生产率水平;人口规模则在既定的生产率水平上,对整个经济规模产生重要影响。当人口规模较小时,即使生产率很高,但总规模仍然是有限的;反过来,一个国家的生产效率如果不是很高,但人口规模到达了一定程度,经济总量仍然可能比较高。在表 2.2 中的 15 个主要经济体中,按汇率法计算,人均产出效率最高的国家为澳大利亚,人均 GDP 达到了 6.4 万美元(按购买力平价计算则是美国最高,达到 5.5 万美元),最低的为印度,人均 GDP 只有 1671 美元,为澳大利亚的 1/38(按购买力平价计算为 5 978 国际元,约为美国的 1/9)。这说明无论用哪一个指标计算,发达国家与欠发达国家的经济发展水平之间都存在着很大的差距,但是差别的程度有所不同。用购买力平价方法反映的差距,显著地小于用汇率法反映的差距。具体地看,在 15 个主要经济体中,前 9 个国家属于西方发达国家,这些国家的一般特点是人均 GDP 高(达到 30 000 美元以上),但经济增长已经转入了低速阶段。其余 6 个国家的情况则各有不同,韩国的人均 GDP(汇率法)已经达到了 28 000 美元,已经成为高收入国家,但经济发展水平与高收入发达国家之间还有差距,经济增长仍然保持活跃,属于由新兴工业化国家向发达国家转折中的国家;俄罗斯则属于转轨过程中的国家,人均 GDP 虽然高于发展中国家,但与西方发达国家相比仍然有差距,苏联解体后经济增长一直处于徘徊状态;巴西和墨西哥都是南美国家,人均 GDP 在世界平均水平(10 000 美元)附近,属于上中等收入国家,但在多年前已经进入缓慢增长阶段,所谓"中等收入陷阱"指的就是这样一类国家。最后是中国和印度,都是人口众多的发展中国家,所不同的是,中国已经经历了三十多年的高速经济增长,但是印度的加速经济增长才刚刚开始。同样作为发展中国家,中国是一个已经进入了工业化中后期的新兴工业化国家,而印度的工业化才刚刚开始。

表 2.2 2014 年主要经济体人均 GDP 的比较(汇率法和购买力平价法)

按汇率法人均GDP排序	国家	按汇率法GDP排序	人口		人均 GDP(汇率法)		人均 GDP(购买力平价法)		
			亿人	占世界百分比(%)	美元	相对中国的比率(%)	国际元	相对中国的比率(%)	为汇率法的倍数
1	澳大利亚	12	0.23	0.3	64 099	835.7	45 471	340.6	0.71
2	美国	1	3.14	4.5	55 490	723.5	55 490	415.7	1.00
3	加拿大	11	0.35	0.5	51 223	667.8	44 923	336.5	0.88
4	德国	4	0.82	1.2	47 046	613.4	45 058	337.5	0.96
5	英国	5	0.63	0.9	46 527	606.6	39 929	299.1	0.86

(续表)

按汇率法人均GDP排序	国家	按汇率法GDP排序	人口		人均GDP（汇率法）		人均GDP（购买力平价法）		
			亿人	占世界百分比(%)	美元	相对中国的比率(%)	国际元	相对中国的比率(%)	为汇率法的倍数
6	法国	6	0.66	0.9	43 062	561.4	39 147	293.3	0.91
7	日本	3	1.28	1.8	36 073	470.3	36 304	272.0	1.01
8	意大利	8	0.61	0.9	35 199	458.9	34 995	262.2	0.99
9	西班牙	14	0.46	0.7	30 383	396.1	33 898	253.9	1.12
10	韩国	13	0.50	0.7	28 208	367.8	34 647	259.5	1.23
11	俄罗斯	10	1.44	2.0	12 963	169.0	26 093	195.5	2.01
12	巴西	7	1.99	2.8	11 810	154.0	16 429	123.1	1.39
13	墨西哥	15	1.21	1.7	10 614	138.4	17 586	131.7	1.66
14	中国	2	13.51	19.2	7 670	100.0	13 349	100.0	1.74
15	印度	9	12.37	17.6	1 671	21.8	5 978	44.8	3.58
	以上国家		39.17	55.6	14 744	192.2	18 743	140.4	1.27
	世界		70.43	100	11 055	144.1	15 398	115.3	1.39

资料来源：根据表2.1数据整理。

从人口规模的角度观察，这些国家中人口超过1亿的国家有7个，其中美国和日本属于发达国家，人口分别为3.14亿和1.28亿，人均GDP在3万美元以上；俄罗斯、巴西、墨西哥属于中等发达国家，人均GDP在1万到2万美元之间，人口在1亿至2亿之间；中国和印度则属于发展中国家，人均GDP在1万美元以下，人口在10亿以上。如果表2.1中不包括中国和印度，那么，13个主要经济体的人口只有13.3亿（占世界人口的比重仅为18.9%），但按照汇率法计算的GDP已经达到45.3万亿美元，占世界的比重为58.2%，即不到20%的人口有着近60%的GDP，而另外80%以上的人口的GDP总额的占比只有40%左右。这说明世界各国的经济发展不均衡的矛盾非常突出。中国作为一个人口大国和经济大国，实现持续的经济增长的意义不仅仅是推动了自身的现代化进程，缩小了与先进国家在经济发展水平上的差距，还改变了世界经济发展的不均衡，带动了其他发展中国家的经济增长，改变着世界经济的发展格局。

在表2.1和表2.2中还可以看到，用汇率法计算的结果和用购买力平价法计算的结果之间存在着一定的差异。产生这种差异的原因是因为价格因素，汇率法是按照各国的现行价格计算的，再按照三年平均汇率折算成美元。这样，由汇率法所进行的国际比较及其变化，主要有三个大的影响因素：一是经济发展水平和经济增长，这导致了按本国可比价格计算的经济规模以及在此基础上发生的扩张；二是国内的价格总水平及其上涨程度（也就是通胀程度），在其他条件不变的情况下它的上涨导致了按照现行价格计算 GDP 的增加;三是汇率变动,汇率的形成机制很复杂,在其他条件不变的情况下,它与一个国家的价格总水平之间存在着负相关的关系,一些超发货币导致严重通货膨胀的国家的汇率会出现严重下跌,而另一些国家提高利率并导致了货币供应量减少时汇率则会上升。因此,个别国家价格总水平和汇率的短期变化,不可能显著地持续地改变它们在全球经济中的份额,一个国家经济地位的长期提升,主要还是要靠经济增长。在按照购买力平价法进行国际比较时,基本思想就是要剔除价格和汇率因素对一个国家经济总量的影响,用横向的或截面的可比价格(国际元或者说是美国的货物和服务的价格)来反映各个经济体的总量及人均水平之间的实际差异。用购买力平价法计算经济总量或人均水平会使发展中国家和发达国家之间的差距有明显的缩小(如印度和美国之间的差距就明显缩小)。应该说,这种方法的思路是正确的,只是现在没有足够的数据资料和普遍接受的方法(如何真正使价格可比?如何科学地确定各种商品和货物的权数?等等),对它的结果经常不能得到普遍认可,如对于世界银行国际比较项目(ICP)所报告的按可比价格计算中国经济总量现在已经超过了美国,很多人表示质疑。实际上,一个国家的经济规模和发展水平是客观存在的,国民经济核算只是要把它客观地反映出来并进行各种动态和静态的比较。经济规模和发展水平不是算出来的,而是生产活动创造出来的。十年以前,世界银行就不可能在中美之间的比较上得出这样的结论,也不可能产生争论。这个争论的基础就是中国的经济规模确实比十年前有了巨大的变化,但具体的按照可比价格计算的数值还可以深入讨论,所以由世界各国参与的、世界银行公布的购买力评价法的计算结果在国际比较中具有重要的参考价值。①

在表 2.2 中对两种不同方法计算的人均 GDP 计算相关系数,我们就会发现,二者之间有相当高的相关关系(相关系数为 0.9729)。这实际上反映了一个国家经济发展水平与它的一般价格水平之间的关系。具体地说,一个国家的经济发展水平(即人均 GDP)越高,其用购买力平价法计算的结果高于汇率法的程度也就越少(甚至低于汇率法),也就是其一般价格水平越高;反之,一个国家的经济发展水平越低,购买力平价法计算的结果高于汇率法的程度也就越大,也就是其一般价格水平越低。这是因为,购买力平价方法是按照购买者价格(即支出法)计算的,发展中国家的生活必需品的价格低而制造业和服务业都没有发展起来,这样,如果按发达国家(如美国)的价格标准计算产出,就会比按当地的价格计算得出更高的数字结果。但一般地说,这种计算依据的变化不会明显改变一个国家人均收入在国际上的排序,因为决定一个国家人均收入水平的是这个国家的经济发展阶段

---

① 刘伟、蔡志洲:"从国民收入国际比较的新变化看中国现代化进程",《经济纵横》,2015 年第 1 期。

以及在这一阶段所具有的生产效率。从表 2.2 中看到，2014 年中国的按汇率法计算的人均 GDP 水平为 7 670 美元，在 15 个主要经济体中列第 14 位，按购买力平价法计算提高到了 13 349 美元，但仍然名列 14 位；印度通过不同方法计算的结果差异更大，但在 15 个经济体中的排序也没有发生变化。但是从总量上看，因为中国和印度人口众多，因此在用购买力平价法反映总规模时，排序则发生了变化，尤其是印度变化更加明显，从第 9 位提高到第 3 位（见表 2.1）；中国则超过美国成为世界第一大经济体。

第二节　中国长期经济增长与世界经济格局变化

从表 2.3 中可以看到，1978 年中国在全球经济中所占的份额仅为 1.8%，到了 2000 年提高到 3.7%，比 22 年前提高 2 个百分点，而到了 2014 年这一比重进一步提高到 13.3%，比进入 21 世纪时提高了近 10 个百分点。2010 年，中国宣布 GDP 总量超过日本成为世界第二大经济体（而根据世界银行后来公布的数据，实际上在 2009 年中国按汇率法计算的 GDP 已经超过日本），而现在中国的经济规模已经达到日本的两倍以上。

表 2.3　1978—2014 年主要经济体 GDP 总量（汇率法）与份额变化情况

国家	2014 年 排序	GDP（万亿美元）	占世界百分比(%)	2000 年 排序	GDP（万亿美元）	占世界百分比(%)	1978 年 排序	GDP（万亿美元）	占世界百分比(%)
美国	1	17.42	22.37	1	9.9	30.7	1	2.28	27.1
中国	2	10.36	13.3	6	1.2	3.7	10	0.15	1.8
日本	3	4.60	5.91	2	4.67	14.5	2	0.98	11.7
德国	4	3.85	4.95	3	1.89	5.9	3	0.72	8.5
英国	5	2.94	3.78	4	1.48	4.6	5	0.33	3.9
法国	6	2.83	3.63	5	1.33	4.1	4	0.50	5.9
巴西	7	2.35	3.01	9	0.64	2.0	8	0.20	2.4
意大利	8	2.14	2.75	7	1.1	3.4	6	0.30	3.6
印度	9	2.07	2.65	13	0.46	1.4	13	0.14	1.6
俄罗斯	10	1.86	2.39	19	0.26	0.8	—	—	—
加拿大	11	1.79	2.29	8	0.72	2.2	7	0.21	2.6
澳大利亚	12	1.45	1.87	14	0.41	1.3	14	0.12	1.4
韩国	13	1.41	1.81	12	0.53	1.7	27	0.05	0.6
西班牙	14	1.40	1.80	11	0.58	1.8	9	0.16	1.9
墨西哥	15	1.28	1.65	10	0.58	1.8	15	0.10	1.2
以上合计		57.76	74.18		25.8	79.9		6.20	74.2
世界		77.87	100		32.24	100		8.42	100

资料来源：根据世界银行数据库资料整理。

在表 2.3 中可以看到,在过去的三十多年中,在主要经济体所占份额没有发生大的变化的情况下①,发达国家的 GDP 在世界上所占的份额几乎都是下降的(其中包括了七国集团中的美国、日本、德国、英国、法国、意大利、加拿大以及西班牙),下降幅度最大的三个国家为日本、美国和德国,2014 年的份额比 1978 年分别下降了 5.79%、4.73%和 3.55%。只有澳大利亚一个国家例外,所占的比重略有提高,主要原因在于随着中国和亚太地区的经济增长,它的矿产品出口在不断提高。反过来,这些发达国家以外的主要经济体(人均 GDP 低于 30 000 美元),在世界上的份额都是提升的,中国提升的幅度当然最大,达到 11.5%;韩国和印度分别提升了 1.21%和 1.05%;而巴西、墨西哥只有很小的变化。所以从世界视野来看,过去三十多年来,世界经济格局的最大变化就是中国的崛起,把过去三十多年的中国高速增长称为"中国奇迹"一点也不过分。

从表 2.4 中可以看到,从 2003 年到现在,世界的人均 GNI 接近翻了一番,但中国的人均 GNI 已经达到了当年的 5.8 倍。表中可以看到一个有意思的变化,2009 年下中等收入国家的人均 GNI 已经到了 2 310 美元,2010 年却下降到 1 658 美元;2009 年上中等收入国家人均 GNI 是 7 523 美元,2010 年也下降为 5 884 美元,但这一时期世界的人均 GNI 却是上升的(从 8 751 美元上升到 9 097 美元)。出现这一现象的原因是中国在这一期间由下中等收入国家进入了上中等收入国家。因为中国人数众多,在计算人均水平时所占的权数很大,因此中国在离开下中等收入组时,使余下的国家平均收入减少,而进入上中等收入组后,又由于当时的平均收入水平较低,拉低了这个组的平均数。这说明了中国经济的巨大影响力。

表 2.4　世界银行 2003—2014 年按汇率法计算的人均 GNI 标志数字　　单位:美元

	2003 年	2008 年	2009 年	2010 年	2011 年	2013 年	2014 年
世界	5 510	8 579	8 751	9 097	9 511	10 683	10 779
低收入	440	524	503	510	569	728	626
下中等收入	1 490	2 015	2 310	1 658	1 764	2 074	2 012
上中等收入	5 440	7 878	7 523	5 884	6 563	7 604	7 873
低收入和中等收入	1 280	2 748	2 969	3 304	3 648	4 168	4 226
高收入	28 600	39 345	38 134	38 658	39 861	39 812	38 317
参考:中国	1 270	3 040	3 620	4 240	4 900	6 560	7 380

资料来源:根据世界银行各年度公布的人均 GNI 数据整理,表中的 GNI 与 GDP 之间在计算口径上有一定的差别,所以人均 GNI 和人均 GDP 在数值上略有差别。

---

① 严格地说,应该是略有下降,因为在 1978 年时,苏联还属于计划经济国家,没有公布与市场经济国家同口径的 GDP 数据。

在2013—2014年,低收入组、下中等收入组、高收入组的收入都是下降的,但中国所在的上中等收入组的收入却是提高的,而世界的人均收入水平也是提高的。中国经济增长所带来的人均收入的提高,对世界的人均收入水平的提高做出了贡献。

第三节　从主要经济体比较看中国经济增长前景

在第二次世界大战后的世界经济增长中,包括中国在内的东亚经济增长最为引人注目。以日本的高速经济增长带头,多个国家和地区都实现了长时期的高速增长,成为发达或新兴工业化国家或地区。从表2.5中可以看到,在中国、日本和亚洲"四小龙"中,中国高速经济增长的年均增长率最高,持续时间最长(33年),韩国的持续时间次之(30年),再下来是中国台湾(26年),日本、新加坡和中国香港都在20年左右。而从年均增长率上看,较低的韩国为8.48%,较高的中国则为10.36%。实际上,能够在20年或更长的时间里保持8%以上的年均经济增长,就属于持续高速增长了。这种高速增长的前期主要是在政府(当局)主导下推动市场化进程,通过增加积累和引进外资扩大投资,通过增加投入来扩大产出,到了后期则要更多地通过技术进步来实现可持续的经济增长。[①] 而当经济发展到达一定水平时,随着一个国家或地区的比较优势尤其是生产要素的比较优势逐渐失去,这个国家或地区的增长率就会放缓,进入后高速经济增长时代。在后高速经济增长时代里,各个经济体的表现可能会有很大的不同,如日本从20世纪80年代起经济增长就进入了徘徊阶段;而新加坡和韩国则一直保持了较好的经济增长,2000—2010年,两国的年均增长率分别达到5.59%和4.15%,在世界上仍然属于较高的经济增长。

表2.5　东亚国家和地区高速经济增长期比较

国家或地区	高速经济增长期	增长时间长度(年)	年均经济增长率(%)
中国	1979—2011	33	10.36
日本	1955—1973	19	9.22
新加坡	1965—1984	20	9.86
韩国	1962—1991	30	8.48
中国香港	1968—1988	21	8.69
中国台湾	1962—1987	26	9.48

资料来源:日本与亚洲"四小龙"增长数据引自许宪春,"中国未来经济增长及其国际经济地位展望",《经济研究》,2002年第3期;中国数据根据《中国统计年鉴》计算。

① Krugman, P., "The Myth of Asia's Miracle", Foreign Affairs, November/December, 1994.

从目前的情况看,从 2012 年开始,中国已经逐渐走出高速经济增长期,2012—2014 年的经济增长率分别为 7.7%、7.7%和 7.3%,2015 年的经济增长率还可能继续放缓,未来年度中虽然也有可能再出现 8%以上的经济增长率,但要长期保持这样的高速增长已经不再具备客观基础。从生产方看,我们不能再像高速经济增长前期那样主要依靠迅速增加投入来增加产出,而需要通过不断的体制创新和技术创新来提高市场和生产要素效率;从需求方看,需求的扩张越来越受到收入分配、国内外市场容量以及投资和消费结构升级等多方面条件的约束。在这种条件下,经济增长率的放缓事实上是客观经济规律的要求。从表面上看,它似乎是中国经济增长动力减弱的表现,但在实际上却是中国经济进入一个新的历史发展阶段的重要标志。在进入上中等收入国家的行列之后,我们实现经济增长的基础和路径也开始发生了重大的变化:原先我们是通过迅速的工业化进程推动经济增长,现在我们工业化进程已经进入后期,从规模上看已经成为世界上最大的制造业和工业国家,制造业的发展必然放缓。但另外一方面,中国的城市化进程仍在不断推进,服务业的发展面临广泛的空间;从生产要素的比较优势上看,随着人均收入水平的提高,我们在劳动力价格方面的比较优势正在减少,但是另外一方面,我们的技术、装备、建设、管理和资金等方面的优势正在发展起来;从外向型经济的发展看,我们原来主要依靠的是劳动密集型产品的比较优势,而现在技术和资本密集型产品的比重在不断提升。原来以出口产品为主的外向型经济也逐渐发展为出口、对外直接投资、对外承包工程相结合的全方位的国际经济合作。这些重大变化使中国经济增长呈现出与过去不同的全新面貌。

党的十八大重申了我国"两个一百年"的长期经济增长目标,即在建党一百年时全面建成小康社会,在新中国成立一百年时建成富强民主文明和谐的社会主义现代化国家。从经济增长目标上看,到 2020 年时我国要实现 GDP 比 2010 年翻一番;到 21 世纪中叶,人均 GDP 要达到中等发达国家的水平。如果把这些目标具体化的话,意味着在未来的 5 年里中国的年均 GDP 增长率要达到 6.5%以上(由于 2011—2014 年中国的经济增长率都超过了预定的 7.2%的年均增长率),2020 年按汇率法计算的人均 GDP 或 GNI 接近或达到目前高收入国家组的下限(按 2014 年价格计算为 12 000 美元),虽然和高收入组国家的平均收入(39 000 美元左右)仍然还有较大差距,但对于中国来说,这已经是一个非常大的进步。从总量上看,按汇率法计算的 GDP 总额可能接近或者达到美国的水平。2020—2050 年,中国的年均增长率只要达到 3%,略高于美国过去 30 年的年均增长率(2%),那么,中国的人均 GDP 最终会达到 25 000 美元以上(按 2014 年价格计算),大约相当于韩国目前的水平。虽然和发达国家之间仍然有较大的差距,但对中国来说已经是非常高的水平。而从总量上看,将会超过世界任何国家,确立世界第一大经济体的地位。这样的增长目标虽然也有一定的难度,但无论从国际比较看还是从中国现实的条件看,只要我们坚持走正确的道路,都是有可能实现的。

第一,和发达国家相比,中国的经济发展水平仍然较低,这说明中国在经济发展上仍然具有很大的后发优势和比较优势。2010年,中国成为了上中等收入国家,这是中国在现代化进程中迈出的重要一步。但是这一变化,主要是根据中国的人均GDP或GNI水平在世界上的排序做出的(2014年在列入统计的200个左右的国家和地区中,按汇率法名列第100位,按购买力平价法名列105位)[①],从具体数值比较上看,中国的人均GDP或GNI水平仍然在世界平均水平以下。按汇率法计算,2014年的人均GNI为世界平均水平的73%,为高收入国家平均水平的20%(见表2.4);按购买力平价计算,中国(13 130国际元)为世界平均水平(14 923国际元)的88%,为高收入国家平均水平(40 762国际元)的32%。[②] 所以从赶超世界先进水平的意义上看,中国还有很长的路可以走。我们的人民生活的平均水平还不算高,发展也不均衡,无论是从对物质产品的需求看,还是从对各类服务的需求看,都有很大的改善空间。从生产领域看,在三十多年的高速经济增长中,中国已经大大推动了自身的工业化进程,现在的制造业和工业的增加值已经超过美国、日本和德国等工业大国位居世界第一,但是和发达国家现代化的产业结构相比,我们的产业结构是滞后的。在主要经济体的发达国家中,第一产业增加值的比重大多在5%以下,第二产业在30%以下,而第三产业都在65%以上,就业结构也是类似的;但在中国,第一产业的比重在10%左右,第二产业的比重在40%左右,第三产业则在50%左右;而从就业比重看,三次产业的就业份额为31.4:30.1:38.5,与发达国家之间的差距更大。从现在的情况看,中国经济增长的主要问题不是制造业发展规模不足,而是包括制造业本身的结构升级和现代服务业的发展滞后。最近一段时间,我国第二产业的增速明显放缓,并由此影响到整个国民经济的增速,这实际上是市场对产业结构的一种修复。如果在这种情况下,仍然不考虑现阶段经济发展对产业间均衡发展的要求,盲目地继续对第二产业拔苗助长,经济增长下滑的局面就不可能改变。我国目前适当地调整经济发展目标,注重产业结构的发展战略是正确的。当我们的产业结构及其他经济结构逐渐调整到较为合理的状态时,各个产业的发展就会走向正常的轨道。由于我们的工业化、城市化和现代化过程仍在推进,在这一过程中将有大量的需求和就业机会被创造出来,这不仅会消化现阶段的过剩产能,还会对产能扩张提出新的要求,从而促进经济增长。

---

① World Bank,"Gross national income per capita 2014", Atlas method and PPP.
② 同上。

第二，和俄罗斯这样的转轨国家相比，中国的经济体制更有活力，更能促进和保持较好的经济增长。中国的高速经济增长是伴随着不断深化的经济体制和市场化改革而发生的。和同样进行了由计划经济向市场经济转轨的俄罗斯不同的是，中国没有搞"休克疗法"，没有搞全面私有化，而是在发展中探索中国特色的社会主义道路，并在这一过程中推动了中国的经济增长。这正是中国在实施转轨后没有像俄罗斯等国那样经济增长陷入停滞的基本原因。事实已经证明，中国选择的这一条渐进的市场化改革的道路是正确的。到现在为止，我们也只是基本上建立起来了社会主义市场经济制度，而改善这一制度和完善市场秩序以及改变政府在经济发展中的职能，还要经历一个长期的过程。在不断深化的改革中，中国经济还会不断地释放自己的能量，生产者和劳动者的生产积极性还会被进一步激发，而竞争和市场机制的完善则会使经济资源得到更加合理的配置，提高中国经济的效率，而这正是中国经济能够保持不断增长的制度基础。

第三，和进入了"中等收入陷阱"的拉美国家相比，中国具备跨越"中等收入陷阱"的条件。2006年世界银行发表了一篇题为《东亚复兴——经济增长的思路》的研究报告[①]，其中对于"中等收入陷阱"的讨论，引起了世界各国的关注。概括地说，导致一个国家进入"中等收入陷阱"，主要有四个方面的原因[②]：一是不能保持持续的制度创新，经济和社会发展缺乏持续的动力。尤其是在由低收入国家发展为中等收入国家后，"寻租"行为开始增加，各种经济和社会资源不再根据效率原则而是根据腐败行为所获得的利益来配置，经济发展自然就受到限制；二是技术创新能力不足，增加要素投入受到限制，而技术进步又不能跟上，从而导致经济增长不可持续；三是经济发展失衡导致资源配置恶化和供需失衡，严重的收入分配差距、少数大城市的畸形发展和其他地区的极端落后并存，以及由此导致的投资和消费拉动不足，是长期陷入"中等收入陷阱"国家的基本特征；四是在发展中对外部世界的过度依赖，经济活动缺乏内在的稳定性。中国当然也存在着陷入"中等收入陷阱"的可能性，但是这种可能性现在已经越来越小，尤其是党的十八大以后，党和国家高度重视反腐败和依法治国，这就为我们国家的长治久安创造了更好的条件。有人认为反腐败可能影响经济增长，这是短视的观点，反腐在短期内确实可能对公款消费等造成一定的影响，但是从世界各国的发展经验看，腐败的滋生和蔓延断送的是整个国家的发展前途。清廉和高效的政府，是一个国家经济增长的基本保证。除了深化政治和经济体制改革外，十八大以后，我们在推动创

---

① Gill, I. and H. Kharas, "An East Asian Renaissance: Ideas for Economic Growth", World Bank, 2006.

② 刘伟主编《中国经济增长报告2011——克服中等收入陷阱的关键在于经济发展方式转变》，中国发展出版社，2011。

新、调整经济结构、改善内需和外需的关系及国际收支平衡方面,也做了大量工作。这些工作比起短期经济刺激来说,对当前经济增长率的影响可能不那么明显,但对中国实现长期的可持续的经济增长却有重要意义,对避免中国陷入"中等收入陷阱"的针对性非常强。这就从更大程度上降低了中国走拉美国家老路的可能性。另一方面,我们也要看到,并不是所有主要经济体在赶超过程中都会在达到中等收入时出现经济停滞,日本是进入高收入国家行列后经济才出现停滞,韩国的经济增长虽然比高速增长期有明显放缓,但现在仍然保持强势。而这些国家与中国的共同之处,远比那些南美中等收入国家要多。中国在走出高速增长阶段后,把较好的经济增长保持下去的可能性是非常大的。

第四,和印度等落后于中国的发展中国家相比,中国确实在失去一些传统的生产要素比较优势,但新的优势正在发展起来,这就为中国和其他广大的发展中国家共同进步创造了条件。从体制角度看,中国的政府和市场的效率,也远远高于大多数发展中国家,这就使得中国的经济增长仍然能在发展中国家发挥引领作用。随着人均收入水平的提高,中国的一些生产要素尤其是劳动的成本在提高,与那些比中国落后的发展中国家相比,我们的一部分生产要素的比较优势正在失去,有一些劳动密集型的外商投资企业也确实在向印度、越南等国家转移。但是对这一问题要有一个客观的认识,首先,中国幅员辽阔,各个地方的经济发展很不平衡,当沿海地区的劳动力等生产要素成本升高时,相关的产业还可以向内陆生产要素成本较低的地区进行梯度转移,如近年来长江经济带尤其是重庆的发展,就说明了这种转移仍然存在很大空间,它将促进我国整个国民经济的均衡发展;其次,即使一些产业向其他发展中国家转移,对我们来说也不一定是坏事,因为发展中国家的经济整体崛起,将给中国带来更多的发展机会。中国在加入世贸组织后外向型经济的迅速发展,在相当程度上是和发展中国家在新时期的崛起相关的,只有这些国家的经济发展起来了,我们和它们之间的经贸合作才能有更大的发展空间。另一方面,我们还要看到,虽然我们失去了一部分生产要素的比较优势,但新的比较优势正在被培育起来,这就使我国处于一个独特的位置上,或者说在成为一个新的国际经济中心。和发达国家相比,我们在劳动力、自然资源等方面的比较优势仍然存在;而和一般发展中国家相比,我们则在资金、科学技术、经济管理、基础设施方面发展出了新的比较优势。这也是我们当前发展外向型经济时,尤其是在开展新型国际经济合作时(成套设备出口、对外承包工程和基础设施相结合),经常能够在竞争中取胜的重要原因。

第三章　发达经济"新常态"对中国的启示

2008年全球金融危机之后，发达经济出现了前所未有的新形势，2009年5月，美国太平洋投资管理公司（PIMCO）前CEO穆罕默德·埃里安将其称为"新常态"，这就导致了"新常态"这个词的出现。

发达经济的"新常态"根源是什么？有什么表现？未来的前景如何？对这些问题的理解不仅关系到中国目前和未来的国际经济环境，更有助于我们理解中国经济的未来发展趋势、面临的问题和应对措施。

我们认为，发达经济"新常态"的根源有两个，一是科技进步率下滑，一是凯恩斯主义需求管理的长期化和常态化。其结果，发达经济一个个陷入了流动性陷阱，并将长期在流动性陷阱中运行；由于流动性陷阱中利率已经无法降低，所以以凯恩斯主义需求管理为特征的宏观调控体系就不得不把量化宽松货币政策和财政政策作为宏观调控的主要手段。在这两个政策的作用下，经济可能会增长，但增长的质量却是下降的，经济健康状况恶化，对外来冲击的抵抗力减弱，患上了"肥胖症"；经济将时刻面临债务危机、金融危机的威胁，发达经济的各种经济危机将此起彼伏，危机将成为发达经济的"常态"。要把发达经济从这种"新常态"中挽救出来，必须依靠科技革命。科技革命将带来更多、更好的投资机会和消费热点，提高投资收益率，使经济走出流动性陷阱，成功"减肥"，改善经济健康状况，提高经济对外来冲击的抵抗力，降低各种危机爆发的概率。

本章共分五节。第一节讨论科技进步率下滑与发达经济"新常态"的关系；第二节讨论凯恩斯主义需求管理长期化、常态化对发达经济"新常态"的影响；第三节在前两节的基础上讨论发达经济"新常态"的两个主要运行特点，即经济在流动性陷阱中运行、量化宽松政策和财政政策的大剂量采用；第四节讨论发达经济"新常态"的具体表现，即需求不振、经济低增长，低通胀与资产价格快速上涨并存，经济"肥胖症"的出现，存在债务危机和金融危机隐患等；第五节展望世界经济的前景。

第一节　科技进步率下滑是发达经济"新常态"的主要根源

科学技术的进步从需求和供给两方面推动着经济的增长。需求方面，生产工艺的革新将提高生产效率，从而刺激投资；而产品创新将形成新的消费热点，刺激新的消费需求,并为企业提供好的投资机会,创造新的经济增长点。在供给方面,新设备、新技术、新工艺的采用,能够提高生产效率,使单位时间和单位劳动投入所带来的产出增加;科技的重大进步甚至可以促使产业结构升级,通过产业结构的优化来提高经济效益。

基于科技进步的长周期理论属于经济周期理论的一种,又称康德拉季耶夫周期,是1926年俄国经济学家康德拉季耶夫提出的一种为期50—60年的经济周期(康德拉季耶夫,1986)。

本轮长周期始于20世纪60年代开始出现的信息技术,并于90年代达到高潮,引领了第五轮长周期的繁荣时期,随着新技术革命的动力逐渐释放完全,由美国次贷危机引发的全球经济衰退宣告世界经济进入本轮长周期的下降期。2008年的金融危机,看似是资产价格泡沫破灭的产物,实际上背后有着更深刻的原因——作为带动本轮长周期增长的技术群和产业群的核心,信息技术创新的持续降温和信息产业发展的后劲乏力,导致技术出现僵局,难以推动经济的持续增长。

Chari等(2007)研究了美国1900—2000年整整一个世纪的劳动生产率和全要素生产率的变化,如图3.1所示。总的来说,一个世纪以来,美国的全要素生产率和劳动生产率都呈上升趋势。二者的一个明显下降发生在20世纪30年代末

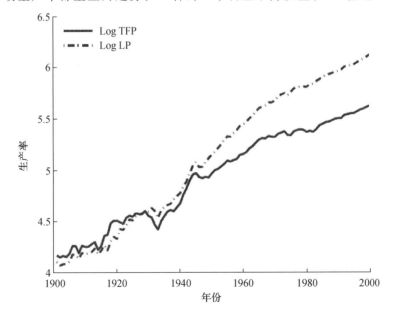

图 3.1 1901—2000 年美国全要素生产率(TFP)和劳动生产率(LP)

资料来源:Chari,Kehoe and McGrattan(2007),转引自 Jones and Schoonbroodt(2010)。

40年代初,正是著名的大萧条时期。随后,20世纪50年代初,全要素生产率和劳动生产率均回复了高速增长,并持续了整个50年代和60年代。70年代后期,两个生产率的增长率开始下降,愈往世纪末,两个生产率,尤其是全要素生产率愈见平缓。这张图清楚地表明,在20世纪中,美国的科技水平一直在进步,但科技进步的速度在放缓。

科技进步率的下滑导致实体经济中好的投资机会越来越少,投资收益率逐步下跌,投资开始下跌,导致经济增长率下滑。为了应对这种情况,世界各国政府都采取了凯恩斯主义需求管理政策,后者就成为发达经济"新常态"的另一根源。

第二节 凯恩斯主义需求管理与发达经济"新常态"

凯恩斯有句广为流传的名言:"在长期,我们都死了"。虽不能说凯恩斯不关注长期经济状况,但其提出的需求管理的初衷确是着眼于短期的。

一般而言,市场经济是具有自动调节功能的,能够在没有政府调控的情况下自动运行,价格机制、竞争机制能够使经济在多数情况下处于大体均衡的状态。只有在大萧条之类的极端情况下,经济已经无法通过自身的自动调节功能实现均衡并将长期处于萧条状态的时候,才需要政府的帮助。也就是说,理想状态下,应当是尽可能让市场机制发挥作用,让经济自动运行,无需政府干预;只有在市场已经无能为力的情况下才需要政府。就跟一个人一样,多数情况下人体能够自动调节适应外部环境的变化,且具有一定的抵抗力和免疫力,即使生点小病也能依靠自身的抵抗力和免疫力恢复健康。只有在病情较重,自身的抵抗力和免疫力无法使人恢复健康的时候才需要看医生,才需要吃药。

然而凯恩斯主义诞生以来近80年的经济实践却表明,凯恩斯主义需求管理被长期化、常态化了。1965年,弗里德曼曾说:"我们都是凯恩斯主义者"。尽管后来他声称他的话被断章取义了,但这确实是当时经济学家和决策者们思想的真实写照——反周期的财政政策是应对经济周期的正确且有效的方式。换句话说,遇到经济衰退时,加大政府开支、减少税收、降低利率等凯恩斯主义需求管理政策,是治疗经济的正统药方。当意识形态方面的隔阂被数次金融危机冲破,凯恩斯出版《就业、利息和货币通论》三十年后,他的政策建议已然成了各国政府普遍接受的教条,无怪乎美国前总统尼克松也言道:"我们现在都是凯恩斯主义者了。"

时至今日,美联储关于货币政策的会议仍保持大致一个月一次的频率,近些年来频频在货币政策会议上推出量化宽松的货币政策,经济一旦不景气便向市场释放流动性几成常态。同样的情况在世界其他国家也多有出现。其他国家的宏观调控也一样,包括中国在内,政府时时刻刻都盯着经济,企图"熨平"经济波动。

这种常态化的宏观调控实际上已经把政府当成了宏观经济的监护人,实际上意味着调控当局对市场经济的自动运行功能的不信任,以及对经济波动的过度恐惧。常态化、长期化的宏观调控实际上也把市场经济的自动调节功能给作废了,经济运行对宏观调控的依赖性急剧提高,现在已经到了离开政府的宏观调控经济几乎已经无法正常运行的地步。在这种调控思路下,宏观经济被当成了没有生活自理能力的"病人",时时刻刻都离不开"医生"的监护,随时都需要吃药、打针。于是,在政府这个"医生"的长期、常态化监护下,经济对政府越来越依赖,最终变得无法离开政府,真的成为没有生活自理能力的"病人",甚至最后变成"植物人"。

第三节 发达经济"新常态"的运行特点

在当今世界各发达国家,一方面,科技进步率下滑,另一方面,凯恩斯主义需求管理被长期化、常态化。这种情况下,发达经济的运行就呈现出不同与以往的特征。这种特征主要有以下两个方面。

(一)经济在流动性陷阱中运行

由于我们关注的是目前的发达经济,所以我们就着重讨论发达经济在本轮长周期中的表现。本轮长周期的核心是信息革命。而信息革命则始于第二次世界大战。

苏剑、刘斌(2009)探讨了科技进步与经济增长之间的关系,并据此来解释2008年全球金融危机爆发的根源,也说明了美国经济陷入流动性陷阱的原因和过程。[①] 他们从二战期间交战各方在尖端武器研发方面的大规模支出说起,讨论了这种尖端武器的研发在此后直到苏联倒台之前对美国科技进步的巨大推动作用。这些研发活动导致了计算机、互联网、无线通信等方面技术的快速进步,也导致了相应的新行业的产生,于是经济中存在大量优良的投资机会,也出现了这些方面的消费热点,这就导致了经济的快速发展。苏联倒台后,随着美国在尖端武器研发方面投入的削减,美国的科技进步率也开始下滑,好的投资机会和消费热点也快速减少,于是,为了刺激投资,避免衰退,美国就开始降息,随着利息逐步降低,越来越差的投资项目被采取,这就导致了"次贷危机"。为了把美国经济从"次贷危机"中挽救出来,美联储继续降息,最后当利率降无可降的时候,别说好的投资机会,连不好的投资机会都被利用完毕,经济就陷入了流动性陷阱。为了挽救经济,美联储不得不继续扩大货币供给,这就是所谓的"量化宽松政策",希望通过货币政策的非利率传导渠道刺激经济。

继美国之后,被欧债危机缠身多年的欧盟也推出了自己的低息政策,并于2014年6月正式进入"负利率"时代,意图推高通胀、刺激经济。

[①] 苏剑、刘斌,"美国金融危机的成因及我国的对策",《经济前沿》,2009年第1期。

至于在萧条中苦苦挣扎的日本,更是"零利率"政策的代表。20世纪90年代末期,为拯救房地产泡沫破灭后的经济,日本政府便推行过零利率政策,无奈收效甚微。之后有过回调,但进入21世纪后再次采用零利率。2006年,日本政府试图退出零利率,然而经济危机很快袭来,又不得不继续回归零利率甚至负利率,并一直持续到今日。2012年以来,日本央行已多次扩大货币宽松规模,国债购买量从55万亿日元大幅提高到91万亿日元,但经济并无太大起色。

从美欧日的经验可以看出,宽松的货币政策甚至是零利率政策,短期内可能有些效果——随着商业银行资金借入成本的下降,商业银行的贷款利率也跟着下降,放贷条件也越来越宽松,有利于增强企业投资的积极性。但长期下来,市场反应将越来越不敏感,居民消费趋于饱和,企业投资的热情也因缺乏新的消费热点而逐渐减弱。经济最终陷入流动性陷阱。

(二)量化宽松政策和财政政策成为宏观调控的主要工具

一般来说,央行想要放松银根可以有两种方式——压低货币价格(即利率)和增加货币数量。正统的凯恩斯主义货币政策向来以前者为重心,通过调节准备金率、购买短期证券等方式对利率水平进行微调。但当经济处于流动性陷阱中时,货币政策的传统传导机制即利率机制就失灵了,此时,由于美欧日宏观调控的工具箱里只有需求管理政策,所以只能继续采取需求管理政策,于是不得不推出量化宽松政策,并重新重视和加大财政政策的力度。由于财政政策没有什么新意,此处只讨论量化宽松政策。

量化宽松(Quantitative Easing,简称QE)也是一种货币政策,主要指各国央行通过公开市场购买国债等中长期债券、银行金融资产等方式来增加基础货币供给。与利率杠杆等传统工具不同,量化宽松被视为一种非常规的工具。

2008年美国爆发金融危机后,美联储为刺激经济,推出了多轮量化宽松政策。2010年4月开始,美国的复苏前景不妙,美联储在伯南克的领导下开启了第二轮量化宽松政策(QE2)。2012年9月14日,美联储实施了第三轮量化宽松政策(QE3)。

2012年12月13日,美联储宣布推出第四轮量化宽松(QE4),每月采购450亿美元国债,替代扭曲操作,加上QE3每月400亿美元的宽松额度,联储每月资产采购额达到850亿美元。此外,美联储保持了零利率的政策,把利率保持在0到0.25%的极低水平。[①]

2014年10月底,日本央行也启动了量化宽松政策,将每年基础货币的货币刺激目标加大至80万亿日元(此前目标为60万亿—70万亿日元),并且在2014年

---

① "美国QE4或引发全球货币战争",http://finance.qq.com/zt2012/cjgc/qe4.htm。

11月日本央行再次强调维持货币政策不变,承诺以每年80万亿日元的速度扩大基础货币。

继日本央行之后,欧洲央行于2015年1月22日宣布推出欧版量化宽松政策(QE),每月采购600亿欧元资产,持续到2016年9月。从2015年3月1日启动计算,本次欧洲版QE将持续19个月,总额度为1.14万亿欧元,新增额度9500亿欧元。①

第四节 发达经济"新常态"的具体表现

在"新常态"下,发达经济呈现出以下特点:

(一)需求不振,导致产能过剩和低增长

由于科技进步率下滑,且利率已经降低至0,这意味着经济中即使非常差的投资机会也已经被利用殆尽,投资就无法增长;同样,由于没有好的新消费品出现,经济中没有好的消费热点,消费增长率也上不去。于是经济增长率下降,经济将长期在低增长状态下运行,最终如果没有科技进步率的恢复,就将陷入衰退甚至危机。

(二)低通胀与资产价格快速上涨并存,且资产价格的波动性加剧

大规模量化宽松政策的结果必然是流动性泛滥。而由于科技进步率下滑,实体经济中已经没有投资机会,泛滥的流动性就只能流入资产市场,导致资产价格泡沫的加剧。同时,由于产能过剩,商品价格又涨不上去,就出现低通胀的局面。于是,就出现了低通胀和资产价格泡沫并存的局面。在流动性泛滥且缺乏基本面支撑的情况下,随着资金在各种资产市场之间的投机性流动,各种资产价格容易产生大幅波动,不确定性增加。

(三)"虚胖"的各国经济

在科技进步率下滑和凯恩斯主义政策理论指导下,超低利率成为常态,超低利率刺激出来的投资的预期收益率当然也是超低。比方说,假定在正常市场利率下,投资回报率至少达到5%的项目,才能保证投资者有能力偿还贷款并获得利润。但政府为刺激经济、鼓励投资,人为地将利率压低至1%,以鼓励企业开动那些投资回报率在1%—5%的项目。在持续的低息政策下,这些项目可能平安无事,政府也可能如愿以偿地收获经济繁荣的成果。然而,一旦出现意外,比如货币危机、银行危机等,导致利率上升,那么当年被低利率扶植起来的那些项目,就可能会成为烂账,埋下金融危机的隐患,甚至直接引发金融危机,美国金融危机就是明显的例子(刘伟、苏剑,2009)。

---

① "欧盟推QE加入货币大战,中国楼市何去何从",http://suzhou.house.qq.com/a/20150208/010133.htm。

当经济在流动性陷阱中运行的时候,利率超低,刺激出来的投资都是劣质投资,所以对外来冲击的抵抗力就较弱。随着量化宽松政策的实施,越来越多的劣质投资项目被采取,经济规模在不断增长,但经济却没有变得强壮,而是变得"虚胖",就跟人一样,体重增加了,但增加的不是肌肉,而是脂肪,健康状况不是改善,而是恶化。这样"富态的身体",可称得上"金玉其外,败絮其中"了。一个筋骨软弱、大腹便便的胖子,很容易被人一拳击倒。

(四)政府债台高筑,财政危机风险上升

在凯恩斯主义政策理论中,财政政策也是刺激经济的主要政策。经年累月,政府财政赤字高企,债务负担沉重,并且将持续恶化。这种情况已经在各大国家中成为主流。截至2014年6月,美国联邦政府债务已高达17.557万亿美元,预计2014年年底将达18.52万亿美元,相当于其GDP的105.7%。① 截至2014年第一季度末,欧元区(18个成员国)和欧盟(28个成员国)政府债务总额在国内生产总值中所占比例分别为93.9%和88%,高于2013年第四季度的92.7%和87.2%,高于2013年同期的92.5%和86.2%(严恒元,2014)。政府债务同样也是困扰日本政府的问题,根据日本财务省2014年8月8日发布的数据,截至2014年6月底,日本政府债务余额达到1039万亿日元(约合10.2万亿美元),比上一季度末增加大约14万亿日元(1376亿美元),这一债务余额相当于每名日本人负债818万日元(8万美元)②。

(五)金融体系脆弱不堪

超低利率下,投资的收益率当然也超低,一旦经济中有风吹草动,比如政府或企业债务违约或者别的国家提高利率等情况出现,本国的利率水平就有可能被迫提高;其结果,原本就收益率超低的投资就可能会亏损,相应的贷款就会成为烂账,引发金融危机。同时,股市、房地产市场也因缺乏基本面的支撑而极度脆弱,随便一个传言就可能导致股市大跌。而大规模量化宽松的结果,本国货币也会面临贬值压力,如果世界各国竞相采取量化宽松政策,那么就会出现货币战争,利率波动性和不确定性就会大幅度增加。其结果,整个国家的金融体系脆弱不堪。

第五节 世界发达经济的前景及其对中国经济的影响

面对发达国家的"新常态",世界经济的希望何在?前景如何?我们认为,科技革命是最终也是唯一能够挽救世界经济的因素,但现在还看不到科技革命的曙

---

① "德媒:美国真的要出事了", http://bbs.tiexue.net/post2_8213557_1.html。
② "日本6月底国家债务余额超1039万亿日元创新高", http://www.ccpit.org/Contents/Channel_54/2014/0808/408387/content_408387.htm。

光,所以,至少今后 10 年内,发达经济都将在这种"新常态"中运行,财政危机、金融危机、货币危机隐患重重,经济极度脆弱。

2014 年下半年,美国经济的复苏态势良好,经济连续两个季度强劲反弹、纽约股市延续第六年上涨、消费者信心升至近 8 年来的新高,因此不少投资者和经济学家对美国经济复苏持乐观态度。然而不能忘了,2012 年、2013 年及 2014 年年初,这些经济学家和权威机构,便已对当年的美国经济做过乐观预期,可惜世事总是难遂人愿。现在还无法断定美国经济已经恢复如初。

相形之下,欧盟的复苏前景显得比较疲软。2014 年年初预期的 1% 的增长率无法实现。面对通缩的威胁,欧洲央行在 2014 年 6 月将隔夜存款利率降为负值,并在 9 月进一步降至 -0.2%,但情况并无太大起色。2015 年伊始,欧洲央行便推出了进一步的量化宽松的货币政策,意图对抗通货紧缩,但政策效果依然不佳。

为挽救经济,日本连续多年推行量化宽松的货币政策,但发放的大量货币如"石沉大海"。实际上,进入后工业化时代的日本,经济已臻于成熟,市场趋向饱和,又由于人口老龄化,国内消费基本已无发掘空间;再加上经济形势动荡,对未来充满不安的日本人更加不愿意消费。因为国内外经济前景不明朗,日本企业也持观望态度,不愿意扩大投资和生产。

发达经济的"新常态"呈现出令人悲观的图景。要想把经济从这种"新常态"中挽救出来,需要一场科技革命。跟以往的每次科技革命一样,新科技革命的出现将形成新的消费热点,为企业提供大量新的、更好的投资项目,同时老百姓的消费增加也会增加交易性货币需求,从而逐步消化掉目前已经泛滥的流动性,最终提高利率,把经济带出流动性陷阱。实体经济有了好的投资机会,经济自然走向繁荣,量化宽松政策退出历史舞台,也就不需要刺激措施,不仅如此,随着经济的繁荣,政府收入增加而支出未增,于是财政赤字减少,债务警报解除。

在世界经济普遍增长乏力的今天,世界需要一场科技革命,以新的技术来创造消费和投资热点。然而到目前为止,我们还看不到类似前几次科技革命那样深刻改造人类生产生活方式的新技术。由于新技术的普及和大规模应用至少需要一二十年的时间,我们可以断言,未来的一二十年内,世界经济的增长方式还将大体保持原样,很难出现革命性的变化,发达经济将继续在"新常态"中运行,发达经济的复苏前景并不乐观。

第四章　新常态下的供给侧结构性改革

第一节　需求管理和供给管理

宏观经济管理的目标是要实现可持续的经济增长、价格总水平的稳定和充分就业,但如何实现这些目标,在不同时期、不同的经济发展阶段以及不同的国内国际环境下,所选择的路径和采取的手段则有所不同。需求管理指的是政府通过宏观经济政策尤其是财政和货币政策来刺激或抑制需求,防止经济衰退或预防过热,对应地,供给管理指的则是政府通过各种政策来影响生产领域的效率,来实现总供给和总需求之间的均衡。[1] 宏观经济管理则要根据实际情况来采取合适的手段。

在发达市场经济国家的政府干预或宏观管理中,尤其是在宏观经济遇到较大困难的关键时刻,通常采用的是需求管理的手段。这是因为需求管理使用的货币政策、财政支出政策等,能够在比较短的时期内迅速扩大社会有支付能力的需求,从而拉动经济增长。所以从20世纪30年代到70年代,无论是凯恩斯的宏观经济理论还是货币学派的观点,对于政府干预的讨论长期以来大多集中于需求方面,只是在政府要不要干预、干预的力度应该多大、应该采取什么样的干预手段上存在着各种分歧。到了里根政府执政时代,供给领域才开始得到更多的重视。和当时主流的宏观经济理论不同的是,供给学派主张在供给领域采取措施影响经济增长。当时的供给学派的代表人物拉弗用"拉弗曲线"说明了税率、税收和经济增长之间的关系[2],当税率较低时,提高税率可以增加政府税收,政府通过政府支出可能促进经济增长,但是当税率的提高超过一个临界点之后,税率过高会影响供给领域中生产者的积极性,经济增长就可能放缓甚至衰退,由于税基缩小,政府的税收反而可能减少。在这种情况下,降低税率能改善厂商的市场竞争环境和提高生产效率,有利于经济增长,反而可能增加政府税收,因此,"减税=增税"。里根政府接受了供给学派的观点,提出了以减税、扩大国防开支和精简政府为标志的一系列政策主张,这就是著名的"里根经济学"。事实上,早在1803年萨伊就提出过

---

[1] 刘伟主编《中国经济增长报告2010——从需求管理到供给管理》,中国发展出版社,2010。
[2] Laffer, A., "The Laffer Curve, Past, Present and Future", *Heritage Foundation*, June 1, 2004.

"供给创造需求"①的观点,这表明古典政治经济学已经开始强调供给在经济活动中的意义。而20世纪70年代石油危机后所出现的"供给冲击"(supply shock)让人们更加深刻地认识到供给政策对于经济增长的积极意义。在此之后,供给学派的理论有了很大发展。

在计划经济国家,或者是在市场活动中政府干预色彩较浓的国家,政府干预的主要对象是供给领域,由供给决定消费和需求,在很长一段时间里我们的口号都是"发展经济,保障供给"。发展经济是为了保障供给,所以更加重视供给管理。② 这种主要管理对象的决定,确实是和一个国家的经济体制密切相关的,市场经济国家经济增长中的主要矛盾是周期性的需求不足和产能过剩,所以要不断地进行需求管理来消化产能;而计划经济国家在预算软约束的条件下需求是巨大的(尤其是对生产资料的需求),存在的是严重的产能不足和供给不足,所以必须不断地进行供给管理来增加产能,以满足不断增长的社会需求。③ 因此在改革开放伊始,我们促进生产力发展的重点首先是在生产领域或供给领域,我们的分配体制改革、价格体制改革、国有企业的产权制度改革以至于20世纪90年代中期的分税制改革,从广义上看也都属于供给管理,更确切地说,是以供给革命促进经济增长。但是到了90年代以后,情况开始有了变化,党的十四大明确提出要把建立社会主义市场经济作为我国经济体制改革的目标,随着市场化改革的深入和政府在经济活动中的行为变化(与企业的关系由行政关系逐渐转变为政府和市场的关系),社会主义市场经济体制(商品市场、劳动市场、资本市场、技术市场、土地市场等)逐渐建立和发展了起来,在增加了社会的经济活力的同时,市场经济条件下经常交替出现的经济过热和产能过剩的现象也在我国表现出来。在这样的转轨背景下,我国宏观经济管理的一个显著变化,就是政府对经济活动的干预越来越多地从供给领域转到了需求领域,或者说,需求管理代替了供给管理,成为宏观管理的主要手段。"宏观调控"也就是在这种背景下开始成为一项新的最为重要的政府职能。既然是"调控",那么就需要在短期内见到效果,所使用的手段主要的就是通过调节货币供应量来间接地或调节财政支出来直接地影响总需求,如存款准备金率的调整、利率的调整、四万亿刺激计划等,来达到平抑增长波动的目标。"宏观调控"中使用的主要是货币政策,辅助以财政政策及一些行政手段(如住房限购等),主要是总量性的短期需求管理。它的特征,是在经济体制和宏观体制基本不变的情况下通过对宏观经济总量的调节来实现平稳的可持续的经济增长。

---

① 萨伊:《政治经济学概论》,商务印书馆,1998。
② 魏杰,"供给管理与产业政策",《财经理论与实践》,1988年第4期。
③ 亚诺什·科尔内:《短缺经济学》,经济科学出版社,1986。

但是中国的实际情况要比一般市场经济国家复杂,中国的高速经济增长不是在相对稳定的市场体制上实现的,而是在由计划经济向市场经济转轨的过程中实现的,经济增长需要消费升级和需求拉动,但如何在生产领域中不断地通过技术进步提高企业竞争力、如何通过产业结构的调整和升级来推动工业化进程、如何通过合理配置资源改善经济效率等,同样是我们在高速经济增长中面临的严峻挑战。因此,在需求管理和供给管理两个方面,如果只强调需求管理而忽视供给管理,宏观经济管理短期内可能会取得一定效果,但由于经济增长中的深层次矛盾尤其是各种结构性矛盾仍然存在,就会影响经济增长的可持续性,这正是我们在现阶段加强供给管理及供给侧结构性改革的意义。①

供给管理和需求管理都是宏观经济管理的重要手段,但在时效性、针对性以及运用的政策手段上都存在着区别,因此,市场化程度不同的国家,对它们各自的应用程度也有所不同。从时效性上看,需求管理在短期管理上更加有效,但供给管理往往需要较长的时间才能发挥作用,但影响也更加久远;从针对性上看,需求管理更加注重对总量的调节,最多扩展到对国民经济的重要分量如投资、消费和国际收支平衡进行调节,但供给管理则更加注重对结构的管理,所实施的经济政策更加重视其针对性,当优化各种经济结构正在或已经成为当前和今后相当长一段时间里中国实现平稳较快的经济增长的必要条件时,供给管理就显得更为重要;而从运用的政策手段来看,需求管理动用的主要是货币政策、财政支出政策;而供给管理可以动用税收政策、行政管理、法制管理等手段。有些政策既有需求管理的特征,也有供给管理的属性,如降低产品税,一方面可以减轻企业的负担,属于供给管理,但另一方面也降低了产品的价格,能够增加需求。但是两种管理之间的理论界限还是明显的,作用于供给领域,如降低企业的单位生产成本,或通过合理配置资源提高整个国民经济的经济效率,就属于供给管理;而作用于需求领域,影响了最终需求(消费、投资和出口),就属于需求管理。虽然一些政策同时具有需求管理和供给管理的属性,但是重点有所不同。相比较而言,货币政策更加重视总量管理,需求管理的色彩较浓;而财政支出政策在刺激经济增长时,需求管理的特点比较明显,但在经济发展相对平稳时期,由于要通过各种的转移支付来调整各个地区、各个产业、各个不同的社会阶层之间的利益关系,从而影响生产的发展,又可以是供给管理的重要手段。从市场化程度和这两类管理的关系看,发达市场经济国家往往更加重视需求管理(尽管近年来供给学派的理论也有很大发展),政府对经济活动直接干预的程度相对较低,希望自由市场经济在经济运行中发挥更大的作用;而转轨经济国家由于市场经济还不完善,供给管理还需要长

---

① 刘伟主编《中国经济增长报告 2010——从需求管理到供应管理》,中国发展出版社,2010。

期地发挥作用,一方面要通过供给领域不断的创新和改革激发市场经济的活力,另外一方面则要通过政府的指导甚至是优化资源配置,以达到提高经济运行效率,促进经济增长的目标。中国经济仍然处于转轨进程中,而且以公有制为主体建立的社会主义市场经济在很大程度上决定了宏观经济活动对政府行为的依赖,这就决定了供给管理应该在今后相当长一段时期的宏观经济管理中发挥更为积极的作用。

第二节 新常态下加强供给侧结构性改革的重要性

2015年11月,习近平同志在中央财经领导小组会议上强调,在适度扩大总需求的同时,着力加强供给侧结构性改革,着力提高供给体系质量和效率,增强经济持续增长动力,推动我国社会生产力水平实现整体跃升。① 这是党和国家领导人第一次结合需求和供给这两个侧面,阐明中国政府现阶段促进经济增长的整体思路,这个思路是符合当前中国经济增长和经济社会发展的客观实际的。

(一) 中国经济增长仍然具有很大的潜力

2010年,按照世界银行的分类标准,中国由下中等收入国家跃升为上中等收入国家。从表面上看,这只是中国的人均GDP(或人均GNI)的逐年提升造成了所归属的组别上的变化,但在实际上,这却是中国进入一个新的经济发展阶段的里程碑。在这一年,中国的经济总量超过了日本,成为世界上第二大经济体②;几乎与此同时,中国的对外商品贸易总额先后超过了德国和美国,成为世界上最大的商品进出口国。在国内中国经济也发生很大变化,尤其是产业结构的升级反映出工业化后期的特征:在经历了21世纪前10年以重化工业发展为特征的加速工业化进程后,制造业以及整个第二产业的发展开始放缓,而原先发展相对滞后的第三产业(包括传统服务业和现代服务业)则保持着较好的发展势头,第三产业增加值的增长率以及在整个国民经济中所占的比重开始超过第二产业,成为经济增长中的主导产业。第三产业吸收了大量的新增就业及由农业转移而来的劳动力的就业,加快了我国城市化的进程。据研究,在我国新增的非农业就业中,有三分之二是由第三产业吸收的。③ 这也就是说,无论是从人均收入水平上看,从国际地位上看,还是从以产业结构为代表的经济结构演进和升级来看,中国的现代化、国际化、工业化和城市化进程都进入了一个全新的发展阶段。在进入上中等收入国家的行列之后,由于经济总量的基数扩大,再加上生产要素的成本或价格优势的减

---

① 陈二厚和刘铮,"习近平提'供给侧结构性改革',深意何在?",新华网,北京2015年11月19日。
② 根据世界银行后来修正了的数据,中国按三年平均汇率法的GDP实际上在2009年已经超过日本,位居世界第二。
③ 刘伟、蔡志洲、郭以馨,"现阶段中国经济增长与就业的关系研究",《经济科学》,2015年第4期。

少,从中长期看,一个国家的年均经济增长率将呈递减趋势,这一点已经被其他国家的发展实践所证明,也在我国最近几年的经济增长中反映了出来。如果我们没有认识到这种变化,仍然想通过刺激需求尤其是刺激投资来继续保持过去的那种高达10%的年均增长,就会带来更多的现实的和潜在的产能过剩,将来我们就要以更大的代价进行结构调整。因此在2011年前后,国家对宏观刺激政策实行的"择机退出",让市场在引导资源配置方面发挥更大的作用,这是一个正确的决策。

但是在另外一方面,我们也要看到,虽然我们的经济建设和现代化进程已经取得了很大的成就,但是和发达国家相比,甚至和世界经济发展的一般水平相比,我们仍然存在着一定的差距,按照世界银行公布的数据,2014年我国按汇率法计算的人均GDP为7 670美元,美国、日本和韩国的人均GDP分别是55 000美元、36 000美元和28 000美元,分别为中国的7.2倍、4.7倍和3.7倍,而世界的平均水平为11 055美元,为中国的1.44倍,或者说,中国的人均GDP大约是世界平均水平的70%。① 由于中国是一个高积累的国家,在国民收入中用于投资的比例相当高(接近50%),居民可支配收入占GDP的比重较低(2014年全国居民人均可支配收入为20 167元,而人均GDP为46 531元,前者不到后者的一半②),居民可支配收入与发达国家之间的差距更大(美国2014年居民可支配收入占GDP的比重为74.4%)③。这种差距一方面说明中国的现代化进程仍然需要进一步推进,另一方面也说明中国经济增长仍然有巨大的潜力。从经济增长的一般规律看,一个国家尤其是大国,在经历了长期的高速经济增长之后,即使年均经济增长率开始放缓,也会是一个渐进的过程。而中国自1978—2011年这33年里,年均经济增长率达到了10.36%,在这个基础上,中国在2010—2020年的年均增长率达到7%以上,也就是把经济增长目标调低3个百分点,应该是有可能实现的。党的十八届五中全会上通过的《中共中央关于制定国民经济和社会发展第十三个五年规划的建议》中,重申了到2020年国内生产总值和城乡居民人均收入比2010年翻一番,这也就是说,在"十三五"时间,我国的年均经济增长率要达到6.5%以上,实际上已经考虑了我国现代化进程的需求和实现这一目标的条件。这就是我们在未来经济增长中所预期的"新常态"。按照世界各国的一般规律,在一个国家由上中等国家向高收入国家发展过程中,居民可支配收入的增长通常要高于GDP的增长,这是因为到了现代化的中后期,广大劳动者和居民家庭将会更多地分享经济增长的成果。在国内生产总值翻一番的条件下,如果我们能处理好分配和再分配的关

---

① 世界银行,世界发展指标数据库。
② 国家统计局,《2015年国民经济和社会发展统计公报》。
③ 美国经济分析局(BEA),"国民收入与生产账户"(NIPA)。

系,那么居民可支配收入的增长幅度还有可能更大。

(二)现阶段中国经济增长中总量失衡的根源在于结构性失衡

无论从总需求还是从总供给的角度来看,我国保持至少是中高速经济增长的基础是存在的。从需求上看,无论是从不同群体居民之间的消费差距来看,还是从中国与其他先进国家的消费水平比较上看,或者是从经济建设的整体水平上看,中国还有很大的发展空间;而从供给上看,中国现在存在的问题不是供给不足,而是产能过剩。我们不是需求不足,而是有支付能力的需求不足。而在市场经济条件下,我们不能用计划经济条件下那种无偿调拨的形式来解决过剩的产能,或者说,政府只能在很有限的范围内解决一部分过剩产能的问题(如开展安居工程等),这就要通过市场和分配领域的改革,解决支付能力不足的问题,尤其是要解决在国民收入中,政府、非金融企业部门、金融机构和居民部门之间发展失衡的矛盾以及在居民部门内部收入分配合理化的问题;与此同时,我们还要看到,虽然总需求和总供给是充分的,但是需求结构和供给结构存在着相互之间不相适应的问题,前些年,由于基础设施投资和房地产业的高增长,我国的能源工业和重化工业增长得非常快,如煤炭工业、钢铁工业、水泥工业、建材工业等,这些行业的发展都是建立在基础设施投资和房地产业能够持续保持超常增长的预期上的,所以它们自身的增长也是超常的。在这一过程中,地方政府出于 GDP 政绩观和地方利益(尤其是土地收入)的考虑,一直在鼓励房地产业的发展及相应的各种投资,而我国的金融市场(主要是银行业)又进一步鼓励了这种扩张。而现在由于房地产价格上涨得过快和过高抑制了需求,这些预期带来的投资中相当大的一个部分也就转化成了闲置甚至是必须淘汰的产能。在这种情况下,银行业为了自身的资金安全,往往会收紧贷款,导致相关企业的资金压力更大。而我国面临的环境污染压力又使得政府不得不出台各种更加严格的环境保护政策和措施,这又使得这一类企业必须承担起他们本来就应该承担的环保义务,这在客观上也提高了企业的生产成本。因此,当前中国经济增长的放缓,固然有经济发展到一定的水平,增长率有可能出现递减的原因,但在另外一方面,确实应该看到前些年过度强调总量增长,由此导致了经济总量失衡并加剧了经济结构失衡,而总量失衡的背后有深刻的结构原因。在这样的情况下,常规的管理即在对体制基本不变的情况下对经济政策进行一些微调(如调整存款准备金率和利率等),显然已经不能解决我们面临的各种深层次矛盾。中央银行放松银根后,商业银行将增加对谁的贷款?在企业体制和发展问题没解决之前,贷款发得越多,商业银行贷款的风险也就越大,如果不加以控制,甚至有可能导致系统性风险。因此,党的十八大以后重点强调的深化经济改革,对中国未来的经济增长具有重要意义。如果改革获得成功,我们就有可能突破所谓中等收入发展瓶颈,全面建成小康社会,如果改革不成功,那么不要说6.5%的增长率,一些人宣扬的中国经济"停滞论"也并非没有可能。但是从改革开放三十多年的经验来看,在建设中国特色社会主义及现代化的进程中,虽然我们可能会遇到困难和曲折,最后仍然会取得成功。

（三）如何看待供给侧改革和需求侧改革的关系

改革是中国宏观经济管理的一个重要组成部分,但所调整的利益关系比一般性的管理更为深刻,反映为制度创新推动的技术创新和经济创新。改革开放后三十多年中国高速经济增长,主要动力就来自体制改革带来的经济增长效率的提升（包括劳动生产率和要素效率的提升）。这样的改革也可以从供给和需求两个方面来总结,改革前期和中期,我们主要进行的是供给侧的改革,包括通过收入分配的改革、价格体制的改革、外贸体制的改革以及产权制度的改革等,这些改革主要发生在生产领域,根本改变了我国企业、生产者和劳动者的生产态度和通过市场竞争来生存和发展的水平,从而在根本上改变了我国经济运行中供给不足的局面。也有需求侧的改革,其中最大的改革就是1998年前后开始的住宅分配体制的市场改革,这一改革所带来的居民家庭对住宅实际需求的激增,形成了我国此后近20年来最大的经济增长点。还有一些改革是涉及供需双方的改革,如财政税收体制、金融体制的改革以及政府职能的转变,对供需双方都产生着深远的影响。从进入上一轮新的加速经济增长周期（2003年之后）之后,我国放慢了经济体制以及其他方面改革的步伐,这在当时看来是必要的,一方面是我国刚刚建立起新的社会主义市场经济制度（以众多的大型国企经过股份制改造成为上市公司作为重要标志）,新的市场体制能否有效运行还需要观察,完善社会主义市场秩序以及建立在这个市场基础上的宏观调控都需要一个过程。另外一方面,从供需关系的平衡看,当时的主要矛盾主要是总量失衡而不是结构失衡,从产业结构的演进和升级看,我国正处于加速的工业化进程中,各个产业的发展以及由此带来的产业结构的变化是符合我国经济发展阶段的要求的。所以在当时的背景下,无论是对当时积极的财政政策实行"点刹"还是在货币政策上进行"微调",或者是清理开发区等行政干预,都是试图通过"需求管理"或宏观调控来避免经济出现过热,以保持持续的高增长。应该说,当时我们实施的需求管理政策是基本有效的,从2003年至2007年间,我国经历了持续时间最长、通货膨胀程度最小、年均增长率最高的高速经济增长阶段。

2007年以后,我国经济运行中积累的各种矛盾开始逐渐呈现出来,2007年和2008年,我国的消费者价格指数分别到达了104.8和105.9,工业品出厂价格指数分别为103.1和106.9,都创了进入21世纪后的新高,表面上看是总量平衡有所失控,其实是结构性矛盾正在变得更加尖锐,客观上有结构性调整的要求,如产业结构、收入分配结构、地区结构以及需求结构都有调整的要求。国家也开始采取一系列宏观调控措施,虽然在控制通货膨胀上的效果有限,但是经济增长率开始出现回落,2008年的经济增长率为9.6%,比上一年的14.2%回落了4.6个百分点,回落的幅度远远高于2012年1.6%(由2011年的9.3%回落为2012年的7.7%)。在这种情况下,既要保持较高的经济增长率,又要抑制住正在加剧的通货膨胀势头,无疑是一个两难的任务。从需求管理的角度看,如果要保持较高的增长率,就需要刺激需求,但同时又会加剧通货膨胀;而如果要抑制通货膨胀而控制需求,那么经济增长无疑要受到影响。这实际上意味着多年以来我们实行的总量需求管理已经不能满足宏观经济管理的需要,必须通过供给管理和深化改革来解决经济增长中的各种结构性难题。但也就在这个时候,由美国"次贷"危机引发的全球金融危机爆发了,在中国经济已经深入地融入全球经济的条件下,这一危机对我国经济的冲击也是巨大的。从2008年第四季度开始,我国按季计算的经济增长率出现了巨大的回落。在新的形势下,为抵御全球经济危机对我国经济的影响,我们的宏观调控政策或者说需求管理政策又从紧缩转变为宽松,通过进一步拉动或者是扩大投资,遏制住了经济增长率急骤回落的局面。从表面上看这一政策的转向使我们在总量增长上所遇到的矛盾得到了缓解,但结构上的矛盾实际上是更加尖锐。[①]

在全球金融危机之前,我国的产能过剩的矛盾已经有所显现,房地产市场的回调和出口增长的放缓,使前期发展较快的能源、钢铁、水泥、建材等高耗能行业也出现了回调,产能过剩的矛盾已经开始显现,已经需要通过供给管理甚至是供给侧的改革来理顺国民经济的重要比例和结构关系。但全球金融危机后的需求刺激政策,使房地产市场重新开始一轮剧烈的扩张,重工业又重新经历了一个新的高潮,并带动了新一轮的投资。暂时的繁荣掩盖了事实上已经存在的产能过剩,只是延后了这些矛盾的爆发时点。由于这一轮经济扩张主要依靠的是房地产尤其是住宅建设的拉动,而从某些世界各国共同认定的标准(如收入房价比)上看,在全球金融危机以前,中国的房价已经较高;而从动态上看,在1998年至2008年这10年间,我国房价上升的幅度(尤其是发达和较发达地区的房价上涨)也是巨大的。但在全球金融危机后,在多种因素的影响下(银行的信贷政策、地方政府鼓励、投机因素、普通购房者对房价继续上涨的担心),我国房价又开始了新一轮攀升,虽然各个地方的房价上涨的幅度有所不同,发达地区房价上涨的幅度较大,欠发达地区上涨的幅度较小;在同一个城市中,中心城区上涨的幅度较大,偏远地区上涨的幅度较小。但从整体来看,各地金融危机之后的5年房价的上涨幅度已经超过了此前10年的上涨幅度。短期来看,在这种房价上涨中各个方面似乎都

[①] 刘伟主编《中国经济增长报告2010——从需求管理到供给管理》,中国发展出版社,2010。

得到了好处,消费者买到了相对"便宜"的房子,银行发放了"安全"的贷款,地方政府获得了土地收入,房地产商获得了开发利润,各种供货商从房地产商采购中销售了自己的商品或服务,住宅的投机或投资者获得了实际或账面的溢价收益,国家获得了税收和 GDP 的增长。但是正如股市的暴涨是不可持续的一样,住宅的暴涨也是不可持续的,当房价的上涨超过了一定的点之后,不但价格上涨无法持续,居民对住宅的有支付能力的需求也会萎缩,这时,作为 21 世纪以来我国经济增长最重要引擎的房地产,已经开始减弱了它的动力,不能说房地产业对中国经济增长不再有拉动作用,但至少井喷时期已经结束。正如耐用家用电器、电话电脑等信息技术产品、摩托车轿车等交通工具的消费升级对我国的高速经济增长曾经做出过显著贡献现在又回归常态一样,房地产对经济增长的贡献现在也会在经历调整后回归常态(当然在调整中还要经历各种阵痛),因此在未来的发展中,通过一类特定产品的消费升级来大规模地拉动最终需求的可能性已经很小,需要靠各个方面的常态增长来实现中高速经济增长的目标。这种"常态"的经济增长将是我国经济增长"新常态"的一个重要特征。

在经济增长新常态下,进入 21 世纪以来我们主要以需求管理调节经济增长(前一阶段主要是平抑需求、全球危机后主要是刺激需求)的思路,已经不能满足现阶段宏观经济管理的需求。从供求关系上看,现阶段经济失衡的主要表现是需求不足和产能过剩。但是无论在最终需求的哪一个方面(消费、投资和出口),简单地利用总量政策刺激,都很难迅速地见到效果。注入市场的资金可能进入股市、楼市等投机市场而不是流入实体经济,在导致金融市场或资本市场的资本价格出现较大的波动以后,消费、实体投资或者是出口并没有得到明显的改善。从 2011 年下半年开始,我国对宏观需求刺激政策实施了"择机退出",强调要充分发挥市场在配置资源方面的决定性作用,这实际上已经是从供给侧考虑怎样通过市场本身的自我调节,达到在生产领域优化结构的目标。在这种背景下,从 2012 年开始,我国的经济增长率下滑至 8% 以下,2012 年到 2014 年分别为 7.7%、7.7%、7.4%,2015 年的经济增长率将会在 7% 左右,显现的是逐渐放缓的趋势。有些学者和机构由此认为中国经济增长还会继续放缓。① 但是在实际上,在增长率逐渐放缓的情况下,我国的经济结构已经开始改善,一些落后产能正在被淘汰,环境保护和可持续发展受到了更多的重视,产业结构开始趋向合理,收入分配得到一定程度的改善,这又为我们在未来实现更有效率的经济增长积聚和创造条件。如果我们按照客观经济规律的要求,再进一步通过深化改革,在制度上、政策上为经济发展提供更好的环境,中国经济增长率是有可能稳定下来甚至重新回升的。

---

① "社科院专家:'十三五'中国经济潜在增长率将降到 6.2%",《经济参考报》,2014 年 11 月 17 日。

从未来的发展上看,无论是在需求侧还是在供给侧,改革都应该继续推进。如在需求侧,社会保障制度和政府最终消费支出的改革,对改善我国最终需求就具有重要意义。但我们目前更多的或者说是更主要的矛盾是在供给领域,属于影响中长期增长和发展的深层次矛盾,要通过加强供给侧的改革来改善和解决这些问题。

第三节 如何加强供给侧的结构性改革

中国当前供给侧的结构性改革,至少可以包括以下几个大的方面:

一是要实现经济、社会和环境的可持续发展,尤其是要注重在保护环境的基础上实现经济增长。在以工业化为先导的现代化进程中,我国首先是通过增加生产要素的投入来扩大产出,从而实现高速增长的。改革开放后三十多年以来,我国能源消费对经济增长的弹性系数一直很高,长期保持在 0.8—0.9,而在 21 世纪后的前十年则达到 0.9 以上,并没有随着经济发展水平的提高而有显著改善。中国目前已经是全球最大的能源消费国,能源消费量占世界的比重已经达到 20% 以上。[①] 其他自然资源的开发和使用也存在着类似的情况。目前国际能源和资源价格的下跌,事实上降低了我们的发展成本。但是一旦国际市场上能源和资源的价格重新上升,就有可能形成外部输入的通货膨胀,对我国的经济增长带来冲击。由于环境保护措施没有跟上,环境保护产业又没有得到相应的发展,我国的环境污染尤其是空气污染已经发展到相当严重的地步。在很多地方,高耗能、高污染、高浪费和低效率企业的发展事实上是得到鼓励的,很多企业通过逃避应该承担的社会责任的发展成本得以生存和发展,从短期看来地方好像增加了一些 GDP,长期看来却是后患无穷。现在我国存在的产能过剩,这些"三高一低"企业占了相当大的部分。这些企业及其行业的转型升级可能是一个艰苦甚至是痛苦的过程,一些企业甚至可能无法继续生存,但从长远看来,如果不通过改革来显著地改善这些能源和资源依赖型企业的效率和环保水平,我国的经济增长将难以为继。我们一方面要通过加强法制建设提高环境保护标准,依法治国,避免环境的进一步恶化;另外一方面要鼓励技术进步,提高能源和自然资源的使用效率,鼓励环保产业的发展。这是我国转变经济增长方式的一项重要基础工作。

二是要通过推动混合所有制的改革,增加国有和国有控股企业的市场竞争性效率。我国现阶段对国有企业特别是大型和特大型企业进行混合所有制经济改革,是产权制度的结构性改革,目的显然是提高其市场竞争性效率,适应社会主义市场经济的竞争要求;单纯的国有制独资或绝对控股的国有企业,在制度上能保证实现国有企业服务社会发展和体现国家总体利益要求的功能,但却难以实现市

---

① 徐绍史,"国务院关于节能减排工作情况的报告",2014 年 4 月 21 日。

场竞争性效率最大化目标。并非说实现了企业混合所有制经济改革就必然能保证充分实现市场竞争盈利目标,但不进行混合所有制改革,传统国有制企业在所有制上和企业功能定位上难以实现微观盈利的效率目标,国有企业混合所有制经济改革正是在企业所有制上为企业适应市场竞争创造必要的基础。因此,经改造后国有企业成为混合所有制经济,其企业目标原则上会发生根本的变化,不再是传统的国有企业以社会发展和国家总体利益需要作为首要目标,而是以适应市场竞争,获取最大盈利作为首要目标,企业服务社会、贡献国家的方式则以其他方式实现。这就要求,对国有企业进行混合所有制改革的根本发展目的是为企业提升市场竞争性盈利最大化能力创造制度基础,选择进行混合所有制改革的范围应以是否能够、是否需要由以往国有企业目标转换到市场盈利目标作为界定原则。进而,首先,在央企和地方国有企业之间如何选择?无论是央企还是地方国企,只要举办的目的首先是盈利最大化而不是全社会发展和国家总体根本目标为首要,并且所处领域并非"天然"亏损领域,不必由国家举办国企来承担"天然"亏损的社会责任,那么,就可以考虑进行混合所有制改造,当然,现实地看,地方国企或许可以改革的范围更广泛些,这与地方国企的特点有关。其次,在垄断与竞争领域如何选择?原则上在竞争性或并不是自然垄断性质的领域,均可以考虑进行混合所有制经济改革,无论企业本身的规模是大还是小,只要所处的领域是竞争性的,其中的国有企业便可以考虑进行混合所有制改革及非国有化改造。因为国有制企业在制度上的确不能也不应首先接受市场规则的硬约束,而应以接受国家要求和政府约束为首要,否则便不成其为国有制,况且,有些看起来是垄断行业,但也并不是"天然"垄断,而是制度性、政策性形成的垄断,这种垄断恰恰是需要限制和打破的,而在企业制度上进行混合所有制改革,正是打破这种垄断的根本举措,即使是"天然"垄断领域继续采取国有企业垄断的方式,也需建立相应的"规制"规范约束其垄断行为,均衡企业利益与国家利益,特别是我国现阶段人们普遍关注的金融、石油、电力、铁路、电信、资源开发、公用事业等七大领域,也是大型和特大型国有企业分布最为集中(甚至是垄断状态)的领域,这些领域中的国有垄断性企业,要不要进行混合所有制经济改革,核心在于科学地区分和明确这些领域中,到底哪些属于自然垄断性质,哪些具有竞争性?进而,哪些可以竞争性的市场利润最大化为企业首要目标?哪些必须以社会长远发展和国家总体利益要求为首要目标?哪些可以经济效率,特别是微观的资源配置效率为根本,哪些必须以更广泛的社会目标,包括国家安全等一系列非经济目标为根本?这七大领域中国有企业混合所有制经济改革需要根据不同情况,适时适度展开。

三是要实现区域间生产力布局的均衡。改革开放初期,邓小平提出一些地区先富起来,带动整个中国经济的发展。中国通过发展经济特区、沿海开放城市以及后来重点建设一些大都会,实现了一部分地区先富起来的战略目标。现在与改革开放初期相比,中国的经济发展已经有了显著的变化,但与此同时,中国区域间的差距仍然非常大。在一些先富起来的地区(如浙江、江苏和广东等),现代化的水平已经相当高,上海、北京、天津、广州、深圳这些大都市,其人均GDP及实际经济发展水平甚至已经达到了高收入国家或地区的水平。但以贵州、云南等地区为代表的欠发达地区,平均发展水平却仍然在下中等收入的水平或者说刚刚达到上中等水平,很多地区仍然处于下中等收入水平。在同一个地区(省份),大都市与小城市之间,城乡之间,经济发展水平也仍然存在着很大的差距。这种发展水平以及相应的居民收入水平上的差距,导致人口及生产要素向大城市流动,在大城市人口拥挤、投资条件恶化的同时,欠发达地区的发展却没有跟上来,导致资源配置效率降低,经济增长的动力减弱。因此,如何通过合理的政策,引导各种资源和生产要素向发达程度较低的地区流动,推动这些地区的工业化和城镇化进程,发挥这些地区的比较优势,是改善我国生产力布局,实现可持续增长的重要途径。近两年来,我国高收入地区的增速普遍回落,但重庆等地由于有了比较好的政策,实现城乡综合一体化发展,同时又有生产要素的比较优势,经济增长仍然保持了很好的势头。就中国的经济发展水平较低的地区而言,经济增长不是太快而是仍然有提高的空间,但问题是在经济发展过程中得不到充分的资源,投入不足,很多企业期望在大城市赚快钱,不愿意去发展水平较低的地区进行长线投资,但是在实际上,期望和现实往往存在着很大的差距,最终反而可能投资失败。经济增长在区域间的非均衡性,是我国作为一个发展中国家在工业化和现代化进程中的必经之路,这一方面反映了中国和欧美等发达国家之间的差距,说明部分地区的现代化并不等于一个国家的现代化,个别地区经济上的超前发展如果不能充分带动其他地区的发展,那么这些地区的整体福利也不可能真正地得到彻底改善;另一方面,这种区域间经济发展的不均衡事实上又是我国经济发展的比较优势,因为在这些地区,无论是在改善需求还是加强供给方面,都有更大的空间。而需求的发展,必须建立在这些地区的经济发展的基础上,建立在经济发展基础上的居民收入改善,才可能根本改变长期需求。

四是要不断地推动产业结构的升级,提高经济增长的效率。长期以来,相对于经济发展水平而言,中国的产业结构的提升是相对滞后的。从一般市场经济国家的发展规律来看,工业化进程是要有第三产业(商业、交通运输业等)作为基础的,因为工业化推进分工和生产专业化必须有流通领域的配合,这无论是在欧美等早期的发达国家还是在日本和亚洲"四小龙"这些后起的新兴国家和地区都是如此,因此它们的第三产业有两个较大的发展时期,一是在工业化以前为工业化做准备,这也是威廉·配第在英国工业化早期就提出、后来的配第·克拉克定理的历史背景;二是在工业化后期及其完成之后,随着制造业的发展到达一定高度,第三产业在国民经济中的比重将会进一步得到很大的提升。但是在中国,在计划经济条件下,由于强调重工业优先发展,市场经济又不发达,到了改革开放初期,我国的传统服务业是发展不足的;而到了改革开放之后,由于强调和追求高增长,仍然是制造业及第二产业在优先发展,第三产业不是没有发展,但相比较于制造业、工业及整个第二产业而言,无论是传统服务业(批发零售、运输等)还是现代服务业(科技创新、金融、通信等)的发展都是滞后的。在高增长下,这种服务业发展不足所带来的经济增长中的结构性矛盾在一定程度上被掩盖。但是到了一定的阶段,无论是从投资形成的基础设施看(大部分基础设施投资最后都会转化成为第三产业的固定资产,如机场、铁路、公路、港口、互联网等),还是从制造业的转型升级和专业化分工来看(制造业中将有越来越多的功能由第三产业来承担,如制造业的融资、技术服务、运输、销售等),还是从容纳工业化和城镇化带来的就业压力来看(第三产业是吸收就业最多的产业,而第二产业则是排斥劳动的,将在不断的产业升级中用机器和技术代替劳动),第三产业都需要有一个大的发展。而我国现在正处于这一发展阶段。近几年来,在整个经济增长放缓的背景下,第二产业的增长率出现了显著的回落,从10%以上回落到6%左右,而第三产业的增长率也有所放缓,但仍然保持了8%左右的增长,这实际上表明我国的经济增长客观上需要通过一次较大的结构调整,才能实现持续的增长。2013年,第三产业在我国国民经济中的比重第一次超过了第二产业,成为我国经济增长中的主导行业,而在近几年的新增非农业就业中,大约有2/3是由第三产业吸纳的。从现在各行业产能过剩的情况看,主要集中在工业部门,而第三产业的供需则是相对平衡的,有些地方还存在着供给不足。这说明在供给领域或生产领域中行政主导的制造业投资,很多时候会造成负作用,而主要由市场经济推动的服务业的发展则更为健康。因此在提升产业结构方面,供给侧的改革实际上就是要强调按照客观经济规律办事,在现阶段就是要通过市场的法制建设和道德建设,完善市场制度和市场秩序,真正让市场经济在配置资源上充分发挥决定性作用,实现各个产业的均衡发展。

五是要推动分配和再分配领域的改革,在降低企业负担提高市场竞争力的同时,增加劳动者报酬,扩大全社会有支付能力的需求。国民收入的分配和再分配,始于供给领域,通过分配和再分配,成为国民经济各个机构部门(企业、金融机构、政府、居民等)的可支配收入,最后形成各种最终消费(居民最终消费和投资、政府最终消费和投资、企业资本形成等),是连接供给领域和需求领域的纽带。收入分配和再分配的改革必然会影响需求,但是从总体上看,它属于供给侧的管理和改革,这是因为任何深入的收入分配的改革必须从生产领域的初次分配开始,这种改革直接调整的就是企业、政府和劳动者之间的利益关系,这种关系如果处理得好,就会像改革初期我们进行这种改革时那样,大大调动政府、企业和劳动者的积极性,从而有力地促进经济增长,但如果处理不好,收入分配的几大主体之间、各个主体内部的利益关系都会出现大的失衡,那么整体的经济增长就会受到影响。就目前的情况看,从2009年开始,我国居民收入分配差异扩大化、居民部门和其他部门之间的收入增长失衡的矛盾已经有所改善,基尼系数有缩小的倾向,但是变化的幅度还不够,居民可支配收入的增长不足影响了居民消费水平的进一步提高;而就企业而言,由于用工成本在增加,但市场的扩张相对缓慢,很多企业甚至还面临产能过剩,企业的利润空间明显压缩,影响了企业的发展甚至是生存,在这种情况下,在鼓励企业加快技术进步、提高市场竞争力的同时,要适当减轻企业税收和公共事业收费的负担。从我们国家的税收构成看,对企业产品和服务的税收(即所谓间接税)所占的比重,大大高于对企业和居民的收入和财富的征税(即所谓直接税),而在发达市场经济国家(如美国和日本),企业和居民在生产过程(即初次分配)中纳税是相对较轻的,国家的主要税收收入来自再分配过程(第二次分配)对于收入和财富的征税(即收入税和财产税)。2012年,我国的间接税在全部直接税和间接税中的比重为70%以上,日本所占的比重为50%左右,而美国的比重仅为35%。降低间接税(生产税)的好处是企业在生产过程中所要负担的成本主要来自市场,国家则主要是在生产过程完成之后再对各个收入主体进行征税,企业的负担相对较轻。企业发展了,国家向企业征收的税收(包括间接税和直接税)就能增加,劳动者的收入也就有可能随着企业的发展而提高(国家可以通过法律和行政手段来对此进行调节),劳动者也就有更强的纳税能力,国家从劳动者那里征收的所得税也可以增加。我国当前的税收制度是从计划经济转轨而来的,在计划经济下,劳动者基本上是不用纳税的,而企业对国家的贡献表现为上缴利润,而在后来的改制中,上缴利润被改为上缴营业税(后来又进行了营业税改为增值税的试点),这种税收的好处在于国家能够保证比较稳定的税收,问题是企业在生产活动一开始就必须面临着一定的税收负担。所以我们应该通过税收制度的改革,由国家适度承担一些经济发展中的收入风险,增加企业和劳动者的收入,最终达到各个收入主体的收入都能够进一步提升的目标。这实际上就是从收入角度观察而获得的经济增长。从我国目前的情况看,国民收入分配和再分配的改革,在企业层面的改革已经基本上实现了市场化改革的目标,除了一些国企和政府机构外,大多数劳动者报酬已经实现了市场定价,但在政府层面的改革,尤其是税收制度的改革,还有很大的发展空间,应该在供给领域的深化改革中稳定推进。

第五章 我国经济结构的变化与面临的挑战

经济结构问题既是我国当前经济发展中面临的突出问题,也是我国长期的经济发展战略问题。近年来,在一系列经济结构调整政策措施的作用下,我国产业结构、需求结构、区域结构、收入分配结构、对外贸易结构等重要经济结构正在发生积极的变化。但是,目前我国经济结构仍然面临比较严峻的挑战。本章利用最新统计数据对我国经济结构发生的变化和面临的挑战进行研究,对经济结构的进一步调整提出一些思考和建议。①

第一节 我国重要经济结构正在发生积极变化

由于历史的、自然的等多方面原因,长期以来,我国经济结构存在一些比较突出的矛盾。例如,产业结构方面存在第三产业发展滞后的矛盾;需求结构方面存在消费需求不足,过度依赖投资需求和出口需求的矛盾;区域结构方面存在中西部地区经济发展落后于东部地区的矛盾;收入分配结构方面存在居民收入比重偏低,居民收入差距过大的矛盾;对外贸易结构方面存在服务贸易发展严重滞后的矛盾;等等。

党中央、国务院高度重视我国经济结构调整问题。党的是十八大报告把推进经济结构的战略性调整作为加快转变经济发展方式的主攻方向。党的十八届三中全会通过的《中共中央关于全面深化改革若干重大问题的决定》把促进重大经济结构协调作为宏观调控的主要任务之一。党的十八届五中全会通过的《中共中央关于制定国民经济和社会发展第十三个五年规划的建议》在"全面建成小康社会决胜阶段的形势和指导思想"部分强调,"必须坚持以经济建设为中心,从实际出发,把握发展特征,加大结构性改革力度,加快转变经济发展方式,实现更高质量、更有效率、更加公平、更加可持续的发展";在"'十三五'时期经济社会发展的主要目标和基本理念"部分提出"十三五"时期服务业比重进一步上升,消费对经济增长贡献明显加大的要求;在"坚持协调发展,着力形成平衡发展结构"部分提出推动区域、城乡协调发展的要求;在"坚持开放发展,着力实现合作共赢"部分提出加快对外贸易优化升级,巩固出口市场份额,发展服务贸易的要求;在"坚持共

---

① 本章由许宪春执笔,杨崇勇、张彦珍、王新宪、姚爱兴等同志参与了研究。

享发展,着力增进人民福祉"部分提出持续增加城乡居民收入,调整国民收入分配格局,缩小收入差距的要求。

近年来,在一系列调整经济结构政策措施的作用下,我国产业结构、需求结构、区域结构、收入分配结构、对外贸易结构等重要经济结构正在发生积极的变化。

一、产业结构

产业结构包括不同层级的产业结构,包括三次产业结构、工业结构、国民经济行业结构等。

(一) 第三产业比重超过第二产业

三次产业结构指的是第一、第二、第三产业增加值占国内生产总值(GDP)的比重。图5.1给出了改革开放以来我国三次产业结构的变化情况。①从图中可以看出,改革开放以来,我国第三产业比重呈上升的走势,但是,2012年以前始终低于第二产业。2012年第三产业比重为45.5%,第二产业比重为45.0%,第三产业比重第一次超过第二产业。2013年和2014年,第三产业比重分别上升到46.9%和48.2%,第二产业比重分别回落到43.7%和42.6%。2014年第三产业比重已经超过第二产业5.6个百分点。

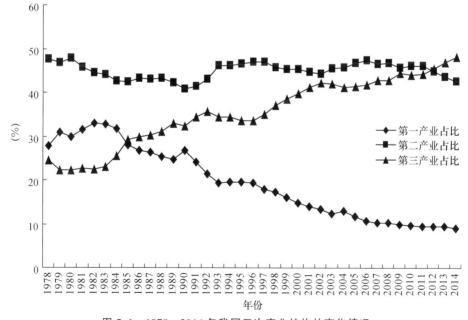

图5.1 1978—2014年我国三次产业结构的变化情况

---

① 这是经过第三次经济普查修订后的三次产业结构变化情况。

2015年前三个季度,第三产业增加值同比增长8.4%,增速比第二产业快2.4个百分点;第三产业比重为51.4%,比上年同期提高2.3个百分点,比第二产业高10.8个百分点。

三次产业结构的这种变化具有非常重要的意义,它标志着我国经济增长长期由第二产业主导加快向第三产业主导转变。第三产业具有资源消耗低、环境污染小、吸纳就业能力强等特点。因此,我国三次产业结构的这种变化有利于降低资源消耗和环境污染,有利于提高就业水平,有利于提高经济增长质量和效益,有利于改善民生。

(二)工业中高技术产业和装备制造业比重上升

近年来,在推动战略性新兴产业、先进制造业发展,淘汰落后产能等一系列政策的作用下,规模以上工业[①]结构呈现出积极变化,技术密集型的高技术产业、装备制造业比重上升,高耗能行业、采矿业比重下降。如图5.2所示,高技术产业的比重从2011年开始逐年上升,由2010年的8.9%上升到2014年的10.6%,2015年前三个季度上升到11.6%;装备制造业的比重从2013年开始逐年上升,从2012年的28.2%上升到2014年的30.4%,2015年前三个季度上升到31.4%;高耗能

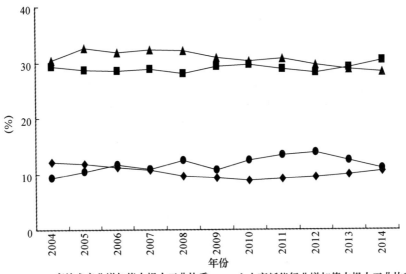

图5.2 2004—2014年我国工业结构的变化情况

---

① 规模以上工业指年主营业务收入2 000万元及以上工业企业。

行业的比重从 2012 年开始逐年下降,从 2011 年的 30.7% 下降到 2014 年的 28.4%,2015 年前三个季度下降到 28.2%;采矿业的比重从 2013 年开始逐年下降,从 2012 年的 13.9% 下降到 2014 年的 11%,2015 年前三个季度下降到 8.8%。

(三)战略性新兴服务业、高技术服务业、文化及相关产业服务业快速发展

2015 年前三个季度,在经济下行压力较大的情况下,规模以上战略性新兴服务业营业收入同比增长 11.9%,其中新材料推广服务和专业化设计服务行业营业收入分别增长 21.3% 和 15.0%;规模以上高技术服务业营业收入增长 8.9%,其中互联网信息服务行业营业收入增长 24.2%,信息系统集成服务行业营业收入增长 10.5%;文化及相关产业服务业营业收入增长 11.4%,其中电影放映营业收入增长 31.8%,会议及展览服务行业营业收入增长 15.4%。

二、需求结构

近些年来,我国三大需求结构正在发生积极的变化。2011—2014 年,最终消费支出占支出法 GDP 的比重,即消费率,呈上升的走势;2012—2014 年,资本形成总额占支出法 GDP 的比重,即投资率,呈回落的走势;2008—2014 年,货物和服务净出口占支出法 GDP 的比重,即净出口率,呈回落的走势。我国经济增长过度依赖投资需求和出口需求的格局正在发生变化。

从图 5.3 可以看出,1983—2010 年,我国消费率呈波动下降的走势,尤其是 2000—2010 年,基本上呈逐年下降的走势。1983 年消费率为 67.4%,2000 年为 63.7%,2010 年为 49.1%。2010 年消费率比 1983 年下降 18.3 个百分点,比 2000 年下降 14.6 个百分点。2011—2014 年消费率呈逐年回升的走势,从 2010 年的 49.1% 回升到 2014 年的 51.4%,4 年回升了 2.3 个百分点,平均每年回升 0.6 个百分点。

1983—2011 年,我国投资率呈波动上升的走势,尤其是 2000—2011 年,上升的幅度比较明显。1983 年投资率为 31.7%,2000 年为 33.9%,2011 年为 47.3%。2011 年投资率比 1983 年上升 15.6 个百分点,比 2000 年上升 13.4 个百分点。2000—2011 年平均每年上升 1.2 个百分点。2012—2014 年投资率呈回落的走势,从 2011 年的 47.3% 回落到 2014 年的 45.9%,3 年回落了 1.4 个百分点,平均每年回落 0.5 个百分点。

1985—2007 年,我国净出口率呈波动上升的走势,1985 年净出口率为 −4.0%,2007 年达到改革开放以来,也是我国 1952 年有支出法 GDP 数据以来的最大值 8.7%。期间,我国净出口率曾经由负值在波动中上升到 1997 年的峰值 4.5%,亚洲金融危机爆发之后逐年回落,到 2001 年回落至 2.1%。加入 WTO 之后,尤其是 2004—2007 年,我国净出口率明显上升,从 2001 年的 2.1% 上升到 2007 年的 8.7%。国际金融危机爆发以后的 2008—2011 年,我国净出口率逐年回

落,由 2007 年的 8.7%回落到 2011 年的 2.5%,2012—2014 年,我国净出口率分别为 2.7%、2.5%和 2.7%,保持稳定。

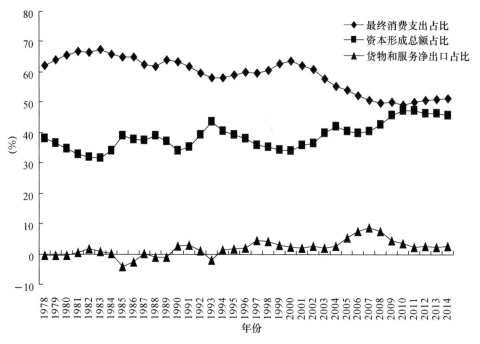

图 5.3　1978—2014 年我国三大需求结构的变化情况

三、区域结构

(一) 中西部地区生产总值比重呈上升走势

中西部地区经济发展落后于东部地区是我国经济发展不平衡突出的结构性矛盾之一。从图 5.4 可以看出,从改革开放初期到 2006 年,我国东部地区经济增速在大多数年度都高于中部和西部地区。在西部开发、东北振兴、中部崛起等区域发展战略的驱动下,从 2007 年开始,西部地区经济增速超过东部地区;从 2008 年开始,中部地区经济增速超过东部地区。因此,从改革开放初期到 2006 年,东部地区生产总值占全国各地区生产总值合计的比重呈上升的走势,中部地区的比重呈下降的走势。从 2007 年开始,东部地区比重呈回落的走势,中部地区比重呈上升的走势。从改革开放初期到 2005 年,西部地区比重呈下降的走势,从 2006 年开始,西部地区比重呈上升的走势(见图 5.5)。

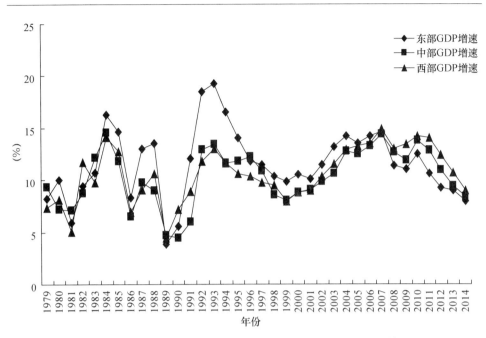

图 5.4　1978—2014 年我国东中西三大区域经济增速的变化情况

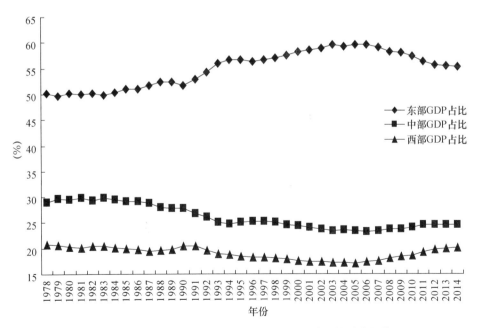

图 5.5　1978—2014 年我国东中西三大区域经济结构的变化情况

(二) 东部地区经济最发达省份与西部地区经济最不发达省份人均GDP的相对差距在明显缩小

从图5.6可以看出,1993—2000年,东部地区经济最发达省份与西部地区经济最不发达省份人均GDP的相对差距呈上升的走势,从1993年的9∶1上升到2000年的10.9∶1。2001—2014年,东部地区经济最发达省份与西部地区经济最不发达省份人均GDP的相对差距呈回落的走势,尤其是2005—2014年,呈逐年明显回落的走势,从2004年的10.4∶1回落到2014年的4∶1。显然,东部地区经济最发达省份与西部地区经济最不发达省份人均GDP的相对差距在明显缩小。

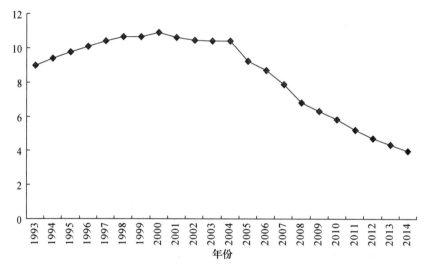

图5.6 1993—2014年东部最发达省份与西部最不发达省份人均GDP之比

四、收入分配结构

这里所讲的收入分配结构主要包括两个方面:一方面是指国民可支配收入在居民、企业和政府之间的分配结构,另一方面是指居民收入分配差距。

在我国,国民可支配收入在居民、企业和政府之间的分配是通过国民经济核算中的资金流量表核算的。资金流量表把收入分配区分为初次分配和再分配。初次分配形成居民、企业和政府的初次分配收入;再分配形成居民、企业和政府的可支配收入。居民、企业和政府的可支配收入之和就是国民可支配收入[①],用公式

[①] 在资金流量表中,居民、企业、政府的可支配收入和国民可支配收入都包括可支配总收入和可支配净收入,两者之间的差别在于前者包括固定资产折旧,后者不包括固定资产折旧。本节中涉及的所有可支配收入均指可支配总收入。

表示就是：

$$国民可支配收入 = 居民可支配收入 + 企业可支配收入 + 政府可支配收入$$

所以,资金流量表反映了我国国民可支配收入是如何在居民、企业和政府之间进行分配,以及通过这种分配所形成的三者分配结构的。

居民收入分配差距包括城乡之间、区域之间、城市内部、农村内部的居民收入分配差距,这种收入分配差距是通过住户调查来反映的。

(一) 居民可支配收入比重呈回升的走势

从图 5.7 可以看出,1997—2008 年,居民可支配收入占国民可支配收入的比重呈下降的走势,从 1996 年的 69.0% 下降到 2008 年的 57.2%,下降了 11.8 个百分点;企业可支配收入和政府可支配收入占国民可支配收入的比重呈上升的走势,分别从 1996 年的 16.4% 和 14.6% 上升到 2008 年的 24.5% 和 18.3%,各上升了 8.1 和 3.7 个百分点;2009—2013 年,在加强社会保障和提高居民收入一系列收入分配政策的作用下,居民可支配收入比重呈回升的走势,从 2008 年的 57.2% 回升到 2013 年的 61.3%,回升了 4.1 个百分点;企业可支配收入比重呈回落的走势,从 2008 年的 24.5% 回落到 2013 年的 19.8%,回落了 4.7 个百分点。

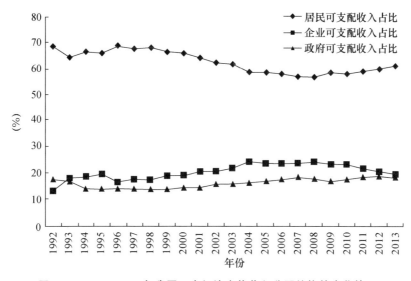

图 5.7 1992—2013 年我国三大经济主体收入分配结构的变化情况

由于资料来源方面的原因,我国 2014 年资金流量表还没有编制出来,所以从资金流量表还看不到这一年国民可支配收入在居民、企业和政府之间分配结构的变化情况。但是,从 GDP 核算数据和住户调查数据可以看出,2014 年收入分配进一步明显向居民倾斜。2014年,住户调查提供的全国居民人均可支配收入实际增长8.0%,国内生产总值实际增长7.3%,前者比后者高出0.7个百分点。因此可以判定,2014年居民可支配收入比重进一步提高。

(二)居民收入相对差距呈缩小的走势

下面从城乡居民收入增速、城乡居民收入相对差距和居民收入基尼系数三个方面阐述居民收入相对差距呈缩小的走势。

1. 农村居民收入增速高于城镇居民收入增速

从图5.8可以看出,1979—1988年,由于农村家庭联产承包责任制改革极大地调动了农民生产积极性,除个别年度外,农村居民人均纯收入增速均高于城镇居民人均可支配收入增速;1989—2009年,城市改革推动了城镇居民增收,除极少数年度外,城镇居民人均可支配收入增速高于农村居民人均纯收入增速;2010—2014年,由于一系列惠农政策的作用,包括取消农业税、对农业生产给予各种补贴、建立农村社会保障制度,以及农民工工资水平保持较快增长,农村居民人均纯收入增速又高于城镇居民人均可支配收入增速。

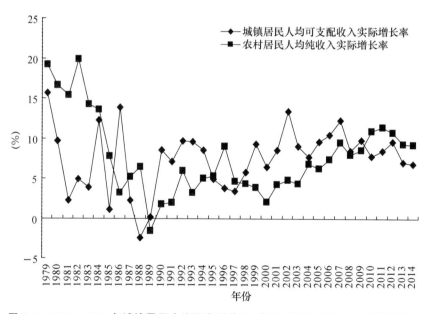

图5.8　1979—2014年城镇居民人均可支配收入、农村居民人均纯收入实际增长率

2. 城乡居民收入相对差距呈缩小的走势

从图5.9可以看出,2001—2009年,城乡居民收入比,即城镇居民人均可支配收入与农村居民人均纯收入之比,呈上升的走势,从2000年的2.79上升到2009年的3.33,达到峰值;2010—2014年,城乡居民收入比呈回落的走势,从2009年的

3.33回落至2014年的2.97。可见,2010年之后,城乡居民收入相对差距在逐步缩小。

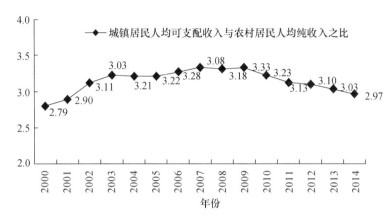

图5.9 2000—2014年城镇居民人均可支配收入与农村居民人均纯收入之比

（三）居民收入基尼系数在回落

从图5.10可以看出,2005—2008年,我国居民收入基尼系数呈上升的走势,从2004年的0.473上升到2008年的0.491;2009—2014年,居民收入基尼系数呈回落的走势,从2008年的0.491回落到2014年的0.469。说明从2009年开始,我国居民收入相对差距在缩小。

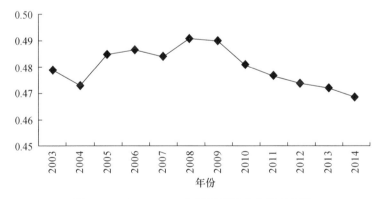

图5.10 2003—2014年我国居民收入基尼系数

五、对外贸易结构正在发生积极变化

我国对外贸易结构发生变化的突出特点之一是技术密集型行业超过劳动密集型行业成为主要出口工业。从2014年主要出口行业的出口交货值看,技术密集型的装备制造业出口交货值占规模以上工业出口交货值的比重达到64.5%,已经成为我国的主要出口工业,比重远超过传统的纺织、轻工等劳动密集型出口行业。2014年,前10大出口行业中,技术密集型的电子、装备类新兴行业出口增速均较上年加快:计算机、通信和其他电子设备制造业出口交货值增长5.8%,加快0.2个百分点;电气机械和器材制造业增长6.1%,加快3.9个百分点;通用设备制造业增长2.4%,加快1.9个百分点;金属制品业增长8.7%,加快3.8个百分点。劳动密集型的纺织类传统行业出口增速较上年均回落:纺织服装、服饰业增长3%,回落4.4个百分点;纺织业增长1%,回落6.3个百分点;皮革、毛皮、羽毛及其制品和制鞋业增长5.7%,回落0.1个百分点。

第二节 我国经济结构调整仍然面临严峻挑战

从本章前一部分可知,在一系列经济结构调整政策措施的作用下,近年来,我国产业结构、需求结构、区域结构、收入分配结构、对外贸易结构等重要经济结构正在发生积极的变化。但是,目前我国经济结构仍然面临比较严峻的挑战。

一、产业结构

(一)第三产业比重依然明显偏低

改革开放以来,我国第三产业比重呈上升的走势,2012年第一次超过第二产业,2014年达到48.2%,超过第二产业5.6个百分点。这是我国产业结构调整取得的突出成绩。但是,我国第三产业比重依然明显偏低,与高收入国家和世界平均水平相比,还有相当大的差距,即使与我国目前所在的中上收入国家的平均水平相比,仍然存在不小的差距。

从表5.1可以看出,2012年,高收入国家第三产业比重为73.7%,世界平均水平为70.2%;2013年,中低收入国家第三产业比重为55.1%,中等收入国家为55.2%,中上收入国家为55.6%。目前,我国第三产业比重低于高收入国家25个百分点以上,低于世界平均水平20多个百分点,低于中上收入国家7个多百分点。

表 5.1　2013年世界三次产业构成　　　　单位:%

	三次产业构成		
	第一产业	第二产业	第三产业
世界	3.08*	26.75*	70.18*
高收入国家	1.48*	24.82*	73.71*
中低收入国家	10.41	34.57	55.07
中等收入国家	10.02	34.84	55.18
中上收入国家	7.65	36.73	55.63
中下收入国家	17.04	32.12	51.06
低收入国家	25.80	23.63	50.50

注:* 为2012年数据。
资料来源:世界银行发展指标数据库。

(二) 高技术产业比重依然偏低,高耗能行业比重依然偏高

从本章前一部分可知,高技术产业占我国规模以上工业的比重从 2011 年开始逐年上升,但到 2014 年也只有 10.6%;高耗能行业占规模以上工业的比重从 2012 年开始逐年下降,但到 2014 年仍有 28.4%。高技术产业比重低,表明我国工业的技术含量不高,创新能力不强。高耗能行业比重偏高是我国能源消耗大、二氧化碳排放强度高的最重要原因。根据第三次经济普查之后修订的数据,2013 年六大高耗能行业的能源消费占规模以上工业能耗的比重达 79.8%,规模以上工业能耗占全部工业能耗的比重为 94.2%,全部工业能耗占全社会能源消费总量的比重为 69.8%。因此,全社会能源消费总量的一半以上是高耗能行业消费的。能耗是二氧化碳的主要排放源,我国二氧化碳排放强度高,高耗能行业比重大是最重要的原因。

二、需求结构

从上一节可知,2011—2014 年,我国消费率呈回升的走势;2012 年至 2014 年,我国投资率呈回落的走势;2008—2014 年,我国净出口率呈回落的走势。我国经济增长过度依赖投资需求和出口需求的格局正在发生变化。但是,2014 年,我国消费率仍仅为 51.4%,比改革开放初期 1983 年的 67.4%低 16.0 个百分点,比 2000 年的 63.7%低 12.3 个百分点。2014 年,我国投资率仍高达 45.9%,比 1983 年的 31.7%高出 14.2 个百分点,比 2000 年的 33.9%高出 12.0 个百分点。

从表 5.2 可以看出,2013 年,世界平均消费率高达 77.6%,高收入国家消费率高达 79.1%,中等收入国家消费率为 69.8%,中上收入国家消费率为 68.3%。我国消费率比世界平均水平低 25 个百分点以上,比高收入国家低 27 个百分点以上,比中等收入国家低 18 个百分点以上,比中上收入国家低 16 个百分点以上。所以,无论是与历史上的纵向比较,还是与世界平均水平、高收入国家、中等收入国家、中上收入国家的横向比较,我国目前的消费率都是相当低的。

从表 5.2 可以看出,2013 年,世界平均投资率仅为 22.3%,高收入国家投资率仅为 20.4%,中等收入国家投资率为 31.2%,中上收入国家投资率为 31.6%。我国投资率比世界平均水平高出一倍以上,比高收入国家高出 25 个百分点以上,比中等收入国家和中上收入国家高出 14 个百分点以上。所以,无论是与历史上的纵向比较,还是与世界平均水平、高收入国家、中等收入国家、中上收入国家的横向比较,我国目前的投资率都是相当高的。

所以,消费率偏低,投资率偏高仍然是我国需求结构面临的重大挑战。消费需求对经济增长的带动能力不足,经济增长仍然过度依赖投资需求。

表 5.2　2013 年世界三大需求构成　　　　　　　　单位:%

	投资率	消费率	净出口率
世界	22.28	77.59	0.13
高收入国家	20.42	79.14	0.44
中低收入国家	31.04	70.27	−1.31
中等收入国家	31.17	69.82	−0.99
中上收入国家	31.56	68.26	0.18
中下收入国家	25.45	78.64	−4.09
低收入国家	26.07	88.32	−14.39

资料来源:世界银行发展指标数据库。

三、区域结构

从上一节可以看到,在西部开发、东北振兴、中部崛起等区域发展战略的驱动下,从 2006 年开始,西部地区比重呈上升的走势;从 2007 年开始,中部地区比重呈上升的走势。但是到目前为止,中西部地区与东部地区经济发展还存在相当大的差距。这一点,从东部地区经济最发达省份与西部地区经济最不发达省份人均 GDP 的绝对差距可以看得更加清楚。

从上一节还可以看到,2001 年至 2014 年,东部地区经济最发达省份与西部地区经济最不发达省份人均 GDP 的相对差距呈回落的走势,从 2000 年的 10.9∶1 回落到 2014 年的 4∶1,回落得相当明显。但是,从人均 GDP 的绝对差距来看,却呈明显的扩大走势。2000 年,上海人均 GDP 为 30 047 元,贵州人均 GDP 为 2 759 元,两者相差 27 288 元;2014 年,上海人均 GDP 为 97 343 元,贵州人均 GDP 为 26 393 元,两者相差 70 950 元。2014 年贵州人均 GDP 与上海人均 GDP 的绝对差是 1993 年的 2.6 倍。显然,东部地区经济最发达省份与西部地区经济最不发达省份人均 GDP 的绝对差距明显扩大。

中西部地区与东部地区经济发展存在相当大的差距的同时,中西部地区在发展过程中又遇到了其他发展中国家的挑战。由于劳动力成本上升,中西部地区在承接东部地区产业转移的过程中遇到了劳动力成本更低的东南亚等发展中国家的残酷竞争。因此,我国中西部地区发展又遇到新的难题。

四、收入分配结构

从上一节可以看到,2009—2014 年,在加强社会保障和提高居民收入等一系列收入分配政策措施的作用下,居民可支配收入比重呈回升的走势。但是,与 20 世纪 90 年代居民可支配收入比重最高的年度相比,仍然存在 7—8 个百分点的差距。

从表 5.3 可以看出,我国居民可支配收入比重低于发达国家,尤其是明显低于美国和澳大利亚。其他发达国家的居民可支配收入比重虽然并没有明显高于我国，但这些国家往往是高福利国家，政府可支配收入中有相当一部分用于居民福利方面的开支，比如免费教育、免费医疗等。实际上是政府为居民提供了大量的实物社会转移，这些实物社会转移的享受者是居民。按照国民经济核算国际标准，这些实物社会转移形成居民的实际可支配收入。因此，这些国家的居民实际可支配收入比重明显大于居民可支配收入比重。我国不属于高福利国家，政府虽然也为居民提供了一定数量的实物社会转移，但没有高福利国家提供的那么多。所以，我国居民实际可支配收入比重要明显低于发达国家。

表 5.3 居民、企业和政府可支配收入占国民可支配收入的比重　　　单位：%

国家	年份	居民	企业	政府	误差项
澳大利亚	2012	68.5	12.1	19.4	0.0
	2011	68.2	13.4	18.5	−0.1
加拿大	2012	62.5	14.1	23.2	0.2
	2011	62.3	14.7	22.9	0.2
法国	2011	64.8	8.5	21.7	5.0
	2010	65.3	9.5	20.4	4.8
德国	2012	64.0	11.2	20.3	4.5
	2011	63.7	12.1	19.5	4.7
意大利	2012	66.3	9.5	19.1	5.0
	2011	67.1	9.5	18.5	4.9
日本	2012	64.3	20.6	15.1	0.0
	2011	64.7	20.6	14.6	0.1
英国	2012	65.0	12.4	15.5	7.2
	2011	62.8	15.5	15.7	6.0
美国	2012	75.4	13.2	10.0	1.4
	2011	76.2	13.5	9.7	0.7
巴西	2009	64.5	10.8	20.0	4.7
	2008	62.1	12.1	20.5	5.3
中国	2011	61.0	16.9	19.3	2.9
	2010	60.8	18.0	18.5	2.6
印度	2011	89.0		10.7	0.3
	2010	81.0		11.3	7.8
俄罗斯	2011	58.4	11.1	27.9	2.5
	2010	62.6	11.2	23.6	2.6
南非	2012	59.8	11.7	19.3	9.1
	2011	58.5	13.1	20.1	8.3

资料来源：联合国国民经济核算数据库、OECD 数据库。

2010—2014年,城乡居民收入相对差距在逐步缩小,城乡居民收入比从2009年的3.33缩小到2014年的2.97。但是,随着城乡居民收入绝对量的增大,相对收入差距在缩小的同时绝对收入差距还在明显扩大。2009年,农村居民人均纯收入为5 153元,城镇居民人均可支配收入为17 175元;2014年,农村居民人均纯收入为9 892元,城镇居民人均可支配收入为29 381元[①]。2009年城镇居民人均可支配收入与农村居民人均纯收入之差为12 022元,2014年为19 489元,后者是前者的1.6倍。2009—2014年,我国居民收入基尼系数逐年缩小,从2008年的0.491缩小到2014年的0.469。目前的居民收入基尼系数表明我国居民收入差距仍然偏高。

五、对外贸易结构

(一) 服务贸易发展严重滞后

我国服务贸易出口发展严重滞后于货物贸易出口。从图5.11和图5.12可以看出,1995—2014年,我国服务贸易出口占货物和服务贸易出口的比重呈下降的走势,并且始终低于我国服务贸易进口占货物和服务贸易进口的比重。因此,我国服务贸易持续逆差,而且逆差不断扩大。我国是货物贸易顺差大国,同时也是服务贸易逆差大国。这说明我国货物贸易与服务贸易发展仍不平衡,对外贸易中仍然存在着明显的结构性矛盾。

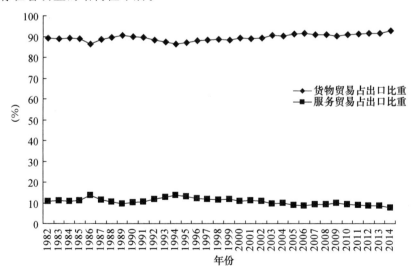

图5.11 1982—2014年我国货物贸易、服务贸易出口占货物和服务贸易出口比重

---

① 为了保持与2009年指标的可比性,这里的城镇居民人均可支配收入使用的是城乡住户调查一体化改革前的城镇住户调查的老口径指标,一体化改革以后的2014年城镇居民人均可支配收入为28 844元。

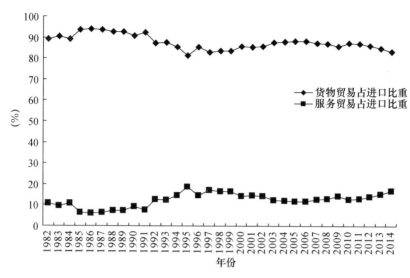

图 5.12 1982—2014 年我国货物贸易、服务贸易进口占货物和服务贸易进口比重

从表 5.4 可以看出,我国服务贸易出口占货物和服务贸易出口的比重不仅远低于发达国家,甚至远低于其他金砖国家。充分说明我国服务贸易出口与发达国家和其他金砖国家的差距。

表 5.4 世界主要国家货物贸易、服务贸易占进口、出口比重 单位:%

国家	2012 年				2013 年			
	进口		出口		进口		出口	
	货物贸易	服务贸易	货物贸易	服务贸易	货物贸易	服务贸易	货物贸易	服务贸易
发达国家								
美国	84.9	15.1	71.0	29.0	84.5	15.5	70.5	29.5
日本	83.5	16.5	84.9	15.1	83.8	16.2	83.2	16.8
英国	79.8	20.2	62.1	37.9	79.1	20.9	65.1	34.9
法国	79.5	20.5	72.5	27.5	78.4	21.6	71.3	28.7
德国	79.8	20.2	84.1	15.9	79.1	20.9	83.5	16.5
意大利	82.4	17.6	82.8	17.2	81.7	18.3	82.5	17.5
加拿大	81.9	18.1	85.4	14.6	81.9	18.1	85.5	14.5
澳大利亚	80.5	19.5	83.1	16.9	79.6	20.4	82.9	17.1
金砖国家								
中国	86.6	13.4	91.5	8.5	85.6	14.4	91.4	8.6

(续表)

国家	2012年				2013年			
	进口		出口		进口		出口	
	货物贸易	服务贸易	货物贸易	服务贸易	货物贸易	服务贸易	货物贸易	服务贸易
印度	79.2	20.8	67.1	32.9	78.6	21.4	67.2	32.8
巴西	75.0	25.0	86.4	13.6	75.0	25.0	86.6	13.4
俄罗斯	76.3	23.7	90.1	9.9	73.5	26.5	88.9	11.1
南非	88.1	11.9	87.2	12.8	88.6	11.4	87.6	12.4

资料来源：世界贸易组织数据库。

(二) 货物贸易出口受发达国家和发展中国家的双重挤压

改革开放之后，特别是加入WTO之后，我国货物贸易出口驱动经济强劲增长的优势主要来自三个方面：技术引进、人口红利和成本优势。通过引进发达国家的技术，通过劳动力从农业向制造业及服务业转移，以低成本优势参与国际竞争，是我国货物贸易出口驱动力的主要来源。国际金融危机爆发之后，美欧等发达国家再工业化导致高端制造业向发达国家回流；我国劳动力成本的不断上升，导致低端制造业向劳动力成本低的东南亚国家转移。这是我国对外贸易面对的又一突出的结构性矛盾。

第三节 思考和建议

针对我国经济结构面临的严峻挑战，提出以下一些思考和建议。

(一) 关于产业结构调整

1. 继续加大推动第三产业发展的力度，解决我国第三产业发展滞后的问题

由于我国第三产业发展依然滞后，必须继续加大推动第三产业发展的力度，尤其是加大推动那些存在短板、供给严重不足的服务业，例如高技术服务、医疗服务、养老服务、健康服务、环境治理服务（包括水污染治理、土地污染治理、大气污染治理）的发展力度，这既有利于促进经济结构的调整和经济发展方式的转变，又有利于改善民生。同时，在当前经济下行压力较大，由于产能过剩和需求不足导致工业增速不断放缓的情况下，也是稳定经济增长的重要举措。

2. 努力保持三次产业的协调发展

我国第二产业比重较高，有一定的必然性。我国制造业生产了大量的出口产品，使我国成为制造业大国，成为世界工厂，这对改革开放三十多年我国经济的高速增长做出了重要贡献，对于解决我国就业问题，增加国民财富，提高人民生活水平起到了重要作用，也为我国第三产业发展奠定了基础。我们在加快第三产业发

展的同时,决不能忽略制造业的发展,不能忽略第二产业的发展,否则第三产业就会失去稳定发展的基础。只有实现三次产业的协调发展,才能实现第三产业的可持续发展。

3. 三次产业都需要通过创新发展

经过三十多年的高速发展,我国的经济环境发生了巨大变化。我国三次产业都不可能再依赖于传统的发展模式,靠拼资源、拼低成本的劳动力实现发展,都需要转变经济发展方式,都需要通过创新获得新的发展动力。

(二)关于需求结构调整

1. 努力扩大消费需求,进一步提高消费需求对经济增长的贡献率

针对我国消费率偏低,投资率偏高,消费需求对经济增长的带动能力不足,经济增长仍然过度依赖投资需求和出口需求的问题,必须努力扩大消费需求,进一步提高消费需求对经济增长的贡献率。

2. 充分发挥投资在推动区域协调发展、城乡协调发展、产业结构优化和民生改善等方面的重要作用

全面建成小康社会,实现可持续发展,需要解决我国经济发展中的区域之间、城乡之间的不平衡问题,需要解决产业结构不合理的问题,需要促进民生的不断改善。这些问题的解决都需要投资发挥关键作用。所以在努力扩大消费需求,进一步提高消费需求对经济增长贡献率的同时,绝对不能忽视投资,要充分发挥投资在推动区域协调发展、城乡协调发展、产业结构优化和民生改善等方面的重要作用。

3. 要巩固好我国长期努力取得的国际市场份额,使出口在稳定经济增长、解决就业等方面继续发挥重要作用

面对不断加大的经济下行压力,面对出口来自美欧等发达国家的再工业化和东南亚等发展中国家低成本竞争的双重挤压,面对各种形式的贸易保护主义,要巩固好我国长期努力取得的国际市场份额,使出口在稳定经济增长、解决就业等方面继续发挥重要作用。

(三)关于区域结构调整

要继续实施西部开发、东北振兴、中部崛起的发展战略,要切实贯彻落实好"一带一路"、京津冀协调发展、长江经济带发展战略,促进中西部地区发展,推动东中西部地区协调发展。要高度重视中西部地区人才不足,创新能力不强,技术进步缓慢对经济社会发展的制约。要高度重视中西部地区在承接东部地区产业转移过程中遇到的劳动力成本更低的东南亚等发展中国家竞争的问题。

(四)关于收入分配结构调整

要保持居民收入增长与经济增长之间的基本平衡。要像《中共中央关于制定

国民经济和社会发展第十三个五年规划的建议》要求的那样,坚持居民收入增长和经济增长同步、劳动报酬提高和劳动生产率提高同步,持续增加城乡居民收入。调整国民收入分配格局,规范初次分配,加大再分配调节力度。要避免居民收入增长落后于经济增长,劳动报酬提高落后于劳动生产率提高。同时,也要避免居民收入增长明显超过经济增长,劳动报酬提高明显超过劳动生产率提高。否则,就会影响到经济的持续健康发展,进而影响到居民收入的持续增长。国家统计局的问卷调查表明,近几年,小微企业在选择"当前面临的三个突出问题"时,选择"用工成本上升快"的企业一直占60%以上,远高于选择其他问题的企业比例。表明小微企业生产经营明显感受到用工成本上升的压力。如果相当一部分小微企业难以承受用工成本上升的压力,甚至影响到它们的生存问题,就会影响到经济的持续健康发展,进而会影响到居民收入的持续增长。

要继续缩小居民收入差距,包括缩小城乡之间、区域之间、高收入群体与低收入群体之间的居民收入差距。这是全面建成小康社会的必然要求,也是经济社会稳定发展的必然要求。

(五)关于对外贸易结构调整

坚定不移地推动服务业对外开放,推动我国服务贸易的发展,推动我国货物贸易和服务贸易的协调发展,进而促进经济发展方式的转变,促进就业和民生的改善,推动我国从贸易大国向贸易强国迈进。

第六章　21世纪以来收入分配格局的变化

第一节　收入分配体制改革与经济增长

生产力发展与利益关系存在深刻的联系,历史上的制度变迁及其争议,最为直接的原因就在于利益矛盾。马克思主义研究的生产力和生产关系之间的联系,相当大的部分是针对于收入分配的讨论,或者说对与所有制相关联的收入分配的讨论。收入分配公平目标至少包含两方面的意义,一方面,公平(fair)是指一种权利,是指具有法权性质的事先机会面前的平等权利;另一方面,公平又包含平等或均等(equality)的意义,均等是指一种事实,是指在事后结果上的水平均等。在社会发展进程当中,公平目标的实现,既包含了事先公平的法权意义上的公平,也包含事后事实上的均等目标的逐渐实现。只是在不同的历史条件和体制下,对这两方面公平目标的强调及实现程度会有所不同。改革开放以前,在计划经济体制下,我国实施的"按劳分配"事实上是一套平均主义的分配制度,更注重的是事后结果上的水平均等,再加上没有及时地根据各方面情况的变化对收入分配关系不断地进行调整,到改革开放初期,分配制度已经严重脱离了生产力发展的要求,成为影响甚至是阻碍经济和社会发展的重要因素。因此在改革开放后,我们的经济体制改革首先就是在分配领域展开的,而在20世纪90年代中后期逐渐发展成为全面的由计划经济向社会主义市场经济的转轨,并由此形成了适应我国现阶段生产力发展要求的产权制度及分配制度。

新时期的分配制度强调的不仅仅是原先的"按劳分配",而是"以按劳分配为主,多种分配方式并存"。事前的机会均等在相当大程度上取代了原先的事后的结果均等,成为主流的公平目标或公平准则。由于多种生产要素(资本、土地、知识产权、科学技术、经营管理等等)的报酬都成为现行分配体系中的重要组成部分,生产者和劳动者的积极性都被调动起来,促进了企业以至于整个国民经济效率的提升。事实证明,新的多元化的分配格局中形成的激励机制,对我国的经济增长发挥了重要的推动作用。但是在另外一方面,我们也要看到,强调分配体系在提升生产或经济效率中的意义,或者是强调收入差异所带来的激励作用[①],那么

[①] 1993年11月,党的十四届三中全会提出要建立以按劳分配为主体、效率优先、兼顾公平的收入分配制度,鼓励一部分地区和一部分人先富起来,走共同富裕的道路。

必然要以放弃一部分传统的公平观尤其是事后的水平均等为代价,在一定的时期里带来收入差异的扩大化。由于经济活动效率的提高会带来国民收入总量的提高,即使在收入差异扩大化的基础上,仍然有可能使全体人民的收入(包括低收入人群的收入)不断改善。当经济发展水平到达更高的阶段时,我们就能有更多的国民收入用于分配,而且能使公平的天平更多地向事后公平倾斜。[①] 这就是经济发展对于改善收入分配的重要意义,收入分配不应该仅仅是就分配谈分配,而要在收入分配和经济发展之间形成良性互动,最终实现全体人民共同富裕。因此,收入分配公平目标不是绝对的,它是伴随着历史的发展、社会价值观的变化、经济发展水平和经济发展目标的变化而变化的。

收入分配的合理性也不仅是对各种原则的讨论,说到底,各种收入都必须通过具体的数量来体现,所以各种原则最后会反映各个收入部门(政府、企业、金融机构、居民等)、各种不同的收入群体(不同行业的从业者、以不同的生产要素取得收入的群体)以及居民个人的具体收入中,并由此形成不同社会和不同阶段的收入分配数量关系。所谓基尼系数和库兹涅茨的收入倒 U 形曲线,度量或探索的就是收入的数量差异以及数量差异的变化趋势。一般地说,发展中国家在加速经济增长阶段尤其是在高速增长的中前期,由于积累和投资在经济增长中的重要作用,收入分配会向生产要素中的资本、技术等倾斜,通过再投资扩大生产,这本来是有利于提高生产效率、促进经济增长的,但是这种倾斜如果超过了一定的限度,生产的产品超过了居民收入(主要是劳动者)所能够提供的消费能力,就会产生严重的产能过剩。这样的收入分配就不仅是不公平,同时也是没有效率的。因此一个好的收入分配制度,不仅需要有适应本国国情和一定经济发展阶段的体制和原则,同时还需要处理好具体的收入分配数量关系。

收入分配也不能仅仅讨论居民内部的收入分配关系,居民内部的收入分配关系或分配差异(经常以基尼系数来反映)仅仅是一个我国收入分配体系的一个重要组成部分。我国当前的收入分配体系是"以按劳分配为主,多种分配方式并存",而在多种分配方式中,就包括了土地、资本、技术(如专利等)等,这些收入有些会形成居民收入(如企业利润转变为企业家个人收入),还有一部分不属于个人收入(如企业家留存在企业中的收入)。还有就是政府的收入,政府不属于生产要素,但由于政府在配置资源中的重要作用,我们可以把它视为一种广义生产要素,它在税收、土地转让、事业收费等各个方面形成的收入以及这些收入的使用,也是国民收入的重要组成部分,而且对居民的初次分配收入和可支配收入形成重要影

---

① 2005 年党的十六届五中全会强调,要构建符合国情、科学合理的社会收入分配体系,在经济发展的基础上,更加注重社会公平。

响,同时还会通过社会保障体系的贡献对全体居民的福利水平产生显著的影响。因此,收入分配不仅仅要在社会公平的基础上解决在微观层面上如何通过激励机制提高企业效率及整个社会的生产效率的问题,同时也直接影响到如何科学合理地配置资源,可持续地、最大限度地提高全社会的整体福利的问题。

因此,在本章中,我们将首先通过对资金流量表的分析来讨论在我国经济中宏观收入分配格局的变化,以及这种变化对经济增长的反作用,然后再在对住户部门收入分配的基础上研究我国的城乡居民收入分配问题及发展趋势。

第二节 国民收入重要指标和资金流量表

一、几个重要的国民收入总量指标

在凯恩斯的《就业利息和货币通论》[1]中,所谓的"国民收入"是一个经济学概念,反映了一个经济体在一定的时期里生产、分配及使用的价值总额,凯恩斯在这一概念的基础上,对宏观经济中重要的总量关系以及政府干预所可能产生的效应进行了理论分析。但是现实的经济活动要比抽象的理论分析更为复杂和具体,对国民收入及其构成的测度即统计也就逐步发展成为专门的领域,即国民收入核算及内容更加广泛的国民经济核算。

反映国民收入的最常用指标是GDP(即国内生产总值),这是一个经济体在一定时间内生产及使用的货物和服务的价值的总和。这个指标是按照"国土原则"统计的,也就是无论一个劳动者或生产者是否属于这个经济体的常住居民,只要在这个经济体的土地上进行生产活动,那么所生产的价值就全部列入当地的GDP。

另一个常用指标是GNP(即国民生产总值),它和GDP的差别在于它是按照"国民原则"来统计的,也就是说,只要是一个经济体的常住居民,无论他在哪里参加生产或劳动,他所创造的价值都要计入国民收入,而在本经济体内的非常住居民所创造的价值,则要从当地国民收入中剔除出去。自20世纪30年代各国开展国民收入核算后,普遍使用的国民收入总量指标就是GNP。这也是改革开放初期,我们最初提出的经济增长目标就是GNP的原因。但是无论从反映一个经济体的整体规模看,还是从统计操作的可行性上看,GDP核算都有自己的优越性。联合国1968年国民经济核算体系(新SNA,1968)的公布和实施以后,从20世纪80年代起,美国等国的GNP核算也都转为GDP核算,世界各国在计算经济增长率,进行动态对比时也就不再使用GNP指标而是使用GDP指标。比起GNP指标,GDP指标更加突出了对一个经济体的国民收入"生产"核算,相比较而言,

---

[1] 凯恩斯:《就业利息和货币通论》,商务印书馆,2002。

GNP指标则较多地考虑了"收入",因此,联合国及世界各国(包括中国)把原来的GNP(国民生产总值)改名为GNI(Gross National Income),世界银行等国际机构在进行各国的总量比较时,更多地使用的是GDP指标,但在进行人均水平比较时,则更多地使用人均国民总收入(per capita GNI)。

在新的国民经济核算体系中,GDP与GNI不仅是核算原则不同(即一个是国土原则,一个是国民原则),还在于所反映的领域是不同的,GDP及其分量主要是针对生产领域所进行的核算,通过国民收入与生产账户(National Income and Product Account,NIPA)以及投入产出表反映一个经济体货物和服务的生产(各行业及产业部门的增加值和中间投入)及使用(消费、投资、出口再减去进口);而GNI及各个分量则是针对分配领域所进行的核算,通过收入支出账户和资金流量表反映国民收入是怎样通过各个机构部门分配和再分配过程转化为国民可支配收入总值(Gross National Disposable Income,GNDI),再形成国民收入的最终使用的。

从总量上看,国内生产总值(GDP)、国民总收入(GNI)和国民可支配收入(GNDI)三者之间,存在着以下的关系:

$$GNI = GDP + 来自国外的要素收入净额$$
$$GNDI = GNI + 来自国外的转移收入净额$$

从这里可以看到,GNI的核算中,考虑了生产要素(资本、劳动等)的收入对经济总量的影响,要在GDP总量中扣除付给国外的要素支出,再加上来自国外的要素收入,这就得到了全部常住人口的生产收入总额。而GNDI则包括了和要素收入无关的各种转移收入净额,最终形成一个国家的总消费和总储蓄。

虽然口径不同,但是从数量上看,这三个指标之间的差别并不大,差别不到1%(见表6.1)。对于中国这样一个经济发展以内需为主、而且经济发展稳定的大国而言,这种现象的出现是自然的,虽然中国的经济是开放的,存在着各种生产要素的收入和支出,但在国际收支基本平衡的情况下(中国主要是量入为出),各个年份要素收入净额虽然有正有负,但和整个国民经济活动的规模相比仍然很小。各种转移收入的净额等的规模也很小。这说明在中国的经济增长中,虽然对外开放和外向型经济的发展占有重要位置,但从生产和收入的角度看,主要还是依靠国内经济实现发展。所以在生产、收入的分配与再分配以及最终需求之间的主要循环也是在国内发生的。在这种条件下,我们在改善经济运行方面就具有了主动性,国际上经济环境的变化虽然有可能对中国经济产生影响或冲击,但从根本上说,决定中国经济增长和经济发展的主要因素还是在国内,表现为供需之间不断均衡的过程,而收入分配和再分配则是联系供需双方的重要纽带。

表 6.1 2010—2012 年中国 GDP、GNI 和 GNDI 之间的数量比较

		2010 年	2011 年	2012 年
国内生产总值(GDP)	总额(亿元)	401 513	473 104	519 470
国民总收入(GNI)	总额(亿元)	399 760	468 562	518 215
	占 GDP 的比例(%)	99.56	99.04	99.76
国民可支配收入(GNDI)	总额(亿元)	402 513	470 145	518 431
	占 GDP 的比例(%)	100.25	99.37	99.80

资料来源:根据历年《中国统计年鉴》相关数据整理。

二、资金流量表

资金流量表反映的是机构部门的交易活动即收入支出活动。在投入产出表或按照生产法计算的 GDP 中,生产活动的主体是各个经济活动部门(industries),如种植业、采掘业、制造业、建筑业、服务业等,但在生产部门进行初次分配后,由各个主体取得的初次分配收入还要进行各种交易(如交纳所得税、转移支付、储蓄等),承担这些交易活动的主体就是机构部门(institutional sectors)。

经济活动行业分类和机构部门分类是国民经济核算中最基本的"交易者"分类。经济活动行业分类也称为产业部门分类。它是按照从事社会经济活动的同质性对产业活动单位进行的部门分类。所谓产业活动单位,就是位于一个地点从事一种或主要从事一种生产并能单独核算生产和收支的单位。一个机构单位如果只有一个场所并从事一种或主要从事一种产业活动,那么这个机构单位同时也就是产业活动单位,规模较大的机构单位往往不止从事一种性质的生产活动或不止一处生产场所,这就要按照其生产活动的不同性质、不同地点和能否单独提供核算的条件划分为若干个产业活动单位,以便按同质单位进行产业部门分类。产业分类的作用是尽可能准确地反映国民经济的产业结构及产业部门之间的数量关系。产业部门划分是从生产角度对交易者所进行的分类。它与货物和服务流量相联系,涉及的是生产单位,即具有"生产经营决策权"的基层单位。而基层单位通常是指有一定的场所,生产同质产品或提供劳务,即在一个地点从事一种生产活动的企事业单位。从概念上讲,它强调的是经济活动的性质、成本结构和生产技术的同质性。机构部门也称制度部门或财务收支部门。机构部门分类是根据机构单位的性质、特征进行的分类。一个机构单位的性质是根据它的主要职能、从事的主要活动及其目的确定的,一个机构部门就是具有同质的机构单位的集合。机构单位主要是指拥有资产、承担负债能够从事经济活动并与其他经济实体进行交易的实体单位。机构部门分类也是国民经济核算中的基本分类,主要用于核算各机构部门的收入与分配,金融交易和资产负债,反映经济循环中各机构部门之间的相互关系。编制资金流量表、资产负债表和经济循环账户中的机构部

门账户都采用这种分类。目前,我国将机构单位划分为四大类:非金融企业部门、金融机构部门、政府部门和住户部门。

（1）非金融企业部门是指从事商品生产、流通、经营和服务性经济活动,以盈利为目的并在工商行政管理部门登记的独立核算单位。包括国有、集体、各种形式的合资、合作经营及外商独资的常住工商企业、建筑企业、运输邮电企业及其他从事非金融活动的服务企业。但个体企业通常划入住户部门,主要因为它在资产负债、财务收支方面很难独立于居民户的消费活动。

（2）金融机构部门主要由从事金融活动的所有常住独立核算企业组成,包括中央银行(人民银行)、商业银行(包括工商银行、建设银行、农业银行、中国银行、交通银行等)、信用社、保险公司、信托投资机构、证券公司(投资银行)等。

（3）政府部门是指为社会公共需要服务的国家行政机关和从事生产和生活服务以及为提高人民科学文化素质服务的事业单位。它由各种行政事业单位所组成,其中包括军事单位和行政事业单位所属的非独立核算企业,但不包括行政事业单位办的独立核算企业,后者通常归入非金融企业部门。

（4）住户部门由所有常住居民所组成,其中包括为住户拥有的个体经营单位。目前,我国个体经营单位的规模还不大,其资产负债及财务收支还不能完全独立于其所属的住户,因此将它们划入住户部门。

此外是"国外部门"。国外部门是所有与我国常住单位发生经济往来的非常住单位的集合。国外部门的核算内容与常住机构部门基本相似。为清楚简洁地反映对外经济往来关系,通常也将其视为一个机构部门。

自1997年以来,资金流量表的编制已经取得了很大的进步。虽然现在每年公布的《中国统计年鉴》上,仍然只能看到前一年的资金流量表(如2014年的统计年鉴上公布的最新数据是2012年的),又缺乏根据各次经济普查后经过调整的资金流量表的时间序列(能够更好地与经过调整的GDP数据比较),但是我们毕竟已经有了可供分析的数据资料。我们首先使用2012年的资金流量数据(见表6.2),结合其他相关资料,对影响资金流量的有关因素进行分析。在表6.2的Panel A中,我们可以看到GDP总量是经过了哪些主要的变化,转化为国民总收入、再转化为国民可支配收入,最后形成国民经济的最终使用的(消费、投资和金融资产)。

表 6.2 2012 年中国资金流量表(实物交易)　　　　　　单位:亿元

Panel A　国内部门

机构部门 交易项目	非金融企业部门 运用	非金融企业部门 来源	金融机构部门 运用	金融机构部门 来源	政府部门 运用	政府部门 来源	住户部门 运用	住户部门 来源
一、净出口								
二、增加值		306 220		28 723		39 052		145 475
三、劳动者报酬	119 076		9 251		33 605		93 668	256 564
四、生产税净额	63 209		3 403		262	68 866	1 992	
五、财产收入	51 674	24 762	49 928	54 612	7 698	14 622	11 253	24 337
(一)利息	30 116	22 839	48 129	53 860	6 851	6 228	11 202	20 475
(二)红利	15 319	1 858	430	752		2 104		1 711
(三)地租	4 360					4 411	51	
(四)其他	1 878	64	1 368		847	1 878		2 151
六、初次分配总收入		97 023		20 753		80 976		319 462
七、经常转移	19 309	1 162	7 601	3 703	39 681	60 006	36 023	37 960
(一)所得税、财产税等经常税	14 752		4 903			25 818	6 164	
(二)社会保险缴款					6 349	31 411	25 062	
(三)社会保险福利					23 931			23 931
(四)社会补助	166				8 542			8 708
(五)其他	4 391	1 162	2 698	3 703	859	2 777	4 798	5 321
八、可支配总收入		78 876		16 855		101 301		321 399
九、最终消费						71 409		190 585
(一)居民消费								190 585
(二)政府消费						71 409		
十、总储蓄		78 876		16 855		29 892		130 815
十一、资本转移	2 662	6 623			6 640	3 006	57	
(一)投资性补助		6 623			6 623			
(二)其他	2 662				18	3 006	57	

(续表)

机构部门 交易项目	非金融企业部门		金融机构部门		政府部门		住户部门	
	运用	来源	运用	来源	运用	来源	运用	来源
十二、资本形成总额	163 348		531		26 122		62 772	
（一）固定资本形成总额	155 414		531		25 744		60 068	
（二）存货增加	7 934				378		2 704	
十三、其他非金融资产获得减处置	20 770				－6 318		－14 452	
十四、净金融投资	－101 281		16 325		6 454		82 437	

Panel B 全部部门

机构部门 交易项目	国内合计		国外部门		合计	
	运用	来源	运用	来源	运用	来源
一、净出口				－14 632		－14 632
二、增加值		519 470				519 470
三、劳动者报酬	255 600	256 564	1 077	113	256 677	256 677
四、生产税净额	68 866	68 866			68 866	68 866
五、财产收入	120 553	118 333	9 467	11 687	130 019	130 019
（一）利息	96 298	103 403	7 609	505	103 908	103 908
（二）红利	15 749	6 425	1 858	11 182	17 607	17 607
（三）地租	4 411	4 411			4 411	4 411
（四）其他	4 094	4 094			4 094	4 094
六、初次分配总收入		518 215				
七、经常转移	102 614	102 831	3 230	3 013	105 844	105 844
（一）所得税、财产税等经常税	25 818	25 818			25 818	25 818
（二）社会保险缴款	31 411	31 411			31 411	31 411
（三）社会保险福利	23 931	23 931			23 931	23 931
（四）社会补助	8 708	8 708			8 708	8 708
（五）其他	12 746	12 963	3 230	3 013	15 976	15 976
八、可支配总收入		518 432				518 432
九、最终消费	261 994				261 994	

(续表)

交易项目\机构部门	国内合计 运用	国内合计 来源	国外部门 运用	国外部门 来源	合计 运用	合计 来源
（一）居民消费	190 585				190 585	
（二）政府消费	71 409				71 409	
十、总储蓄		256 438		−13 594		242 844
十一、资本转移	9 359	9 629	287	18	9 646	9 646
（一）投资性补助	6 623	6 623			6 623	6 623
（二）其他	2 737	3 006	287	18	3 024	3 024
十二、资本形成总额	252 773				252 773	
（一）固定资本形成总额	241 757				241 757	
（二）存货增加	11 016				11 016	
十三、其他非金融资产获得减处置						
十四、净金融投资	3 934		−13 863		−9 929	

注：资金流量表（实物交易）记录了收入支出账户的主要流量，如果将资金流量表进一步扩展，还可以更加细致地反映国民经济的金融活动，反映为资金流量表（金融交易）。本章主要运用资金流量表进行收入分配分析。

从表6.2 Panel B中可以看到，增加值项目的来源方国内合计为519 470亿元，对比表6.1中的数据可以看到，这就是2012年用现行价格计算的GDP总额。但正如前面讨论主要国民收入指标时所讨论的那样，GDP首先是按照"国土原则"反映的主要是生产领域中各个国民经济行业的生产成果，在统计过程中，当然也按照国民经济的行业进行分类（见表6.3）。这是我们进行国民经济产业结构分析的基础。而在资金流量表中，则记录了这些生产活动所"增加"的价值，是如何进行分配和使用的。

表6.3 2012年中国国内生产总值和各国民经济行业增加值

行业	总额（亿元）	占比（%）
总计	519 470	100
第一产业	52 374	10.1
农林牧渔业	52 374	10.1
第二产业	235 162	45.3
工业	199 671	38.4

（续表）

行业	总额（亿元）	占比（%）
采矿业	27 082	5.2
制造业	161 326	31.1
电力、燃气及水的生产和供应业	11 263	2.2
建筑业	35 491	6.8
第三产业	231 934	44.6
交通运输、仓储和邮政业	24 660	4.7
信息传输、计算机服务和软件业	10 974	2.1
批发和零售业	49 394	9.5
住宿和餐饮业	10 464	2.0
金融业	28 723	5.5
房地产业	29 360	5.7
租赁和商务服务业	10 838	2.1
科学研究、技术服务和地质勘查业	8 241	1.6
水利、环境和公共设施管理业	2 405	0.5
居民服务和其他服务业	8 040	1.5
教育	16 283	3.1
卫生、社会保障和社会福利业	8 990	1.7
文化、体育和娱乐业	3 447	0.7
公共管理和社会组织	20 117	3.9

资料来源：《中国统计年鉴(2014)》。

在表6.2以及与表6.3的比较中，可以看到国民收入主要指标总量上的数量关系：

第一，生产法GDP总额与支出法GDP的关系。在表6.4中，可以看到，GDP核算中的计算结果（见表6.3）和资金流量表的数据之间是相衔接的，按生产法计算的GDP在总量上（左边）和支出法GDP（右边，其中的最终消费、资本形成总额与净出口均与表6.2中的数值一致）原则上是相等的（但由于核算的角度不同，可能出现统计误差）。

表 6.4 2012 年中国收入法和支出法 GDP 账户　　　　　　　单位:亿元

生产法		支出法	
第一产业增加值	52 374	1. 最终消费	261 994
第二产业增加值	235 162	其中:(1) 居民消费	190 585
第三产业增加值	231 934	(2) 政府消费	71 409
		2. 资本形成总额	252 773
		其中:(1) 固定资本形成总额	241 757
		(2) 存货增加	11 016
		3. 净出口	14 632
		4. 统计误差	−9 929
国内生产总值(GDP)	519 470	国内生产总值(GDP)	519 470

注:国民经济核算体系(A System of National Accounts),指的是以一系列以会计记账方式体现的国民经济流量所形成的体系,本表就是这样一个典型的账户。表的左边反映的是收入,右边反映的则是支出,而收入支出是相等的,这体现的就是会计账户的原则。

第二,增加值与初次分配总收入。增加值是按照产业部门或成本构成计算的,而增加值再按照各个生产要素在生产活动中的贡献进行分配,就是各个部门的要素收入,按照西方传统经济理论,生产要素包括财产收入、土地租金收入、劳动收入和经营活动收入,政府的活动不属于传统概念中的生产要素(财产、土地、劳动等),但取得间接税的方式也是和其他要素收入相类似的,所以可以把政府的活动理解成一种广义的生产要素。增加值是在生产领域创造的,再通过各种广义的生产要素收入和支出转移(如地租)后,得到的就是初次分配总收入。从表 6.2 Panel B 中可以看出,增加值总额(519 470)加上劳动报酬收入净额,生产税净额与财产收入净额后,得到的就是初次分配总收入即国民经济核算中的国民总收入(GNI),也就是过去常说的国民生产总值(GNP),为 518 215 亿元。由于国内各机构部门的要素收入之间是互相抵消的,所以增加值总额与初次分配总收入之间的差额就是与国外部门的要素收入净额[其中净的劳动者报酬为 256 564−255 600 =964(亿元),财产净收入为 118 333−120 553=−2 220(亿元),要素收入净额为 964+(−2 220)=−1 256(亿元)]。这说明我国在要素收入净额上,来自国外的财产收入(主要是投资收益)要小于付给国外的财产支出,其中利息净收入是正的(如购买国外国债所取得的利息收入),红利净收入是负的(吸收外国直接投资时,境外投资者将获得红利收入)。而在劳动报酬上的净收益是正的,来自国外获得的劳动收入(劳务输出收入)要大于付给国外劳动者的报酬。而从整体上看,2012 年我国来自国外的要素收入净额是负的,为−1 256 亿元。所以当年的 GNI 要小于 GDP。从财产收入和劳动收入净额的关系上看,2012 年财产收入净额的绝对数要大于劳动收入净额,由于我国现在对外劳务支出的规模仍然较大,我国的来自国外的劳动收入净额是正数,并保持着持续增长;而在财产收入方面,由于改革开放以来中国吸引了大量的外商直接投资,所以红利净收入是负的,同时,由于我国购买了大量外国债券尤其是美国政府债券,利息净收入是正的,二者共同作用的结果,是财产净收入反映为负值(因为红利净支出大于利息净收入)。如果来自国外的财产净收入的绝对值大于劳动净收入,则要素收入净额将为负数,也就是说,我国的GDP将小于GNI,反之,GDP将大于GNI。从表6.5中可以看到,自2000—2013年,我国的GDP小于GNI的年份只有2个,即2007年和2008年,这两年正是我国持有美国国债相对规模比较高的年份,相对而言国外利息收益较高,而在大多数年份,仍然是GDP大于GNI,对我国这种吸收FDI规模较大的国家而言,这是一种正常现象。从具体的数值关系看,从2002年起,我国GDP和GNI之间的差别均小于1%,从要素收支的平衡关系看,这属于比较理想的状态。虽然我国对外开放的程度很高,融入全球经济和程度很高,但是要素净支出占整个国民收入的比重而言却很低,这说明中国在吸引外资发展本国经济时,并没有严重地牺牲自身的利益,而因此在经济增长中带来的收益(反映为现价计算的经济增长)远远大于支出,这证明改革开放以来我们通过让渡自己在发展中获得的一小部分利益来吸引外商直接投资促进经济增长,这样的改革和选择是正确的。

表 6.5 2000—2013 年中国国内生产总值与国民总收入比较

年份	国内生产总值 (亿元)	国民总收入 (亿元)	国民总收入占国内 生产总值的比例(%)	按现行价格计算 的经济增长(%)
2000	99 215	98 000	98.8	—
2001	109 655	108 068	98.6	10.5
2002	120 333	119 096	99.0	9.7
2003	135 823	134 977	99.4	12.9
2004	159 878	159 454	99.7	17.7
2005	184 937	183 617	99.3	15.7
2006	216 314	215 904	99.8	17.0
2007	265 810	266 422	100.2	22.9
2008	314 045	316 030	100.6	18.1
2009	340 903	340 320	99.8	8.6
2010	401 513	399 760	99.6	17.8
2011	473 104	468 562	99.0	17.8
2012	519 470	518 215	99.8	9.8
2013	568 845	566 130	99.5	9.5

注:第4列按现行价格计算的经济增长中没有扣除价格因素的影响,为名义增长率,目的是与来自国外的要素收入净额进行比较。

资料来源:根据《中国统计年鉴(2014)》整理。

第三，初次分配总收入与可支配总收入。各个机构部门（非金融企业部门、金融机构部门、政府部门、住户部门）初次分配总收入再加上经常转移收支净额，得到的就是它们的可支配总收入（见表6.2），再将各个机构部门的可支配收入加总后，扣除来自国外的经常转移收入净额，得到的就是国民可支配收入。在表6.2（续表）和表6.6中可以看到，2012年我国的全部初次分配总收入即国民总收入为518 215亿元，而来自国外的经常转移为3 230亿元（在国外部门账户上记为运用，表示国外的资金在中国的应用），付给国外的经常转移为3 013亿元（在国外部门账户上记为来源，表示国外自中国取得的收入），付给国外的经常转移净额为−217亿元（＝3 013−3 230），换句话说，我国由国外获得的经常转移净额为217亿元。因此，我国的国民可支配收入总额为518 432亿元，这是整个国民经济可以使用的全部资金来源。

从表6.2（续表）列出的经常转移子项目看，除了第（五）项外，第（一）到第（四）项的来源和运用都是平衡的，即来源等于运用。这些来源和运用的国内合计数都是各个机构部门间相互转移的最终结果，具体到表6.2中，就反映为各个部门中资金转移的具体情况。其中有两方面的收支规模较大，影响较广。

首先是经常转移中的税收。所得税、财产税等经常税反映为非金融企业、金融机构部门、住户部门即居民对政府的转移，因此在这些机构部门的账户中体现为资金占用，而在政府账户中反映为资金来源。从这一项可以看出，经常税（或者说是直接税）和增加值中的生产税（或者称为间接税）同样属于税收，但在国民收入账户或者说是在资金流量表中的处理是不同的，前者反映为生产活动的结果（记入GDP和国民总收入），后者只是反映和记录在分配过程中，处理为经常转移收支。前者属于初次分配收入，后者则属于再分配收入，如何处理好分配和再分配的关系，是各国的财政和税收政策考虑的重要问题。

其次是与社会保险有关的财政收支。第（二）项社会保险缴款，住户部门的支出为25 062亿元，政府部门的支出为6 349亿元，政府的总收入为31 411亿元；第（三）项为社会保险福利，体现为政府部门的支出和住户部门的收入，总额为23 931亿元。从这两项的关系来看，目前由居民部门而来的社会保险缴款仍然要大于政府社会保险福利支出。从现收现付的观点看，现在二者之间还有盈余，但是随着劳动力年龄结构的变化，这二者之间的平衡对财政政策的压力应该会越来越大。

第四，可支配收入的使用。国民可支配总收入是一个国家或经济体可以用于最终使用的全部收入。对于一个封闭的经济而言，国民可支配收入就等于它的全部最终消费和资本形成总额，但在开放的状态下，还存在着国际间的资本转移和对外金融投资，表6.6列出的就是2012年我国国民可支配总收入的使用情况。

表 6.6　2012 年中国国民可支配总收入的使用　　　　　单位:亿元

	金额
国民可支配总收入	518 432
减去:最终消费	261 994
(一) 居民消费	190 585
(二) 政府消费	71 409
等于:总储蓄	256 438
减去:国外部门使用的总储蓄	13 594
等于:国内部门使用的总储蓄	242 844
减去:资本形成总额	252 773
等于:净金融投资	－9 929

资料来源:根据表 6.2(续表)数据整理。

表 6.6 也可以用我们熟悉的账户形式表现出来(见表 6.7),账户的左边为来源,账户的右边为使用,其中,最终消费和资本形成总额之和(即国内总需求)为 514 767 亿元,占国民可支配收入的比重为 99.3%,其余不到 1% 的差额由国际的资金往来所弥补,这说明影响国民可支配收入是影响国内总需求的主要变量。

表 6.7　2012 年中国国民可支配总收入账户　　　　　单位:亿元

收入	金额	支出	金额
国民可支配总收入	518 432	1. 最终消费	261 994
		2. 资本形成总额	252 773
		3. 国外部门使用的总储蓄	13 594
		4. 净金融投资	－9 929
国民可支配总收入	518 432	可支配收入总额的使用	518 432

三、资金流量表与收入分配

资金流量表反映的国民收入分配,也可以称为是宏观收入分配,相对地,则可以把对住户部门的居民个人可支配收入的分布称为微观收入分配。在我国的收入分配研究中,主要进行的是对居民可支配收入的公布的研究(如城乡居民按收入分组情况及其变化趋势的研究、基尼系数的计算等方面的研究),这当然是非常重要的,但是要真正改善我国的收入分配格局,仅仅研究微观收入分配是不够的,因为微观的收入分配只是整个国民收入分配中的一个组成部分,如果整个宏观分配的格局不能真正改善,微观分配的改善也会受到很大的限制。因此,应该把两类分配放在统一的框架下,研究它们所存在的各种矛盾并探索改善的思路。

近些年政府统计工作的发展,为我们进行此类研究提供了很好的系统化的数据基础。这一方面的主要进展表现在两个方面，一是资金流量表的编制更加完善和及时；二是城乡居民收入调查及数据公布实施了重大改革，由原先分别调查和公布城市居民可支配收入和农村居民纯收入，过渡到统一的城乡居民可支配收入的调查，同时，还实现了城乡居民可支配收入的统计与资金流量表中的数据之间的相互衔接，这就使得我们能够在宏观和微观相统一的整体框架下对整个国民经济的收入分配结构加以研究。

从前面的分析中可以看出，资金流量表以国民收入的初次分配为起点，通过对五个机构部门（非金融企业部门、金融机构部门、政府部门、住户部门、国外部门）的收支行为的记录，反映了国民收入初次分配、再分配到使用的过程。

这种过程首先是从生产领域中开始的。在国民收入生产账户中反映的增加值中，包括了四个部分，即固定资本损耗（折旧）、劳动者（雇员）报酬、生产税（间接税）净额和营业盈余，其中固定资本损耗和营业盈余由企业部门提取或获得，劳动者报酬主要由住户部门获得，而生产税净额则由政府获得。但是企业获得的利润并不能完全自身所有，在生产过程中对于各种生产要素（土地、资金等）的使用所形成的成本是这些生产要素的所有者的收入（地租、利息等），劳动者报酬也存在着是否由常住居民获得，收入的来源是来自国内还是来自国外的问题，通过对这些要素收入调整后，资金流量表首先反映出来的是按常住单位分类的广义生产要素收入，即国民总收入，这就是国民收入的初次分配过程。国民收入初次分配的关键是生产要素，也就是说，由生产要素的使用（劳动、厂房、设备、土地、资金）而带来的收入及其分配才在国民收入的初次分配中反映。经济增长从本质上讲，就是生产要素的产出效率不断提高的过程。从发展上看，最初是要提高劳动效率，即增加单位劳动投入的产出，而劳动效率的改善是和对劳动者的激励密切相关的。但是随着科学技术、工具设备、市场体制、金融体系的不断发展，其他生产要素在生产过程中的地位在不断提升，仅仅依靠劳动效率的提高已经不能满足现代经济增长和发展的需要，这就需要根据市场和发展的需要对其他生产要素也实行激励机制，我国在改革开放过程中的产权制度改造就反映了这种新的激励机制的逐渐形成和发展。初次分配领域也存在着公平和效率的问题，但是这里的公平主要指的是市场公平，即在市场上公平竞争，在竞争中取胜者能够获得更多的回报也就是收入，这属于事先公平。然而，资本所有者和普通劳动者之间是不可能在一个共同的起点上进行竞争的，所以这种事先公平或市场公平是有条件的，即同样的生产要素之间的单位回报应该在公平竞争的条件下决定，而不同的生产要素的回报之间的差别则由市场、体制或者是政府来决定，这些竞争条件和竞争结果实际上决定着生产要素的个别效率和整体效率，社会、市场和政府，都会对初次分配领域中的收入分配产生重大影响。就我国的实际情况看，自20世纪90年代中后期进行大规模市场化改革后,在初次收入分配领域中的改革目标是清晰的,这就是在原先拉开收入分配差距的基础上,再允许不同的生产要素取得收入,并对在经济增长中短缺的、贡献大的生产要素给予更多的激励。

国民收入的再分配(相对于前面的初次分配而言),是对国民收入初次分配结果的再调节,在资金流量表上反映为转移收入和支出,收支活动与生产要素的投入及效率没有直接关系,是对投入和运用生产要素后所取得的成果或收入的转移。在这一领域或阶段中,生产活动与按生产要素的投入进行的初次分配已经结束,所进行的再分配活动主要是对成果的再分配。再分配过程中包括许多内容,如居民收入之间的相互转移等,但是最主要的内容是政府对企业和个人征收的所得税、社会保险的缴款等,这些收入将用于社会公共事业、社会保障等公共支出,政府在征收这些收入时,收入越高的企业和个人所缴纳的钱也就越多,而且经常实施的是累进税率,属于经济活动成果的事后公平,它在平抑社会收入不均等时有重要作用。所以,在世界各国,初次分配通常要强调激励机制即事前公平,即鼓励生产要素的投入及要素效率的提高,投入得多、效率更高(如在劳动领域鼓励多劳多得、鼓励提高单位劳动时间的产出),也就能够得到更多的收入。但是到了再分配领域,则更多地要强调社会公平或事后公平,以改善经济和社会的和谐稳定水平。各个国家如何处理分配和再分配的关系,并没有绝对的标准,这是一个长期演进的过程。但各国可以通过互相借鉴他国的经验,进一步改善自身的收入分配。从表6.8中可以看到,中国、美国和日本之间,各主要税种构成存在着很大的不同,就三大税种占GDP的比重看,美国最高(19.7%),中国次之(18.2%),日本最低(16.4%)。由于各国税收及财政收入各有特点,这一比重的高低还不能说明各国的企业部门和居民的财政负担的大小[①],我们在这里主要对各国的主要税收在初次分配(primary distribution)和再分配(secondary distribution)的结构进行比较。

表6.8 中国、美国和日本主要税收比较

	中国(2012年)		美国(2013年)		日本(2012年)	
	数额(亿元)	比重(%)	数额(十亿美元)	比重(%)	数额(十亿日元)	比重(%)
间接税净额	68 866	72.7	1 178	35.8	40 315	52.0
企业所得税及财产税	19 655	20.8	435	13.2	14 050	18.1
个人所得税及财产税	6 164	6.5	1 673	50.9	25 325	32.7

---

① 在中国,企业还要承担多种事业收费;美国和日本社会保险的缴款的规模较大,尤其是日本,这一部分的比重占政府收入的比重更高。

(续表)

	中国(2012年)		美国(2013年)		日本(2012年)	
	数额 (亿元)	比重 (%)	数额 (十亿美元)	比重 (%)	数额 (十亿日元)	比重 (%)
以上税收小计	94 685	100.0	3 286	100.0	77 548	100.0
GDP	519 470		16 663		473 777	
以上税收占GDP的比重		18.2		19.7		16.4

资料来源：中国数据来自《中国统计年鉴(2014)》；美国数据来自美国经济分析局(BEA)"美国国民收入和生产账户"(NIPA)；日本数据来自《日本统计年鉴(2015)》。

在三大税收中，中国的间接税（即生产税）所占的比重大，达到了72.7%，日本次之，为52%，美国最低，仅占35.8%。相比较而言，中国的企业部门在初次分配中的负担比较重（生产税主要是由企业部门承担的）。虽然从理论上说，生产税或者说产品税属于间接税，是企业为商品或服务的购买者所垫付的税收，最终是由购买者承担的，属于购买者的间接缴税，但问题在于，间接税也是产品成本的一个组成部分，包含在商品和服务的价格当中，所以在其他条件不变的情况下，较高的间接税将导致较高的产品成本。因此，从供给管理的角度看，政府可以通过在生产环节降低对产品税的征收，来整体地降低企业的生产成本和经营压力，使企业能够在更好的经济环境中竞争和发展，而企业发展了，生产者和劳动者的收入增加了，政府就可以在收入中获得更多的税收，这就是供给学派"减税＝增税"的基本思想，这实际上是一个政府如何通过处理好初次分配和再分配的关系，既能促进经济增长，又能获得足够的可支配收入来解决一系列社会和经济发展矛盾的问题。所以从国际比较的角度看，中国生产税还有进一步减税的空间。降低生产税属于一种事前公平，当税率较低时，创业者要进入一个行业的门槛就会比较低，就有可能和原来的企业进行更加公平的竞争。近些年来，我国也研究并推行了一系列减免生产税的措施，如将营业税改革为增值税，对高新技术企业实行税收优惠等，但从总体上看初次分配中税收的比重仍然偏大。再看所得税及财产税等经常性缴税（以下简称所得税）[①]，相比较而言，中国的所得税在三个主要税种中占的比重最低，为27.3%，日本在50.8%左右，而美国则达到了64.2%。在所得税的构成上看，中国是以企业所得税为主，日本和美国则是以个人所得税为主，尤其是美国，个人所得税的比重最大，达到了50.9%，超过了间接税和企业所得税。所得

[①] 在中国的资金流量表中，所得税与财产税是合并反映的，而在日本的资金流量表中，则分别列出所得税（对收入的纳税）和财产税（对财富的纳税），但一般而言，财产税的数额在这两个税种中的比重较低，2012年财产税在这两个税种中的比重为5.44%。

和财产税都是直接税,属于对企业或居民个人收入的直接征税(财产税是对企业或个人的财产带来的收入的征税),在平抑收入差异中具有重大作用。我国的个人所得税是按照累进税率征收的,虽然最高税率很高(达到45%),但达到这个纳税标准的纳税人很少,个人所得税在三项税收所占的比重很低,仅有6.5%,远远低于一般市场经济国家的水平。其中既有历史的原因,也有现实的原因,在计划经济体制下,我国对个人所得是不征税的,企业上缴的利润和税收是国家和地方政府财政收入的主要来源,在转轨和市场化改革之后,税收制度如何适应社会主义市场经济发展的需要,尤其是间接税和直接税之间的关系如何调整,税收和各种行政事业收费在国家财政收入中各应具有什么样的地位,企业与个人所得税之间应该是什么样的关系,以及公民在市场经济下应该建立什么样的纳税意识,都有一个探索和发展的过程。从发展上看,改革开放以来,我国的税收制度已经经过了多次的改革和调整,应该说,改革的进程和力度是适应我国转轨过程、市场化进程和经济增长的需要的,但是随着形势的变化(尤其是人民收入的提高、居民收入差距的扩大以及企业生产成本的变化),政府如何通过税收政府的进一步改革和调整,调节好初次分配和再分配中各个机构部门以及各个机构部门内部不同的群体之间的利益关系,以实现更好的社会经济发展,是我们应该加强探索和研究的。

从未来的改革方向来看,我国也会走市场经济国家共同的道路,就是在初次分配领域的税收要降低,降低企业生产成本、提高企业竞争能力和效率,而在企业发展和劳动者收入提高的前提下,则在再分配领域使政府获得更多收入,从而不断改善社会公平。从和发达国家分配模式的比较上看,我国各级政府在通过税收来调节分配和再分配的关系,无论是在提高效率还是在增进社会公平上都还有很大的发展空间。

第三节 从各个机构部门资金流量看国民收入的分配与使用

机构部门也称为制度部门,是收入分配与再分配的主体。国民经济核算在反映国民经济的生产活动时,使用的是三次产业分类或者是更细的国民经济行业分类,是根据生产活动类型来进行分类的,但是在进入分配领域后,则要根据收入支出活动交易主体的属性和特征将他们进行分类,概括地看,可以根据各类主体财务行为的特征,把它们分为企业、政府和居民三大部门,企业主要从事的是生产活动,向政府交税及向居民家庭支付劳动和其他要素报酬;政府则是通过取得税收和其他收入并通过对这些收入的使用,对社会提供服务;居民则是从企业和政府取得收入,在扣除各种财产、税收和其人转移支出后,形成可支配收入,用于家庭的消费、储蓄及投资。由于在企业部门内部,金融机构与非金融企业的生产方式和财务活动又具有各自的特征,因此通常又可以把企业部门再进一步细分为非金融企业部门和金融机构部门,这就是联合国所推广的机构部门分类。国民经济行业分类与机构部门分类是联合国国民经济核算体系中最基本的两大分类。通过对各个机构部门收入分配的关联分析,可以看到国民经济中的资金在各个部门之间是如何流动的,相互之间是怎样发生影响的。由于资金流量表是以会计账户的形式反映的,体现的是复式记账的原则,一个部门的支出,必然对应着另外一个部门的收入,如劳动者报酬体现为企业部门、政府部门的支出,就对应为住户部门的收入,而企业部门和住户部门的纳税支出,就体现为政府部门的税务收入。我们首先对各个机构部门的收入支出及其变化进行分析,然后再在这个基础上,对我国居民部门的收入分配变化及其趋势进行研究。最后,在这些分析的基础上得出我们的研究结论。

一、非金融企业部门

(一)非金融企业部门的收支行为

企业部门包括非金融企业部门和金融机构部门,这两个部门的资金运动有着各自的特点,非金融企业部门的资金将用于实体经济进行生产,其收入支出行为是建立在生产过程的基础上的;金融企业或部门本身并不进行实体经济的生产活动,它们是通过对资金本身的运营而实现自己的盈利的,而且这一类活动对整个国民经济的资金运动产生着重要影响,因此在国民经济核算中金融机构部门被单列出来形成一个部门。我们首先对非金融企业部门(以下简称为企业部门)的情况进行分析,对表 6.2 中非金融企业部门的相关流量进行整理后可以得到表 6.9,我们可以通过对于具体流量的计算,更清楚地说明表 6.2 中资金流量来源和运用间的关系。

表 6.9 2012 年中国非金融企业部门资金流量情况　　　　单位:亿元

交易项目	金额	备注
1. 增加值	306 220	
2. 减去:劳动者报酬	119 076	向住户部门的支出
3. 减去:生产税净额	63 209	向政府部门的支出
4. 减去:财产支出	51 674	
其中:(1) 利息	30 116	
(2) 红利	15 319	
(3) 地租	4 360	向政府部门的支出
(4) 其他	1 878	

(续表)

交易项目	金额(亿元)	备注
5. 加上:财产收入	24 762	
其中:(1) 利息	22 839	
(2) 红利	1 858	
(3) 其他	64	
6. 等于:初次分配总收入	97 023	
7. 减去:经常转移支出	19 309	
其中:(1) 所得税、财产税等经常税	14 752	向政府部门的支出
(2) 社会补助	166	向住户部门的支出
(3) 其他	4 391	
8. 加上:经常转移收入	1 162	
9. 可支配总收入	78 876	
10. 减去:最终消费	0	企业部门没有最终消费
11. 等于:总储蓄	78 876	
12. 加上:资本转移收入(投资性补助)	6 623	企业由政府部门取得的投资补助
13. 减去:资本转移支出(其他)	2 662	
14. 加上:净金融投资	101 281	企业由金融机构的融资
15. 加上:其他非金融资产的增减处置	-20 770	
16. 等于:资本形成总额	163 348	
其中:(1) 固定资本形成总额	155 414	
(2) 存货增加	7 934	

资料来源:参见表6.2。

从表6.9中可以看出,企业部门在生产活动中产生的增加值大约为30万亿元,但这并不完全是它的初次分配收入,它要对住户部门即向劳动者支付劳动报酬(约12万亿元),向政府支付生产税净额(6.3万亿元),还要向其他部门支付财产收入(同时也会由其他部门取得财产收入,净支出为2.7万亿元左右),企业在扣除了这些净要素支出后,所得到的就是它的初次分配总收入,约为9.7万亿元。

在初次分配后,企业部门还要发生经常转移支出,向政府交纳经常税(即直接税,约1.5万亿元)、向住户部门进行补助(116亿元)等,同时也获得经常转移收入(1 162亿元),最后形成它的可支配收入(7.9万亿)。从这两个不同阶段的收支可以看出,我国的企业部门在初次分配阶段的收支规模远远大于再分配阶段(也常称为第二次分配阶段)。

可支配收入扣除最终消费后,为一个部门的总储蓄。企业部门是没有最终消费的,所以它的可支配收入就是它的总储蓄。从一般的意义上说,如果没有部门间的资本转移和投资,那么总储蓄就等于总投资,也就是可以用于资本形成的金额。但由于部门间的资本转移和投资,使得企业部门的投资规模还会有所变化。从表6.9中可以看出,企业部门从政府得到投资补助6 623亿元,资本转移支出为2 662亿元,同时还要扣除了一部分非金融资产的减处置(如报废的固定资本等,约2万亿元),而对投资影响最大的,是企业通过金融部门获得的净金融投资,达到了10万亿元以上,最后用于投资的金额达到了16万亿元。这就是资本形成总额(其中包含固定资本形成总额和存货增加两项内容)。

通过对这个表的分析我们可以看出企业部门收入支出行为的几个特点:

一是增加值通过初次分配后,所形成的本部门初次分配总收入有比较明显的降低,这是因为这一部门对劳动者支付的劳动报酬,对政府支付的间接税净额及其对其他部门净支付的各项财产收入在增加值中比重较大,这说明非金融企业部门在国民经济活动中的重要地位,这一部门创造的增加值,是整个国民经济部门分配和再分配的重要起点。所以,一个好的收入分配,首先是要在企业部门创造价值,能够提供更多的国民收入在各个部门间进行分配,然后才是如何通过优化分配关系进一步改善公平和效率。

二是经常转移收支对可支配收入的影响不大,政府对于企业的投资补助规模很小,企业主要还是依靠自身的储蓄和融资来进行投资。可以看到,净金融投资是企业投资和经营的重要资金来源,占资本形成总额的比重高达62%。

(二)进入21世纪后非金融企业部门的收支变化

表6.10列出的是我国2000—2012年非金融企业部门收入支出账户或资金流量的变化情况。从中可以看出在这一时期里,随着我国高速的经济增长,表6.10中的主要流量也增长得非常快。如增加值就从2000年的5万亿元左右迅速上升到2012年的30万亿元左右,为当年的6倍(或者说增长了500%),年均增长率达到15.3%。通过在表6.10中对企业部门的增加值与国内生产总值的比较,可以看到企业部门增加值占GDP的比重达到了一半以上,因此它的变化与整个中国经济增长之间,必定有着密切的关系。由于资金流量表记录和反映的是各种资金(而不是货物和服务)现实的数量变化,它的各种流量只能以现行价格计算,也就是说,不可能把价格变动因素对生产规模所产生的影响剔除出去,由此而计算的各种指数或增长率也是名义的指数和增长率,因此,在本节中作为对比基础的GDP的增长率也是名义增长率。这样进行分析的原因,在于我们在资金流量分析中,更加重视资金流量变化对经济增长的影响以及相互关系,而不是要计算GDP本身的变化。

表 6.10 2000—2012 年中国非金融企业部门资金流量　　　　单位:亿元

	2000	2002	2004	2006	2008	2010	2012
参考:国内生产总值	99 215	120 333	159 878	216 314	314 045	401 513	519 470
一、增加值	55 403	69 967	95 328	128 211	185 950	232 106	306 220
(一)要素支出	39 690	49 320	62 844	89 031	126 720	165 017	233 958
1.劳动者报酬	25 062	29 748	36 369	48 030	67 129	84 068	119 076
2.生产税净额	8 587	12 531	18 341	24 995	35 237	48 937	63 209
3.财产支出	6 041	7 041	8 134	16 006	24 354	32 012	51 674
利息	3 576	3 467	4 754	8 916	14 814	15 766	30 116
红利	2 376	3 450	3 198	6 135	7 510	12 800	15 319
地租	81	105	165	560	1 313	2 402	4 360
其他	8	18	17	395	717	1 044	1 878
(二)要素收入	2 817	3 020	4 495	9 012	15 379	16 296	24 762
1.财产收入	2 817	3 020	4 495	9 012	15 379	16 296	24 762
利息	1 779	1 723	2 242	4 199	8 316	14 839	22 839
红利	1 022	1 277	2 249	4 787	6 983	1 398	1 858
其他	16	20	4	27	80	59	64
二、初次分配总收入	18 530	23 666	36 979	48 193	74 609	83 386	97 023
(一)经常转移支出	1 656	2 743	4 297	6 193	10 509	12 266	19 309
1.所得税、财产税等经常税	1 346	2 187	3 492	5 147	8 717	10 194	14 752
2.社会补助	31	41	54	72	95	126	166
3.其他	279	515	750	975	1 697	1 947	4 391
(二)经常转移收入	279	390	564	688	1 351	950	1 162
三、可支配总收入	17 153	21 314	33 247	42 687	65 451	72 069	78 876
四、总储蓄	17 153	21 314	33 247	42 687	65 451	72 069	78 876
(一)资本转移支出	8	21	75	231	537	1 278	2 662
(二)资本转移收入	2 934	3 652	1 494	1 965	3 163	5 175	6 623
由政府获得的投资性补助	2 934	3 652	1 494	1 965	3 163	5 175	6 623
五、资本形成总额	24 058	30 661	44 090	62 000	95 648	129 794	163 348
(一)固定资本形成总额	23 254	29 167	40 459	57 518	88 272	122 601	155 414
(二)存货增加	804	1 493	3 631	4 482	7 375	7 194	7 934
六、其他非金融资产获得减处置	446	1 809	5 011	6 344	8 758	21 689	20 770
七、净金融投资	−4 426	−7 525	−14 436	−23 923	−36 330	−75 518	−101 281

资料来源:根据历年我国资金流量表(实物交易)数据整理。参见历年《中国统计年鉴》。

表 6.11 通过计算表 6.10 中各个流量的指数,反映以现价为基础的各种流量的名义增长率之间的比较,在这种名义增长率中,既包括了由实际增长导致的量的增加,也包括了价格因素造成的影响。我们可以看出,近些年来企业部门资金流量变化,至少具有以下几个特点:

表 6.11 2000—2012 年中国非金融企业部门资金流量年均指数(上年=100)

	2002	2004	2006	2008	2010	2012
参考:国内生产总值	110.1	115.3	116.3	120.5	113.1	113.7
一、增加值	112.4	116.7	116.0	120.4	111.7	114.9
(一)要素支出	111.5	112.9	119.0	119.3	114.1	119.1
1. 劳动者报酬	108.9	110.6	114.9	118.2	111.9	119.0
2. 生产税净额	120.8	121.0	116.7	118.7	117.8	113.7
3. 财产支出	108.0	107.5	140.3	123.4	114.6	127.1
利息	98.5	117.1	136.9	128.9	103.2	138.2
红利	120.5	96.3	138.5	110.6	130.6	109.4
地租	113.9	125.4	184.2	153.1	135.3	134.7
其他	150.0	97.2	482.0	134.7	120.7	134.1
(二)要素收入	103.5	122.0	141.6	130.6	102.9	123.3
1. 财产收入	103.5	122.0	141.6	130.6	102.9	123.3
利息	98.4	114.1	136.9	140.7	133.6	124.1
红利	111.8	132.7	145.9	120.8	44.7	115.3
其他	111.8	44.7	259.8	172.1	85.9	104.2
二、初次分配总收入	113.0	125.0	114.2	124.4	105.7	107.9
(一)经常转移支出	128.7	125.2	120.1	130.3	108.0	125.5
1. 所得税、财产税等经常税	127.5	126.4	121.4	130.1	108.1	120.3
2. 社会补助	115.0	114.8	115.5	114.9	115.2	114.8
3. 其他	135.9	120.7	114.0	131.9	107.1	150.2
(二)经常转移收入	118.2	120.7	110.4	140.1	83.9	110.6
三、可支配总收入	111.5	124.9	113.3	123.8	104.9	104.6
四、总储蓄	111.5	124.9	113.3	123.8	104.9	104.6
(一)资本转移支出	162.0	189.0	175.5	152.5	154.3	144.3
(二)资本转移收入	111.6	64.0	114.7	126.9	127.9	113.1
由政府获得的投资性补助	111.6	64.0	114.7	126.9	127.9	113.1

（续表）

	2002	2004	2006	2008	2010	2012
五、资本形成总额	112.9	119.9	118.6	124.2	116.5	112.2
（一）固定资本形成总额	112.0	117.8	119.2	123.9	117.9	112.6
（二）存货增加	136.3	155.9	111.1	128.3	98.8	105.0
六、其他非金融资产获得减处置	201.4	166.4	112.5	117.5	157.4	97.9
七、净金融投资	130.4	138.5	128.7	123.2	144.2	115.8

注：根据表6.10中数据计算。表中各数值是对表6.10中相隔两年的数据计算指数再开平方的结果（几何平均数）。

第一，企业部门增加值与GDP的年均名义增长率的变动趋势是相似的，具体数值略高于GDP名义增长率。从表6.2中可以看到，所有的机构部门都在创造增加值，但由于生产活动的内容不同，规模也有很大差别。金融机构主要是通过其特定的金融活动创造增加值，在国民经济中的地位至为重要，但是就数量而言，不到企业部门的10%；政府部门直接创造的增加值，指的不是政府企业或政府控股的企业创造的增加值（那一部分也记入了企业部门的增加值），而是政府提供公共服务创造的增加值（通过公职人员的劳动报酬来推算），为企业部门增加值的10%略多；居民部门创造的增加值，主要是个体经营户、农民等个体生产者创造的增加值，虽然每一个生产单位很小，但是数量众多，因此在国民经济中也占有一定的比例，大约为企业部门增加值的50%。在这几个机构部门中，企业部门的生产活动是最活跃的，技术先进，又有规模经济的优势，在国民经济中所占的比重大，在相当大程度上影响着经济增长。从表6.11中可以看出，进入21世纪后，我国的年均名义经济增长率首先是逐年递增的，一直持续到2008年前后。这一期间由我国的加速工业化以及外向型经济的迅速扩张使我国的高速经济增长经历了一个景气周期，增长率比常年显著提升。但与此同时，物价上涨幅度也有所提升，二者共同作用的结果使名义增长率达到更高，达到15%以上，在全球金融危机爆发前的2006—2008年已经达到20%左右（其中近5%是由于价格因素的影响）。这样的增长率已经明显高出一个大国可持续发展所能够承载的能力，即使不发生全球金融危机，中国经济本身客观上也需要有一次深刻调整，让经济增长走上正常的轨道。现在回过头来看，美国的"次贷危机"之所以会引发全球金融危机，固然有金融监管不善的原因，但从深层次看，是因为全球的实体经济出现了问题。而中国经济已经融入全球经济发展，高速经济增长也与世界经济发展有着密切的联系，因此在全球出现过热时（尤其表现为大宗商品价格的大幅上升），中国的经济如果也同时出现过热，就要引起我们的高度警惕。正是由于这样一种联系，全球金融危机才会成为中国经济周期的一个转折点。对于这一点,我们到现在还不能说有足够深刻的认识。全球金融危机以后,整个国民经济的名义年均增长率开始出现回落,从原来的20%左右回落到13%左右。企业部门增加值的年均增长率则波动得更大,由20%左右回落到11%,再提升到14%。这种起伏体现了全球金融危机对我国的冲击,我国实施宏观刺激政策的结果,同时也体现了经济周期对我国经济的影响。具体地看,2009年我国出台了4万亿财政刺激政策以及配套的信贷政策,到2010年以后在企业部门的名义增长率上反映出来。

第二,2000—2012年,企业部门初次分配总收入的名义年均增长率(14.8%)从长期趋势看低于其增加值的名义增长率(15.3%);可支配总收入的增长率(13.6%)从长期趋势看低于初次分配总收入的名义增长率(见表6.12)。这说明企业部门在生产成果的分配时,所占的份额在不断下降。而分时期看,在全球金融危机以前,初次分配总收入和可支配总收入的名义年均增长率(19%和18%)都高于增加值名义增长率(16.3%),而到了2008—2012年,增加值的名义增长率则为13.3%,初次分配总收入和可支配总收入的名义年均增长率则回落到6.8%和4.8%。企业部门的可支配总收入就是企业的储蓄,最后将转化为投资,当储蓄不足以满足投资需求时,企业将通过向金融部门融资的方式(在表6.10中体现为负的净金融投资)来获得资金(以财产支出为代价),从表6.12中可以看到,2008—2010年,企业的融资增加了44.2%,而2010—2012年则因为银行放款减少而降到了15.8%。由于企业部门对净金融投资的高度依赖,一旦银行放款不能持续增加,企业可支配收入的增长又在大幅回落,企业的发展就会受到影响。这也是从国家在2010年实施宏观刺激政策"择机退出"后,企业的经营为什么会受到更大压力的原因。

表6.12 2000—2012年中国非金融企业部门资金流量分阶段年均指数(上年=100)

	2000—2012年	2000—2008年	2008—2012年
参考:国内生产总值	114.8	115.5	113.4
一、增加值	115.3	116.3	113.3
(一)要素支出	115.9	115.6	116.6
1. 劳动者报酬	113.9	113.1	115.4
2. 生产税净额	118.1	119.3	115.7
3. 财产支出	119.6	119.0	120.7
利息	119.4	119.4	119.4
红利	116.8	115.5	119.5
地租	139.4	141.7	135.0

(续表)

	2000—2012 年	2000—2008 年	2008—2012 年
其他	157.6	175.4	127.2
(二)要素收入	119.9	123.6	112.6
1. 财产收入	119.9	123.6	112.6
利息	123.7	121.3	128.7
红利	105.1	127.2	71.8
其他	112.2	122.3	94.6
二、初次分配总收入	114.8	119.0	106.8
(一)经常转移支出	122.7	126.0	116.4
1. 所得税、财产税等经常税	122.1	126.3	114.1
2. 社会补助	115.0	115.0	115.0
3. 其他	125.8	125.3	126.8
(二)经常转移收入	112.6	121.8	96.3
三、可支配总收入	113.6	118.2	104.8
四、总储蓄	113.6	118.2	104.8
(一)资本转移支出	162.2	169.2	149.2
(二)资本转移收入	107.0	100.9	120.3
由政府获得的投资性补助	107.0	100.9	120.3
五、资本形成总额	117.3	118.8	114.3
(一)固定资本形成总额	117.2	118.1	115.2
(二)存货增加	121.0	131.9	101.8
六、其他非金融资产获得减处置	137.7	145.1	124.1
七、净金融投资	129.8	130.1	129.2

第三,企业部门在生产过程中创造了增加值之后,劳动者报酬、生产税净额与财产收支是影响初次分配总收入的三个基本因素。这三个因素的综合变化,影响了企业部门初次分配总收入的增长。从表6.12中看出,劳动者报酬的增长率长期低于GDP和企业部门增加值,但2010年以来,在其他方面的增长率下降的时候,它的增长率却有所上升;生产税净额的增长率从长期看高于劳动者报酬、企业部门增加值和GDP的增长,但最近几年有回落的趋势,这说明税收的增加归根结底必须依赖于经济增长;而财产支出和财产收入的增长从2006年以后开始明显提升,收入和支出的增长幅度相接近,但就规模而言,财产支出是财产收入的两倍以上(而财产支出的主要内容是利息),这说明通过信贷杠杆所实现的扩大再生产,在企业部门的经济增长中发挥了越来越大的作用,而在生产成果中,企业部门

所得到的初次分配收入的增长,低于金融部门所获得的收益的增长。这也是近些年来,我国的银行业及其他金融机构的利润在整个国民经济所占的比重不断上升的重要原因(当然也有其他的原因,我国居民的高储蓄率实际上从另外一个方面支持了银行可以运用的资金)。从整体上看,2008—2010年是企业部门主要流量增长的一个转折点,大约在2009年前后,主要经济流量的名义增长率出现了回落的趋势,但劳动者报酬的增长反而提升了。劳动者报酬的提升是中国经济发展到达一定阶段的必然结果,它当然是劳动市场上供需关系的变化的结果,但这种变化即有增长的原因,也有发展上的原因。2010年,中国由下中等收入国家转变成为高收入国家。在世界各国的经济发展中,当一个国家或地区实现这种跨越后,一般都会出现劳动者报酬明显提升的现象,这体现了广大劳动者需要共同分享经济增长成果的愿望和要求。但对于企业而言,在其他条件不变的情况下,劳动者报酬的提升快于增加值的提升意味着企业成本的提升,初次分配总收入的增长率放慢。

第四,初次分配总收入及直接税的变化,使企业可支配总收入占其增加值的比重明显下降,这反映了企业整体生产成本的提升和发展能力的下降。

从表6.12中列出的年份中可以看到,近十多年来,非金融企业部门的各个年份的平均增长率与国内生产总值的平均增长率(均按现行价格计算)各有高低,增长率十分接近,这是因为国民经济的增长主要是由企业部门的生产活动成果所决定的。这种动态变化导致了企业部门的各种资金流量的比重也发生了变化,从而影响了企业部门的发展条件。我们仍然从三个大的方面对于生产成果的分配与再分配进行分析:

一是劳动报酬,它反映了居民部门由企业部门获得的收入。它的变化分为两个阶段,在全球金融危机前,2000—2008年,劳动者报酬的增长低于增加值的增长,但在2008年以后,劳动者报酬的增长则开始高于增加值的增长,这说明企业的劳动成本开始提高。这是随着我国经济增长所必然带来的变化。在其他条件不变的情况下,如果劳动者报酬的增长低于增加值的增长,那么企业利润的增长就会高于增加值的增长,这也就意味着企业部门单位增加值所获得的利润是增加的,在这种情况下,企业部门即使没有发生技术进步,在正常经营下其发展条件仍然是改善的。这就说明了为什么在21世纪的前几年(也就是在全球金融危机之前),我国的企业部门作为一个整体,其技术进步或者是技术创新发展相对缓慢的原因。从表6.13中可以看到,从长期发展看,我国企业部门劳动者报酬占增加值的比重由2000年的45.2%下降到2012年的38.9%,这说明从整体上看,这一期间的劳动者报酬的份额是下降的,劳动者报酬的比重下降实际上意味着在其他条件不变的情况下,居民部门收入的比重下降,居民购买力的增长(主要反映在消费品和服务的增长上)低于企业部门购买力的增长(主要表现在对于生产资料的购买上),这也就解释了为什么在进入 21 世纪后,我国的投资和消费的比例关系为什么会长期失衡,在供给领域形成的收入分配关系实际上对全社会的最终消费是有积极影响的。但是分时期看,劳动者报酬的比重经历了一个逐渐下降(从 2000 年的 45.2%下降到 2008 年的 36.1%),又重新上升的阶段(从 2010 年的 36.2%上升到 2012 年的 38.9%,目前仍然在上升通道中)。这种转折性的变化导致了企业部门必须承受劳动力成本上升的压力。虽然目前的比重仍然远远低于 2000 年的水平,但在其他方面的条件(税收和利息)也发生了变化的条件下,企业部门的整体经营压力仍然是变大的。

表 6.13　2000—2012 年中国非金融企业部门资金流量构成变化情况　　　单位:%

	2000	2002	2004	2006	2008	2010	2012
参考:国内生产总值(GDP)	179.1	172.0	167.7	168.7	168.9	173.0	169.6
一、增加值	100.0	100.0	100.0	100.0	100.0	100.0	100.0
参考:增加值占 GDP 的比重	55.8	58.1	59.6	59.3	59.2	57.8	59.0
(一)要素支出	71.6	70.5	65.9	69.4	68.1	71.1	76.4
1. 劳动者报酬	45.2	42.5	38.2	37.5	36.1	36.2	38.9
2. 生产税净额	15.5	17.9	19.2	19.5	18.9	21.1	20.6
3. 财产支出	10.9	10.1	8.5	12.5	13.1	13.8	16.9
利息	6.5	5.0	5.0	7.0	8.0	6.8	9.8
红利	4.3	4.9	3.4	4.8	4.0	5.5	5.0
地租	0.1	0.1	0.2	0.4	0.7	1.0	1.4
其他	0.0	0.0	0.0	0.3	0.4	0.4	0.6
(二)要素收入	5.1	4.3	4.7	7.0	8.3	7.0	8.1
1. 财产收入	5.1	4.3	4.7	7.0	8.3	7.0	8.1
利息	3.2	2.5	2.4	3.3	4.5	6.4	7.5
红利	1.8	1.8	2.4	3.7	3.8	0.6	0.6
其他	0.0	0.0	0.0	0.0	0.0	0.0	0.0
二、初次分配总收入	33.4	33.8	38.8	37.6	40.1	35.9	31.7
参考:初次分配总收入占 GDP 的比重	18.6	19.7	23.1	22.3	23.7	20.8	18.7
(一)经常转移支出	3.0	3.9	4.5	4.8	5.7	5.3	6.3
1. 所得税、财产税等经常税	2.4	3.1	3.7	4.0	4.7	4.4	4.8

(续表)

	2000	2002	2004	2006	2008	2010	2012
2. 社会补助	0.1	0.1	0.1	0.1	0.1	0.1	0.1
3. 其他	0.5	0.7	0.8	0.8	0.9	0.8	1.4
（二）经常转移收入	0.5	0.6	0.6	0.5	0.7	0.4	0.4
三、可支配总收入	31.0	30.5	34.9	33.3	35.2	31.1	25.8
参考：可支配总收入占GDP的比重	17.3	17.7	20.8	19.7	20.8	18.0	15.2
四、总储蓄	31.0	30.5	34.9	33.3	35.2	31.1	25.8
（一）资本转移支出	0.0	0.0	0.1	0.2	0.3	0.6	0.9
（二）资本转移收入	5.3	5.2	1.6	1.5	1.7	2.2	2.2
由政府获得的投资性补助	5.3	5.2	1.6	1.5	1.7	2.2	2.2
五、资本形成总额	43.4	43.8	46.3	48.4	51.4	55.9	53.3
（一）固定资本形成总额	42.0	41.7	42.4	44.9	47.5	52.8	50.8
（二）存货增加	1.5	2.1	3.8	3.5	4.0	3.1	2.6
六、其他非金融资产获得减处置	0.8	2.6	5.3	4.9	4.7	9.3	6.8
七、净金融投资	−8.0	−10.8	−15.1	−18.7	−19.5	−32.5	−33.1

二是税收等对政府部门的支出，它反映了政府部门在初次分配和再分配中由企业部门获得的收入。

企业部门对政府部门的支出，主要表现在两个大的方面，即初次分配中向政府部门支付的生产税净额和再分配中向政府支付的所得税、财产税等经常税。在表6.13中可以看到，2000—2012年，生产税（间接税）净额占增加值的比重由15.5%上升到20.6%，提高了5个百分点；而所得税、财产税等经常税（直接税）的比重，由2.4%上升到4.8%，正好翻了一番。这说明从长期看，企业的税收负担是不断加重的。在两种税收中，间接税（主要是营业税、产品税等）占主要比重，也就是说，税收的多少主要是和企业的经营规模相关而不是和企业收入相关，在这种情况下，企业的生产规模越大，所要担负的税收也越高，在企业更加重视规模的扩张而不是经营管理水平提升的情况下，企业自身的相对负担也是在不断加重的。所以这种税收比重的提升，固然有政府的原因，也有企业本身的原因。在其他条件不变的情况下，政府在分配与再分配的比重提升了，企业的收入尤其是可支配收入的比重将会降低，这就影响了企业的扩大再生产和可持续发展。和劳动者报酬所不同的是，政府税收的变化没有表现出明显的阶段性，它是持续上升的。这实际上表明，政府在生产领域实施减税措施实际上存在着比较大的空间，将对企业部门的发展产生积极的影响。

三是财产性收入和支出,这主要是使用资本所形成的收入和支出,主要是利息、分红与地租收入和支出。

从表6.12中可以看到,企业部门财产收支的增速长期高于增加值的增长(主要表现为利息收支的增加),这样不断累积的变化所导致的结果,是在增加值构成中,财产支出的比重有较大幅度的上升,2000—2010年由10.9%上升到16.9%(见表6.13),上升了6%,而利息支出的比重则由6.5%上升到9.8%,提高了3%以上。财产收入的比重也是上升的,但规模小于财产支出和利息支出。和对政府部门的支出相类似,企业部门的财产支出也没有反映出阶段性,保持着持续上升。上升的原因在于,由于企业部门可支配收入占增加值的比重在下降,企业为了保持相应的扩张,就必须通过对外融资来获得相应的扩张,由此增加了利息和分红等融资成本。

从总体上看,企业初次分配总收入和增加值关系的变化经历了两个阶段,一是2000—2008年的比重逐渐上升阶段,企业初次分配总收入占增加值的比重由33.4%上升为40.1%,二是2008—2012年的比重迅速下降阶段,初次分配总收入占增加值的比重由40.1%下降为31.7%,这种下降的主要影响因素在于劳动者报酬和利息支出比重的增加。对应地,这两个阶段的可支配收入的比重也经历了逐渐上升再重新回落的过程,所占的比重由2000年的31%提高到2008年的35.2%,提高了4个百分点;又下降到2012年的25.8%,下降的幅度达到了近10%。这就说明了近年来企业的经营为什么会越来越困难,首先是对劳动者报酬支出的比重在提升,其次是对政府支付的税收(包括间接税和直接税)的比重在提升,最后是经营过程中的利息成本在增加,导致企业部门在规模扩张的同时可支配收入不能保持同步增加,这就必然导致企业的经营遇到困难。表6.13中列出了三个重要的参考比较指标,即非金融企业部门的增加值、初次分配总收入和可支配总收入占GDP的比重,可以看出,这一部门的增加值占GDP的比重是不断上升的,从2000年的55.8%上升为2012年的59%,这也就是说,从生产领域看,这一部门对GDP的贡献是不断增加的,但是从分配和再分配领域看,情况则有所不同,初次分配总收入的比重经历了一个逐渐上升、再重新下降的过程,最后的结果是略有上升;而可支配总收入所占的比重也经过了逐渐上升、再重新下降的过程,但所占的比重最终下降了2个百分点,比2008年则下降了5个百分点。企业的增加值在国民经济中的比重在上升,初次分配收入基本保持不变,而可支配收入的比重在下降,意味着企业部门在实现扩张的同时,单位产出中的可支配收入在下降,在其他条件不变的情况下(尤其是在技术进步不变和信贷规模不变的情况下),实现扩张的难度在增加。这也就解释了为什么在全球金融危机之后,我国虽然采取了扩张的宏观经济政策,但企业部门作为一个整体,其生存和发展中所遭遇的困难却越来越大。虽然信贷的扩张(在表中反映为净金融投资的增加,2008—2012年其占增加值的比重有明显提升)在短期内可能会改善企业运营资金的短缺,但是从长期看,如果企业部门不能依靠自身创造的可支配收入来满足投资的需求,这种发展将是不可持续的。

二、金融机构部门

金融机构部门包括了从事金融活动的企业,如商业银行、投资银行(证券公司)、保险公司、信托投资等,这些企业和非金融企业区别之处在于,它们的主要活动是通过将社会上分散的资金集中使用(通过间接或直接融资等方式),在国民经济活动中发挥资金中介作用,而不是直接进行具体的货物或服务的生产。由于它们的经营活动的鲜明特征以及在现代经济中的独特作用,在国民经济核算体系的机构部门分类中,与非金融企业、政府、居民部门并列,被列为一个专门的分类。金融机构部门的增加值,主要来自资产收入(即表6.13中的财产收入,如对外贷款形成的利息收入)与资产支出(财产支出,如吸收存款所带来的利息支出)之间的差额所形成的营业收入,在营业收入中扣除掉中间消耗,便是其增加值。金融机构当然也有其他的各种收入,但财产收入是其最重要的收入来源。为便于分析,在整理金融部门的资金流量表时,我们把财产收入净额作为一个专项列出,从表6.14中可以看到,2000—2012年,金融机构的财产收入净额的增长,远远高于GDP的增长和金融机构增加值的增长,这说明随着中国经济增长,在国民收入分配中,财产作为一项重要的生产要素正在发挥着越来越大的作用。

表6.14　2000—2012年中国金融机构部门资金流量情况　　单位:亿元

	2000	2002	2004	2006	2008	2010	2012
参考:国内生产总值	99 215	120 333	159 878	216 314	314 045	401 513	519 470
一、增加值	4 086.7	4 612.8	5 393.0	8 099.1	14 863.3	20 980.6	28 722.7
(一)财产收入净额	475.6	453.2	509.2	255.0	693.3	2 726.7	4 684.4
1. 财产收入	5 524.4	5 313.7	6 989.0	13 242.3	23 859.5	29 716.4	54 612.4
2. 财产支出	5 048.8	4 860.5	6 479.8	12 987.2	23 166.1	26 989.7	49 928.0
(二)其他要素支出	3 767.9	3 038.3	2 830.4	3 130.2	6 080.1	9 124.8	12 654.1
1. 劳动者报酬	1 645.3	2 040.4	2 114.0	2 374.6	4 325.8	6 661.0	9 250.7
2. 生产税净额	2 122.6	998.0	716.3	755.6	1 754.2	2 463.8	3 403.3
二、初次分配总收入	794.4	2 027.7	3 071.9	5 223.9	9 476.5	14 582.5	20 753.0
(一)经常转移支出	421.1	546.8	758.1	2 010.4	3 876.7	4 333.6	7 600.9
1. 所得税、财产税等经常税	113.1	143.8	180.1	1 214.4	2 458.3	2 649.7	4 903.0
2. 其他	308.0	403.0	578.0	796.0	1 418.3	1 684.0	2 698.0

（续表）

	2000	2002	2004	2006	2008	2010	2012
（二）经常转移收入	145.3	446.6	761.8	1 089.9	1 506.3	2 957.7	3 703.3
三、可支配总收入	518.6	1 927.5	3 075.6	4 303.4	7 106.2	13 206.5	16 855.4
四、总储蓄	518.6	1 927.5	3 075.6	4 303.4	7 106.2	13 206.5	16 855.4
五、资本形成总额	110.3	183.2	68.6	87.2	180.7	296.2	530.6
（一）固定资本形成总额	110.3	183.2	68.6	87.2	180.7	296.2	530.6
六、净金融投资	408.2	1 744.3	3 007.0	4 216.3	6 925.5	12 910.3	16 324.8

资料来源：根据历年我国资金流量表（实物交易）数据整理，参见历年《中国统计年鉴》。

表 6.15 反映的是表 6.14 中金融机构各种流量的动态变化情况。从表中可以看出，金融机构的增加值的增长率变化，就自身的动态变化而言，经过了一个逐渐上升再逐渐回调的过程，在 2008 年以前是不断加速的，但是从 2008 年以后增长率开始逐渐放缓；就其和名义经济增长率（国内生产总值的名义增长率）相比，也经历了两个不同的阶段，在 2004 年以前，它的名义增长率低于名义经济增长率，而在 2004 年以后，它的名义增长则快于名义经济增长率。2004 年是我国在经历了亚洲金融危机后，经过深刻的市场化改革（尤其是金融体系的市场化改革）及长期实施的积极财政政策后，经济增长重新进入加速增长周期的第二年，我国的银行业尤其是国有商业银行通过剥离不良资产和股份制改革在新的起点开始起步，这就有了银行业股份制改革后的重新迅速发展；而在此之后，证券市场又经历了对"股权分置"制度的改革，也逐渐走出低迷的状态，进入了一个新的发展时期[①]。这表明自 2004 年后金融活动在我国的经济活动中的份额开始不断加大。

表 6.15 2000—2012 年中国金融机构部门资金流量年均指数（上年＝100）

	2002	2004	2006	2008	2010	2012	2000—2012
参考：国内生产总值	110.1	115.3	116.3	120.5	113.1	113.7	114.8
一、增加值	106.2	108.1	122.5	135.5	118.8	117.0	117.6
（一）财产收入净额	97.6	106.0	70.8	164.9	198.3	131.1	121.0
1. 财产收入	98.1	114.7	137.6	134.2	111.6	135.6	121.0
2. 财产支出	98.1	115.5	141.6	133.6	107.9	136.0	121.0

---

① 如何评价中国证券市场的发展尤其是股票市场的发展，目前仍然存在着很大的争论。但从总体上看，这一领域的经营规模在进入 21 世纪后有很大提高，所创造的增加值在不断增加，这是不争的事实。问题是应该如何通过体制创新、风险控制和有效监管，增加这一市场在优化配置市场资源方面的积极作用。

(续表)

	2002	2004	2006	2008	2010	2012	2000—2012
（二）其他要素支出	89.8	96.5	105.2	139.4	122.5	117.8	110.6
1. 劳动者报酬	111.4	101.8	106.0	135.0	124.1	117.8	115.5
2. 生产税净额	68.6	84.7	102.7	152.4	118.5	117.5	104.0
二、初次分配总收入	159.8	123.1	130.4	134.7	124.0	119.3	131.2
（一）经常转移支出	114.0	117.7	162.9	138.9	105.7	132.4	127.3
1. 所得税、财产税等经常税	112.8	111.9	259.7	142.3	103.8	136.0	136.9
2. 其他	114.4	119.8	117.4	133.5	109.0	126.6	119.8
（二）经常转移收入	175.3	130.6	119.7	117.6	140.1	111.9	131.0
三、可支配总收入	192.8	126.3	118.3	128.5	136.3	113.0	133.7
四、总储蓄	192.8	126.3	118.3	128.5	136.3	113.0	133.7
五、资本形成总额	128.9	61.2	112.7	144.0	128.0	133.8	114.0
（一）固定资本形成总额	128.9	61.2	112.7	144.0	128.0	133.8	114.0
六、净金融投资	206.7	131.3	118.4	128.2	136.5	112.4	136.0

注：计算方法参见表6.11。

具体地看，在增加值增长既定的情况下，影响金融机构初次分配总收入和可支配总收入的主要影响因素也是三项：

一是财产收支，从表6.15中可以看到，从2002年开始，随着我国经济增长开始逐步进入一个新的周期，财产收入和支出的名义增长率也开始加快，2002—2004年分别达到14.7%和15.5%，由于在经济加速期对资金需求的加大，财产支出的增长（主要是利息的增长）快于收入，所以从财产收入净额上看，增长率似乎不高，但这却为后来财产收入净额的迅速增加建立了基础，从2006年起财产收入净额开始高速增长，一直延续到现在。

二是劳动者报酬，从总体上看，金融机构的劳动者报酬的增长和其增加值的名义增长率之间，基本上是保持同步的。这个部门属于知识密集型部门，其劳动者的知识结构决定了在现阶段他们的整体收入的增长要快于实体经济部门。

三是政府的税收，从表6.15中可以看到金融机构税收增长的波动性较大，尤其是在"所得税、财产税等经常税"项下，2004—2006年的年均指数达到259.7%，即年均名义增长率为159.7%。这种巨大的增长事实上是与金融机构税制变化相关的。从表6.14中可以看到，2004年以前，金融机构的"所得税、财产税等经常税"的实际数额是比较低的，国家税收主要依赖的是"生产税净额"。加入WTO之后，我国连续三年降低了金融机构的营业税，每年降低1%，由8%降低到了5%，再加上金融市场本身的原因，金融机构所缴纳的直接税连续几年出现了下降。在

此改革的同时,我们又对国有商业银行进行了股份制改造,金融机构的经营管理明显改善,再加上这些年信贷规模的迅速增加,金融机构在利润迅速增长的同时,所缴纳的所得税也在迅速增长,到了2006年以后,"所得税、财产税等经常税"已经明显超过"生产税净额",成为金融机构国家税收的主要税源。所得税作为主要税源对于调整金融机构可支配总收入的过快增长具有积极意义,同时对其他部门如何通过改善企业制度和税制来增加国家税收也有重要的参考意义。从表6.15中可以看到,2000—2004年,由于作为这一部门主要税种的"生产税净额"是负增长,而"所得税、财产税等经常税"在增加值中所占的比重很小,导致金融机构的初次分配总收入与可支配总收入增长得非常快。在金融体制改革(减税和股份制改造)之后即2004年以后,金融机构的初次分配总收入仍然增长很快,但由于所得税的调节(所得税占增加值的比重已经由2000年的2.8%提高到2012年的17%,参见表6.17),这在一定程度上改善了金融部门可支配收入的增长过快的情况。但如果和非金融企业部门和居民部门相比,金融部门的可支配收入仍然偏快。国家对于这一领域的税收改革还可以进一步深化,通过税收调节和财政支出的手段调节各个机构部门间的利益关系。

表6.16 2000—2012年中国金融机构部门资金流量分阶段年均指数(上年=100)

	2000—2012	2000—2008	2008—2012
参考:国内生产总值	114.8	115.5	113.4
一、增加值	117.6	117.5	117.9
(一)财产收入净额	121.0	104.8	161.2
1. 财产收入	121.0	120.1	123.0
2. 财产支出	121.0	121.0	121.2
(二)其他要素支出	110.6	106.2	120.1
1. 劳动者报酬	115.5	112.8	120.9
2. 生产税净额	104.0	97.6	118.0
二、初次分配总收入	131.2	136.3	121.6
(一)经常转移支出	127.3	132.0	118.3
1. 所得税、财产税等经常税	136.9	146.9	118.8
3. 其他	119.8	121.0	117.4
(二)经常转移收入	131.0	134.0	125.2
三、可支配总收入	133.7	138.7	124.1
四、总储蓄	133.7	138.7	124.1
五、资本形成总额	114.0	106.4	130.9
(一)固定资本形成总额	114.0	106.4	130.9
六、净金融投资	136.0	142.5	123.9

资料来源:根据表6.14数据计算。

从长期发展上看,非金融企业部门在全球金融危机前后形成一个趋势性的反转(名义增长率在回落,但支出在增加),而金融机构在这一方面表现得不明显,它在名义增长率回落时,其他方面的负担虽然相对有所增加(对可支配收入的增长有一定的影响),但表现得不显著。在这一期间,金融机构增加值的增长快于整个国民经济的平均水平(以 GDP 名义增长率衡量,2000—2012 年为 14.8%),名义年均增长率达到了 17.6%,其中重要的原因在于这些年我国金融市场的迅速发展,从表 6.16 中可以看到净金融投资的名义年均增长率达到了 36%,这是金融机构服务收入的主要来源。在这一背景下,金融机构的收入增长得也非常迅速,初次分配总收入和可支配收入的名义年均增长率分别达到了 31.2% 和 33.7%,占 GDP 的比重由原来的 0.8% 和 0.5% 上升到了 4.0% 和 3.2%(见表 6.17),变化得非常显著。金融机构在国民经济活动中地位的不断提升,体现了在我国现代化进程中对金融活动的需求。金融活动的发展有利于优化市场资源的配置的,从税收上看对国家也做出了贡献。但是在另外一方面,金融业的发展如何与实体经济的发展相适应仍然值得研究。

表 6.17　2000—2012 年中国金融机构资金流量构成变化情况　　单位:%

	2000	2002	2004	2006	2008	2010	2012
参考:国内生产总值(GDP)	2427.8	2608.7	2964.6	2670.8	2112.9	1913.7	1808.6
一、增加值	100.0	100.0	100.0	100.0	100.0	100.0	100.0
参考:增加值占 GDP 的比重	4.1	3.8	3.4	3.7	4.7	5.2	5.5
(一)财产收入净额	11.6	9.8	9.4	3.1	4.7	13.0	16.3
1. 财产收入	135.2	115.2	129.6	163.5	160.5	141.6	190.1
2. 财产支出	123.5	105.4	120.2	160.4	155.9	128.6	173.8
(二)其他要素支出	92.2	65.9	52.5	38.6	40.9	43.5	44.1
1. 劳动者报酬	40.3	44.2	39.2	29.3	29.1	31.7	32.2
2. 生产税净额	51.9	21.6	13.3	9.3	11.8	11.7	11.8
二、初次分配总收入	19.4	44.0	57.0	64.5	63.8	69.5	72.3
参考:初次分配占 GDP 的比重	0.8	1.7	1.9	2.4	3.0	3.6	4.0
(一)经常转移支出	10.3	11.9	14.1	24.8	26.1	20.7	26.5
1. 所得税、财产税等经常税	2.8	3.1	3.3	15.0	16.5	12.6	17.1
2. 其他	7.5	8.7	10.7	9.8	9.5	8.0	9.4
(二)经常转移收入	3.6	9.7	14.1	13.5	10.1	14.1	12.9
三、可支配总收入	12.7	41.8	57.0	53.1	47.8	62.9	58.7
参考:可支配收入占 GDP 的比重	0.5	1.6	1.9	2.0	2.3	3.3	3.2

(续表)

	2000	2002	2004	2006	2008	2010	2012
四、总储蓄	12.7	41.8	57.0	53.1	47.8	62.9	58.7
五、资本形成总额	2.7	4.0	1.3	1.1	1.2	1.4	1.8
（一）固定资本形成总额	2.7	4.0	1.3	1.1	1.2	1.4	1.8
六、净金融投资	10.0	37.8	55.8	52.1	46.6	61.5	56.8

从总体上看，近十多年来，金融机构在我国的经济活动的作用和影响在不断增大。从宏观比较上看，无论是从增加值占GDP的比重看，还是从初次分配和可支配总收入占GDP的比重看（初次分配收入在一定程度上决定了可支配收入），近十多年来都在稳步增长。而从金融机构可支配收入的使用看，除了少量的固定资本形成外，大部分形成了净金融投资，进一步为金融机构带来财产收入，这一方面意味着我国金融机构的实力在提升，但是另外一方面，也反映了其他部门对金融部门的更多依赖以及成本支出。

三、政府部门

政府部门在国民收入的分配和再分配中发挥着重要作用。在我国的国民经济核算机构部门分类中，政府部门实际上包括了由国家和地方财政提供主要经费来源的各类单位。按照联合国的标准和世界各国的统计实践，政府部门所创造的增加值主要是由政府雇员的工资和薪金反映，中国也是如此。因此在表6.18中，可以看到政府部门的增加值与GDP相比数值很小（从表6.21中可以看到，2012年的比重只有7.5%），劳动者报酬是形成其增加值的主要内容。政府部门中的一些单位（如教学和研究机构）也从事一些生产活动并向政府税收部门纳税（在表6.18中反映为付出的生产税净额），但规模很小。所以从整体上看，政府部门提供的主要是政府服务，而对于政府部门资金流量核算，主要目的不是反映政府部门本身的增加值及其构成，而是要反映政府所有资金流量的收入和使用情况，这和对于金融机构的资金流量核算有类似的地方，但金融机构的收支主要是和金融活动相联系的，而资金流量表反映政府部门收支则是和政府的财政收支密切联系的，只是核算的范围比财政收支平衡表更加广泛。

表 6.18　2000—2012 年中国政府部门资金流量情况　　单位：亿元

	2000	2002	2004	2006	2008	2010	2012
参考：国内生产总值(GDP)	99 215	120 333	159 878	216 314	314 045	401 513	519 470
一、增加值	7 809	11 389	14 480	19 916	29 689	36 156	39 052
二、劳动者报酬支出	6 438	9 713	12 768	16 652	23 890	30 785	33 605

（续表）

	2000	2002	2004	2006	2008	2010	2012
三、生产税净收入	11 869	14 611	20 259	27 171	39 058	52 416	68 604
（一）付出的生产税净额	106	151	350	486	498	257	262
（二）收入的生产税净额	11 975	14 762	20 609	27 657	39 556	52 673	68 866
四、财产收入净额	−375	312	−58	939	1 692	2 140	6 925
（一）财产支出	875	871	1 111	1 898	3 854	5 000	7 698
（1）利息	828	835	1 053	1 796	3 587	4 622	6 851
（2）其他	47	35	59	102	267	378	847
（二）财产收入	500	1 183	1 053	2 837	5 546	7 140	14 622
（1）利息	370	415	725	1 463	1 893	2 202	6 228
（2）红利	21	619	100	330	1 599	1 466	2 104
（3）地租	84	111	175	580	1 337	2 429	4 411
（4）其他	26	39	53	464	717	1 044	1 878
五、初次分配总收入	12 865	16 600	21 913	31 373	46 549	59 927	80 976
六、经常转移支出	3 666	5 174	7 226	10 292	16 730	26 337	39 681
（一）社会保险缴款	323	565	613	960	1 561	3 245	6 349
（二）社会保险福利	2 386	3 472	4 627	6 477	9 925	16 207	23 931
（三）社会补助	949	1 124	1 966	2 736	5 062	6 012	8 542
（四）其他	8	13	20	118	183	874	859
七、经常转移收入	5 115	8 080	11 831	18 644	30 725	40 527	60 006
（一）所得税、财产税等经常税	2 119	3 543	5 409	8 815	14 898	17 681	25 818
（二）社会保险缴款	2 645	4 049	5 780	8 643	13 696	20 585	31 411
（三）其他	351	488	642	1 185	2 131	2 262	2 777
八、可支配总收入	14 314	19 506	26 518	39 725	60 544	74 116	101 301
九、最终消费	15 661	18 760	22 334	30 528	41 752	53 356	71 409
（一）政府最终消费支出	15 661	18 760	22 334	30 528	41 752	53 356	71 409
十、总储蓄	−1 347	746	4 183	9 196	18 792	20 760	29 892
十一、资本转移支出	2 938	3 656	1 500	1 972	3 181	5 187	6 640
（一）投资性补助	2 938	3 656	1 494	1 965	3 163	5 175	6 623
（二）其他	—	—	6	7	19	13	18
十二、资本转移收入	8	21	75	559	768	1 604	3 006
（一）其他	8	21	75	559	768	1 604	3 006

(续表)

	2000	2002	2004	2006	2008	2010	2012
十三、资本形成总额	2 987	4 017	7 568	10 231	15 065	22 900	26 122
（一）固定资本形成总额	2 987	4 017	7 568	10 231	14 713	22 557	25 744
（二）存货增加	—	—	—	—	352	343	378
十四、其他非金融资产获得减处置	−298	−1 211	−3 425	−4 346	−4 422	−11 800	−6 318
十五、净金融投资	−6 965	−5 695	−1 385	1 898	5 736	6 077	6 454

资料来源：根据历年我国资金流量表（实物交易）数据整理。参见历年《中国统计年鉴》。

从国民收入核算的原则上看，一个部门的增加值加上它的生产要素收入净额，就是它的初次分配总收入；初次分配总收入再加上经常转移净收入，就是它的可支配总收入。也就是说，初次分配收入是由生产要素带来的各种收入，而可支配收入则包括了与生产要素无关的因素而形成的经常转移。从传统经济学理论上看，生产要素包括劳动、土地、资本、技术等，政府并不在传统的生产要素行列中，但是政府对一个国家的经济发展确实有着深刻的影响，而且在国民收入的初次分配中必定会取得一定的份额，这种份额的多少并不像其他生产要素（如劳动、资本）那样是市场定价及其活动的结果，而是由社会经济发展、历史、法律及国家权威等多种因素综合决定的，从这个意义上看，在国民经济核算中，政府实际上是被视为一个生产要素参加国民收入的初次分配的，属于广义的生产要素。从表 6.18 中可以看到，中国在初次分配领域的税收规模（生产税净额）大大高于在再分配领域的税收规模（所得税、财产税等经常税），这说明政府作为一个广义生产要素对经济活动的初次分配有较大的影响。从表 6.18 中还可以看到，和其他机构部门相比，政府部门的总储蓄和净金融投资在进入 21 世纪后发生了方向上的变化，都由负数变成了正数，说明政府的总收支已经由赤字收支（依赖信贷资金来弥补）转变为略有盈余，政府可支配总收入短缺的现象已经有了明显改善。这实际上意味着国民经济对于政府支持的依赖性在相对地减少。这实际上是我国市场经济逐渐发展所取得的积极成果。1998 年亚洲金融危机时，我国正好处于经济调整阶段，再加上对于国有企业深化的产权制度改革，政府采取了积极的扩张性的财政政策，以保持我国经济增长的平稳运行。从资金流量表反映的结果看，这种政策是以政府扩大对金融机构的信贷为代价的，同时也反映了在转轨过程早期，政府对经济活动的较大干预实际上伴随着较大的金融风险，而推动市场化进程是降低这种风险的有效手段。金融危机后，中国经济虽然在运行中也面临很多难题，但与亚洲金融危机时相比较而言，社会主义市场经济已经有了很大的发展，经济活动的自我修复能力加强,对政府支持的依赖性降低,这就使得政府部门收支的变化相对平稳。这也是十八大后,国家更加强调要发挥市场经济在配置资源中的决定性作用的基础。

表 6.19 和表 6.20 分别反映了政府部门资金流量的动态变化,从这两个表中可以观察到,进入 21 世纪以后,政府部门的收支变化至少具有以下一些特点:

表 6.19 2000—2012 年中国政府部门资金流量年均指数(上年=100)

	2002	2004	2006	2008	2010	2012
参考:国内生产总值(GDP)	110.1	115.3	116.3	120.5	113.1	113.7
一、增加值	120.8	112.8	117.3	122.1	110.4	103.9
二、劳动者报酬支出	122.8	114.7	114.2	119.8	113.5	104.5
三、生产税净收入	111.0	117.8	115.8	119.9	115.8	114.4
（一）付出的生产税净额	119.2	152.4	117.9	101.2	71.8	101.0
（二）收入的生产税净额	111.0	118.2	115.8	119.6	115.4	114.3
四、财产收入净额	—	—	—	134.3	112.5	179.9
（一）财产支出	99.8	113.0	130.7	142.5	113.9	124.1
（1）利息	100.4	112.3	130.6	141.3	113.5	121.8
（2）其他	86.9	129.0	131.9	161.5	119.0	149.6
（二）财产收入	153.8	94.4	164.1	139.8	113.5	143.1
（1）利息	106.0	132.1	142.1	113.8	107.8	168.2
（2）红利	548.1	40.2	181.7	220.2	95.6	119.8
（3）地租	114.6	125.9	182.0	151.8	134.8	134.8
（4）其他	122.2	117.7	294.8	124.3	120.6	134.2
五、初次分配总收入	113.6	114.9	119.7	121.8	113.5	116.2
六、经常转移支出	118.8	118.2	119.3	127.5	125.5	122.7
（一）社会保险缴款	132.2	104.1	125.2	127.5	144.2	139.9
（二）社会保险福利	120.6	115.5	118.3	123.8	127.8	121.5
（三）社会补助	108.8	132.3	118.0	136.0	109.0	119.2
（四）其他	130.4	121.1	244.3	124.4	218.7	99.2
七、经常转移收入	125.7	121.0	125.5	128.4	114.8	121.7
（一）所得税、财产税等经常税	129.3	123.6	127.7	130.0	108.9	120.8
（二）社会保险缴款	123.7	119.5	122.3	125.9	122.6	123.5
（三）其他	117.8	114.7	135.9	134.1	103.0	110.8
八、可支配总收入	116.7	116.6	122.4	123.5	110.6	116.9

(续表)

	2002	2004	2006	2008	2010	2012
九、最终消费	109.4	109.1	116.9	116.9	113.0	115.7
（一）政府最终消费支出	109.4	109.1	116.9	116.9	113.0	115.7
十、总储蓄	—	236.8	148.3	142.9	105.1	120.0
十一、资本转移支出	111.5	64.1	114.6	127.0	127.7	113.1
（一）投资性补助	111.5	63.9	114.7	126.9	127.9	113.1
（二）其他	—	—	107.2	168.5	82.0	118.3
十二、资本转移收入	156.4	191.3	272.8	117.3	144.5	136.9
（一）其他	156.4	191.3	272.8	117.3	144.5	136.9
十三、资本形成总额	116.0	137.3	116.3	121.3	123.3	106.8
（一）固定资本形成总额	116.0	137.3	116.3	119.9	123.8	106.8
（二）存货增加	—	—	—	—	98.8	105.0
十四、其他非金融资产获得减处置	201.4	168.2	112.6	100.9	163.4	73.2
十五、净金融投资	90.4	49.3	—	173.9	102.9	103.1

资料来源：根据表6.18数据计算，计算方法参见表6.11的注释。

表6.20　2000—2012年中国政府部门资金流量分阶段年均指数（上年＝100）

	2000—2012	2000—2008	2008—2012
参考：国内生产总值(GDP)	114.8	115.5	113.4
一、增加值	114.4	118.2	107.1
二、劳动者报酬支出	114.8	117.8	108.9
三、生产税净收入	115.7	116.1	115.1
（一）付出的生产税净额	107.8	121.4	85.1
（二）收入的生产税净额	115.7	116.1	114.9
四、财产收入净额	—	—	142.2
（一）财产支出	119.9	120.4	118.9
（1）利息	119.3	120.1	117.6
（2）其他	127.3	124.3	133.4
（二）财产收入	132.5	135.1	127.4
（1）利息	126.5	122.7	134.7
（2）红利	147.0	172.3	107.1
（3）地租	139.1	141.3	134.8
（4）其他	142.9	151.5	127.2

(续表)

	2000—2012	2000—2008	2008—2012
五、初次分配总收入	116.6	117.4	114.8
六、经常转移支出	122.0	120.9	124.1
（一）社会保险缴款	128.2	121.7	142.0
（二）社会保险福利	121.2	119.5	124.6
（三）社会补助	120.1	123.3	114.0
（四）其他	147.8	148.0	147.3
七、经常转移收入	122.8	125.1	118.2
（一）所得税、财产税等经常税	123.2	127.6	114.7
（二）社会保险缴款	122.9	122.8	123.1
（三）其他	118.8	125.3	106.8
八、可支配总收入	117.7	119.8	113.7
九、最终消费	113.5	113.0	114.4
（一）政府最终消费支出	113.5	113.0	114.4
十、总储蓄	—	—	112.3
十一、资本转移支出	107.0	101.0	120.2
（一）投资性补助	107.0	100.9	120.3
（二）其他	—	—	98.5
十二、资本转移收入	163.3	175.9	140.7
十三、资本形成总额	119.8	122.4	114.8
（一）固定资本形成总额	119.7	122.1	115.0
（二）存货增加	—	—	101.8
十四、其他非金融资产获得减处置	129.0	140.1	109.3
十五、净金融投资	—	—	103.0

资料来源：根据表6.18数据计算。

一是政府部门的增加值的名义增长率从整体上看低于GDP的名义增长率。影响政府部门增加值变化的主要因素是政府雇员的报酬。从表6.20中可以看到，从长期看（2000—2012年），政府部门劳动者报酬的名义增长率与GDP的名义增长率基本上是一致的，都是14.8%。但是在不同阶段存在着差别，2000—2008年，政府雇员报酬的增长比GDP的增长高2.3%，但是到了2008—2012年，政府雇员报酬的增长则比GDP的增长低了4.5%。这正好与其他部门劳动者报酬的变化趋势是相反的（见表6.12、表6.16和表6.24）。这是因为在前一个阶段中，政府公务员的工资制度进行过一次较大的改革和调整，而事业单位职工的工资也有较大幅度的增加；而在后一个阶段则缺少大的变化。从整体上看，我国国家公职人员的劳动报酬的增长和经济增长相比是相对滞后的,虽然在2000—2008年有较快增长,但其中包含了弥补以前(20世纪90年代)增长较慢的因素,而在此之后,由于没有在制度上把国家公职人员的劳动报酬的调整与经济增长、通货膨胀挂钩,使这部分人的收入增长是相对滞后的。如果一个单位、一个部门的雇员长期不能得到合理的报酬或者是劳动报酬不能得到合理的改善,单位或部门在吸引以及留住人才、调动员工的积极性等方面都会受到影响,并因而影响它们的运行效率。如何改善政府雇员的收入,发挥收入分配应有的激励机制,也是当前深化经济改革中需要研究的问题。

二是政府部门初次分配总收入的名义增长率高于GDP的名义增长率,使得政府部门在国民收入分配中的比例不断提高。从表6.20中可以看到,从长期看(2000—2012年),政府部门初次分配总收入的名义年均增长率为16.6%,高于这一时期GDP的名义增长率(14.8%),分阶段看,也存在着这种现象。在两个阶段中,初次分配总收入的名义年均增长率分别为17.4%和14.8%,而GDP的名义增长率分别为15.5%和13.4%,也就是说,无论是在经济增长加速还是放缓的情况下,政府部门的初次分配总收入的增长都要快于经济增长,政府部门所可以分配的资源是提升的。在上面的分析中,我们看到政府部门的劳动者报酬和增加值的增长都是相对缓慢的,但政府的初次分配总收入却增长得很快,这里的主要原因,在于这一阶段生产税净收入有比较快的增长。从表6.19和6.20中可以看出,政府部门的初次分配总收入的变化主要受两个大项的影响,一是生产税的净收入,一是财产收入净额。先看生产税的净收入,从长期看,它的增长率比GDP高0.9个百分点;而分时期看,也都高于GDP的增长,虽然高出的幅度不大,但由于它构成了政府部门初次分配总收入的主要内容(2012年的比重为84.7%),但是从长期来看,它对初次分配总收入的累积效应还是比较大的。再看财产收入净额,从表6.18中可以看到2000年政府部门的财产收入净额为−375亿元,但到了2012年,已经达到了6 925亿元。这主要是在2000年前后,国家实施积极的财政政策,通过发行国债筹集资金,相关的利息支出相对较大,而财产收入则相对较小。但是到了2012年,情况已经有了根本的变化,国家的财产收入已经远远大于财产支出,从表6.18中可以看到,政府部门的利息支出仍然是大于利息收入的,但是红利收入、地租收入以及其他收入这三项收入则远远大于财产支出中的"其他支出"。这种非税收要素净收入的规模现在已经达到了生产税净额的净收入的10%以上,成为政府部门初次分配收入的重要来源。虽然由于它们由负数转变为正数,难于对它们计算一些年份及时期的名义年均增长率,但是可以看出,由于它们的影响,政府部门的可支配总收入增长的波动性被进一步加大了。前一阶段高于生产税净额的增长,后一阶段则低于生产税净额的增长。而从长期看,则高于生产税净额的增长。这种变化的结果,导致了政府部门初次分配总收入占GDP的比重不断提高(见表6.21),从2000年的13%上升到2012年的15.6%。

三是政府部门的可支配总收入的长期增长快于经济增长及初次分配总收入的增长,但近些年来与经济增长之间的差异开始缩小。初次分配总收入和再分配总收入(可支配总收入)之间的差别在于经常转移收支,主要有两个大项影响着政府部门的经常收支,一是作为经常收入的所得税、财产税等经常税(即直接税,是对各个机构部门的初次分配收入的直接征税),这一项税收的规模比生产税(即间接税,通过对产品和服务的纳税间接地对各个机构部门的收入征税)的规模小,但增长得很快,2000—2012年名义年均增长率达到23.2%,比GDP名义年均增长率(14.8%)高8.4%。分阶段看,2000—2008年名义年均增长率为27.6%,2008—2012年为14.7%,第二阶段的名义增长率虽然仍然高于名义经济增长率,但已经有比较明显的回落。这种回落可以看成是一种相对的减税措施,从表6.21中可以看到,在2008年以前,我国直接税占间接税的比重提高得非常快,从17.9%上升到38.1%,提高了20个百分点,但是在2008年以后则稳定了下来。影响政府经常收支的另一个重要因素是社会保障方面的收入,收入主要为企业和居民的社会保险缴款,支出主要为社会保险福利与社会补助。从增长率上看,2000—2012年政府所收到的社会保险缴款年均名义增长22.9%,而支出的社会保险福利年均名义增长为21.2%,两项增长率之间是相适应的,收入的增长略高于支出的增长。但是分阶段看情况有些差别,政府的社会保险缴款收入的增长是稳定的,前一阶段(2000—2008)为22.8%,后一阶段(2008—2012)为23.1%,后一阶段比前一阶段略有提高;但是政府在社会保险福利方面的支出的名义增长率,在后一阶段却比前一阶段有显著的提升,由19.5%提高到24.6%,提高了5.1%。这说明政府后一阶段在社会保障支出方面的负担在迅速加重。这也加大了政府的经常性支出。

从整体上看(2000—2012年),政府的经常转移收入的名义年均增长略高于经常转移支出(0.8%),但是分阶段看,前一阶段是收入的名义增长高于支出,而后一阶段则是支出的名义增长高于收入,这就使得政府可支配总收入的名义增长率开始回落。这是一个好的转变,但是从增长率上看,后一阶段政府可支配总收入的名义增长仍然高于GDP的名义增长,这说明政府在国民收入分配中的主导作用仍然是加强的。

四是政府可支配总收入的使用方面,政府的公共消费支出在稳定增长,而投资的增长率在放慢,政府净金融投资为负数的现象已经转变。政府最终消费支出一直是稳步增长的,后一阶段的名义增长率(14.4%)甚至高于前一阶段(13%),如果再考虑价格变动因素(前一阶段价格总水平上升的幅度大于后一阶段),政府最终消费支出的增长幅度上的变化还会更大。这说明随着经济增长和经济发展水平的提高,我国的政府消费的规模在稳步提升。在这一方面,我们仍然有一定的发展潜力。从长期增长看(2000—2012年),我国的政府最终消费(反映了公共支出)方面的增长慢于经济增长,近些年来(2008年以后),这种现象已经得到改善,但是还没有弥补过去的欠账,政府消费支出占GDP的比重从2000年的15.8%下降到2012年的13.7%,下降了2个百分点。通过增加政府支出改善公共消费(教育、医疗、公共服务等),实际上是社会主义精神的体现,同时也有利于加大消费来拉动经济增长。在投资方面,政府的资本形成总额仍然在不断增长(长期年均名义增长率19.8%),但是后一阶段的名义增长率(14.8%)已经比前一阶段(22.4%)有明显的下降。从整体上看,我国政府的固定资本形成的规模不大,规模只相当于政府最终消费支出的三分之一左右,在经济发展较好的时期,可以适度地进行政府投资,优化投资结构。但在经济调整期间,则可以放慢这方面支出的增长,以减轻社会负担。

表6.21 2000—2012年中国政府部门资金流量构成变化情况　　　　单位:%

	2000	2002	2004	2006	2008	2010	2012
参考:国内生产总值(GDP)	1 270	1 056	1 104	1 086	1 057	1 110	1 330
一、增加值	100.0	100.0	100.0	100.0	100.0	100.0	100.0
参考:增加值占GDP的比重	7.9	9.5	9.1	9.2	9.5	9.0	7.5
二、劳动者报酬支出	82.4	85.3	88.2	83.6	80.5	85.1	86.1
三、生产税净收入	152.0	128.3	139.9	136.4	131.6	145.0	175.7
参考:生产税净收入占GDP的比重	12.0	12.1	12.7	12.6	12.4	13.1	13.2
(一)付出的生产税净额	1.4	1.3	2.4	2.4	1.7	0.7	0.7
(二)收入的生产税净额	153.4	129.6	142.3	138.9	133.2	145.7	176.3
四、财产收入净额	−4.8	2.7	−0.4	4.7	5.7	5.9	17.7
(一)财产支出	11.2	7.6	7.7	9.5	13.0	13.8	19.7
(1)利息	10.6	7.3	7.3	9.0	12.1	12.8	17.5
(2)其他	0.6	0.3	0.4	0.5	0.9	1.0	2.2
(二)财产收入	6.4	10.4	7.3	14.2	18.7	19.7	37.4
(1)利息	4.7	3.6	5.0	7.3	6.4	6.1	15.9
(2)红利	0.3	5.4	0.7	1.7	5.4	4.1	5.4
(3)地租	1.1	1.0	1.2	2.9	4.5	6.7	11.3
(4)其他	0.3	0.3	0.4	2.3	2.4	2.9	4.8

（续表）

	2000	2002	2004	2006	2008	2010	2012
五、初次分配总收入	164.7	145.8	151.3	157.5	156.8	165.7	207.4
参考：初次分配总收入占GDP的比重	13.0	13.8	13.7	14.5	14.8	14.9	15.6
六、经常转移支出	47.0	45.4	49.9	51.7	56.4	72.8	101.6
（一）社会保险缴款	4.1	5.0	4.2	4.8	5.3	9.0	16.3
（二）社会保险福利	30.5	30.5	32.0	32.5	33.4	44.8	61.3
（三）社会补助	12.2	9.9	13.6	13.7	17.0	16.6	21.9
（四）其他	0.1	0.1	0.1	0.6	0.6	2.4	2.2
七、经常转移收入	65.5	70.9	81.7	93.6	103.5	112.1	153.7
（一）所得税、财产税等经常税	27.1	31.1	37.4	44.3	50.2	48.9	66.1
参考：直接税占间接税的比重	17.9	24.2	26.7	32.4	38.1	33.7	37.6
（二）社会保险缴款	33.9	35.5	39.9	43.4	46.1	56.9	80.4
（三）其他	4.5	4.3	4.4	6.0	7.2	6.3	7.1
八、可支配总收入	183.3	171.3	183.1	199.5	203.9	205.0	259.4
参考：可支配总收入占GDP的比重	14.4	16.2	16.6	18.4	19.3	18.5	19.5
九、最终消费	200.6	164.7	154.2	153.3	140.6	147.6	182.9
（一）政府最终消费支出	200.6	164.7	154.2	153.3	140.6	147.6	182.9
参考：政府最终消费占GDP的比重	15.8	15.6	14.0	14.1	13.3	13.3	13.7
十、总储蓄	−17.3	6.6	28.9	46.2	63.3	57.4	76.5
十一、资本转移支出	37.6	32.1	10.4	9.9	10.7	14.3	17.0
（一）投资性补助	37.6	32.1	10.3	9.9	10.7	14.3	17.0
（二）其他	0.0	0.0	0.0	0.0	0.1	0.0	0.0
十二、资本转移收入	0.1	0.2	0.5	2.8	2.6	4.4	7.7
十三、资本形成总额	38.2	35.3	52.3	51.4	50.7	63.3	66.9
（一）固定资本形成总额	38.2	35.3	52.3	51.4	49.6	62.4	65.9
（二）存货增加	0.0	0.0	0.0	0.0	1.2	0.9	1.0
十四、其他非金融资产获得减处置	−3.8	−10.6	−23.7	−21.8	−14.9	−32.6	−16.2
十五、净金融投资	−89.2	−50.0	−9.6	9.5	19.3	16.8	16.5

从整体上看，自进入21世纪以来，我国的政府收支有明显改善。无论是初次分配收入还是可支配收入的名义增长在各个机构部门中都是最快的，它们的比重所提升的幅度也是最大的。这种变化是建立在我国经济增长的基础上的，因为政府在原则上是不直接参与各种生产活动的，政府部门由提供政府所创造的增加值

(主要由政府雇员的薪酬来反映)实际上也是由财政收入中支出的,所以它的收入的规模主要依赖于其他机构部门对政府支付的税费。政府需要通过支出来解决很多方面的问题,如行使政府职能、国防建设、基础设施建设、公共事业支出(教育、科学、文化等)、社会保障(医疗、失业保险、养老保障)等,因此政府的钱总是不够花的。有些人认为我国的税收负担在世界上不算高,还有提升的空间。[①] 对于这一观点我们不做评论。但是政府的收入以至于可支配收入应该和经济增长(名义增长)之间相互适应,政府部门的可支配收入增长相对较慢,可能就提供不了有效的公共服务;反之,政府部门的可支配收入增长相对过快,就可能影响其他机构部门的利益,进而可能影响社会的投资和消费甚至是整个经济增长和经济发展。短期看来政府的收入改善了,但长期看来可能因为政府掌握的资源太多,效率又不高;而直接生产部门却可能因为收入不足而不能充分发展,从而降低整个经济增长的效率。从进入 21 世纪以后的情况看,政府部门的可支配收入增长偏快,前一阶段对居民部门的收入有一定的影响,后一阶段(2008 年后)则对非金融企业部门的收入有一定的影响。这些年来国家实行了一系列减税措施,尤其是近两年来,国家全面推行营业税改为增值税的改革,力度较大,减轻了企业的负担。但是从政府部门和其他机构部门收入的相互关系看,政府仍然有减税的空间。

四、住户部门

住户部门也就是居民部门[②],反映的是居民家庭的收入活动所形成的各种资金流量,这些流量有些是其他部门的生产活动所形成的成果,如居民在非金融企业部门、金融机构部门和政府部门取得的劳动者报酬,但是也包括了一部分个体经营户生产活动的成果以及后来发生的收入支出行为。从这里可以看出,机构部门这种分类是以进行收入分配主体来划分的(属于企业、政府还是个人),而不是以他们的经济活动的性质(是否生产性活动以及与何种生产要素有关),因此,我们才能更好地观察各种收入主体的收支变化情况。表 6.22 中的增加值,是住户部门的生产活动中创造的增加值,这些由一部分居民家庭创造的增加值中的劳动报酬,将支付给另一部分居民家庭,从而形成这个部门的劳动者报酬支出,当然,也就同时形成了这个部门的劳动者报酬收入;但在另外一方面,这个部门的劳动者报酬不仅包含了由本部门获得的劳动报酬,也包含了由其他部门(非金融企业、金融机构、政府)获得的劳动报酬,因此,在计算这个部门的初次分配收入时,要在

---

① 这一方面的论述很多,尤其是财政部官员在批驳国外公布的税负痛苦指数(Tax Misery Index)的世界排名时,表达了很多这方面的观点。

② 国际标准分类中还有一项"私人非营利机构",但在我国的分类中,这一项分类中的活动被归入了"一般政府"或"住户部门"中。这是因为,在我国建立机构部门分类时直到现在,我国的"私人"或"私营"非营利机构的规模很小,所以未把它作为一个机构部门列出。

本部门的增加值中加上全部劳动报酬之后,再扣除掉付给本部门的劳动报酬,这样才能避免对劳动报酬的重复计算。通过这个处理以及类似的纪录,我们就可以更好地观察到居民部门的资金流量,是通过怎样的收入分配和再分配过程,最终形成居民部门的可支配收入的。

表6.22 2000—2012年中国住户部门资金流量情况 单位:亿元

	2000	2002	2004	2006	2008	2010	2012
参考:国内生产总值(GDP)	99 215	120 333	159 878	216 314	314 045	401 513	519 470
一、增加值	31 916	34 364	44 677	60 088	83 543	112 270	145 475
(一)劳动者报酬收入净额	33 106	41 478	51 303	67 215	95 789	122 338	162 896
1. 所支付的劳动者报酬	19 137	23 023	29 647	39 154	54 723	68 531	93 668
2. 获得的劳动者报酬	52 243	64 502	80 951	106 369	150 512	190 869	256 564
(二)生产税净额	1 160	1 082	1 202	1 421	2 067	1 015	1 992
(三)财产收入	3 065	2 983	3 768	7 246	11 792	12 957	24 337
(1)利息	2 869	2 585	3 231	6 083	9 798	10 246	20 475
(2)红利	127	341	403	474	732	1 065	1 711
(3)其他	69	58	135	690	1 262	1 645	2 151
(四)财产支出	1 116	942	1 057	2 015	3 662	4 686	11 253
(1)利息	1 095	916	1 010	1 926	3 638	4 659	11 202
(2)地租	3	6	10	19	24	27	51
二、初次分配总收入	65 811	76 802	97 490	131 115	185 395	241 865	319 462
(一)经常转移收入	3 951	5 784	8 672	11 910	18 901	27 044	37 960
(1)社会保险福利	2 386	3 472	4 627	6 477	9 925	16 207	23 931
(2)社会补助	981	1 165	2 021	2 808	5 157	6 138	8 708
(3)其他经常转移	585	1 148	2 024	2 625	3 819	4 699	5 321
(二)经常转移支出	3 223	5 162	7 653	11 599	18 370	25 787	36 023
(1)所得税、财产税等经常税	660	1 212	1 737	2 454	3 722	4 837	6 164
(2)社会保险缴款	2 322	3 484	5 168	7 683	12 135	17 340	25 062
(3)其他经常转移	242	467	748	1 462	2 512	3 610	4 798
三、可支配总收入	66 539	77 423	98 509	131 426	185 926	243 122	321 399
四、最终消费	45 855	53 057	65 218	82 576	111 670	140 759	190 585
(一)居民最终消费支出	45 855	53 057	65 218	82 576	111 670	140 759	190 585
五、总储蓄	20 684	24 367	33 290	48 851	74 256	102 363	130 815
六、资本转移	—	—	—	—	—	—	57

（续表）

	2000	2002	2004	2006	2008	2010	2012
七、资本形成总额	7 687	10 704	17 441	20 635	27 432	40 613	62 772
（一）固定资本形成总额	7 493	10 264	17 021	20 117	24 918	38 161	60 068
（二）存货增加	194	439	420	518	2 514	2 452	2 704
八、其他非金融资产获得减处置	−147	−598	−1 586	−1 998	−4 336	−9 890	−14 452
九、净金融投资	13 144	14 261	17 435	30 214	51 160	71 639	82 437

资料来源：根据历年我国资金流量表（实物交易）数据整理。参见历年《中国统计年鉴》。

类似地，可以通过对表6.22中的各种流量计算年均指数（见表6.23），分析它们的动态变化情况。

第一，可以通过对住户部门增加值与国内生产总值的名义增长率之间的比较，看个体经营对我国经济增长的贡献。2000—2012年，我国国内生产总值的年均名义增长率为14.8%，而住户部门的名义增长率为13.5%，住户部门的增长低于全国一般水平。但是从表6.22中的具体数据中也可以看出，2000—2002年间，国内生产总值的名义增长率为10.1%，但住户部门的名义增长率仅为3.8%，这说明在这一期间我国个体经济的发展和整个国民经济相比是相对滞后的。但是在此之后，我国迎来了一个个体经济迅速发展的时期。2003年我国进入新一轮加速增长周期，住户部门的增加值（主要来自个体经济的贡献）有了更好的表现，这一期间（2002—2012年），住户部门的增加值年均名义增长率为15.5%，而GDP的名义增长率为15.7%，住户部门仅低于全国一般水平0.2个百分点。如果将表6.22中每隔两年的各个阶段数据进行比较，就会发现住户部门的增加值的名义增长率比GDP具有更大的稳定性，当2006—2008年GDP名义增长率较高时住户部门的增加值的名义增长率较低，但2008—2010年GDP名义增长率较低的时候住户部门的增加值的名义增长率则仍然较高。从规模上看，这一时期住户部门的增加值占GDP的比重保持在28%左右，在这之中，大约有不到10%的增加值是由农业个体经济贡献的，其余的20%左右的部分则是非农个体经济的增加值，这些生产活动发展稳定，经营活动主要是靠自有资金支持，同时还吸纳了大量的非农业就业，所支付劳动者报酬的增长不低于全国的一般水平（与表6.22中获得的劳动者报酬相比）。因为在住户部门中农业个体经济的增长相对缓慢（名义增长在7%左右），非农个体经济的名义增长率其实更快。这就意味着在我国的经济增长中，个体非农经济的发展对我国经济增长正在发生着越来越大的作用。相比较而言，我国政府对于私营经济的生产税是优惠的，2000—2012年年均增长率只有4.6%，远远低于其他部门（非金融企业部门和金融机构）的名义增长率，2010—2012年这一税收的名义增长率表面上看进来比较快（40.1%），但这是在2008—

2010年减免税收后(年均下降30%)重新恢复后的结果,2012年的实际税收额还不到2008年的水平。所得税等经常税的年均名义增长率较快,达到了20%以上,但是这一税收包括了对居民由其他部门所取得的收入的征税,而不仅仅是对个体经济的征税。从整体上看,国家对于私营经济的发展是鼓励的,也取得了较好的结果,不但创造了增加值,也改善了这一领域中的就业和劳动者收入。同时,由于经营稳定,个体经营天然具备反周期的性质,也有利于国家的经济稳定。这说明在一个国家经济发展到较高水平时,不仅需要大型国企、跨国公司甚至进入世界500强那样的大型企业,同样需要千千万万与之配套(在生产和生活领域)的私营个体经济。事实已经证明,以机器大工业的发展带动的一个国家的工业化发展,不会消灭私营个体经济,反而会在更高的水平上带动它们的更好发展。发达国家的经济增长已经证明了这一点,而中国改革开放后的实践也遵循了这一发展规律。

表6.23 2000—2012年中国住户资金流量年均指数(上年=100)

	2002	2004	2006	2008	2010	2012	2000—2012
参考:国内生产总值(GDP)	110.1	115.3	116.3	120.5	113.1	113.7	114.8
一、增加值	103.8	114.0	116.0	117.9	115.9	113.8	113.5
(一)劳动者报酬收入净额	111.9	111.2	114.5	119.4	113.0	115.4	114.2
1. 所支付的劳动者报酬	109.7	113.5	114.9	118.2	111.9	116.9	114.2
2. 获得的劳动者报酬	111.1	112.0	114.6	119.0	112.6	115.9	114.2
(二)生产税净额	96.6	105.4	108.7	120.6	70.1	140.1	104.6
(三)财产收入	98.7	112.4	138.7	127.6	104.8	137.1	118.8
(1)利息	94.9	111.8	137.2	126.9	102.3	141.4	117.8
(2)红利	163.9	108.7	108.5	124.2	120.7	126.7	124.2
(3)其他	91.2	153.1	226.1	135.3	114.2	114.3	133.2
(四)财产支出	91.8	105.9	138.0	134.8	113.1	155.0	121.2
(1)利息	91.5	105.0	138.1	137.4	113.2	155.1	121.4
(2)地租	128.5	135.2	136.4	112.3	104.3	138.6	125.2
二、初次分配总收入	108.0	112.7	116.0	118.9	114.2	114.9	114.1
(一)经常转移收入	121.0	122.4	117.2	126.0	119.6	118.5	120.7
(1)社会保险福利	120.6	115.5	118.3	123.8	127.8	121.5	121.2
(2)社会补助	109.0	131.7	117.2	135.5	109.1	119.1	120.0
(3)其他经常转移	140.1	132.8	113.9	120.6	110.9	106.4	120.2

（续表）

	2002	2004	2006	2008	2010	2012	2000—2012
（二）经常转移支出	126.6	121.8	123.1	125.8	118.5	118.2	122.3
（1）所得税、财产税等经常税	135.5	119.7	118.9	123.2	114.0	112.9	120.5
（2）社会保险缴款	122.5	121.8	121.9	125.7	119.5	120.2	121.9
（3）其他经常转移	138.9	126.6	139.8	131.1	119.9	115.3	128.3
三、可支配总收入	107.9	112.2	115.5	118.9	114.4	115.0	114.0
四、最终消费	107.6	110.9	112.5	116.3	112.3	116.4	112.6
（一）居民最终消费支出	107.6	110.9	112.5	112.3	112.3	116.4	112.6
五、总储蓄	108.5	116.9	121.1	123.3	117.4	113.0	116.6
六、资本转移	—	—	—	—	—	—	—
七、资本形成总额	118.0	127.6	108.8	115.3	121.7	124.3	119.1
（一）固定资本形成总额	117.0	128.8	108.7	111.3	123.8	125.5	118.9
（二）存货增加	150.5	97.7	111.1	220.3	98.8	105.0	124.6
八、其他非金融资产获得减处置	201.4	162.9	112.2	147.3	151.0	120.9	146.5
九、净金融投资	104.2	110.6	131.6	130.1	118.3	107.3	116.5

注：根据表6.22数据计算，计算方法参见表6.11。

第二，通过动态比较来观察住户部门也就是居民的收入变化情况。住户部门也就是居民部门收入的主要来源不是本部门的增加值而是从其他部门获得的各种要素收入（劳动、财产、技术、土地等）和转移收入（如社会保障收入、社会补助、亲友间的赠送等）。其中的劳动者报酬净额反映的是全社会的劳动者报酬收入而不仅仅是由这个部门本身所取得的劳动者报酬。从表6.23中可以看到，2012年居民部门的可支配收入为增加值的220%，其他年份也在2倍以上。因此，居民的可支配总收入是和整个国民经济的发展相联系的。

从长期看，进入21世纪后，住户部门的劳动者报酬收入净额的年均名义增长率为14.2%，低于这一时期GDP的年均名义增长率（14.8%），平均每年相差0.6个百分点；初次分配总收入年均名义增长率为14.1%，与GDP增长率相关0.7个百分点；可支配总收入年均增长14.0%，与GDP相差0.8个百分点。这说明经过分配和再分配过程后，居民部门的收入在国民经济中所占的比重是下降的。分阶段看，居民收入的变化与经济增长变化的关系分成发展两个阶段，前一阶段（2000—2008年）居民收入的名义增长低于名义经济增长，而后一阶段居民收入的名义增长高于名义经济增长，这和非金融企业部门劳动成本的变化正好是对应的。从表6.24中可以看到，在2000—2012年，劳动者报酬收入净额的年均名义增长率是 14.2%,而分阶段看,2000—2008 年与 2008—2012 年这两个阶段的劳动者报酬收入净额的增长也是 14.2%。但在这两个阶段中,GDP 的年均名义增长率是不同的,前一阶段比后一阶段高出 2 个百分点,这就造成了名义经济增长在前一阶段高于劳动者报酬的名义增长而后一阶段低于劳动者报酬名义增长的情况。这同时也说明在现阶段劳动者报酬存在着刚性,在劳动市场上反映出来供需关系为总需求仍然大于总供给,由此导致了劳动者报酬的稳定上升。影响居民初次分配的另两个大项是直接税净额与财产收支,从表 6.24 中可以看到,后一个时期的生产税净额增长率是减少的,而财产收入和支出的增长率是扩大的。财产收入的增加主要原因是利息收入的增加,后一阶段的名义增长率比前一阶段高了 4 个百分点,它反映了居民的形成金融资产的储蓄在迅速增加。财产支出从规模上看还不到收入的一半(见表 6.22),但是增长率却提高得非常快,由前一阶段的 16% 增加到后一阶段的 32.4%(见表 6.24),翻了一番,这种变化的原因是和这一阶段居民固定资本形成(购置房产等)密切联系的,从表中看出,后一阶段居民固定资本形成的名义增长也比前一阶段有明显提升(由前一阶段 16.2% 提高到后一阶段 24.6%),由此形成了对银行贷款的利息支出迅速增长。这三个因素(劳动、税收和财产收支)共同作用的结果,反映在居民的初次分配收入上,前一个阶段的名义增长率为 13.8%,低于 GDP 名义增长率(15.5%)1.7 个百分点,后一阶段为 14.6%,高于 GDP 名义增长率(13.4%)1.2 个百分点。从总体上看,初次分配总收入名义年均增长率为 14.1%,略低于这一时期(2000—2012 年)GDP 的名义增长率(14.8%)。

表 6.24 2000—2012 年中国住户资金流量分阶段年均指数(上年=100)

	2000—2012	2000—2008	2008—2012
参考:国内生产总值(GDP)	114.8	115.5	113.4
一、增加值	113.5	112.8	114.9
（一）劳动者报酬收入净额	114.2	114.2	114.2
1. 所支付的劳动者报酬	114.2	114.0	114.4
2. 获得的劳动者报酬	114.2	114.1	114.3
（二）生产税净额	104.6	107.5	99.1
（三）财产收入	118.8	118.3	119.9
(1) 利息	117.8	116.6	120.2
(2) 红利	124.2	124.5	123.7
(3) 其他	133.2	143.8	114.3

	2000—2012	2000—2008	2008—2012
（四）财产支出	121.2	116.0	132.4
（1）利息	121.4	116.2	132.5
（2）地租	125.2	127.8	120.2
二、初次分配总收入	114.1	113.8	114.6
（一）经常转移收入	120.7	121.6	119.0
（1）社会保险福利	121.2	119.5	124.6
（2）社会补助	120.0	123.1	114.0
（3）其他经常转移	120.2	126.4	108.6
（二）经常转移支出	122.3	124.3	118.3
（1）所得税、财产税等经常税	120.5	124.1	113.4
（2）社会保险缴款	121.9	123.0	119.9
（3）其他经常转移	128.3	134.0	117.6
三、可支配总收入	114.0	113.7	114.7
四、最终消费	112.6	111.8	114.3
（一）居民最终消费支出	112.6	111.8	114.3
五、总储蓄	116.6	117.3	115.2
六、资本形成总额	119.1	117.2	123.0
（一）固定资本形成总额	118.9	116.2	124.6
（二）存货增加	124.6	137.7	101.8
七、其他非金融资产获得减处置	146.5	152.6	135.1
八、净金融投资	116.5	118.5	112.7

资料来源：通过对表6.22中数据计算而得。

初次分配总收入经过转移收支之后，就形成了这个部门的可支配总收入，也就是居民部门可以用来进行最终消费和储蓄（实物投资和金融投资的部分）的收入，在这一期间，经常转移收入和支出从总额上看都增加得很快。在社会保障方面，收入方社会保险福利的年均增长率达到了20%以上（而且增长率还在继续加快），对应地，在支出方社会保险缴款的增长率也达到20%以上（但是增长率却是放慢的），在现收现付的条件下，这种不对称有可能产生社会保险福利的不足。所得税、财产税等经常税在2000—2012年的年均增长率达到了20%以上，由于它的增长高于初次分配收入的增长，在其他经常收支差别不大的情况下，导致可支配收入的增长低于初次分配收入的增长。但是分阶段看，2008—2012年，可支配总收入的增长率（14.7%）却高于初次分配总收入的增长率（14.6%），其中的重要原因在于后一阶段这一部门所得税、财产税等经常税的增长比前一阶段明显放缓,增长率下降了近10个百分点。这说明,国家税收对分配和再分配具有明显的调节作用。

第三,可以研究经济增长和居民可支配收入的最终使用之间的相互关系。居民可支配收入的使用,对于经济增长具有明显的相互作用。住户部门的可支配总收入①,可以使用于三个大的方面(在具体核算时,资金来源还包括"其他非金融资产获得减处置",如销售自有住房获得增值收益等),即居民最终消费支出,居民的固定资本形成以及居民的金融资产净投资。

首先看居民最终消费。从表6.24中可以看到,2000—2012年,我国居民最终消费支出的年均名义增长率是12.6%,慢于GDP的年均增长率(14.8%)2.2个百分点。这导致居民最终消费在GDP中的比重不断下降,由2000年的46.2%下降到2012年的36.7%,下降了近10个百分点(见表6.25)。分阶段看,前一阶段(2000—2008年)居民最终消费支出的年均名义增长率为11.8%,低于名义经济增长率(15.5%)3.7个百分点;后一阶段居民最终消费支出的名义增长(14.3%)则比GDP的名义增长率(13.4%)高出0.9%。这说明全球金融危机后,消费开始在拉动经济增长中发挥更大的作用。

其次看居民最终消费与储蓄的关系。在表6.24中可以看到,2000—2012年,居民最终消费的年均名义增长率是12.6%,而居民总储蓄的年均名义增长率是16.6%,储蓄的年均名义增长率比消费高4%。而分阶段看,前一阶段两者差距较大,后一阶段有所改善,但仍然是储蓄的增长高于消费。而从表6.25中可以看到,在总储蓄中,用在固定资本形成上的比例虽然每年都在提高,但仍然不到总储蓄的一半,也就是说,大部分储蓄通过金融机构形成了净金融投资,而金融机构将这些资金进行放贷,便形成了企业发展中的较高杠杆和对金融机构的较高依赖,这一方面促进了企业的投资,另外一方面也增加了经济发展中的金融风险。处理好这两者之间的关系是我们宏观调控应该认真研究的问题。

再次看居民实物投资。在居民可支配收入中,扣除掉最终消费支出,剩下的就是居民的总储蓄,总储蓄再加上"其他非金融资产获得的减处置"(正数表示支出,负数表示收入),就是居民用于投资的部分,投资包括"实物投资"和"净金融投资"。实物投资在资金流量表中反映为"资本形成总额",它主要包括个体经济的生产性投资如农户购买拖拉机等可以长期使用的生产资料和一般居民购买的房屋建筑物(居民购买的汽车等耐用消费品则直接计入"最终消费"),具体分为"固

---

① 从概念上和新的城乡调查一体化改革后的"城乡居民可支配收入"是一致的,具体口径有一点差别,参见本章第四节。

定资本形成总额"和"存货的增加","固定资本形成总额"是"资本形成总额"的主要内容,而在"固定资本形成总额"中,居民的房地产投资是主要内容。从表6.24中可以看到,2000—2012年,居民部门的"固定资本形成"增加得特别快,名义增长率达到18.9%,远远高出同期GDP和居民部门可支配总收入的增长率(14.8%和14%)。分阶段看,前一阶段(2000—2008年)的名义年均增长率为16.2%,后一阶段(2008—2012年)为24.6%,后一阶段比前一阶段高出了8%。居民部门"固定资本形成总额"占可支配收入的比重,已经达到了18.7%,比2000年提高了7%。这一点和前面分析的非金融企业的变化形成了鲜明的对照,非金融企业部门前一阶段"固定资本形成总额"的名义年均增长率是18.1%,后一阶段则为15.2%,增长率是下降的。这说明2008年以后我国的经济增长获得了居民部门更大的支持,这是新时期我国经济增长和经济发展的重要特征。

最后看居民的净金融投资。从长期看(2000—2012年),我国居民的净金融投资(包括银行储蓄、购买国债企业债等债券、股票投资等)的名义年均增长率为16.5%,略高于这一阶段的名义经济增长率(14.8%)。分阶段看,前一阶段(2000—2008年)为18.5%,后一阶段为12.7%,居民部门净金融投资的增长率在放缓,而且后一阶段的名义增长率低于GDP的名义增长率(13.4%),这实际上意味着我国经济增长中的金融环境在变紧,一方面,非金融企业部门由于可支配总收入增长率的放缓需要来自金融机构更多的支持,但金融机构的资金从根本上说必须来自居民部门,而居民部门的净金融投资的增长却是放缓的。这必然对企业部门的资金供给造成影响。在这种情况下,企业部门必须改变前一时期通过不断加大杠杆的方式来实现扩大再生产的发展方式,而必须更多地依靠自有资金来生存和发展,这可能会减缓一部分企业扩张的步伐,但有利于减小市场的金融风险,使国民经济的发展更加稳健。

表6.25 2000—2012年中国住户资金流量构成变化情况 单位:%

	2000	2002	2004	2006	2008	2010	2012
参考:国内生产总值(GDP)	310.9	350.2	357.9	360.0	375.9	357.6	357.1
一、增加值	100.0	100.0	100.0	100.0	100.0	100.0	100.0
参考:增加值占GDP的比重	32.2	28.6	27.9	27.8	26.6	28.0	28.0
(一)劳动者报酬收入净额	103.7	120.7	114.8	111.9	114.7	109.0	112.0
1. 所支付的劳动者报酬	60.0	67.0	66.4	65.2	65.5	61.0	64.4
2. 获得的劳动者报酬	163.7	187.7	181.2	177.0	180.2	170.0	176.4
(二)生产税净额	3.6	3.1	2.7	2.4	2.5	0.9	1.4

(续表)

	2000	2002	2004	2006	2008	2010	2012
（三）财产收入	9.6	8.7	8.4	12.1	14.1	11.5	16.7
（1）利息	9.0	7.5	7.2	10.1	11.7	9.1	14.1
（2）红利	0.4	1.0	0.9	0.8	0.9	0.9	1.2
（3）其他	0.2	0.2	0.3	1.1	1.5	1.5	1.5
（四）财产支出	3.5	2.7	2.4	3.4	4.4	4.2	7.7
（1）利息	3.4	2.7	2.3	3.2	4.4	4.1	7.7
（2）地租	0.0	0.0	0.0	0.0	0.0	0.0	0.0
二、初次分配总收入	206.2	223.5	218.2	218.2	221.9	215.4	219.6
参考：初次分配占GDP的比重	66.3	63.8	61.0	60.6	59.0	60.2	61.5
（一）经常转移收入	12.4	16.8	19.4	19.8	22.6	24.1	26.1
（1）社会保险福利	7.5	10.1	10.4	10.8	11.9	14.4	16.5
（2）社会补助	3.1	3.4	4.5	4.7	6.2	5.5	6.0
（3）其他经常转移	1.8	3.3	4.5	4.4	4.6	4.2	3.7
（二）经常转移支出	10.1	15.0	17.1	19.3	22.0	23.0	24.8
（1）所得税、财产税等经常税	2.1	3.5	3.9	4.1	4.5	4.3	4.2
（2）社会保险缴款	7.3	10.1	11.6	12.8	14.5	15.4	17.2
（3）其他经常转移	0.8	1.4	1.7	2.4	3.0	3.2	3.3
三、可支配总收入	208.5	225.3	220.5	218.7	222.6	216.6	220.9
参考：可支配总收入占GDP的比重	67.1	64.3	61.6	60.8	59.2	60.6	61.9
四、最终消费	143.7	154.4	146.0	137.4	133.7	125.4	131.0
（一）居民最终消费支出	143.7	154.4	146.0	137.4	133.7	125.4	131.0
参考：居民消费占GDP的比重	46.2	44.1	40.8	38.2	35.6	35.1	36.7
五、总储蓄	64.8	70.9	74.5	81.3	88.9	91.2	89.9
六、资本转移	0.0	0.0	0.0	0.0	0.0	0.0	0.0
七、资本形成总额	24.1	31.1	39.0	34.3	32.8	36.2	43.1
（一）固定资本形成总额	23.5	29.9	38.1	33.5	29.8	34.0	41.3
（二）存货增加	0.6	1.3	0.9	0.9	3.0	2.2	1.9
八、居民购买总额*	167.8	185.5	185	171.7	166.5	161.6	174.1
参考：居民购买总额占GDP的比重	54.0	53.0	51.7	47.7	44.3	45.2	48.8

(续表)

	2000	2002	2004	2006	2008	2010	2012
九、其他非金融资产获得减处置	−0.5	−1.7	−3.6	−3.3	−5.2	−8.8	−9.9
十、净金融投资	41.2	41.5	39.0	50.3	61.2	63.8	56.7

注：* 居民购买总额(Total Household Purchasing)等于居民最终消费支出加上资本形成总额，反映居民所购买的所有产品和服务。

资料来源：通过表 6.22 中的数据计算而得。

从整体上分析，居民部门在整个国民经济初次分配和再分配的比重，2000—2012 年，经过了一个逐渐下降再重新上升的过程。从表 6.25 中可以看到，这个转折大约发生在金球金融危机(2008 年年底至 2009 年年初)前后，在这一转折之后，无论是居民部门的劳动者报酬净额还是初次分配总收入，无论是可支配收入还是居民购买总额在 GDP 中所占的比重，都开始重新提升。尤其是这个表中的居民购买总额占 GDP 的比重，它既反映了经济增长成果中由居民使用的部分，也反过来说明了居民部门对经济增长的拉动。从表中可以看到，到 2008 年年底这一比重已经下降到 44.3%，而近几年来开始重新提升。这也说明了在进入 21 世纪后，由新一轮加速工业化(高潮在 2003—2007 年)所带动的我国经济增长，经济增长的主要动力是来自生产领域(即非金融企业部门)的拉动，而在此之后的经济增长中，来自消费领域(即住户部门)的拉动在不断增加，住户部门对经济增长的拉动有合理与可持续的部分(主要反映在居民最终消费的增长上)，也有过度增长的部分(如居民部门固定资本形成增长太快，和居民可支配收入的增长不相匹配等)，但从总体而言，这种发展有它的客观必然性，因为经济发展的成果最终还是要在人民生活水平的提高上得到体现。

五、国内所有部门

由于各个机构部门的增长和变化的情况不同，21 世纪以来，各个机构部门的各种流量在整个国民经济中的比重不断地发生变化，由此形成了我国目前国民收入分配的新格局(见表 6.26)。

表 6.26 2000—2012 年中国所有国内机构部门主要经济流量及其比重

	2000	2002	2004	2006	2008	2010	2012
国内机构部门主要经济流量(亿元)							
国民生产总值	99 215	120 333	159 878	216 314	314 045	401 513	519 470
非金融企业	55 403	69 967	95 328	128 211	185 950	232 106	306 220
金融机构	4 087	4 613	5 393	8 099	14 863	20 981	28 723
政府	7 809	11 389	14 480	19 916	29 689	36 156	39 052
住户	31 916	34 364	44 677	60 088	83 543	112 270	145 475

(续表)

	2000	2002	2004	2006	2008	2010	2012
国内机构部门主要经济流量(亿元)							
国民总收入	**98 000**	**119 096**	**159 454**	**215 905**	**316 030**	**399 761**	**518 214**
非金融企业	18 530	23 666	36 979	48 193	74 609	83 386	97 023
金融机构	794	2 028	3 072	5 224	9 477	14 583	20 753
政府	12 865	16 600	21 913	31 373	46 549	59 927	80 976
住户	65 811	76 802	97 490	131 115	185 395	241 865	319 462
国民可支配总收入	**98 525**	**120 171**	**161 350**	**218 141**	**319 027**	**402 514**	**5 18431**
非金融企业	17153	21314	33247	42687	65451	72069	78876
金融机构	519	1928	3076	4303	7106	13207	16855
政府	14314	19506	26518	39725	60544	74116	101301
住户	66539	77423	98509	131426	185926	243122	321399
国内机构部门主要经济流量比重(%)							
国民生产总值	**100.0**	**100.0**	**100.0**	**100.0**	**100.0**	**100.0**	**100.0**
非金融企业	55.8	58.1	59.6	59.3	59.2	57.8	58.9
金融机构	4.1	3.8	3.4	3.7	4.7	5.2	5.5
政府	7.9	9.5	9.1	9.2	9.5	9.0	7.5
住户	32.2	28.6	27.9	27.8	26.6	28.0	28.0
国民总收入	**100.0**	**100.0**	**100.0**	**100.0**	**100.0**	**100.0**	**100.0**
非金融企业	18.9	19.9	23.2	22.3	23.6	20.9	18.7
金融机构	0.8	1.7	1.9	2.4	3.0	3.6	4.0
政府	13.1	13.9	13.7	14.5	14.7	15.0	15.6
住户	67.2	64.5	61.1	60.7	58.7	60.5	61.6
国民可支配总收入	**100.0**	**100.0**	**100.0**	**100.0**	**100.0**	**100.0**	**100.0**
非金融企业	17.4	17.7	20.6	19.6	20.5	17.9	15.2
金融机构	0.5	1.6	1.9	2.0	2.2	3.3	3.3
政府	14.5	16.2	16.4	18.2	19.0	18.4	19.5
住户	67.5	64.4	61.1	60.2	58.3	60.4	62.0

资料来源:根据表 6.10、表 6.14、表 6.18 与表 6.22 中数据综合整理。

首先看国民生产总值。从供给方看,它是国民经济生产活动的结果,同时也是国民收入分配和再分配的起点。从发展趋势看,非金融企业部门和政府部门的增加值比重开始是逐渐升高的,到 2008 年前后开始降低。但非金融企业在 2012 年的比重高于作为起点的 2000 年,而政府的比重则低于起点。非金融企业比重的重新降低,原因在于其他机构部门(金融机构、住户部门)的发展。而政府部门增加值比重的降低,则反映了在这一时期政府雇员收入增长偏慢,前面已经分析过,2008年以后是我国居民收入增长相对较快的时期,但政府雇员收入的增长水平显然低于一般居民(而政府部门为社会提供的服务主要是以政府雇员的报酬来反映的),因此政府部门的增长率也较低。与非金融企业部门相对应,住户部门的增加值(反映的主要是个体经济所生产的价值)则经过了一个比重首先下降再重新提升的过程,这是因为在加速工业化推动的前期高速增长中,生产规模较大的企业发展较快,而经济增长放缓后,个体经济则有较强的反周期能力,再加上产业结构提升的过程中,服务业的发展在客观上为个体经济的扩张提供了条件,促进了住户部门生产的发展。金融机构增加值的比重是稳步提升的,这说明金融机构在我国经济活动中的影响力在不断扩大。从规模上看,在初次分配以前,非金融企业部门的增加值的比重最高(2012年为58.9%),住户部门次之(28%),政府部门第三(7.5%),金融机构最低(5.5%),从发展趋势上看,非金融企业部门的比重将可能继续有所下降,而住户部门则有可能继续提升,而政府和金融部门的比重应该保持相对稳定。

再看初次分配收入。初次分配是各个机构部门通过要素收入形成的分配(政府被视为一个广义的生产要素获得间接税,如营业税、增值税、产品税等,也称为生产税)。通过初次分配后,各个机构部门所获得的初次分配的总额就是国民总收入,从数值上看,与国内生产总值之间相差了一项"来自国外的要素收入净额"。从表6.26中可以看到,非金融企业在向住户部门支付了工资、向政府支付了税收等之后,在国民经济中所占的比重是大幅下降的,金融机构的比重也在下降,而居民和政府所占的比重有很大的提升。从动态变化上看,非金融企业的比重首先是上升的,到2008年前后到达高点,然后再逐渐下降;住户部门则是相反,比重首先是下降的,在2008年到达低点,然后再逐渐上升。但是二者之间变化的程度不同,非金融企业部门的比重2012年已经回复到2000年的水平,而住户部门的比重仍然明显地低于当时的水平(下降了5.6%)。与之形成对照的,是政府部门与金融机构初次分配收入比重的不断增加,2000—2012年,政府部门的初次分配收入占国民总收入的比重从13.1%逐年上升到15.6%,金融机构的比重则由0.8%上升到4%。

最后看可支配收入。这是各个机构部门经过对初次分配收入的再分配(主要是经常转移,如缴纳财产和收入税)后,可用于消费、储蓄及其投资的收入。从表6.26中可以看到,与初次分配相比,经过再分配后,住户部门的比重的变化不大,从整体上看,初次分配的格局基本上决定了再分配的格局。非金融企业和金融机构的比重是下降的,而政府部门的比重得到比较大的提升。从动态上看,非金融企业的可支配收入占比的变化幅度较大,从 2000 年的 17.4% 上升到 2008 年的 20.5%,又下降到 2012 年的 15.2%,非金融企业可支配收入占比的迅速下降意味着企业可用于发展生产和扩大投资的资金相对减少,这就说明了为什么在新常态下,企业的资金问题会成为发展中的重要矛盾。其他三个机构部门的占比都是提高的,其中政府和金融机构的占比是持续提高的,而住户部门的占比则经历了一个首先是下降然后再逐渐上升的过程。从 21 世纪以来的变化幅度上看,非金融企业可支配收入占比的下降和金融机构占比的上升相仿,居民可支配收入占比的下降幅度和政府部门占比的上升相仿。这种变化表明,在改革和发展中,政府的地位实际上又开始重新提升,获得和使用了更多的资金来主导经济和社会发展;住户部门的收入增长偏慢,储蓄倾向又在提升,这一方面导致居民消费增长偏慢,另一方面则是储蓄在迅速增加,导致大量资金通过金融机构又转入企业部门,而企业在扩大投资的同时,对金融机构的依赖也在不断上升,在提高企业的生产和融资成本的同时,也提升了潜在的金融风险。2008 年后,这种局面已经有所改善,但是政府还应该稳步推进经济结构的调整,尤其是要重视国民经济中分配和再分配结构的不断优化,在促进经济发展的同时,也应该重视防范发展中的金融风险,在现阶段,应该更加重视改善民生,由此带动和实现稳健的经济和社会发展。

第四节　对居民收入分配的进一步分析

一、住户调查一体化改革

(一) 城乡住户收支调查的一体化改革

受我国城乡二元结构的制约,长期以来我国的住户收支调查都是分开进行的。城镇住户收支调查面向城镇,主要采集和发布城镇居民人均可支配收入数据;农村住户收支调查面向农村,主要采集和发布农村居民人均纯收入数据。具体讲,农村住户收支调查在全国 31 个省(自治区、直辖市),采用分层随机抽样方法抽取 896 个县的 7.4 万农户,通过记账方式,收集家庭现金收支、实物收支及家庭经营情况等资料。城镇住户收支调查是在全国 31 个省(自治区、直辖市),采用分层随机抽样方法抽取 476 个市、县的 6.6 万城镇住户,通过记账方式,收集家庭收入、支出、就业及住房基本情况等资料。调查的原始数据由市、县级国家调查队编码录入审核后直接上报,由国家统计局直接汇总出全国和分省的收支数据。这些数据从总体看,来源明确,基本上客观地反映了城乡居民收支情况及其变化,为国家制定有关城乡居民收入分配政策、统筹城乡发展提供了重要的参考依据。

但是,由于城镇住户收支调查和农村住户收支调查在调查设计、调查内容和覆盖范围等方面均有所差别,这使得城乡住户调查的主要收支指标的名称和口径有所不同,概念和定义与国际标准也存在差异,抽样对象既有少量交叉,同时也遗漏了大量在城镇工作的流动群体。一直以来,我们只能分别提供城镇居民和农村居民的收入和支出数据,无法简单整合计算出全体居民的收支数据,难以精确测算全体居民的收入差距和支出结构。而且,分别得出的城镇居民和农村居民的收入、支出等水平和结构方面的数据也不完全可比。

随着我国工业化、城镇化的不断加快,农村外出务工人员急剧增加,农民工的收入归属问题已成为影响城乡居民收入统计水平的一个重要因素。以前相互独立的城乡住户调查,没有很好地解决不同类型农民工及其收入是归城镇还是归农村统计这个问题。此外,随着住房改革的深化和房地产交易市场的逐步成熟,城镇自有住房户比重越来越高,城镇居民的自有房屋虚拟房租产生的收入和消费支出对城镇居民收支的影响越来越大,但在独立的城镇住户调查中,城镇居民的自有住房虚拟服务产生的收入和相应的支出并未纳入城镇居民的收入和消费支出中。

为了解决上述问题,以便更加真实准确地反映城乡居民收入增长状况,更好地满足统筹城乡发展和改善收入分配格局的需要,中国国家统计局对实行了五十多年的农村住户收支调查和城镇住户收支调查进行了一体化改革。充分吸收和借鉴住户调查领域的国际标准和实践经验,按照统一指标和口径、统一抽样、统一数据采集和统一数据处理的基本思路重新设计了一体化的城乡住户收支调查,并于 2013 年起正式在全国范围内推行。①

一体化住户调查的收入指标体系主要依据国际通用的住户收入统计堪培拉标准进行设计。最新的《堪培拉标准(第二版)》于 2011 年公开出版,由来自联合国欧洲经济委员会、国际劳工组织、OECD、欧盟统计局、澳大利亚统计局、加拿大统计局等机构的统计专家参与编写,反映了目前住户收入统计的最新国际标准,反映了国际上住户收入统计的最佳实践经验和相关的建议,其中可支配收入的概念是整个收入指标体系的核心。

在一体化住户调查收入指标体系的设计中,首先明确和规范了收入本身的内涵,即收入包括哪些内容,不包括哪些内容。这是重新设计可支配收入概念和分类的重要前提。根据堪培拉标准,住户收入包括住户或住户成员按年或更短的时间间隔(按季、按月等)收到的现金或实物(实物产品和服务),但是排除意外之财以及其他非经常性和通常一次性的所得。另外,界定是否为收入的一个重要判别标准是住户收入可以用于当前的消费,同时不会减少住户的净资产,比如不会减少手存现金、不需处置其他金融或非金融资产或者增加负债。根据以上表述,可

---

① 参见刘伟主编《中国经济增长报告 2015——新常态下的宏观调控与结构升级》,北京大学出版社,2015,第二章第二节。

以看到收入不仅包括现金形式的收入,还包括实物形式的收入。同时,出售资产所得和非经常性所得不应该算作收入,比如拆迁征地补偿所得、出售房产股票收藏品等财物的所得、一次性的赔偿所得等。在住户调查中收支的计算均遵循收付实现制的原则。具体地看,在一体化住户调查中,可支配收入包括工资性收入、经营净收入、财产净收入和转移净收入这四个子项(见表6.27)。

表6.27 改革前后城乡居民收入指标体系

一体化住户调查	城镇住户调查	农村住户调查
可支配收入 (＝工资性收入 ＋经营净收入 ＋财产净收入 ＋转移净收入)	可支配收入 (＝工资性收入 ＋经营净收入 ＋财产性收入 ＋转移性收入 －个人所得税 －个人交纳的社会保障支出)	纯收入 (＝工资性收入 ＋经营净收入 ＋财产性收入 ＋转移性收入)
(一)工资性收入	(一)工资性收入	(一)工资性收入
1. 工资	1. 工资及补贴收入	1. 在非企业组织中劳动得到收入
2. 实物福利	2. 其他劳动收入	2. 在本乡地域内劳动得到收入
3. 其他		3. 外出从业得到收入
(二)经营净收入	(二)经营净收入	(二)家庭经营纯收入
1. 第一产业净收入		1. 第一产业纯收入
2. 第二产业净收入		2. 第二产业纯收入
3. 第三产业净收入		3. 第三产业纯收入
(三)财产净收入	(三)财产性收入	(三)财产性收入
1. 利息净收入	1. 利息收入	1. 利息
2. 红利收入	2. 股息与红利收入	2. 集体分配股息和红利
3. 储蓄性保险净收益	3. 保险收益	3. 其他股息和红利
4. 出租房屋收入	4. 其他投资收入	4. 储蓄性保险投资收入
5. 出租其他资产收入	5. 出租房屋收入	5. 其他投资收益
6. 转让承包土地经营权租金净收入	6. 知识产权收入	6. 租金(包括农业机械)
7. 自有住房折算净租金	7. 其他财产性收入	7. 出让无形资产净收入
8. 其他		8. 其他
		9. 土地征用补偿收入
		10. 转让承包土地经营权收入

(续表)

一体化住户调查	城镇住户调查	农村住户调查
(四)转移净收入 (=转移性收入-转移性支出)	(四)转移性收入	(四)转移性收入
1. 转移性收入	1. 养老金或离退休金	1. 离退休金、养老金
(1)养老金	2. 社会救济收入	2. 救济金
(2)社会救济和补助	3. 赔偿收入	3. 抚恤金
(3)政策性生活补贴	4. 保险收入	4. 得到赔款
(4)报销医疗费	5. 赡养收入	5. 报销医疗费
(5)农村外出从业人员寄回带回收入	6. 捐赠收入	6. 城市亲友支付赡养费
(6)赡养收入	7. 辞退金	7. 农村亲友支付赡养费
(7)其他经常转移收入	8. 提取住房公积金	8. 城市亲友赠送
2. 转移性支出	9. 记账补贴	9. 家庭非常住人口寄回和带回
(1)个人所得税	10. 其他转移性收入	10. 灾款
(2)社会保障支出		11. 退税
(3)农村外来从业人员寄给家人的支出		12. 退耕还林还草补贴
(4)赡养支出		13. 无偿扶贫或扶持款
(5)其他经常转移支出		14. 其他

在一体化住户调查中,消费概念的设计遵循了按目的划分的个人消费分类国际标准(COICOP),从指标的分类和内涵上做到了国际可比,并且更好地满足了CPI权数计算和支出法GDP核算的需要。其中一个重要的变化是在居住消费支出中包含了自有住房虚拟服务产生的租金,以更好地反映居民的实际消费水平和结构。

同时,常住人口的界定也重新进行了规范。在一体化住户调查中,严格依据居住时间来判定常住人口,将在城镇居住半年以上的人口调整为城镇常住人口。这意味着在大规模人口流动的背景下,大量外出务工经商的农民工都将划归为城镇常住人口。而在过去的农村住户调查中,与农村家庭有着紧密经济联系的农民工群体,不论离家多久,都被归为农村家庭人口。在新的一体化住户调查中,常住人口的定义与人口普查中的定义协调一致。

(二)一体化改革后住户调查中的居民收入与资金流量表中的居民收入之间的区别

一体化改革后住户调查中的居民收入与资金流量表中的居民收入之间仍然存在区别,这些区别一是表现在统计指标的口径方面,二是表现在统计指标的资料来源方面。

1. 统计指标口径方面的区别

统计指标口径方面的区别主要包括:(1) 工资性收入与劳动者报酬之间的区别,主要表现在,资金流量表中的劳动者报酬包括个体经营户的业主及其家庭成员的劳动报酬以及农户户主及其家庭成员的劳动报酬和农户创造的利润,而住户调查中的工资性收入不包括这些收入。(2) 经营性净收入与营业盈余之间的区别,主要表现在,一是住户调查中的经营性净收入包括个体经营户的业主及其家庭成员投入劳动应得的报酬和个体经营户创造的利润,也包括农户户主及其家庭成员投入劳动应得的报酬和农户创造的利润,而资金流量表中的营业盈余只包括个体经营户创造的利润;二是资金流量表中的营业盈余包括居民出租房屋的租金净收入,而住户调查中的经营性净收入不包括这项收入。(3) 财产性净收入与财产净收入之间的区别,主要表现在,一是资金流量表采取的是权责发生制原则,所以它的财产收入是当期应收财产收入,而住户调查采取的是收付实现制原则,所以它的财产性收入是当期实际得到的财产性收入,例如,就居民在银行和非银行金融机构存款获得的利息收入来说,资金流量表中的居民财产收入记录的是居民的相应存款在当期应得的利息收入,而住户调查中的居民财产性收入记录的是居民的相应存款在当期实际领取的利息收入;二是住户调查中的财产性收入包括居民出租房屋的租金净收入,而资金流量表中的财产收入不包括这项收入,如前所述,在资金流量表中,这项收入包括在营业盈余中。(4) 转移性净收入与经常转移净收入之间的区别,主要表现在居民关于单位交纳的住房公积金提取处理的区别,以及居民个人交纳的住房公积金及其提取处理的区别。在住户调查中,单位为职工交纳住房公积金时,作为工资性收入处理;职工提取相应的住房公积金时,作为转移性收入处理。在资金流量表中,单位为职工交纳的住房公积金在作为劳动者报酬处理的同时,增加居民的金融资产;当职工提取相应的住房公积金时,减少居民的金融资产。所以,在资金流量表中,居民关于单位交纳的住房公积金的提取与经常转移收入没有关系。在住户调查中,居民个人交纳住房公积金时,作为转移性支出处理;居民提取住房公积金时,作为转移性收入处理。在资金流量表中,居民个人交纳住房公积金时,作为居民的金融资产增加处理;居民提取住房公积金时,作为居民的金融资产减少处理。所以,在资金流量表,居民个人交纳的住房公积金和提取住房公积金与经常转移收支没有关系。

2. 资料来源方面的区别

住户调查中的居民可支配收入主要是利用住户收支调查资料计算出来的,而资金流量表中的居民可支配收入的计算则采用了多种资料来源。例如,资金流量表利用经济普查中的企业资料计算普查年度的劳动者报酬,利用银行业及相关金融业损益表中的居民存款应付利息计算居民的存款利息收入,利用财政决算中对农户的农业生产补贴资料计算农户享受的生产补贴,利用人力资源和社会保障部、卫生部等有关管理部门的社会保险基金支出、城镇居民养老保险基金支出、新型农村合作医疗保险基金支出、新型农村养老保险基金支出等资料计算居民享受的社会保险福利等等。一般来说,资金流量表利用多种资料来源计算居民可支配收入能够有效地避免单一的资料来源的局限性。

显然,城乡住户调查一体化改革之后,经过一系列的统计指标口径的调整,住户调查中的居民可支配收入与资金流量表中的居民可支配收入之间的衔接程度大幅度提高了。但是由于统计指标口径之间仍然存在区别,资料来源之间也存在区别,因此,两者之间的差距依然是存在的,在应用时应当给予充分的注意。

二、对我国城乡居民人均收入增长变化的分析

对于城乡居民收入的变化,主要的指标还是可支配收入,尽管从指标口径上看,在城乡住户调查改革前后存在着一定的区别,但从运用这个指标的目的上看是一致的,就是要考察这个指标的增长、分布(分配)及使用情况,由此反映由于经济增长所带来的居民生活和福利的改善、存在的问题以及对整个经济活动的影响。

在表6.28中,我们分别列出了城镇居民人均可支配收入、农村居民人均纯收入和人均GDP的名义指数(不扣除价格变动因素)和实际指数(剔除了价格变动因素)。从公布数据的时点上看,这些数据往往能够当年公布,所以在这一节中,我们使用的是2000—2014年的时间序列,个别地方使用了2015年的数据。从总体上看,2000—2014年由于我国的经济增长(人均GDP年均实际增长9.2%),使我国城乡居民收入有了明显增加,这说明经济增长是改善人民收入的基础,如果没有经济增长,那么人民收入是不可能在整体上得到改善的。上一节我们指出,由于传统的城乡居民收入调查的口径与国民经济核算(尤其是资金流量表中的居民可支配收入)的口径有所不同,二者之间不完全可比,但是在反映动态变化时二者仍然具有可比性。因为无论是城镇居民人均可支配收入还是农村居民人均纯收入,都已经包含了相应群体的主要收入或大部分收入,因此对它们进行动态比较(即计算指数或增长率)时,相对数之间仍然具有可比性。从表6.28中可以看出这一时期我国城乡居民收入变化的特点。

表 6.28 2000—2014 年中国城乡居民人均收入情况

年份	城镇居民人均可支配收入			农村居民人均纯收入			人均 GDP		城镇居民收入为农村的倍数
	绝对数（元）	名义指数 上年=100	实际指数 上年=100	绝对数（元）	名义指数 上年=100	实际指数 上年=100	名义指数 上年=100	实际指数 上年=100	
2000	6 280.0	—	—	2 253.4	—	—	—	—	2.79
2001	6 859.6	109.2	108.5	2 366.4	105.0	104.2	109.7	107.5	2.90
2002	7 702.8	112.3	113.4	2 475.6	104.6	104.8	109.0	108.4	3.11
2003	8 472.2	110.0	109.0	2 622.2	105.9	104.3	112.2	109.3	3.23
2004	9 421.6	111.2	107.7	2 936.4	112.0	106.8	117.0	109.4	3.21
2005	10 493.0	111.4	109.6	3 254.9	110.2	106.2	115.0	110.7	3.22
2006	11 759.5	112.1	110.4	3 587.0	110.2	107.4	116.4	112.1	3.28
2007	13 785.8	117.2	112.2	4 140.4	115.4	109.5	122.5	113.6	3.33
2008	15 780.8	114.5	108.4	4 760.6	115.0	108.0	117.6	109.1	3.31
2009	17 174.7	108.8	109.8	5 153.2	108.2	108.5	108.6	108.7	3.33
2010	19 109.4	111.3	107.8	5 919.0	114.9	110.9	117.7	110.1	3.23
2011	21 809.8	114.1	108.4	6 977.3	117.9	111.4	117.8	109.0	3.13
2012	24 564.7	112.6	109.6	7 916.6	113.5	110.7	109.9	107.2	3.10
2013	26 955.1	109.7	107.0	8 895.9	112.4	109.3	109.5	107.2	3.03
2014	29 381.0	109.0	106.8	9 892.0	111.2	109.2	107.6	106.7	2.97
年均指数（%）	—	111.7	109.2	—	111.1	107.9	113.5	109.2	
2000—2008	—	112.2	109.9	—	109.8	106.4	114.8	110.0	
2008—2012	—	110.9	108.2	—	113.0	110.0	111.8	108.1	

注：表中居民收入数据由国家统计局公布，其中，2000—2012 年数据来自分别开展的城镇住户调查和农村住户调查，2013—2014 年数据根据城乡一体化住户收支与生活状况调查数据按传统可比口径推算而得（2015 年同口径数据仍未公布）。表中居民收入实际指数根据统计年鉴中定基指数（1978=100）推算而得。人均 GDP 实际指数为国家统计局调整后公布的新数据。
资料来源：《中国统计年鉴（2015）》。

首先，从整体上看，2000—2014 年我国城乡居民的收入的增长低于人均 GDP 的增长，但近年来这一局面已经开始发生改变。

2000—2014 年，我国人均 GDP 的年均实际增长率为 9.2%，而在这一期间，城镇居民的可支配收入的年均实际增长率也是 9.2%，农村居民人均纯收入的年均实际增长率则为 7.9%，如果把居民收入看成是一个整体，城乡居民的人均收入将会低于人均 GDP 的增长。如果从名义增长率上看，这一点表现得就更为明显。由于城乡居民的收入主要是以货币收入（农村包含了一部分实物收入）体现的，以名义收入反映的增长可以更清楚地看出相互之间的差距。在这一期间,人均 GDP 的年均名义增长率是 13.5%,而城镇居民人均可支配收入和农村居民人均纯收入的年均名义增长率则分别是 11.7% 和 11.1%,分别落后 2 个百分点以上。这说明居民收入在整个国民经济中的比重在下降,这个结论和我们在上一节的分析结果是一致的。我们还可以看到,城镇居民人均可支配收入和农村居民人均纯收入的名义年均增长率之间的差距很小,只有 0.6%,但实际年均增长率之间的差别却达到了 1.3%。这种差别本来应该反映的是城乡居民收入对于价格的敏感性,也就是说,如果口径一致的话,这说明在农村居民收入的名义增长率和城镇居民收入的名义增长率接近的情况下,农村居民能实际买到的货物和服务的增长率却较低。这种差别的原因究竟是来自现实经济活动还是来自统计方法,还值得进一步研究。分阶段看,在全球金融危机之后,我国城乡居民的人均收入增长开始快于人均 GDP 的增长。2000—2008 年,我国人均 GDP 的实际年均增长率为 10%,但城镇居民人均可支配收入的实际年均增长率为 9.9%,农村居民人均纯收入的实际年均增长率为 6.4%,城乡居民收入的增长均低于经济增长。但是在 2008—2014 年,人均 GDP 的实际年均增长率为 8.1%,而城镇居民人均可支配收入的实际年均增长率为 8.2%,农村居民人均纯收入的实际年均增长率更是提高到 10%,都超过了人均 GDP 的增长。从名义增长率上看,这种差距反映得更加明显,虽然这几个指标之间口径上还存在着不能直接衔接的问题,但是结论是清楚的,这就是居民家庭(或住户部门)的收入在国民收入中所占的比重正在逐步回升,但是上升的幅度仍然还比较小。

其次,从整体上看,2000—2014 年我国农村居民收入的增长低于城镇居民收入的增长,但近年来这一局面已经开始发生变化。

再进一步观察,我们会发现城乡居民收入之间的差距也有一个变化过程,即收入差距是开始不断扩大,到达一定点后又逐渐缩小的过程。从表 6.28 中可以看到,2000—2007 年我国城乡居民的收入比(即城镇居民人均可支配收入为农村居民人均纯收入的倍数)是逐年扩大的,由 2.79 倍提高到 3.33 倍,2007—2009 年徘徊了三年,从 2009 年之后开始逐年下降,现在已经回落到 2.97 倍。与这种变化相对应的是,2000—2008 年我国城镇居民人均可支配收入的实际和名义增长率,都高于农村居民人均纯收入,但 2008 年后却发生了逆转,农村居民收入的增长超过了城镇居民,从而使城乡居民的收入差距重新缩小。

党的十八大提出,两个"翻番"成为全面建成小康社会的基本数量指标:这就是要在 2010—2020 年,实现国内生产总值和城乡居民收入再翻一番,国内生产总值(GDP)的翻番目标是过去(十七大)已经提出过的,十八大再次强调反映了党和国家继续推动中国经济增长的决心和信心。从改革开放到现在,我们在历次党的全国代表大会上提出的经济增长目标(从十二大开始)都得到了实现,这一次也不会例外。城乡居民收入再翻一番,则是这一次党的全国代表大会上提出的新的增长目标。如果说我国的经济增长能够按期完成"翻番"目标,那么从当前的发展势头上看(城乡居民收入的实际年均增长率高于经济增长率),城乡居民收入"翻番"的目标也是能够实现的。从前面的分析中可以看出,实践已经证明,经济增长是城乡居民收入增长的基础,没有好的经济增长,也就没有好的居民收入的增长。反过来,随着我国进入了工业化后期,我国经济增长中投资拉动的力量在减弱,居民消费对经济增长的拉动在增加。因此,无论是从经济增长必须最终服务于人民生活的改善这一马克思主义的基本原理来看,还是从我国现阶段经济增长对投资和消费的要求来看,都必须加大居民收入的改善力度,更多地提高人民的生活水平,这样才能保证我们实现两个翻番的目标。

三、对我国城乡居民收入差距的分析

(一)基尼系数的国际比较

在世界各国,基尼系数是反映居民收入分配差异的基本指标。基尼系数的警戒线水平为0.4,如果超过了这一标准,通常就被认为居民的收入分配出现了问题。表6.29列出了世界部分国家近几年的基尼指数(基尼系数×100%)的情况,在表中列出的73个国家中,基尼指数超过40的国家共有24个,所占的比例大约为1/3。在这24个国家中,既有贫穷国家(如海地、菲律宾、乌干达、刚果),也有中等收入国家(尤其是拉美国家),还有高收入国家(美国和俄罗斯)。因此,从静态比较上看,似乎不能说人均收入水平和收入分配差距之间有必然的联系。但是在另外一方面,我们也可以看到,在这些基尼指数较高的国家中,拉美国家所占的比重最高而且已经保持了多年,俄罗斯则是属于经济发展不稳定、基尼指数不断波动的国家(1996年为46.1,2000年为37.1);而大多数欧洲高收入国家,基尼指数都在40以下。美国的基尼指数虽然略超过40,但是它已经在这个水平上保持了很长时间而且相当稳定(2000年为40.6),这说明它对这一水平已经具有承受力。[①]"库兹涅茨曲线"(Kuznets curve)揭示了收入分配状况随经济发展过程而变化的一般规律,指出随着经济水平的提升,收入分配差异首先会逐步扩大,到达一定水平后又会重新缩小,最后会稳定在一定水平上。而世界各国的经济发展实践则表明,如果在一个国家,这种差异扩大到一定程度后不再下降,长期保持在高位,那么这个国家的经济发展就有可能陷入徘徊,进入"中等收入陷阱"。拉美国家的发展停滞就证明了这一点。

---

① 此处基尼指数历史数据参见世界银行数据库,http://data.worldbank.org/indicator/SI.POV.GINI。

表 6.29 世界部分国家 2012 年基尼指数　　　　　　　　　　单位：%

	国家	基尼指数	备注
1	南非	63.4	2011 年数据
2	海地	60.8	
3	洪都拉斯	57.4	
4	哥伦比亚	53.5	
5	巴西	52.7	
6	巴拿马	51.9	
7	智利	50.5	2013 年数据
8	巴拉圭	48.2	
9	墨西哥	48.1	
10	玻利维亚	46.7	
11	厄瓜多尔	46.6	
12	多米尼加	45.7	
13	秘鲁	45.1	
14	菲律宾	43.0	
15	阿根廷	42.5	
16	乌干达	42.4	
17	刚果共和国	42.1	
18	萨尔瓦多	41.8	
19	俄罗斯	41.6	
20	格鲁吉亚	41.4	
21	乌拉圭	41.3	
22	美国	41.1	2013 年数据
23	塞内加尔	40.3	
24	土耳其	40.2	
25	泰国	39.3	
26	越南	38.7	
27	斯里兰卡	38.6	
28	老挝	37.9	
29	坦桑尼亚	37.8	2011 年数据
30	伊朗	37.4	2013 年数据
31	希腊	36.7	
32	保加利亚	36.0	
33	葡萄牙	36.0	

(续表)

	国家	基尼指数	备注
34	西班牙	35.9	
35	毛里求斯	35.8	
36	拉脱维亚	35.5	
37	意大利	35.2	
38	立陶宛	35.2	
39	卢森堡	34.8	
40	塞浦路斯	34.3	
41	塞拉利昂	34.0	
42	蒙古	33.8	
43	几内亚	33.7	
44	爱沙尼亚	33.2	
45	法国	33.1	
46	英国	32.6	
47	爱尔兰	32.5	
48	波兰	32.4	
49	克罗地亚	32.0	2011年数据
50	瑞士	31.6	
51	尼日尔	31.5	2011年数据
52	柬埔寨	30.8	
53	匈牙利	30.6	
54	亚美尼亚	30.5	
55	奥地利	30.5	
56	德国	30.1	2011年数据
57	伊拉克	29.5	
58	摩尔多瓦	29.2	
59	丹麦	29.1	
60	阿尔巴尼亚	29.0	
61	荷兰	28.0	
62	比利时	27.6	
63	哈萨克斯坦	27.4	
64	罗马尼亚	27.3	
65	瑞典	27.3	
66	芬兰	27.1	

(续表)

	国家	基尼指数	备注
67	冰岛	26.9	
68	捷克	26.1	
69	斯洛伐克	26.1	
70	白俄罗斯	26.0	
71	挪威	25.9	
72	斯洛文尼亚	25.6	
73	乌克兰	24.7	

资料来源:世界银行数据库,http://data.worldbank.org/indicator/SI.POV.GINI。

表6.30列出的是自2003年以来我国基尼系数的变化情况。如果将表中2012年的数据与表6.29相比较,我国将在表6.29中排第10位,在世界上属于基尼系数较高的国家。这意味着我国的收入分配现状需要改善。而从动态上看,我国的基尼系数的变化已经反映了这种客观要求。在表6.30中可以看到,从2003年至2008年[①],我国的基尼系数是逐步上升的,2008年到达最高点0.491,此后开始逐步降低,2015年已经下降到0.462。这个变化和我们在前面进行资金流量分析时所得到的结论是吻合的,即从2008年开始我国的居民收入分配开始改善,城乡居民差距开始缩小。虽然从数据上看,我国目前的基尼系数在世界上仍然是较高的,但从发展趋势上它已经开始逐渐降低,这是一个好的开端。

表6.30 中国2003—2015年基尼系数

年份	基尼系数	年份	基尼系数
2003	0.479	2010	0.481
2004	0.473	2011	0.477
2005	0.485	2012	0.474
2006	0.487	2013	0.473
2007	0.484	2014	0.469
2008	0.491	2015	0.462
2009	0.490		

资料来源:根据国家统计局历年统计公报整理而成。

(二) 影响我国收入分配差异的主要因素分析

从动态上看,改革开放以来,中国收入分配差距扩大的主要原因可以归结为

---

① 国家统计局正式公布的基尼系数时间序列开始于2003年。

以下四个方面：

第一，发展性原因，即经济发展的不均衡所导致的收入分配的失衡加剧，尤其是作为发展中国家的显著特征在于经济的二元性，是发展中国家发展失衡的重要表现，中国现阶段收入分配差距扩大的深刻原因也在于发展二元性的强化。

第二，增长性原因，即在经济增长过程中不同的要素对于经济增长贡献作用提高速度和程度不同，导致收入分配中不同要素所有者的收入增长的速度及程度不同。并且，越是市场化深入，越是强调市场竞争，强调效率，便越是需要在收入分配上承认市场竞争中的差别，尤其是在市场经济体制下，要素参与分配，因此不同要素所有者的收入分配差距便与不同要素在竞争中的效率差异直接联系起来。我们曾通过柯布—道格拉斯生产函数对改革开放以后至 21 世纪初中国经济增长中各种生产要素相互关系进行分析，发现伴随着市场化及非国有化程度提高，劳动和资本这两个基本要素的效率明显上升，在同样的投入下对经济增长的贡献程度不断提高。但相比而言，制度变化对资本要素的影响程度显著大于对劳动要素的影响程度，也就是说，中国的改革对资本和劳动效率的提升都产生了影响，但资本的效率提高程度以及相应的资本对经济增长的贡献增长程度远远高于劳动。[①] 所以，若收入分配与要素的贡献直接相联系，那么，资本要素的掌握者所获收入的增长速度相应地就要数百倍地高于劳动要素的收入增长，因而必然扩大收入分配的差距。这种差距的扩大既是增长中贡献不同的必然，也是市场化的必然；既是增长中要素效率提升不均衡的必然，也是市场体制性转型进程深化的必然。

第三，体制变迁性原因，即在体制转型过程中，在不同方面和不同领域，市场化的进展程度及完善程度不同，因而市场竞争的充分性、公平性不同，事先机会均等程度不同，相应地特权对法权的排斥，垄断对竞争的否定，权钱交易以及各种腐败的产生，必然扩大转轨过程中的收入分配差距。从一定意义上可以说，这种收入差距的扩大是市场化进展不够深入和完善所致，包括与市场经济文明要求相适应的法治制度等不完善，而不是市场化所致，不是市场化的必然。这是事先机会不均等所导致的事后事实上的收入分配差距扩大。

第四，收入结构性原因，即伴随着改革开放，人们的收入来源越来越多元化，除劳动外，人们的资产性收入日益提高；除一般体力劳动外，人们的人力资本投入形成的差异日益成为收入差别的重要原因；此外，风险性收入、经营性收入等都开始成为不同社会阶层收入差距扩大的重要根源。其中，特别是伴随所有制改革，伴随民营资本的积累，伴随国有企业的产权制度改造，资产性及投资性收入越来越成为社会高收入阶层的重要收入基础，并且所占比重还在逐渐上升，不像发达

---

① 刘伟、李绍荣："所有制变化与经济增长和要素效率提升"，《经济研究》，2001 年第 1 期。

国家资产性收入所占比重已进入相对稳定时期。不同阶层之间的资产占有差距日益扩大。特别需要指出的是,在改革初期,中国社会成员相互间在资产(本)占有上几乎是无差异的,也就是说,资本占有的差异只是在改革开放后不断形成的。不像欧美,甚至不同于南美等地的传统,基于大种植园发展基础上的南美大地产主世代相袭,并附之法律上的长子继承,到当代,大资产者的资产与一般社会成员差距不仅巨大,而且因是世代相袭,社会成员在相当大的程度上能够予以承认和尊重,至少由此引发的社会矛盾不像想象的那样尖锐。而中国在短短的三十多年里,人们相互间的资产占有从基本无差异迅速扩大到目前的状况,易于引发社会矛盾和摩擦的加剧,况且中国的传统又是基于棉花、水稻文明的小农经济,加之分割继承和土地兼并及不断地均分,大资产占有与大量失去资产社会成员的对立历来是社会冲突的重要根源。

而从具体的统计数据上看,中国以基尼系数反映出来的居民收入分配差异之所以较高,主要有三个方面的原因:

一是城乡二元化结构引起的城乡收入分配差异。新中国成立以后一直到改革开放以前,我国的工业化在相当程度上是通过农业发展来支持的(如农业税、工农业产品剪刀差等),农村居民的收入本来就和城镇居民存在着较大的差距。由于在非农业领域中,我国实行的是全国统一的工资制度,收入差距很小;在农村,由于存在着地区差异,收入差距要高于城镇。但如果合并计算基尼系数,则会出现数值明显提高的现象,但从总体而言,仍然在警戒水平之下。[①] 改革开放初期,我国农村在率先实行经济改革后,有一个短暂的迅速增长时期,但从1984年城市经济体制改革后,农业及整个农村经济进入了平缓发展时期,但城市却开始了高速经济增长,使城乡居民的收入差距不断扩大,导致城乡二元化矛盾突出。从表6.28中可以看到,2000年以来我国的城乡居民收入之间的差距在不断提高,在2007—2009年到达最高点。

二是在城市,由于市场化改革以及分配方式的变化(以按劳分配为主体,多种分配形式共存),城镇居民家庭之间的收入分配差距也拉大了。

表6.31列出了2000—2008年按收入分组的城镇居民人均可支配收入,从表中可以看到这一时期全部城镇居民的人均可支配收入的年均增长率为12.21%,但是不同收入组的居民家庭增长的幅度不同,收入等级越低,收入的年均增长率就越低,这就拉开了收入分配的差距。2000年,最高收入户的收入是最低收入户

[①] 罗曰镁认为,1978年我国城镇居民收入的基尼系数在0.18左右,农村居民收入的基尼系数在0.2左右,而合并计算的基尼系数则在0.3左右,我们认为这个估算有一定的参考价值。参见罗曰镁:"从基尼系数看居民收入差距",《统计与决策》,2005年第11期。

的 5.02 倍,但是到了 2008 年则上升到了 9.17 倍,接近于原来的两倍,这是相当惊人的。这种收入差距的扩大,必然会在基尼系数上表现出来。这种变化与我国 20 世纪 90 年代中后期的市场化改革是有关的,市场化改革带来的产权制度改革以及相应的分配制度改革,是我国改革开放以来在生产与分配领域里一次深刻的变革,使得原来的"按劳分配"在相当程度上调整为通过市场按生产要素对经济活动的贡献来进行分配,知识、技术、资本等经济增长中的稀缺资源,就可能得到更多的回报。这样,经济活动的效率提高(表现在经济增长上),居民收入分配之间的差距也拉开了。当这样的差距扩大到一定阶段,情况就有可能发生变化,过大的收入分配差距不仅起不到刺激经济发展的目标,可能还会因为收入差别过大影响社会稳定、收入分配扭曲导致资源配置的恶化,不仅影响公平,也影响效率,这就值得我们高度警惕。

表 6.31　2000—2008 年按收入分组的城镇居民人均可支配收入比较

			人均可支配收入			
			2000 年(元)	2008 年(元)	2008 年为 2000 年的倍数	年均名义增长率(%)
全国			6 280	15 781	2.51	12.21
按收入等级分	最低收入户	10%	2 653	4 754	1.79	7.56
	低收入户	10%	3 634	7 363	2.03	9.23
	中等偏下户	20%	4 624	10 196	2.20	10.39
	中等收入户	20%	5 898	13 984	2.37	11.40
	中等偏上户	20%	7 487	19 254	2.57	12.53
	高收入户	10%	9 434	26 250	2.78	13.65
	最高收入户	10%	13 311	43 614	3.28	15.99
最高收入户为最低收入户的倍数			5.02	9.17		

资料来源:根据《中国统计年鉴(2009)》中相关数据整理。

但应该说明的是,居民收入必须是形成"居民家庭"收入的收入,而没有包括企业家所拥有的公司在当年形成的但却留在公司转化为生产要素的利润。这一部分利润,从所有权上看可能是属于企业家个人的,但是从国民收入核算尤其是资金流量核算的角度看,它是企业部门的收入而没有变成"居民家庭"或者是"住户部门"的可支配收入。只有在企业把这部分利润进行分配,向国家交纳所得税并转为企业家的"家庭收入"后,它才变成居民的收入。但对于个体经营者而言,由于无法严格区分他们的劳动报酬和营业盈余,所以他们的收入经常是合并计算的,都形成居民的可支配收入。因此,在讨论和分析居民的可支配收入时,针对的是居民家庭的收入而不是资产。这也是在很多发达资本主义国家中,不同的家庭所拥有的资产有很大的差别,但是从收入上看,基尼系数仍然保持在较低水平的重要原因。

三是地区发展的不平衡,有可能带来地区间的收入差异。

从表 6.32 中可以看到我国不同地区间的城镇居民的收入差距。2000 年,人均收入最高的上海为人均收入最低的山西的 2.48 倍;2008 年,收入最高的地区仍然是上海,最低的地区则是甘肃,上海为甘肃的 2.43 倍,相对差距可以说有所缩小,从表中计算的变异系数(或离散系数)看,离散程度也有所缩小,由原来的 0.29 下降到 0.25。因此,在市场化改革后以及新一轮加速经济增长中,我国的地区间城镇居民收入差异并没有发生恶化。从各个地区城镇居民收入的增长率看,除了个别地区外,大多数地区与全国的平均增长幅度差别不大,而且增长率与地区原有的收入水平之间关系不明显。原先已经存在的差距虽然没有恶化,但也没有得到显著的改善。各个地区的农村居民收入之间也存在着类似的差别。这也是导致我国基尼系数较高的重要原因。

表 6.32　2000 年与 2008 年各地区城镇居民可支配收入

地区	2000 年（元）	2008 年（元）	年均名义增长率（%）
全国	6 280	15 781	12.21
内蒙古	5 129	14 433	13.81
山西	4 724	13 119	13.62
河南	4 766	13 231	13.61
江苏	6 800	18 680	13.46
辽宁	5 358	14 393	13.15
吉林	4 810	12 829	13.05
宁夏	4 912	12 932	12.86
江西	5 104	12 866	12.25
山东	6 490	16 305	12.20
陕西	5 124	12 858	12.19
安徽	5 294	12 990	11.88
浙江	9 279	22 727	11.85
广西	5 834	14 146	11.71
福建	7 432	17 961	11.66
北京	10 350	24 725	11.50
天津	8 141	19 423	11.48
湖北	5 525	13 153	11.45

(续表)

地区	2000年(元)	2008年(元)	年均名义增长率(%)
河北	5 661	13 441	11.41
黑龙江	4 913	11 581	11.31
海南	5 358	12 608	11.29
贵州	5 122	11 759	10.95
重庆	6 276	14 368	10.91
上海	11 718	26 675	10.83
青海	5 170	11 640	10.68
甘肃	4 916	10 969	10.55
湖南	6 219	13 821	10.50
四川	5 894	12 633	10.00
云南	6 325	13 250	9.69
新疆	5 645	11 432	9.22
广东	9 762	19 733	9.20
西藏	7 426	12 482	6.71
最大值	11 718	26 674	
最小值	4 724	10 969	
最大值为最小值的倍数	2.48	2.43	
标准差	1 799	3 989	
离散系数	0.29	0.25	

资料来源:根据《中国统计年鉴(2009)》中数据编制并计算分析数据,表中标准差未考虑地区人口权数。

(三)我国居民家庭收入分配正在明显改善

2008年以来,我国的居民收入分配状况有很大的改善,基尼系数在逐渐降低,从未来的发展看,这一趋势有可能继续延续。

首先是城乡居民家庭的收入差距在缩小。从表6.28中可以看到,按传统口径计算的我国城镇居民可支配收入是农村居民纯收入的倍数已经从2009年的3.33倍下降到2014年的2.97倍。而按照城乡一体化改革后的数据(时间序列从2013年起),2014年的城镇居民可支配收入(28 843.9元)为农村居民可支配收入(10 488.9元)的2.75倍,两个可支配数据的口径已经基本一致,更加具有可比性。这就为我们更好地观测我国城乡居民收入分配情况的变化建立了更好的统计基础。随着经济增长及城镇化进程的推进,我国会有更多的农村居民迁往城市,从而获得更高的收入;而在农村,则可能通过加强农业集约化经营提高劳动生产率,同时就地发展非农产业,从而实现农村居民收入的迅速提升。这已经被近年来我国经济发展的实践所证明,在建成全面小康的进程中,我们完全有可能较大幅度地进一步缩小城乡收入差距。2009—2014年是我国农村居民收入增长得比较快的年份,城乡收入差距每年减少0.72个百分点。如果在未来的5年中,我们仍然能保持农村居民的可支配收入的增长略高于城市,使城乡收入差距每年下降0.5个百分点,那么到2020年,我国的城乡居民可支配收入之间的倍数就可以降到2.5倍以下,虽然仍然比较高,但是比起现在已经是比较明显的改善。

其次是城镇居民可支配收入的分布情况已经得到明显改善,但是改善农村居民的收入分配仍然需要继续努力。

从表6.33中可以看到,2008年以后,居民按收入水平分组的我国城镇居民可支配收入的增长情况比之前(尤其是2000—2008年)有了根本性改善,变为收入越高的组别的收入增长率越低,收入越低的组别的收入增长率越高,不仅从长期趋势看是这样,而且各年的增长也是如此,这说明自全球金融危机之后,随着我国经济发展阶段的提升、劳动力供求关系的变化以及国家采取的一系列政策,我国城镇居民的收入分配差异正在得到不断的改善,而且仍然会延续下去。

表6.33　2008—2014年城镇居民人均可支配收入增长率　　　单位:%

年份	低收入户(20%)	中等偏下户(20%)	中等收入户(20%)	中等偏上户(20%)	高收入户(20%)
2009	10.7	10.3	10.1	9.2	8.0
2010	13.1	13.0	11.8	10.3	9.9
2011	15.6	14.1	13.5	13.9	14.2
2012	17.8	15.6	14.7	12.8	9.4
2013	10.4	10.3	9.4	8.7	9.6
2014	13.4	11.5	10.2	9.3	6.7
年均增长率	13.5	12.4	11.6	10.7	9.6

资料来源:《中国统计年鉴(2015)》,表中增长率为名义增长率,2014年数据为住户调查一体化改革后数据。

表6.34列出的是这一阶段按收入水平分组的农村居民纯收入的增长率。从表中看出,在城镇居民那里出现的收入分配差异明显改善的现象,在农村中表现得并不明显。各个年份的情况之间存在着比较大的差别,而从这一阶段的年均增长率来看,收入增长最慢的是低收入户,而其他组别的名义增长率都是13%—14%,差异并不明显。这说明尽管随着农村经济的发展和政府的扶持,农村居民的整体收入在这一阶段有较大的提高,城乡居民收入差异有比较明显的改善,但是农村居民之间的收入差距改善不大,低收入居民的收入因为受到发展条件的限

制,相对收入反而是下降的。虽然多年来我们一直在强调改善低收入农村居民的收入和生活,但是由于客观条件的限制以及相关政策的相对不足,这一方面的进展仍然是不够的。因此,在全面建设小康社会的决胜阶段,这一方面的问题必须而且已经引起了各个方面的高度重视。在 2013 年 25 号文件中,党中央明确提出要建立精准扶贫的机制;而在十八届五中全会提出的全面建成小康社会新的目标要求中,则提出到 2020 年"我国现行标准下农村贫困人口实现脱贫",并且提出了具体的解决方案[①]。现在离 2020 年只剩下五年时间,应该说这是一个相当艰巨的任务。只要我们完成了这一任务,我国农村居民的收入分配差异一定会得到明显改善。

表 6.34　2008—2014 年农村居民人均纯收入增长率　　　　单位:%

年份	低收入户(20%)	中等偏下户(20%)	中等收入户(20%)	中等偏上户(20%)	高收入户(20%)
2009	3.3	6.0	7.1	9.1	9.1
2010	20.7	16.4	16.0	15.0	14.0
2011	7.0	17.5	18.9	19.5	19.5
2012	15.8	13.0	13.0	14.0	13.3
2013	11.5	14.7	12.8	12.1	11.9
2014	-3.8	10.7	12.6	13.8	12.3
年均增长率	8.8	13.0	13.4	13.9	13.3

资料来源:《中国统计年鉴(2015)》,表中增长率为名义增长率,2014 年数据为住户调查一体化改革后的农村居民可支配收入。

最后是随着我国的城镇化进程,我国的收入分配差异还会进一步改善。

从最新公布的数据看,中国仍然处于迅速的城镇化过程中。按照国家统计局发布的《2015 年国民经济和社会发展统计公报》,年末全国大陆总人口 137 462 万人,比上年末增加 680 万人,其中城镇常住人口 77 116 万人,占总人口比重(常住人口城镇化率)为 56.10%,比上年末提高 1.33 个百分点。[②] 这是中国与世界上大多数上中等收入国家的最大区别。城乡二元化经济结构反映了中国经济发展的不均衡,这是中国在由发展中国家向新兴工业化国家再向发达国家发展的过程中所经历的过程,这本来反映了我们的不足。但在另一方面,它却反映了我们的发

[①] 到 2020 年,通过产业扶持,可以解决 3000 万人脱贫;通过转移就业,可以解决 1000 万人脱贫;通过易地搬迁,可以解决 1000 万人脱贫。还有 2000 多万完全或部分丧失劳动能力的贫困人口,可以通过全部纳入低保覆盖范围。参见习近平,关于《中共中央关于制定国民经济和社会发展第十三个五年规划的建议》的说明,新华社北京 2015 年 11 月 3 日电。

[②] 国家统计局网站:http://www.stats.gov.cn/tjsj/zxfb/201602/t20160229_1323991.html。

展潜力。从现在的情况看,我国的城镇化历程远远还没有结束,这是我们能够继续保持中高速经济增长的客观基础。从表6.35中可以看到,我国各个地区的人均GDP水平与常住人口城镇化率之间,存在着高度的相关关系,相关系数达到92%以上。也就是说,一个地区常住城镇人口占总人口的比重越高,其人均GDP水平也就越高。而一个地区的人均GDP水平越高,其一体化的居民可支配收入水平也就越高。虽然我国目前的人口城镇化率已经有了很大的提高,但是和发达国家普遍高达80%以上的水平相比,仍然还有很大差距。在中国,能够达到这一水平的也只有北京、上海、天津等直辖市。而在一般省份中,2013年人口城镇化达到60%以上的,只有5个经济发达省份(江苏、浙江、辽宁、广东、福建),还有13个省份的城镇化率在50%以下。而由于农村居民的人均可支配收入明显低于城镇,一个地区的人口城镇化水平越低,一体化计算的人均可支配收入也就可能越低。因此随着发展水平较低的地区的城镇化进程的推进,我国的收入分配差异将会进一步减小。

表6.35 2009—2013年中国各地区人口城镇化率与人均GDP相关系数

地区	人口城镇化率(%)					人均GDP(元)				
	2009	2010	2011	2012	2013	2009	2010	2011	2012	2013
天津	78.0	79.6	80.5	81.6	82.0	62 574	72 994	85 213	93 173	99 607
北京	85.0	86.0	86.2	86.2	86.3	66 940	73 856	81 658	87 475	93 213
上海	88.6	89.3	89.3	89.3	89.6	69 164	76 074	82 560	85 373	90 092
江苏	55.6	60.6	61.9	63.0	64.1	44 253	52 840	62 290	68 347	74 607
浙江	57.9	61.6	62.3	63.2	64.0	43 842	51 711	59 249	63 374	68 462
内蒙古	53.4	55.5	56.6	57.7	58.7	39 735	47 347	57 974	63 886	67 498
辽宁	60.4	62.1	64.1	65.7	66.5	35 149	42 355	50 760	56 649	61 686
广东	63.4	66.2	66.5	67.4	67.8	39 436	44 736	50 807	54 095	58 540
福建	55.1	57.1	58.1	59.6	60.8	33 437	40 025	47 377	52 763	57 856
山东	48.3	49.7	51.0	52.4	53.8	35 894	41 106	47 335	51 768	56 323
吉林	53.3	53.3	53.4	53.7	54.2	26 595	31 599	38 460	43 415	47 191
重庆	51.6	53.0	55.0	57.0	58.3	22 920	27 596	34 500	38 914	42 795
陕西	43.5	45.8	47.3	50.0	51.3	21 947	27 133	33 464	38 564	42 692
湖北	46.0	49.7	51.8	53.5	54.5	22 677	27 906	34 197	38 572	42 613
宁夏	46.1	47.9	49.8	50.7	52.0	21 777	26 860	33 043	36 394	39 420
河北	43.7	44.5	45.6	46.8	48.1	24 581	28 668	33 969	36 584	38 716
黑龙江	55.5	55.7	56.5	56.9	57.4	22 447	27 076	32 819	35 711	37 509

(续表)

地区	人口城镇化率(%)					人均GDP(元)				
	2009	2010	2011	2012	2013	2009	2010	2011	2012	2013
新疆	39.9	43.0	43.5	44.0	44.5	19 942	25 034	30 087	33 796	37 181
湖南	43.2	43.3	45.1	46.7	48.0	20 428	24 719	29 880	33 480	36 763
青海	41.9	44.7	46.2	47.4	48.5	19 454	24 115	29 522	33 181	36 510
海南	49.1	49.8	50.5	51.6	52.7	19 254	23 831	28 898	32 377	35 317
山西	46.0	48.1	49.7	51.3	52.6	21 522	26 283	31 357	33 628	34 813
河南	37.7	38.5	40.6	42.4	43.8	20 597	24 446	28 661	31 499	34 174
四川	38.7	40.2	41.8	43.5	44.9	17 339	21 182	26 133	29 608	32 454
江西	43.2	44.1	45.7	47.5	48.9	17 335	21 253	26 150	28 800	31 771
安徽	42.1	43.0	44.8	46.5	47.9	16 408	20 888	25 659	28 792	31 684
广西	39.2	40.0	41.8	43.5	44.8	16 045	20 219	25 326	27 952	30 588
西藏	22.3	22.7	22.7	22.8	23.7	15 295	17 319	20 077	22 936	26 068
云南	34.0	34.7	36.7	39.3	40.5	13 539	15 752	19 265	22 195	25 083
甘肃	34.9	36.1	37.2	38.8	40.1	13 269	16 113	19 595	21 978	24 296
贵州	29.9	33.8	35.0	36.4	37.8	10 971	13 119	16 413	19 710	22 922
相关系数						0.93	0.94	0.94	0.93	0.92

资料来源:《中国统计年鉴(2014)》。

(四)我国的基尼系数能否回到警戒线水平以下

2009—2015年我国的基尼系数实现了七连降,由2008年的0.491下降到了2015年的0.462,下降了0.029,平均每年下降约0.004,如果能保持这个平均速度,那么到2020年时,我国的基尼系数还能下降0.02,在0.44左右。从前面分析的发展趋势看,这种可能性是存在的。如果再考虑到国民收入分配格局的变化,即在整个国民总收入中,住户部门的可支配收入的比重还有可能进一步提高,居民家庭人均可支配收入的增长可能高于人均GDP的增长,而在居民收入中,正像过去七年所发生的那样,低收入群组的收入增长可能高于低收入群组的增长(这是由我国的经济发展阶段和一般收入水平的提升所决定的),那么我国的基尼系数的水平还有可能继续降低。从目前的情况看,要在未来的五年里把基尼系数降至警戒线以下是有难度的。如果降得过快,影响了中国经济平稳较快的增长,那么人民群众的整体福利也会受到影响。因此,我们必须处理好经济发展和分享发展成果之间的关系,使之相互促进。

在实践中,要具体地分析形成现阶段收入差距较高的原因,采取不同方式对此加以改善。首先,对于发展不均衡(城乡差距)带来的较高的收入差距,解决的根本途径在于提高农村发展水平,及推进城镇化速度,发展不均衡所导致的收入差距,只能以加快发展、提高发展的均衡协调性来克服,牺牲发展或损害发展的做法,反而会损害收入分配平等目标的实现。其次,源于增长性因素形成的收入差距,是基于效率差异,基于事先机会均等的市场竞争的必然,不能以破坏事先公平进而降低效率为代价,来提高事后分配结果上的均等程度。否则,不仅与中国社会经济发展历史客观要求相冲突,而且与社会主义市场经济体制目标的根本要求相矛盾。但在另外一方面,要避免以效率为借口人为地扩大收入分配差异,特别是在国有或国有控股企业中,由政府委派的高管是否应该享有劳动市场所定价的高收入,仍然值得重新研究。在市场有效竞争中形成的事后收入分配差距过大的矛盾,则应该通过收入再分配等手段,妥善地加以调节。再次,源于体制性因素(市场化进展程度和完善程度的差异)形成的收入差距,是由于事先机会不均等所致,从理论上说,关键要认识到,这是市场化不足和不完善所致,而不是市场化的必然。从实践上,重要的在于两方面,一方面是深化并完善市场化竞争,包括产权制度和价格制度的改革,包括商品市场和要素市场培育,包括企业和政府的改革,等等;另一方面是加强并完善法制秩序,包括加快法律制度建设的进程和质量、法律的权威和法治精神的弘扬,等等。最后,对于资产性差异所形成的较高收入差距,关键在于两方面,一是从理论和实践上必须科学有效地处理公有制为主体的所有制结构与市场机制之间的关系,肯定民营资本作为一种积极的生产要素在促进生产、推动就业方面的积极作用;二是必须进一步加强政府在社会分配公平和均等目标实现上的作用,以提高社会各方面的和谐程度。

从数量标准上看,应该指出的是,基尼系数是国际上收入差异警戒线水平的一般标准,各个国家则可能由于实际情况的不同,承受力也有所不同,如前面所提到的美国的基尼系数略高于0.4,但是能够多年保持稳定,应该说收入分配差异还没有超出社会所能够承受的程度。就中国的情况而言,在高速经济增长过程中带来的收入差异的扩大化,有提高效率的一面,也有影响到社会公平的一面,但发展到后来,不但影响到公平,也反过来影响了效率。这也是政府在后来的政策倾向中不断强调要改善民生、拉动消费,现在又强调收入分配与再分配改革的重要原因,这实际上是现阶段中国经济发展所提出的客观要求。也就是说,虽然中国社会对居民收入分配的差异有更大的承受力,但是如果不改变基尼系数不断上升的局面,那么中国的经济和社会发展总有一天会受到巨大的冲击。而现在的情况是,虽然我国的基尼系数仍然较高,但是从动态上看,它是在不断回落的,虽然还没有回落到警戒线以下,但发展趋势是在不断改善社会公平和保持效率,这是我们建成全面小康的重要条件。从发展前景上看,在未来的10年里,中国的基尼系数会持续下降,在2025年前后应该能够下降到警戒线水平左右。在此之后,我们可以再根据那时的实际情况,探索我国的居民收入分配格局新的发展方向。

第五节 结 论

本章通过对我国资金流量表及居民收入分配中长期数据(2000—2015年)的分析,对我国近年来国民收入分配整体格局的变化及其趋势进行了分析。资金流量表中的时间序列数据为2000—2012年的资料,这是因为在每年的《中国统计年鉴》中,现在还只能看到前一年的资金流量表数据(此项研究所依据的《中国统计年鉴(2014)》中的最新数据截止到2012年,而《中国统计年鉴(2015)》中的2013年数据则来不及应用到研究中;而居民收入分配的数据虽然发布得比较及时,但由于从2013年开始,我国开始公布按照新的城乡一体化住户调查制度公布城乡居民可支配收入的数据,新数据和旧数据之间还有一个相互衔接的问题。这些数据上存在的问题对我们的研究有一定的影响,我们尽可能地通过选择口径衔接与动态可比的数据进行研究,由此得出对中长期发展有说服力的研究结论。中国的统计制度、方法和数据,现在和国际标准及发达国家的水平相比仍然存在着差距,这一方面的改革尤其是收入分配统计还应该继续推进,但是应该看到,通过近些年来的改革,我们无论是在国民经济核算领域,还是在居民收入调查方面已经取得了很大的进展,所取得的数据已经更加客观和及时,这为我们进行收入分配研究提供了更好的数据基础。

2008年年底金球金融危机爆发前后,中国的经济发展事实上已经进入了一个转折点。在这一时点的前后,从总量上看,中国的经济总量超过日本成为世界第二大经济体(2009年)[①],商品进出口总额则超过美国成为世界上最大的对外贸易国(2012年),制造业和第二产业的规模也超过美国跃居世界第一(2010年);而从人均水平看,中国的人均GDP则从下中等收入水平进入上中等收入水平(2010年),经过改革开放后三十多年的努力,从一个下中等收入国家逐步发展成了上中等收入国家。也就是在这个时候,中国的收入分配格局也开始发生了转折性变化,在这一变化中,固然有各级政府提倡改善民生、鼓励改善劳动者收入[②]及改善整个国民收入分配和再分配上的努力,但是与此同时,也不能忽视随着中国市场化进程的推进,市场本身也会根据经济发展阶段调整各种生产要素在经济增长中所获得的回报,从而导致国民收入分配格局的改变。从根本上说,它体现了中国经济发展到现阶段,对于经济结构优化和提高经济增长质量的客观要求。从本章

---

① 根据当时的统计,中国按汇率法计算的2010年GDP超过了日本,而根据后来世界银行的数据,中国按汇率法计算的GDP在2009年就超过了日本。

② 由第十届全国人民代表大会常务委员会第二十八次会议于2007年6月29日修订通过,自2008年1月1日起施行的《中华人民共和国劳动合同法》在完善中国的劳动合同制度、保护劳动者的合法权益方面,发挥了重要作用。

对资金流量表以及城乡居民收入分配情况的分析中可以看出,2008年前后是一个重要的时间节点,随着中国经济总量扩张到一定的规模,对各个方面(经济、社会、资源、环境等)的均衡发展提出了更高的要求。在经济活动中,传统的由高积累、高投资所拉动的高速经济增长,逐渐开始转变为投资和消费均衡发展所带动的中高速经济增长。这也解释了国家对全球金融危机后所采取的"积极的宏观经济政策"实行"择机退出"后,中国为什么会进入经济增长的"新常态"。在这种"新常态"下,中国经济增长虽然有所放缓,年均增长率下降了3%左右,但是各种经济结构尤其是国民收入的分配结构正在不断改善,这是有利于中国的经济和社会的长远发展的。

具体地看,本章通过对非金融企业部门、金融机构部门、政府部门和住户部门(居民)以及整个国民经济收入分配流量的分析和研究,得出如下研究结论:

第一,非金融企业部门在经过一轮较快的发展之后,从2008年起,在国民收入分配中的份额开始逐渐降低,经营中的成本压力在不断增加,目前正处于发展困难时期。非金融企业部门是从事实体经济活动的主要部门。进入21世纪以后,它的发展可以划分为两个大的发展阶段,一是2000—2008年的收入(初次收入与再分配收入)比重逐渐上升阶段。就本部门看,企业初次分配总收入占增加值的比重由33.4%上升为40.1%,可支配总收入(再分配后收入)占增加值的比重由31%提高到35.2%。就其和整个国民经济的关系看,增加值占GDP的比重由55.8%上升到59.2%,初次分配总收入占国民总收入的比重由18.9%上升到23.6%,可支配收入占国民可支配总收入的比重由17.4%上升到20.5%。从各种比重的变化上看,非金融企业部门在国民经济中的份额都在提升。二是2008—2012年的比重逐渐回落阶段。就本部门看,初次分配总收入占增加值的比重由40.1%下降为31.7%,可支配收入占增加值的比重由35.2%下降为25.8%。就其和整个国民经济的关系看,增加值占GDP的比重由59.2%下降为59.8%,初次分配总收入占国民总收入的比重由23.6%下降为18.7%,可支配收入占国民可支配总收入的比重由20.5%下降为15.2%。增加值占GDP的比重下降的幅度不大,但是初次分配收入占国民总收入以及可支配收入占国民可支配总收入的比重下降的幅度却很大。也就是说,非金融企业部门在保持和国民经济基本上同步增长的同时,可以用于发展生产和投资的自有资金(收入)的增长率却是不同步的,明显地低于增加值的增长以及其他部门收入的增长。出现这种现象主要有三方面的原因,一是劳动成本在上升,二是税收压力有所增大(生产税和收入税的增长率均高于增加值的名义增长率),三是对金融机构等的利息净支出的增长较快。总体上看,非金融企业经历了在前期较为宽松的环境中的发展之后,从2008年起整体的经营成本开始上升,企业生存和发展的条件更为严峻。这其中固然有企业自身的原因,如在经济景气时期通过高杠杆来加快扩张、盲目投资的现象比较普遍,市场创新和技术创新不足,当市场需求变弱时,很多企业的经营就变得不可持续。另外一方面,也存在着一些外部因素,包括企业社保负担较重、对金融机构还本付息的压力在增大以及政府的减税措施落实较慢等,这都在短期内迅速加大了企业经营的压力。因此,在鼓励企业加强市场竞争、加大制度和技术创新的力度的同时,也必须考虑应当适当地减轻企业的负担,在实体经济稳健发展的基础上为全社会提供更多的福利。从发展前景看,正如亚洲金融危机后非金融企业部门经过改革,又重新迎来一个较好的发展时期一样,目前我国的企业发展虽然面临着较大的压力和很多困难,但经过产业结构和其他经济结构的调整,再加上国家的各种扶持措施,这一部门有可能在不久的将来渡过最困难的时期,迎来新一轮较好的发展。

第二,进入 21 世纪以来,金融机构部门在国民经济活动中的作用在不断增大,我国经济发展对金融机构的依赖性也在不断增加,这一方面促进了经济增长,但另一方面也改变了我国的收入分配格局,同时也积累了金融风险。处理好金融发展和实体经济之间的关系,是当前我国经济发展中所应该解决的重要矛盾。和非金融企业的发展不同,金融机构在 2008 年前后,从分配和再分配的变化上看,没有发展趋势上的反转,它在国民收入中的份额是持续上升的。2000—2012 年金融机构增加值的增长快于整个国民经济的平均水平,GDP 的名义年均增长率为 14.8%,而金融机构增加值的名义年均增长率达到了 17.6%。就本部门看,初次分配总收入为增加值的比重由 19.4% 提高到 72.3%,可支配总收入为增加值的比重从 12.7% 上升到 58.7%,提高的幅度非常大。就金融机构和整个国民经济的关系看,部门增加值占 GDP 的比重从 4.1% 提高到 5.5%,初次分配收入占国民总收入的比重由 0.8% 提高到 4.0%,可支配收入占国民可支配总收入的比重由 0.5% 提升到 3.3%。这种比重的提升,主要影响因素在于金融机构存贷款规模的迅速增加,导致了金融机构财产净收入(主要是利息净收入)在国民总收入中的比重不断提升。这种提升意味着金融机构付给居民和其他存款单位的存款利息总额的增长相对较慢,而向非金融企业和其他贷款人收取的贷款利息总额增长相对较快,在金融机构收入增长的同时,企业的资金成本也在上升。企业在银行获得的融资,大部分不是为了维持正常的经营而是进行扩张,从非金融企业的储蓄、固定资本形成与净金融投资之间的数量关系上,可以清楚地看出这种联系。在经济发展的景气时期,很多企业借助银行贷款,以较高的杠杆进行投资扩张,但到了经济调整时期,所形成的生产能力不能被市场消化,其中相当一部分企业的经营就会遇到困难,实际上已经没有了还款的能力或者是在未来还款的能力,但是仍然能够支付利息。这时候,商业银行和其他金融机构的不良贷款事实上已经形成,但是并没有明显地表现出来。如果这些企业不能走出困境,商业银行和其他金融机构就会受到巨大损失。所以从表面上看,我国的金融机构虽然没有像非金融企业部门那样出现转折,但是由于它们之间的相互依存关系,金融机构不可能独善其身。所以在目前的转折时期,不仅政府要减轻企业的负担,解决它们经营中的实际困难,金融机构也应该这样做,企业发展了,金融机构才能发展得更好。

第三,政府部门的收入主要来自其他机构部门的贡献,自进入21世纪以来,政府部门的收入在各个机构部门中增长得是最快的。2000—2012年政府部门初次分配收入占国民总收入的比重由13.1%提升到15.6%,可支配收入占国民可支配总收入的比重由14.5%上升到19.5%。随着我国经济社会的发展,越来越多的方面的问题需要政府增加支出来解决,如行使政府职能、国防建设、基础设施建设、公共事业支出(教育、科学、文化等)、社会保障(医疗、失业保险、养老保障)等,因此政府的钱总是不够花的。由于过去欠账较多(尤其是民生方面),在全面建成小康社会的决胜阶段,政府确实在一些方面应该扩大支出。但在另外一方面,要考虑政府收入应该和经济增长之间相互适应,政府收入增长相对较慢,可能满足不了公共服务发展的需求;反之,政府部门的可支配收入增长相对过快,就可能影响其他机构部门的利益,进而可能影响其他机构部门投资和消费甚至是整个国民经济的增长和发展。那样的话,短期看来政府的收入改善了,但长期看来可能因为政府掌握的资源太多,效率又不高;而直接生产部门却可能因为收入不足而不能充分发展。从进入21世纪以后的情况看,我国政府部门的可支配收入增长偏快,前一阶段(2008年前)对居民部门的收入有一定的影响,后一阶段(2008年后)则对非金融企业部门的收入有一定的影响。这些年来国家实行了一系列减税措施,尤其是近两年来,国家全面推行营业税改为增值税的改革,力度较大,减轻了企业的负担。但是从现在的情况看,国家仍然有减税的空间尤其是在生产税方面存在减税的空间,这一方面是因为政府的收入在过去十多年中一直增长较快,现在可以根据经济发展的需要适度降低增长率,另外一方面,政府的收入主要是通过对其他机构部门尤其是企业部门的税收(当然还有其他收入)形成的,企业部门发展了,政府的税收就有可能增加。从税种的关系上看,生产税(间接税)降低了,但企业发展了,收入税(直接税)也可能增加。所以适度的减税政策从短期看来可能减少一点政府税收,但从中长期看则可以利民利国。在企业发展情况较好的时候,可以根据实际情况改革税制和调整税率。

第四,近些年来,我国住户部门的收入有比较明显的增加,居民家庭的收入分配也有比较明显的改善。从整体上看,居民部门在整个国民经济初次分配和再分配的比重,在2000—2012年经过了一个逐渐下降再重新上升的过程。2000—2008年住户部门的增加值占GDP的比重从32.2%下降到26.6%,初次分配收入占国民总收入的比重由67.2%下降为58.7%,可支配收入占国民可支配总收入的比重由67.5%下降为58.3%,下降的幅度很大。这其中有多方面原因:一是在加速工业化推进的高速增长进程中,企业部门具有规模经济的优势,可以迅速通过扩大投资来加速发展,金融机构的融资则更进一步推动了这种发展,而住户部门中的个体经济则大多保持了正常的增长,其增长率偏低;二是住户部门的主要收入来源于劳动报酬,而在这一时期,从名义增长率上看,劳动报酬的增长低于经济增长,这也导致住户部门收入(包括初次分配收入和再分配收入)的比重下降。住户部门收入也就是居民家庭收入增长率偏低,有可能影响居民最终消费的增长,而如果同时又伴随着居民收入差异的扩大化,这种影响的效应就更加明显。从2008年起,这种趋势发生了反转。2008—2012年住户部门的增加值占GDP的比重从26.6%上升为28.0%,初次分配收入占国民总收入的比重从58.7%上升到61.6%,可支配收入占国民可支配收入的比重由58.3%上升为62.0%。虽然这些比重还没有恢复到2000年的水平,但已经有了明显改善。从生产活动上看,个体经济由于其反周期的特点,仍然保持着稳健的增长,并为就业和服务业的发展做出了很大的贡献。从收入上看,居民家庭收入的增长率明显提高,收入分配差异明显改善,人民生活水平有较大的提高,并因而拉动了消费和居民投资的发展。

  从整体上看,进入21世纪后,我国的国民收入分配格局的变化和发展可以分为两个大的阶段,2000—2008年为第一阶段,这一阶段的结构变化特点是非金融企业在国民经济中的比重在不断上升,住户部门的比重在下降,而在住户部门内部,收入分配差异在扩大化;2008年到现在为第二阶段,这一阶段结构变化的特点为住户部门的比重在上升,收入分配差异在减少,非金融企业的比重在下降。而政府部门和金融机构所占比重在两个阶段都是上升的。这种变化说明整个收入分配格局在好转,由于居民部门的收入分配在改善,对内需尤其是居民最终消费形成了稳健的拉动,这对未来5—10年的经济增长将产生积极的影响。但是在另外一方面,由于在前一个发展阶段中企业部门收入增长较快,再加上金融机构提供的融资,非金融企业部门尤其是重化工业投资增长过快,产能过剩和资金紧缺同时存在,无论是增加值、初次分配收入和可支配收入的增长都在放慢,在国民经济中的比例开始减少。这种现象一方面说明企业部门在国民经济中的比例回归正常反映了经济发展的客观要求,这也是为什么我国的宏观刺激政策在2011年才实施"择机退出",但国民收入的结构调整早在2008年就开始进行自发的调整,但在另外一方面,如果国家不采取适当的措施,让这样的结构调整进行得过为剧烈,那么对非金融企业部门的发展就会带来较大的影响,并进而增加金融机构的风险,影响到居民和政府收入的稳步增长。从现在的情况看,中国收入分配格局正在向好的方面转化,风险仍然在可控范围内。国家应该根据实际情况,适当减轻企业的负担,包括税收、融资甚至是劳动成本方面的负担,通过对国民收入和居民收入分配的进一步调节和优化,让企业部门能够更加平稳地实现转型和结构升级。这就会为我们实现全面建成小康的目标提供更好的支持。

第七章 人口、就业与经济增长

第一节 新常态与人口政策

中国经济已经进入了"新常态",这是目前学术界基本达成的共识。那么,中国经济"新常态"的根源是什么?面对"新常态",中国的人口政策该如何选择?

本章将分析研究这些问题,首先论述人口红利对中国经济最近 35 年高速增长的贡献,然后指出人口形势的变化是中国经济"新常态"的主要根源之一,最后讨论人口政策的调整,建议我国立即彻底取消计划生育政策,并转而鼓励生育。

一、人口红利是最近 30 年中国经济增长的主要原因之一

中国自 1978 年改革开放以来,经历了三十多年高速的经济增长,创造了一个经济增长的神话。中国经济持续高速增长的一部分原因归功于"人口红利"。事实上,"人口红利"不单发生在中国,也同样发生在东亚,作为"东亚奇迹"出现的重要原因之一被普遍接受。

人口红利指的是经济体中劳动年龄人口比重较高的一种人口结构,在这种情况下,社会整体的生产性较强、社会负担率较低、储蓄水平高,这些都从不同方面对一国经济增长起到促进作用;其实质是人口转变过程中人口年龄结构的优势。随着经济社会的发展,一个国家要经历三种人口状态:(1) 高出生率、高死亡率和低自然增长率;(2) 高出生率、低死亡率和高自然增长率;(3) 低出生率、低死亡率和低自然增长率。一般情况下,一个国家首先经历第一种状态,然后随着经济的发展和国家卫生水平的改善,死亡率会急剧下降,从而进入第二个状态;随后,出生率也会快速降低,从而进入第三种状态。一般而言,每一个国家根据经济发展程度会依次经历这三个阶段。由于出生率和死亡率下降的时点不同,就会相应地出现从高少儿抚养比到高适龄劳动人口比重再到高老年抚养比三个阶段的不同人口特征,而人口红利就出现在第二阶段。此时,在总人口中,处于工作年龄的人口比重较大,社会抚养率较低,国民储蓄率较高。[①]

从其他经济体的情况来看,日本、韩国、新加坡、中国香港等国家和地区在 20

---

① 参见黄伊星,"中国人口红利问题综述",《商》,2014 年第 20 期,第 39—40 页。

世纪60年代以来实现的"东亚奇迹"都发生在人口红利期。中国也不例外,从20世纪70年代中期开始,中国进入了人口红利期,实现了连续三十多年的高速经济增长,创造了一个不亚于"东亚奇迹"的经济增长神话。当然,造成经济高速增长的原因还有许多,比如经济改革等,但人口红利显然是重要因素之一。

人口红利通过以下渠道促进经济增长:

第一,在人口红利期,劳动力增长率较高,这直接导致经济潜在增长率提高。人口红利与劳动力供给直接联系,在人口红利期,经济中存在更多的适龄劳动人口,导致劳动力供给增加较快,而劳动力是经济增长的重要因素之一,更多的劳动力进入生产环节会拉动经济的快速增长。

第二,人口红利有利于国民储蓄的提高。在人口红利期,社会抚养比较低,这就提高了储蓄率和投资率,有利于资本形成,从而带来潜在增长率的增长。

第三,人口红利期年轻人比例较高,而年轻人是最富有创新精神的,所以经济的技术进步率也会较高。

第四,在发展中国家,还存在跟人口红利相关的劳动力配置效率的影响。一般来说,当发展中国家处于人口红利期时,经济的高速发展往往伴随着城市化和工业化进程,大量的劳动人口从农村进入城市,从农业部门进入工业部门,使得劳动力资源被配置到效率更好的部门中,从而推动经济的发展。

二、中国人口形势与经济的"新常态":从人口红利到人口负债

易富贤和苏剑撰写了一份关于中国2015—2080年的人口展望报告。在这份报告中,他们考虑了中国人口变动的5种可能性,本章只考虑其中最可能出现的情形,即他们报告中的低方案①。按照他们的估计,在低方案下,中国的总人口将从2010年的12.67亿减少到2080年的7.35亿,减少42%②,如图7.1所示。

他们的预测跟其他研究者的成果差异较大:一是他们认为中国的人口峰值不可能超过14亿;二是峰值到来的时间比其他人的预测要早十几年。有些学者认为中国的人口峰值大概在2035年前后才会到来,他们认为中国的人口峰值很快就会到来。

中国的劳动力形势更为严峻。根据他们的估计,中国的工作年龄人口在2015年到达峰值9.24亿,2080年的时候降到3.39亿,如图7.2所示。

---

① 根据他们的研究,不管是哪种方案,中国人口基本上都在2023年达到峰值,峰值人口是13.8亿—14.0亿。

② 易富贤、苏剑:"从单独二孩实践看生育意愿和人口政策:2015—2080年中国人口形势展望",《中国发展观察》,2014年第12期。

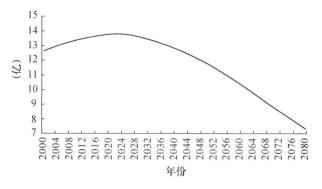

图 7.1　2000—2080 年中国的人口数

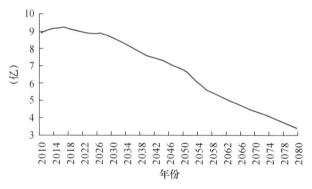

图 7.2　2011—2080 年中国 20—64 岁人口数

65 年时间,中国的工作年龄人口减少了 2/3,绝对数将减少近 6 个亿;平均每年减少 900 万,年均增长率为－1.54%。如果中国产出的劳动力弹性是 0.5,那就意味着每年的潜在增长率因此一项就会下降近 0.8 个百分点;随着以后中国劳动力越来越短缺,中国产出的劳动力弹性将会逐步提高,如果达到美国的水平 0.7,仅受此项影响,中国的潜在产出增长率将下降 1.1 个百分点。在中国经济金融"新常态"的情况下,1.1 个百分点的增长率下降幅度是非常显著的。试想,2014年中国政府为了把中国的经济增长率维持在 7.5% 左右,使出了浑身解数,最后还是差 0.1 个百分点。

与劳动力数量的减少相对应,中国的社会抚养比将迅速提高,如图 7.3 所示。中国的社会抚养比 2014 年最低,为 31.9%,到 2080 年将高达 53.9%。

因此,随着中国人口形势的变化,中国的人口红利将迅速消失,并进入人口负债期。在这一时期,工作年龄人口的比重下降,老龄化问题越来越严重,社会储蓄率下降,社会养老负担将越来越严重,经济的潜在增长率大幅度下滑。

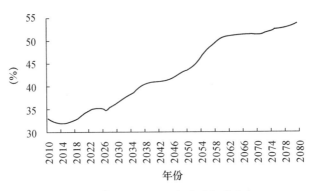

图 7.3　2011—2080 年中国抚养比

中国严重的劳动力锐减和老龄化形势,是中国经济"新常态"的主要特征之一,对中国经济必将产生重要影响。在人口红利期,人口红利促进了中国经济的增长,在人口负债期,人口红利的消失将抑制中国经济的增长①。实际上,近年来的"民工荒"、劳动力工资快速上涨、外资企业撤离中国等现象无一不跟中国的劳动力形势密切相关。

三、面对"新常态",中国应该取消计划生育政策,并转向鼓励生育

面对如此严重的人口和劳动力形势,中国应该立即彻底取消计划生育政策,并转向鼓励生育。虽然有人一直担心取消计划生育政策会导致人口爆炸,但"单独二孩"政策实施一年来的实践证明,这种担心是不必要的。

实际上,经过几十年计划生育政策的宣传,以及中国经济社会的发展,中国目前的生育率很可能已经不受计划生育政策的约束,也就是说,中国新的生育文化和观念已经形成,目前这个极低的生育率很可能是老百姓的自然选择,而不是计划生育政策的结果。最近一些网站对中国人生育愿望的调查显示,中国人的生育愿望已经很低。面对"如果放开二胎政策,你愿意生第二个孩子吗?"这个问题,60%的人选择"不生",只有 27%的人选择"生";在被问及"如果不打算生二胎,原因是什么?"时,80%的人选择"养育成本"太高。

如果担心立即彻底放开二胎会导致人口爆炸,可以采取"小步快走"的方式调整人口政策。比如,可以先在一些省份放开试点,尤其是少数民族地区,然后看情况逐步向全国推广;也可以按照育龄妇女的年龄设计政策,比如对 30 岁以上的妇女先放开。俗话说,"不怕慢,就怕站",只要调整就会有进展。这次"单独二孩"政策的实施就是一次非常好的探试,它的效果打破了所谓的主流人口学家"人口失控"的恐吓,让所有人都认识到了这种观点是极端错误的。为了应对未来的人口

---

① 郭晗、任保平:"人口红利变化与中国经济发展方式转变",《当代财经》,2014 年第 3 期,第 5—12 页。

新形势,我们不仅应该立即取消计划生育政策,还应该尽快转向鼓励生育。劳动力短缺、人口老龄化将是中国经济以后"新常态"的重要特征,没有了人就什么都做不成,鼓励生育已经迫在眉睫。

第二节 现阶段中国经济增长与就业的关系

2004—2013年,我国进行了三次大规模的全国经济普查,得到了更加准确的GDP与就业的行业分类数据,本节将运用这些数据资料并结合我国经济增长的新变化,研究现阶段经济总量和结构变化对就业的影响。

一、对奥肯定律的再研究

经济增长和就业是密切联系的。1936年,凯恩斯在他的代表作《就业、利息和货币通论》中创建了现代宏观经济理论。这一著作从标题上看,讨论的是货币政策和就业之间的关系,但是从内容上看,主要讨论的是国民收入和它的各个分量的增长与财政、货币政策的相互关系,而充分就业则是在经济成长的过程中实现的。在后来的统计实践中,国民收入的概念又被具体化,发展成为GDP指标,用来反映各个国家和地区的现实的经济增长。所以在凯恩斯的理论中,就业和经济增长就是一个事物的两个方面,实现持续的经济增长需要政府宏观经济政策的干预,一旦实现了较好的经济增长,就业就会得到明显改善。奥肯根据美国自第二次世界大战至1960年的季度GNP增长率和失业率数据,研究这一时期美国经济增长率与失业率之间的数量关系(Okun,1962)。他首先把4%的失业率设定为在自由市场经济制度下保持价格稳定和实现最大产出时的充分就业评价标准,也就是说,当失业率在4%时,美国的潜在经济增长率和实际经济增长率会达到一致(1947—1953年的年均潜在增长率为4.5%,1953—1962年为3.5%)。失业率高于4%时,说明社会中有闲置的资源没有被合理利用,实际增长会低于潜在的经济增长能力;而失业率低于4%的情况大多出现在经济周期的高峰时期,用现在的话来说,就是出现了经济过热,只能维持很短的一段时期。在大多数情况下,实际的经济增长率是低于潜在增长率的,因此在大多数情况下,失业率也在充分就业的标准之下(二战后至20世纪60年代初,美国的失业率在3%—7%波动)。奥肯用多种统计方法进行测算后,得出的结论是当实际增长率低于潜在增长率3个百分点时,将会使失业率平均提高约1个百分点,或者简单地说,经济增长率每变动1个百分点,将会使失业率反向变动约0.33个百分点。这就是著名的奥肯定律(Okun's Law)。奥肯定律是对美国二战后至20世纪60年代初期经济活动的经验描述和统计归纳,由于各个国家经济和地区在经济增长和就业条件上的差异,二者的具体数量关系也可能有所不同。Abel和Bernanke(2005)对美国近年来数据的研究表明,现在美国经济增长率每变动2个百分点,对失业率的影响在1个百

分点左右。但是在发达市场经济国家中,用奥肯定律所提供的方法所探索的经济增长率和失业率之间的数量关系及统计规律,在大多数情况下确实是存在的。因此,在欧美发达国家失业率出现上升时,改善的手段首先就是促进经济增长。

奥肯定律是对复杂的经济增长和就业活动高度概括后进行的总量分析,事实上已经包含了一系列先决或假设条件,如总需求和总供给相对均衡并保持稳定,劳动力数量、劳动时间、劳动报酬、劳动生产率、劳动力的部门结构等的变化是稳定的,等等。奥肯在当年的论文中对这些条件都进行了讨论,因此,奥肯定律所揭示的原理虽然具有普遍性(即经济增长改善就业,充分就业基础上所实现经济增长反映了潜在经济增长等),但是经济增长和充分就业之间是否存在着稳定的数量关系或统计规律?这种数量关系是什么样的?如果存在,它又能保持多久?这些问题在不同的市场环境、宏观背景以及发展阶段下,所得出的答案都可能不同。相比较而言,在已经完成工业化并形成了相对稳定的产业结构和就业结构、市场经济发达、政府宏观经济政策相对稳定、经济发展相对平稳的欧美发达国家(如奥肯所研究的二战后至1962年的美国),进行类似的研究比较容易得到有说服力的结论,而在新兴国家、发展中国家以及各种经济转轨中的国家,由于各方面的条件在迅速发生变化,通过类似的总量分析得出的结论往往会出现比较大的偏差,所以说,一个能够解释一切国家的任何经济发展阶段的增长和就业的数量关系的定律,事实上是不存在的。①

所谓的"失业率",大多数国家采用的事实上是非农产业的失业率,即非农产业的劳动力中的失业(有求职意愿并且失去工作)人数占全部非农劳动力人数(就业人数+失业人数)的比重。因为在现代经济中,由于农业生产的特点,无论是在农业企业中就业,还是以家庭为基本生产单位进行生产活动,就业都是相对稳定的,受经济周期的影响不大,可以认为是接近完全就业,没有必要对它进行持续的观察;而非农行业则不同,可能随着经济周期以及其他方面的影响不断地出现失业和再就业,失业率的变化直接反映了宏观经济形势的变化。所以,各国一般所说的失业率,指的就是非农产业的失业率。非农产业失业率和城镇失业率的概念不完全相同,因为在农村也可能有非农产业的发展。世界各国公布的失业率大多是非农产业失业率。它是一个最重要的宏观调控目标或者是经济发展目标。我们国家目前公布的城镇登记失业率指标,就"登记"而言,和发达市场经济国家所采用的"失业率"指标是一致的,在欧美各国,同样也是不登记就表示没有就业意

---

① 很多文献和教科书在解释奥肯定律时,只提到实际经济增长率低于潜在增长率2个百分点,将会使失业率增加1个百分点,而没有指出得出这种数量关系的背景和条件,这实际上是违背"奥肯定律"的原意的。

愿,就不被认为是失业人口。但使用"城镇"的概念则和"非农"略有不同,但是非农产业主要还是在城镇发展,所以"非农失业"和"城镇失业"之间也不会有显著的差别。我国进入21世纪以来,"城镇登记失业率"一直保持在4.5%左右,低于大多数发达国家(以非农产业为口径计量的)失业率的一般水平,这其实反映了我国高速经济增长对城镇充分就业的保障作用。

但是在另外一方面也要看到,中国和欧美发达市场经济国家在非农就业或城镇就业方面所面临的难题是不同的。在欧美发达国家,从体制上看,市场经济已经发展得相当完善;从产业结构上看,工业化已经完成,农业增加值和劳动力占整个国民经济的比重大多已经降至很低的水平(5%以下),而且早已稳定下来(奥肯所研究的美国二战后的就业就属于这种情况,欧洲主要国家在二战以前也大多已经完成了工业化和城市化),产业结构的升级主要体现在非农产业中,尤其体现为高科技、金融、教育科学文化、医疗等现代服务业的发展;从城乡关系来看,城乡发展上的巨大差别已经不复存在,换句话说,二元经济结构已经转化为一元经济结构,劳动人口由农村向城市的大规模转移已经成为历史。而中国则处于由发展中国家向新兴工业化国家迅速发展的阶段中,虽然已经成为上中等收入国家,但经济发展水平和发达国家之间还存在着很大差距。从经济体制上看,中国虽然已经建立和发展了社会主义市场经济体系,但仍然处于由计划经济向市场经济转轨的过程中,如城乡之间在户籍管理、社会保障等方面还存在着严格的行政分割,各种行政审批及财政收支还带有浓厚的计划经济色彩,我们现在的深化经济体制改革就是要进一步推动市场化改革和转轨进程;从产业结构上看,中国正处于产业结构变动最活跃的阶段,农业或第一产业增加值占GDP的比重正在迅速下降,现在已经降低到10%以下,这就必然要带动农业劳动力迅速地向非农产业转移,而在非农产业中,第三产业增加值的比重现在也开始进入迅速提升阶段,导致非农产业中的就业结构也在迅速发生变化;从城乡关系来看,我国长期以来经济发展中的二元化结构现在发生了明显的变化,城市化进程开始加快,正在向一元化结构转化。这就决定了我国的就业目标和发达国家之间存在着明显的差别,仅仅对静态的城镇劳动力保持较低的失业率是远远不够的,还要解决大量由农业领域转移到非农业领域、由农村转移到城镇的动态劳动力的就业问题。在城乡二元化经济结构下,这样一类就业带来的失业问题相对来说是容易解决的,只要把那些临时转入城市、转入非农产业的劳动力再转回农村或再转回农业就可以了。在很长一段时间里,尤其是在20世纪80年代和90年代,我们就是这样做的。其实这是一种隐性失业,因为农业已经无法容纳或者说不需要那么多的劳动力,所以才向非农产业转移,但现在由于经济周期或者其他方面的原因,这些已经在非农产业就业的劳动力又失去了工作,但又不能在城里"登记"失业,只好再回农村。从这个角度看,我们当时的"城镇登记失业率"确实存在着对真实失业率的低估,但低估的程度到底有多少却很难计算。但是现在情况正在逐渐发生变化,农村劳动力向城市持续多年的大规模转移,已经越来越使得这种转移不可逆转。这样的劳动力及其相应的人口转移还在继续,直到我国的工业化和城市化过程基本上完成,这种转移才会缓和下来。这实际上意味着在现阶段我们有着和工业化国家或发达国家不同的就业目标,或者说,我们的充分就业的定义和他们有所不同,我们不仅要解决城镇劳动力存量的就业,还要解决大量的由农村转来的劳动力增量的就业。从具体目标来看,就是要在保证城镇登记失业率不发生显著变动(即保证城镇充分就业)的前提下,稳健地通过经济增长吸纳或消化由农村转移而来的劳动力。可以看出,中国现阶段的情况和奥肯定律的假设条件或先决条件存在着明显的差异,在奥肯定律中,失业率的分母可以看成是一个常量(变化是有限的),而在中国,非农产业失业率的分母则是个变量(持续地发生变化)。在奥肯定律中,产业结构和就业结构的变化不会对增长和就业的总量关系发生显著性的影响,但在中国,迅速的工业化进程带来的产业结构升级,无论对增长还是就业都在发生着重要的影响,二者的总量关系也在发生着变化。因此,用奥肯定律的方法来探索和总结我国当前经济发展中经济增长和就业的关系将可能出现比较大的偏差,应该通过更加深入和细致的结构分析的方法来研究二者之间的数量关系,并在此基础上探索如何改善我们的经济发展目标。

二、2004—2013 年我国三大产业的结构变化

进入 21 世纪后,我国以 2004 年、2008 年和 2013 年的 12 月 31 日为标准时点,进行了三次大规模的全国经济普查,得到了以法人单位和个体经营户为基本调查对象的国民经济各个行业的增加值和就业的详细数据。根据新的普查结果,国家统计局不仅对原有的 GDP 总量数字进行了修正,还公布了 GDP 的国民经济行业分类数据以及在相同分类下的就业数据,为我们进行经济增长和就业关系的总量和结构分析提供了数据基础。表 7.1 就是根据三次全国经济普查的公报、相关年份的《中国经济普查年鉴》和《中国统计年鉴》中的相关数据整理而得到的结果,其中的非农业就业的分类数据主要来自全国经济普查数据(包括法人单位就业和有证照个体经营户的就业),增加值数据主要来自《中国统计年鉴》(2013 年的三次产业数据为普查调整后的结果)。从这三个时点的经济总量及就业数据以及相应的时期中所反映出来的变化,可以看出中国近年来经济发展的一系列重要变化。

表 7.1　三次全国经济普查年份的增加值和就业人数

	增加值（亿元）			就业（万人）		
	2004 年	2008 年	2013 年	2004 年	2008 年	2013 年
第一产业	21 412.7	33 702.0	55 322.0	34 830.0	29 923.0	24 171.0
第二产业	73 904.3	149 003.4	256 810.0	13 900.6	17 338.8	20 398.5
第三产业	64 561.3	131 340.0	275 887.0	13 019.8	17 971.7	24 217.2
三大产业合计	159 878.3	314 045.4	588 019.0	61 750.4	65 233.5	68 786.7

资料来源：根据三次全国经济普查公报、《中国经济普查年鉴》《中国统计年鉴》数据综合整理。

第一，从增加值结构和就业结构的变化上，可以看出工业化和城市化进程都在不断推进，工业化的发展领先于城市化，而城市化的发展快于工业化。如果我们把增加值结构中农业产值所占的比重看成是中国工业化进程的标志（工业化进程导致农业在国民经济中的比重下降和非农产业的比重上升），而把就业结构中农业就业的比重看成是中国城市化进程的标志（城市化进程主要表现为在城市中非农部门就业的劳动力比重的提高[①]）。那么，2004—2013 年这十年间，我国的工业化和城市化进程表现出这样几个特点，一是工业化进程仍然在推进，但是随着经济发展水平的提升，农业占 GDP 的比重的降幅在减少，2004—2008 年，第一产业增加值的比重下降了 2.7%，但是 2008—2013 年仅下降了 1.3%。二是工业化进程领先于城市化进程，但是二者之间的差距在迅速减少。从表 7.2 中可以看到，无论是 2004 年还是 2013 年，我国增加值结构中农业或第一产业的比重都要明显地小于就业结构中的农业比重，2004 年农业增加值占 GDP 的比重与农业就业占全部就业的比重相比，低了 43%，2008 年低 35.2%，2013 年低 25.7%。三是城市化和工业化之间的差距在迅速减少，从前面的比较中可以看出，二者之间的差距在 10 年间下降了 17.3%。从各自的变化来看，2004—2013 年农业增加值的比重下降了 4%，而农业就业的比重下降了 21.3%。这说明这一期间高速经济增长下的工业化进程，对城市化做出了积极的贡献。

[①] 农村也存在着一定数量的非农产业，在城市非农产业就业的劳动力的家庭成员可能仍然生活在农村，因此，非农产业劳动力比重的增加和城市人口比重的增加不可能完全相同，但是发展趋势应该是一致的，农业和非农业劳动力结构的变化反映了城乡人口变动的发展趋势。

表 7.2　三次全国经济普查的增加值和就业结构的变化　　　　　　单位:%

	增加值			就业		
	2004 年	2008 年	2013 年	2004 年	2008 年	2013 年
第一产业	13.4	10.7	9.4	56.4	45.9	35.1
第二产业	46.2	47.4	43.7	22.5	26.6	29.7
第三产业	40.4	41.8	46.9	21.1	27.5	35.2
三大产业合计	100	100	100	100	100	100

资料来源:根据表 7.1 数据计算。

第二,从三次产业的增加值结构上看,我国的工业化已经进入后期,第三产业开始成为经济增长中的主导产业,这将进一步改善我国的就业结构,推进城市化和现代化进程。从增加值结构上看,2004 年我国三次产业的结构为 13.4∶46.2∶40.4,2008 年为 10.7∶47.4∶41.8,这一时期的经济增长的结构特征是第二产业增加值的比重仍然在提高(增加了 1.2%),第三产业的比重没有发生显著性变化(增加了 1.4%),这说明在 2008 年以前(尤其是在进入了 21 世纪后的新一轮经济发展周期中),中国经济仍然是以第二产业(尤其是制造业)为主导行业的,不仅增加率高(按不变价格),而且比重在扩大(按当年价格)。但是到了 2008 年后,情况发生了变化,2013 年三次产业的比重发展为 9.4∶43.7∶46.9,反映出第一和第二产业比重下降和第三产业比重上升的现象,第三产业的比重比第二次全国经济普查时提高了 5.1%,在历史上第一次超过第二产业,成为国民经济的新的主导产业。从增长率上看,2012—2014 年第三产业的增长率也连续三年超过了第二产业。这其实是我国的工业化进程由中后期向后期转化的一个重要特征。相应地,这种变化也反映在就业结构上,2004 年我国三次产业的就业结构是 56.4∶22.5∶21.1,农业占比最大,而且超过 50%,第三产业的就业比重低于第二产业,体现出明显的发展中国家的就业特点。到了 2008 年,这一结构发展为 45.9∶26.6∶27.5,虽然第一产业的就业比重仍然很高,但已经下降到一半以下,而第二产业和第三产业的就业比重有明显提高,分别提高了 4.1% 和 6.4%,第三产业的就业比重超过了第二产业,反映出我国的城市化进程正在迅速推进。到了 2013 年,这一比重进一步发展为 35.1∶29.7∶35.2,第一产业就业占比下降了 10.8%,第二产业提高了 3.1%,第三产业提高了 7.7%。可以看到,2008—2013 年第三产业就业有了显著的改善,在增加的非农就业中,第三产业的贡献在 70% 以上;而且从占比上看,已经超过了第一产业,成为我国最大的就业部门。通过对增加值结构变化与就业结构变化的比较分析可以看出,现阶段第三产业就业占比的提高,高于其增加值占比的幅度,这说明现阶段在类似的名义增长率下,第三产业能够吸纳的就业人数高于第二产业,这也解释了为什么中国经济增长进入新常态后,经济增长率在回落,但非农就业和由此推动的城市化进程却在加快。

三、对于经济和就业增长相互关系的分析

(一) 三大产业实际增长

2004—2013年,虽然第二和第三产业的增长率互有快慢,但就中长期(5—10年)趋势看,增长率大体一致,非农产业的增长率一般处于这两个产业的增长率之间,而权重已经达到了整个国民经济的90%左右,在整个经济增长中占支配地位。从图7.3中可以看到,从大趋势上看,这一时期(2004—2013年)按2004年可比价格计算的非农产业和全部产业的增加值曲线表现为两条近似平行的直线,斜率也很接近,第二产业和第三产业表现为两条近似平行的直线,相互之间的斜率也是近似的(但细致分析,可以看出相互之间的差距先是缩小,然后扩大,现在又开始缩小)。我国的第一产业在这些年中也是迅速增长的,年均增长率达到4.51%,这在世界上属于少见的农业高速增长,但是和我国的第二、第三产业相比,它的增长率就低了,从数量上看,绝对规模也比较小,因此在图形上近似于一条水平线。从总体上看,我国这一阶段的经济增长主要依赖于非农产业的贡献,而在非农产业中,第二产业和第三产业增长情况是接近的。

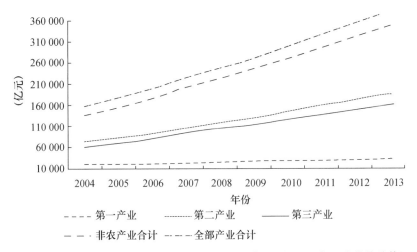

图7.4　2004—2013年中国各产业增加值变动情况(按2004年可比价格计算)

图7.4中所反映的长期趋势变化是按照2004年可比价格计算的增加值所反映的,但是在现实经济活动中,由于供求关系的影响,各个产业的价格总水平的上升幅度是不同的,其中第一产业价格总水平的上涨幅度最大,第三产业次之,而第二产业最小。这种价格变化上的差别,从根本上说,也反映着相关产业的产品或服务在市场上的供求关系。如果考虑到价格因素,按照现行价格反映的增加值变

动的长期趋势会略有变化。从图7.5中可以看到,2011年前后,第三产业的产出规模已经超过了第二产业,成为在国民经济中占比最大的产业。从近两年的经济增长数据看,第三产业的增长率也超过了第二产业,这是中国进入工业化后期的一个重要标志。第一产业仍然是最小的国民经济行业,但是其增长幅度显然超过了图7.3。

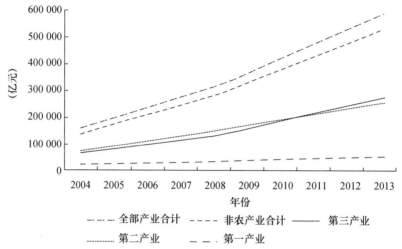

图7.5　2004—2013年中国各产业增加值变动情况(按当年现行价格计算)

资料来源:参见表7.1。

(二) 三大产业就业变化

经济增长以及产业结构升级带动的非农就业的迅速增长使中国的就业结构发生了巨大的变化。从图7.6中可以看出,在第一次和第三次全国经济普查年份之间,中国的全部就业人数是温和上升的(增速在逐渐减缓),增加了7 000万左右。但是分产业看,变化趋势却存在着很大的差别。农业就业在不断下降,第二产业和第三产业的就业人数都在增加,且第三产业的就业人数的增长高于第二产业。从绝对人数上看,2004年第三产业的就业人数是低于第二产业的,当然也低于第一产业,但到了2013年,第三产业的就业人数已经超过上升中的第二产业和下降中的第一产业,成为最大的就业部门。从图7.5反映的发展趋势上看,第三产业就业仍将保持较高的增长率;第二产业就业仍然保持增长,但增长率将可能逐渐回落;第一产业就业则是不断下降的。2016年前后,中国第一产业的就业人数会降到第二产业以下,从而形成类似于我国现阶段现代经济增加值结构的排序特征,即第三产业就业占比最高,第二产业次之,第一产业最低的就业结构。再往后,由于市场经济收益平均化规律的作用,就业结构在数值上即具体比例上也会向不断升级中的增加值结构靠拢。

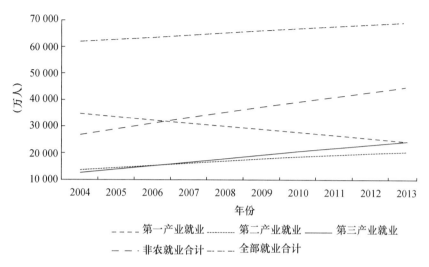

图 7.6 2004—2013 年中国各产业就业人数变化情况

资料来源:参见表 7.3。

(三) 经济增长与就业增长的关联分析

1. 分产业看就业对增加值增长的弹性系数及就业变化

2004—2013 年我国的高速经济增长极大地带动了我国非农就业的增长。从就业对经济增长的弹性系数看,GDP 每增长一个百分点,带动的整体就业(包括农业就业)是 0.12%(参见表 7.3(三),2004—2008 年、2008—2013 年以及 2004—2013 年都是如此),从增长率上看数值好像不高,但是如果和我国的全部就业人口相比,数量就相当高,2013 年我国的全部就业为 6.88 亿,其 0.12% 就是 82 万,如果 GDP 增长 7%,那么全部就业就会增加 578 万。

表 7.3 2004—2013 年三大产业就业对增长的弹性系数及影响 单位:%

年份	第一产业	第二产业	第三产业	非农产业合计	全部产业合计	非农就业对 GDP
(一) 年均增长率						
2004—2008	4.84	12.59	13.17	12.86	11.88	11.88
2008—2013	4.25	9.64	9.01	9.34	8.86	8.86
2004—2013	4.51	10.94	10.84	10.89	10.19	10.19

（续表）

年份	第一产业	第二产业	第三产业	非农产业合计	全部产业合计	非农就业对GDP
（二）就业年均增长率（几何平均数）						
2004—2008	-3.73	5.68	8.39	7.02	1.38	7.02
2008—2013	-4.18	3.30	6.15	4.79	1.07	4.79
2004—2013	-3.98	4.35	7.14	5.77	1.21	5.77
（三）就业对增加值增长的弹性系数						
2004—2008	-0.77	0.45	0.64	0.55	0.12	0.59
2008—2013	-0.98	0.34	0.68	0.51	0.12	0.54
2004—2013	-0.88	0.40	0.66	0.53	0.12	0.57

资料来源：根据表7.1和表7.2中相关数据计算。

在全部就业中，各个产业的就业变化情况是不同的，我们再分别考察各个产业的情况。

首先看第一产业。在表7.3（三）中可以看到，2004—2013年第一产业就业对增长的弹性系数（以下简称就业弹性）为-0.88，也就是说，第一产业每增长一个百分点，就业人数将下降0.88%。分阶段看，前一阶段（2004—2008年）的就业弹性为-0.77%，后一阶段为-0.98%，这说明在中国高速经济增长的大背景下，农业的增长和农业就业人数下降在同时发生，这就使得农业劳动生产率的增长快于其增加值的增长。这一期间（2004—2013年）农业的年均增长率为4.51%，而就业人数年均增长率为-3.98%，那么，以就业人数计算的劳动生产率的年均增长率则为$(104.51/96.02-1)\times100=8.84\%$，这是一个相当惊人的高增长。这也在相当程度上说明了为什么近些年来我国的农村居民可支配收入会有较快的增长。

其次看第二产业。2004—2013年的就业弹性为0.40，分阶段看，前一阶段的就业弹性为0.45，后一阶段为0.34，这说明这一时期第二产业的就业弹性是下降的，在前一阶段的加速工业化发展时期，劳动密集型尤其是加工出口型的劳动密集型企业发展迅速，由此导致了对劳动力需求的提升，但第二产业尤其是工业部门的特征就是通过科技和设备的应用来代替人力进而提高生产效率，所以到了一定的发展阶段，大型工业企业的发展主要是依赖于增加研发和投资来改进装备和生产能力，而不是依赖于劳动力的增加，因此从长期趋势看，这一行业的就业增长可能是递减的，甚至还有可能是降低的，但在现阶段，第二产业的发展仍然对我国的就业有积极的贡献。

再次看第三产业。在三大产业中，这一产业的就业弹性是最高的，2004—2013年的就业弹性为0.66，而且分阶段看，前一阶段的就业弹性为0.64，后一阶段则为 0.68,这说明随着中国经济增长和第三产业的发展,第三产业的就业弹性在增加。第三产业是服务性产业,而服务性活动对于劳动的依赖较大,吸纳劳动力的能力也更强。一个大国的工业化中前期,主要是通过工业及整个第二产业的发展来促进经济增长和经济发展,但到了工业化后期,第三产业将成为国民经济的主导性产业,这必然带来第三产业就业人数的迅速提升,我国目前就处于这一发展阶段。

最后看整个非农产业。2004—2013 年的就业弹性为 0.53,其中前一阶段为 0.55,后一阶段为 0.51,这说明非农就业对非农产业部门的增长的弹性在下降。从前面的分析中可以看出,在前后两个阶段中,第二产业的就业弹性是下降的,而第三产业的就业弹性是上升的,但是从程度上看,第二产业下降的程度(0.11)大于第三产业上升的程度(0.04),因此对整个非农产业的就业增长产生了影响。从具体的数值上看,0.51 的就业弹性系数意味着非农产业的增加值每增加一个百分点,可以使就业增长 0.51 个百分点。2013 年年底我国的非农就业总数为 4.46 亿,如果 GDP 增长在 7.5% 左右,非农产业增长将在 8% 左右,那么按照 0.51 的就业弹性系数,所带动的非农就业增长在 4% 左右,也就是在 1 700 万人左右。2015 年我国的经济增长率如果为 7%,非农产业的增长回落到 7.8%,那么带动的非农就业将在 4.63 亿的基础上再增长 3.9% 左右,约为 1 800 万。

2. 从年均增加值增长率与年均就业增量的关系看非农就业的增长

利用弹性系数分析增长和就业的关系,是在经济活动和就业按几何倍数增长的假定下进行的,对于国民经济及各个产业部门的生产活动而言,这一假定已经被过去多年的经验所证实,用几何平均数计算的年均经济增长能够较好地反映经济活动规模扩张的长期趋势。但是对于就业而言,从实际情况看,虽然随着基数(劳动力总数)的扩大,每年新增的就业人数(尤其是非农就业人数)也是逐渐增加的,但是变化相对较小。如 2011 年的"十二五"规划纲要中提出,"十二五"期间的就业目标是城镇新增就业 4 500 万人、转移农业劳动力 4 000 万人,具体地说,就是每年完成城镇新增就业 900 万人,转移农业劳动力 800 万人。每年的新增就业和转移农业劳动力的目标是按照数量相等而不是增长率相等来要求的。如果每年增加的就业人数是相近的,那么随着每年的劳动力总数的增加,就业人数的增长率将是逐年略减的,如果仍然用几何平均数来反映劳动力或就业的增长,就有可能出现一定程度的失真(对前期的增长率发生低估而对近期的增长有所高估),而用算术平均数来反映年均就业的增加,则可以避免这种情况。用算术平均数反映就业的增加程度还有一个好处是能够带来直观的分析结果,由于不同产业的基数不同,每增加一个百分点的就业所反映的人数可能有比较大的差别,算术平均方法可以直接地反映这种差别。好的解决方法是,同时用两种方法(即几何平均方法和算术平均方法)来考察就业的变动情况,再通过比较论证得出合理的分析结论。

表7.4列出了2004—2013年我国三大产业以及整个经济增长中就业情况所发生的变化。从整体上看,这一期间我国的每年新增就业(包括农业新增就业)为782万人,其中前一时期(2004—2008年)为697万人,后一时期(2008—2013年)为888万人,这说明我国这一时期每年的新增就业在趋势上是逐渐增加的(在这种情况下用几何平均数计算年均增长率的适用性将增强)。从经济增长与就业的关系看,全部产业增加值(也就是GDP)每增加一个百分点,所带动的就业是77万。分阶段看,前一时期是59万,后一时期是100万,有比较明显的增加。这也就是说,2004—2008年我国经济年均增长10%所带来新增就业(590万),到了2008—2013年只需要增长6%就可能实现了(600万)。而更多的经济增长,则可以带来更多的就业(888万)。这个计算结果和我国目前的情况是吻合的,当经济增长率回落时,由于每增长一个百分点的就业是增加的,所以新增就业仍然能保持平稳。

表7.4 2004—2013年三大产业增长所带来的就业人数的变化

年份	第一产业	第二产业	第三产业	非农产业合计	全部产业合计	非农就业对GDP
(一)增加值年均增长率(%)						
2004—2008	4.84	12.59	13.17	12.86	11.88	11.88
2008—2013	4.25	9.64	9.01	9.34	8.86	8.86
2004—2013	4.51	10.94	10.84	10.89	10.19	10.19
(二)年均增加就业人数(万人,算术平均数)						
2004—2008	−981	688	990	1678	697	1678
2008—2013	−1438	765	1561	2326	888	2326
2004—2013	−1184	722	1244	1966	782	1966
(三)平均每增长1%的增加值所增加的就业人数(万人)						
2004—2008	−203	55	75	130	59	141
2008—2013	−338	79	173	249	100	263
2004—2013	−263	66	115	181	77	193

资料来源:根据表7.1和表7.2的有关数据计算。

再分部门考察各个产业增长和就业的情况。

首先看第一产业。从20世纪80年代后期开始,我国第一产业的增长率长期保持在4%—5%,不仅高于世界各国的农业的长期增长率,甚至也高于很多国家整体的经济增长率①，农业现代化（科技、机械、农药和化肥的使用）解放了大量农业劳动力，使农业领域所需要的就业人数大为减少。从表7.4中可以看到，2004—2013年我国第一产业的增加值每增长一个百分点，所需要的就业人数就下降263万人，其中，前一时期为203万人，后一时期为338万人，这说明农业发展的水平越高，所能够转移出去的农业劳动力也就越大，而这一时期正是我国农业劳动力向非农领域转移最快的时期，而且从最新经济普查的数据看，这种转移还在不断加快。

其次看第二产业和第三产业之间的比较。2004—2013年第二产业每增长一个百分点所带来的就业是66万人，前一阶段是55万人，后一阶段是79万人，属于逐渐递增类型。同一时期第三产业每增长一个百分点所带来的就业是115万人，其中前一阶段为75万人，后一阶段为173万人，也属于逐渐递增类型。将两个产业进行对比，一是第三产业每增长一个百分点所带动的就业比第二产业多，2004—2013年比第二产业高出了74%；二是在前后两个阶段变动的幅度更大，第二产业后一个阶段比前一阶段增加了24万人，增长了43%；而第三产业则增加了98万人，增长了130%。第三产业现在每增长一个百分点所带来的就业，比第二产业多94万，高出119%。由此可以看出，现阶段第三产业增长对就业的带动作用，显著地高于第二产业，而且差距仍在扩大。

最后看经济增长对我国非农就业的拉动。从表7.4中可以看到，在前一阶段，我国非农产业每增长一个百分点，所带动的就业是130万，那么非农产业年增长13%，所能够吸收的就业大约是1690万人，那么到了后一阶段，由于每增长一个百分点的就业所带来的就业已经达到了249万，那么，吸纳同样的新增非农就业，非农产业只需增长6.76%就可以了。如果现阶段我国经济增长率达到7%，非农产业的增长率达到8%，那么新增非农业就业则可以达到2000万的规模。参照2008—2013年的数据，我国现阶段第二产业每增长一个百分点所带来的就业大约是80万人，第三产业大约是170万人，那么非农产业每增长一个百分点，可以增加的就业大约是250万人。非农产业的增长的就业当中，大约有三分之二是在第三产业。如果我国GDP的增长率达到7%左右，而第二、第三产业的增长率在8%左右，所能够吸纳的非农业就业就可以达到2000万左右。从表7.4(二)中可以看出，这已经高于2004—2013年的平均水平，但低于2008—2013年的平均水平。

---

① 在世界银行数据库中能够提供连续经济增长数据的105个国家和地区中，1980—2010年GDP年均增长率超过4.5%的只有22个。参见刘伟主编，《中国经济增长报告2012——宏观调控与体制创新》，北京大学出版社，2012。

3. 对中国经济增长与就业关系的整体分析

以就业弹性与就业增量两种方法得出的分析结论是有差别的。事实上,由于经济增长和就业在总量变化及结构变化上的复杂性,任何方法和模型在反映它们的发展和变化时都可能存在着偏差,所以多种方法的结合使用往往能弥补单一方法的不足,让我们对事物变化的全貌有更好的理解①。从前面的分析中可以看到:

第一,2004—2013年,我国的就业尤其是非农就业是逐渐递增的,平均的递增程度介于几何平均关系和算术平均关系之间,即就业弹性是递减的,但每增加一个百分点的就业数量是递增的,但增加的幅度不大。粗略地看,如果用就业弹性的方法估算,我国现阶段GDP每增长一个百分点,所带动的非农就业大约在0.51个百分点(2008—2013年数值),目前的非农就业总数大约为4.63亿左右(已经在经济普查数据的基础上加上了2014年的增量),那么,2015年的经济增长率如果为7%时,所增加的非农就业大约为1800万,其中由农业转移而来的劳动力和城市新增就业各占一半,各为900万。而在新增的非农就业中,第二产业约占1/3,为600万左右,第三产业占2/3,为1200万左右。

第二,如果用就业增量的方法估算,我国现阶段GDP每增长一个百分点,所带动的非农就业在263万左右,那么,当经济增长率为7%时,所增加的非农就业约为1840万,其中由农业转移而来的劳动力和城市新增就业各为920万左右。第二产业和第三产业安排的新增就业则是分别略高于600万和1200万。

第三,从两种方法的比较看,用就业弹性所得到的估算结果是变动的,即前期较低,后期较高,而就业增量所得到的估算结果是稳定的。即进行近期外推,就业弹性方法所得到的估算结果将低于增量方法,而进行远期外推,就业弹性得到的估算方法将高于增量方法。就近期估计而言,两种估算方法的结果是相近的,即按照2008—2013年增长和就业的一般关系,最近两三年间,我国的GDP每增长一个百分点,所增加的非农就业是260万左右,而在7%的增长下,所增加的非农就业是1800万左右,从供给看,农业转移而来的劳动力和城市新增就业各占一半(各为900万),而从需求看,第二产业和第三产业分别为1/3和2/3(600万和1200万)。如果要进行更长时期的推测(如5—10年),还是要根据中国人口生命表、各个产业发展对就业的拉动等方面变化和进展进行调整。

第四,从动态发展上看,这两种方法都只使用了三个时点(2004年、2008年和2013年)的经济总量和就业的数据,从时间序列上看样本仍然偏少,但是从前面的

---

① 在探索奥肯定律时,奥肯使用了三种不同的方法来研究经济增长和充分就业的关系。可参见第一节所引用的论文:Okun, Arthur, M., "Potential GNP, Its Measurement and Significance", Cowles Foundation, Yale University, 1962。

分析中已经可以看出,在这一期间,我国 GDP 每增加一个百分点所能吸纳或需要的非农就业(尤其是第三产业的就业)的增量实际上是略增的,再考虑全国经济普查口径较严的因素,GDP 每增加一个百分点所带来的非农就业可能还要再高一些,达到 265 万以上。在 7.5% 左右的经济增长下,每年新增的非农就业可以达到 2 000 万以上,这已经被过去 3 年(2012—2014 年)的非普查数据所证明[①]。但本节的分析仍然以普查数据为基础。

第五,以上的分析是基于历史的实际数据进行的,在过去的 10 年间,我国劳动力的供应是稳步增长的(见图 7.6),这一增长加上就业结构的变化,满足了我国经济增长的劳动力需求,同时也推进了我国的城市化进程。但是从前面的分析中已经看到,由于 20 世纪 80 年代起的人口政策的结果现在开始逐渐显现,我国的劳动力总量的供给将会发生一定的变化,从现在起将进入稳定阶段,不再有明显的增长。这样,在总量上解决我国经济增长尤其是非农产业增长的新增劳动力需求,主要是要靠就业结构的调整,也就是要依靠农业劳动力的转移。

四、研究结论

本节从对奥肯定律的再研究开始,通过对三次全国经济普查 GDP 核算与就业的总量和分类数据的关联分析,对中国现阶段经济增长和就业的数量特征进行了研究。我们通过计算就业对经济增长的弹性系数以及每增长 1% 的增加值和 GDP 所带来的就业增量这两种方法,分析了现阶段经济增长对就业尤其是非农就业的带动作用。研究结果表明,在三次全国经济普查期间,我国第二、三产业每增长一个百分点所带来的就业人数是递增的,但从就业弹性上看,第二产业是减少的,而第三产业是增加的,这说明第三产业的增长对就业的带动作用显著地大于第二产业;从整个国民经济的范围来看,非农就业对 GDP 的就业弹性系数(即每增加一个百分点的 GDP 所带来的非农就业增长率)略有下降,但每增长一个百分点所带动的就业人数是不断增加的。虽然利用就业弹性和每一个百分点所带来的就业增量这两种不同的方法所得到的计算结果略有不同,但所反映的趋势是基本一致的。在现阶段,我国经济每增长一个百分点,所带来的非农就业为 260 万—265 万人,从非农劳动力的来源来看,由农业部门转移而来的和新增就业大约各占一半,而从新增非农劳动力的使用来看,第二产业约占 1/3,第三产业约占 2/3。如果 GDP 增长率为 7%,那么新增的非农就业为 1 800 万—2 000 万人,其中一半来自农业部门转移而来的劳动力,另一半为城镇新增劳动力,即各为 900

---

① 应该说明的是,通过对全国经济普查数据进行综合而得到的第二和第三产业的就业数据,略低于《中国统计年鉴》中的数据,这主要是因为在全国经济普查中对个体经营户的界定有较严格的统计标准,为"有证照"的个体经营户。

万—100万人；在第二产业就业的人数为600万—700万人，在第三产业就业的人数为1 200万—1 300万人。从整体上看，2008—2013年我国每年新增的非农就业平均在2 000万以上，经济增长率的回落当然会带来新增就业人数的回落，但是一方面，我国经济每增长一个百分点所带来的非农就业(尤其是第三产业就业)是缓慢提高的；另外一方面，从劳动力供给来看，我国的劳动力总量已经逐渐进入了平稳发展阶段，目前每年的增量正在逐渐减少，不久将进入总量逐渐减少阶段。因此，在我国目前经济增长率出现小幅回落的情况下，只要我们处理好各种结构关系，我们仍然有可能保持充分就业。但是，如果经济增长率再进一步下滑，充分就业就有可能受到影响。所以，7%左右的经济增长率是我国现阶段充分就业不受到严重影响的重要条件。

第八章 农业转移人口就近市民化的路径与政策

第一节 导　言

推进农业转移人口市民化,是中国特色新型城镇化道路的首要任务。近年来,我国农业劳动力省内转移就业的趋势日益明显,以省内就近市民化为重点,有序推进人口城镇化的条件日益成熟。

根据国家统计局全国农民工监测调查数据,全国农民工省内(包括本乡镇内和乡外省内)转移就业的比重从2008年的66.8%增加到2013年的71.2%,年均增加约1个百分点。其中,东部地区农民工省内就业比重一直在90%以上;中部地区省内就业比重从2008年的47.9%上升到2013年的53%左右,年均上升约1个百分点;西部地区从50.3%上升到60%左右,年均上升约2个百分点。

根据对国家卫生和计划生育委员会2014年开展的6省流动人口流出地监测调查数据的分析,县内跨乡、市内跨县、省内跨市、跨省等4种流向农业转移人口,在收入水平、文化程度、年龄、就业单位性质、参加社会保障等方面,呈现出一定的差异性。收入是影响农业转移人口流向的主要因素,年龄、受教育水平、外出时间、流出地自身的经济发展水平等因素也对农业转移人口的流向有较大影响。总体来看,收入水平越高,年龄越小,受教育程度越高,外出时间越长,流出地自身经济发展水平越低,农业转移人口的流动距离就越大。近年来,随着产业的发展,中西部地区农民工收入水平增长加快,再加上用工环境的改善,公共服务水平的提升,存量出省农业转移人口回省内就业创业的趋势日益明显,农村新增转移劳动力选择省内就业的数量也稳中有升。

根据对流动人口动态监测调查数据的分析,跨省流动的农业转移人口中,约50%愿意在户籍省内长期居住和保留户籍,还有60%以上的跨省农业转移人口打算回户籍省内购房建房和养老。省内跨市和市内跨县的农业转移人口中,各有一半左右愿意回到户籍地长期居住,约有40%愿意回到户籍地县城或乡村购建房,约50%愿意回到户籍地县城或乡村养老。这表明,不仅大多数(全部农民工的60%—70%)农业转移人口愿意在省内长期居住、养老和购建房,而且县域也是农业转移人口未来定居的重要场所。因此,在推进省内就近市民化的同时,也要重视推进县内就地市民化。

从实地调研情况来看,农业转移人口省内就近市民化还面临一些突出的矛盾和问题。中西部部分地区特别是小城市和城镇的城镇化持续健康发展内生动力不足;户籍制度改革进展不平衡、不协调;基本公共服务既没有与原有制度断根,又在城镇化进程中产生一些新的问题;农业转移人口市民化成本较高,地方政府财力难以支撑;城镇化融资的可持续性面临严峻挑战。

适应农业转移人口省内就业比重持续上升的客观趋势,以及大多数农业转移人口选择省内长期居住和养老的意愿,"十三五"及更长一个时期,应把就近转移就业和省内市民化提到更加重要的位置,作为今后我国就业促进政策和推进城镇化的战略重点。2020年前,使省内就业的农业转移人口比重每年提高1—2个百分点,在政策层面基本能实现省内自由落户。

要实现上述目标,应从四个基本路径来推进:一是迎接数千万出省农业转移人口返乡潮,鼓励其返乡就业创业和城镇落户定居,使存量农民工中的80%左右在省内实现市民化;二是引导新增农业转移人口就近就地转移就业,在省内就近市民化,使新增农业转移人口的大多数(60%以上)在省内转移就业,在本地实现市民化;三是以举家外出人群为重点,推进跨市跨县农业转移人口在流入地落户定居;四是加快推进公共服务均等化,实现基本公共服务向农业转移人口全覆盖。

在政策层面,建议国家加大对中西部地区的支持力度,提升中西部地区城镇化的支撑能力;中西部地区要加快推进户籍制度改革,完善相关配套政策,逐步实现社会福利、公共服务与户籍脱钩;以子女教育、社会保障、社会救助、住房保障等为重点,有序推进公共服务均等化;健全农业转移人口市民化成本分担机制,建立"钱随人走"的挂钩机制;构建多元化的城镇化投融资机制,增强城镇化发展的投资可持续性;健全包括农业转移人口在内的流动人口信息管理体系,能实时掌握"人从哪里来,人到哪里去",夯实人口管理和公共服务均等化的基础。

一、研究背景及意义

推进农业转移人口市民化,是走中国特色新型城镇化道路的首要任务。农业转移人口市民化的过程,实质上是公共服务和社会权利均等化的过程,它包括四个基本阶段:(1)转移就业,由农民变成工人或其他非农就业人员,实现职业身份的转换;(2)均享服务,农业转移人口自身及其家庭逐步进入流入地城镇公共服务体系;(3)取得户籍资格,获取完整的市民权利,实现社会身份的转换;(4)心里和文化完全融入城镇,成为真正的市民。四个阶段可以有跨越。从总体上来看,我国农业转移人口市民化已进入第二阶段,即均享公共服务的阶段,并在加快进入第三阶段。

从国情出发,新阶段我国推进农业转移人口市民化,应以省内就近市民化为重点①,区分不同城市、不同群体、不同公共服务项目,有序推进。

第一,省内就近市民化具有坚实的基础。随着区域经济布局的调整,我国农业转移人口就业布局也出现了新的变化,表现为农业转移人口省内转移就业的数量持续增加。从全国来看,省内转移就业的比重也从2008年的66.8%增加到2012年的71.4%,年均提高1.2个百分点。其中,本地(乡镇)就业的比重基本稳定,而出乡镇但在省内就业的比重逐年提高,已超过出省的比重。从发展趋势看,省内转移就业的比重还在持续增加,就地市民化趋势明显。到2020年,有可能实现存量农业转移人口中的80%在省内实现市民化,新增农业转移人口的60%以上在省内实现市民化。

第二,省内就近市民化已上升为国家战略。2014年中央城镇化工作会议提出要推进以人为核心的城镇化,提高城镇人口素质和居民生活质量,把促进有能力在城镇稳定就业和生活的常住人口有序实现市民化作为首要任务。2014年中央农村工作会议首次提出"三个1亿人"战略思路,并鼓励各地从实际出发制定相关政策,解决好辖区内农业转移人口在本地城镇的落户问题。2014年的政府工作报告进一步提出,今后一个时期,要着重解决好现有"三个1亿人"问题,促进约1亿农业转移人口落户城镇,改造约1亿人居住的城镇棚户区和城中村,引导约1亿人在中西部地区就近城镇化。特别提出要加大对中西部地区新型城镇化的支持,提高产业发展和集聚人口能力,促进农业转移人口就近从业。2015年中央经济工作会议,中央农村工作会议和政府工作报告,再次强调,要坚持以人为核心,以解决"三个1亿人"问题为着力点,发挥好城镇化对现代化的支撑作用。

第三,一些地方的探索表明,就近市民化更能在政策改革方面取得突破。推进农业转移人口市民化,最主要的是要解决成本分担机制问题。在现行体制下,流动距离越大,成本分担问题越突出,农业转移人口可享有的公共服务水平越少。以至出现外省农业转移人口与本省农业转移人口在市民权利方面的差距日趋扩大,跨省农业转移人口已成为城市的最边缘群体。同时,江苏、安徽、成都等地在不同程度地推进城乡户籍一体化、放宽本地农民工落户条件、推进城乡居民养老保险和医疗保险一体化、放开省内跨市中考和高考等,在市域内或省域内探索"钱随人走""人地挂钩"等政策,都取得了较好的进展。

从理论上来看,关于农业转移人口市民化的研究也是一个不断深化的过程,很有继续深化研究的必要。

二、文献综述

农民变市民是城镇化发展过程中的必然现象,国外关于这方面的研究非常

---

① 关于就近市民化和就地市民化,不同观点的范围不一致。本报告定义,农业转移人口在户籍地省内市民化为就近市民化,在户籍地县域内市民化为就地市民化。即就近市民化包含了就地市民化。

多。一些国际机构,如世界银行、亚洲开发银行等,都对中国农民工社会融合、市民化问题做过研究。从国内来看,最近几年,农民工市民化问题引起了学术界的广泛关注,国务院发展研究中心、国务院研究室、国务院农民工办、人力资源和社会保障部等有关部门以及北京大学、中国人民大学、武汉大学等高等院校都开始了相关研究,不少学者也从多个角度独立开展研究。

第一,关于农业转移人口市民化内涵的研究。对农业转移人口市民化的界定多以人口迁移、职业转换和人力资本提升等为切入点,可概括为两方面:内在素质的市民化,如有关市民生活意识、权利意识的发育以及生活行为方式的变化;外在资格的市民化,如职业和身份的非农化,包括户口及其附带的福利保障(许峰,2004)。韩俊、何宇鹏、金三林(2011)认为农民工市民化的过程,实质是公共服务均等化的过程,并将农民工市民化的内涵界定为:以农民工整体融入城市公共服务体系为核心,推动农民工个人融入企业,子女融入学校,家庭融入社区,也就是农民工在城市"有活干,有学上,有房住,有保障"。刘传江(2008)认为,农民工市民化包括四个层面的含义:一是职业由次属的、非正规劳动力市场上的农民工转变成首属的、正规的劳动力市场上的非农产业工人;二是社会身份由农民转变成市民;三是农民工自身素质的进一步提高和市民化;四是农民工意识形态、生活方式和行为方式的城市化。还有很多其他学者从城市适应的角度来解释农民工市民化。

第二,对农业转移人口市民化的现状及其群体差异性进行研究。韩俊主持的课题组对全国20多个城镇6 232名农民工的问卷调查和对重庆等6个城市的实地考察后发现,发现农民工市民化已有一定的基础:一是农民工就业的稳定性得到显著提升,流动的"家庭化"趋势明显。根据国家统计局有关数据推算,2009年农村劳动力转移率已达到45.8%,举家外出的农民工已占外出农民工的20.4%。二是新生代农民工成为主体,融入城市的意愿强烈(国务院发展研究中心课题组,2011)。梅建明和熊珊(2013)通过对全国23个省、4个直辖市和5个自治区的3 318名农民工的实地调查,发现我国农民工市民化总体上取得了较大进展,但生活质量、基本公共服务、社会融入和心理归属"四个维度"发展不均衡,尤其是基本公共服务和社会融入发展滞后。周密、张广胜、黄利(2012)运用调研数据,采用需求可识别的Biprobit模型,测度出了案例地区新生代农民工市民化程度。另外,农业转移人口的市民化还表现出一定的代际特征差异,刘传江和徐建玲(2007)指出,改革开放以后出生的年轻农民较计划经济时代成长起来的年长农民,不仅在社会经济特征和个人特征方面与第一代农民有诸多显著不同,而且是最具市民化意愿和亟须市民化的群体。王艳华(2007)指出,新生代农民在角色认同、闲暇时间、消费方式等方面有着极强的城市性。

第三，对农业转移人口市民化影响因素的研究，现有文献主要从户籍等制度性因素、社会性因素和个人因素等方面进行分析。李强(2002)指出，农民工在城市实现向上层社会流动的各种通道都受到了户籍制度的阻碍；盛昕(2013)指出，制度排斥是农民工权益受损的一个根本原因。城市居民一直享有远高于农村居民的生活水平和福利待遇，并因而形成一种高高在上的优越感，对农业转移人口普遍持轻视和排斥心理，成为阻碍转移农民融入城市社会的又一重要原因(钱正武，2006)。另外，农业转移人口的文化素质、职业技能不高导致缺乏市民化的自我发展能力(高华，2007)；与城市文化、价值观念、行为规范等方面的隔离(叶鹏飞，2012)导致缺乏对城市生活的认同感与归属感(史溪源，2011)，都会影响农业转移人口的市民化程度。

第四，农业转移人口市民化的途径研究。针对目前我国农业转移人口市民化存在的问题，国内学者们提出了大量探索性的对策建议，主要有三种路径来推动我国农业转移人口的市民化进程。第一种是通过制度化改革推进农民工市民化。其重点是围绕转移农民的农村退出、城市进入和城市融合三个环节进行制度改革和创新(王桂芳，2008；张国胜和陈瑛，2013)。在农村退出环节，需要解决的核心问题是耕地流转制度创新和农地征用制度创新(唐健，2010；傅晨和任辉，2014)。在城市进入环节，需要解决的核心问题是户籍制度改革和城乡一体化的就业制度改革等(韩俊等，2010)。在城市融合环节，需要解决的核心问题是转移农民的居住、社会保障以及公共服务均等化等方面的改革(陈丰，2007)。第二种是通过能力建设加快农民工市民化，包括转移农民的现代素质培养与积累(王正中，2006)、人力资本投资与积累(单菁菁，2010；林娣，2014)、社会资本投资与积累(李艳和孔德永，2008)等，目标是全面提升转移农民的就业竞争能力和城市适应能力。第三种是通过完善组织管理保障农民工市民化，重点是以社区为主体、以服务为导向建立城市外来人口管理新模式，将进城农民视为城市的有机组成部分，并按照常住地原则将他们纳入当地社区的管理和服务，给予他们平等的市民待遇，更好地保障他们的合法权益。同时，鼓励、引导进城农民积极参与社区建设和管理，通过参与式管理和自治化管理，将他们纳入到社区的民主生活中，提高他们的主人翁意识，增强对城市的认同感和归属感，以推动转移农民更快、更好、更顺利地融入城市(卢海元，2004)。

这些研究成果都认为农民工市民化是加快我国城乡统筹发展的重要途径，是中国特色城镇化道路的重要动力，都认为就业、户籍、住房、人口管理等制度的城乡二元分割是制约农民工市民化健康发展的根本原因，有一些研究还分析了不同农民工群体的住房意愿，测算了农民工市民化的成本，或是从社会保障、就业等某个方面提出了政策建议。

已有的这些研究成果,为本章的研究提供了较好的文献积累。但现有的研究对于农民工省内转移就业趋势、农民工就近市民化状况、就近市民化的路径分析还不多,也缺乏对本地农民工进城定居后新情况、新问题的研究,如宅基地、承包地退出问题,集体资产处置问题等。同时,缺乏大规模的实地调查,还不能有效把握不同地区、不同流向、不同群体农民工的市民化政策需求。本章充分利用国家卫生和计划生育委员会流动人口司近几年开展的流动人口调查数据,以及2014年开展的六省流出地调查大样本数据,把流入地调查数据和流出地调查数据相结合,深入分析中西部流出地农村人口流动的最新趋势,不同流向农业转移人口的群体特征及市民化意愿,提出促进农业转移人口就近市民化的政策建议,进一步丰富了这一领域的研究成果[①]。

三、研究数据与方法

关于农业转移人口市民化方面的研究成果已有很多,但关于本地农业转移人口市民化状况、农业转移人口省内转移就业趋势、就近市民化的研究成果还不多。同时,缺乏大规模的实地调查,一些研究做过调查,但范围和样本都较小,还不能有效把握不同地区、不同流向、不同群体农业转移人口的市民化政策需求。本研究充分利用国家统计局、国家卫计委和其他部门组织的调查数据(见表8.1),深入分析流出地农村人口流动的最新趋势,掌握不同流向群体的市民化意愿和具体政策诉求。

表8.1 本研究主要数据来源

年份	调查单位	调查数据
2014	国家卫生和计划生育委员会	流动人口流出地监测调查
2013	国家卫生和计划生育委员会	流动人口动态监测调查
2009—2013	国家统计局	全国农民工监测调查

(一)研究数据

1. 2014年流动人口流出地监测调查数据

为了解流出地人口变动及返乡流动人口参保就医、公共卫生服务利用、计划生育服务管理等情况,国家卫生和计划生育委员会2014年在安徽、四川、河南、湖南、江西、贵州等6个流出人口大省选取样本点进行流出地监测调查。调查对象为6个流出人口大省抽中村或村民小组的所有户籍家庭户、户内符合条件的返乡流动人口及所在村委会负责人。调查方式采取家庭问卷、个人问卷和村委会问卷

[①] 本章由金三林、张江雪、陈志光、朱贤强撰写。

结合的方式进行面对面的问卷调查。本研究从家庭问卷中筛选外出乡镇半年以上的农业户籍人口 35 678 人作为研究样本。

2. 2013 年流动人口动态监测调查数据

为了解流动人口社会融合状况,国家卫生和计划生育委员会 2013 年在上海市松江区、苏州市、无锡市、武汉市、长沙市、西安市、泉州市、咸阳市开展数据调查。调查问卷包括了农业转移人口长期居住意愿、迁移户口意愿、购房建房意愿、养老意愿等,为分析农业转移人口的市民化趋势提供了可靠的数据基础。调查对象为"在本地居住一个月及以上,非本区(县、市)户口的流动人口",样本量共计为 16 878 人。本研究筛选出农业户籍人口 14 920 人作为市民化意愿分析的研究样本。

3. 2009—2013 年全国农民工监测调查

为准确反映全国农民工规模、流向、分布、就业、收支、生活和社会保障等情况,国家统计局 2008 年建立农民工监测调查制度,在农民工输出地开展监测调查。调查对象为"户籍仍在农村,在本地从事非农产业或外出从业 6 个月及以上的劳动者"。调查范围是全国 31 个省(自治区、直辖市)的农村地域,在 1 527 个调查县(区)抽选了 8 930 个村和 23.5 万名农村劳动力作为调查样本。本研究利用的是其公开数据。

这三个数据都为国家权威部门调查和统计,数据样本量大、调查范围广,具有普遍性和代表性。而且,三个数据各有其调查方法和侧重点,能够较好地衔接起来,互相补充和相互解释,共同反映全国农业转移人口的现状、趋势与特征。本研究在全国面上分析时,采用国家统计局的数据;在分析流向、发展意愿时,采用流动人口调查数据。

(二)研究方法

本章综合采用了以下研究方法:

一是在文献研究的基础上,采用社会学、人口学、经济学等相关理论,分析影响农业转移人口市民化意愿、地域、路径的主要因素,为整个研究提供理论框架。

二是充分利用第一手调查数据,包括国家卫计委组织的 6 省流出地调查大样本数据、近几年的流入地全国流动人口调查数据,国家统计局开展的全国农民工监测调查数据,使研究结论更科学。

三是选择了若干典型城市和城镇开展实地调研,我们先后赴湖北、湖南、陕西、安徽等省,选择代表性的大、中、小城市和小城镇开展实地调研,召开了省、市、县(乡镇)三级座谈会,深入村、户,与农业转移人口及其家属直接交流,了解各方面的诉求和意见,使研究成果和政策建议更深入和具体。同时,还与国家发展和改革委员会规划司合作,在湖北和湖南两省选择若干不同层级城市,对市民化成本进行了调研和分析。

四是积极借鉴国内外相关研究成果,尤其是国际上好的经验,丰富研究内容。

四、研究重点和主要创新点

（一）研究重点

本章的研究重点有四个方面：一是深入研究农业转移人口流向的最新趋势,分析不同流向农业转移人口收入及公共服务水平差异,以及这些因素对农业转移人口流向选择的影响。二是在调查数据分析的基础上,科学研究跨省、省内跨市、市内跨县、县内跨乡镇等不同流向群体的市民化意愿,以及影响农业转移人口发展意愿的主要因素。三是在实地调研的基础上,分析农业转移人口就近市民化存在的突出问题,包括政策层面的问题、地方政府分担成本方面的问题。四是在数据分析和实地调研的基础上,提出农业人口就近市民化的具体路径和政策建议,为国家进一步完善相关政策提供科学依据。

（二）主要创新点

本研究的创新点主要体现在以下三个方面：

一是利用大样本第一手调查数据开展研究。我们充分利用全国农民工监测调查数据、全国流动人口监测调查数据；全面参与国家卫计委流动人口司开展的6省流出地调查,尽量把需要的信息纳入调查问卷,最终获得有效样本36 000余份,有效地支撑了本项研究。我们还赴湖北、湖南、陕西、安徽等省,选择代表性的大、中、小城市和小城镇开展实地调研,同时还与国家发展和改革委员会规划司合作,在湖北和湖南两省选择若干不同层级城市,对市民化成本进行了分析。通过流入地调查数据和流出地调查数据相结合,问卷调查和实地调研相结合,提高了本项研究的科学性。

二是深入分析了不同流向农业转移人口的群体特征及市民化意愿。我们将农业转移人口划分为县内跨乡、市内跨县、省内跨市、跨省等不同流向,深入分析了不同流向农业转移人口的群体特征,市民化意愿,以及影响发展意愿的主要因素。调查研究发现,跨省流动的农业转移人口中,约50%愿意在户籍省内长期居住和保留户籍,还有60%以上打算回户籍省内购房建房和养老。省内跨市和市内跨县的农业转移人口中,各有一半左右愿意回到户籍地长期居住,约有40%愿意回到户籍地县城或乡村购建房,约50%愿意回到户籍地县城或乡村养老。这些结论对于科学把握我国农业转移人口未来流向、城镇化布局都有较强的支撑作用。

三是分析了不同层级城市(城镇)的市民化成本。我们在湖北和湖南两省,选择省会城市、地级市、县级市和小城镇各一个,测算了各级城市的市民化成本情况。总体来看,省会城市的市民化成本为15万元/人左右(2014年价格,下同),地级市为6万—10万元/人,县级市和小城镇为3万—6万元/人。层级越低的城市,市民化成本越低。但由于层级越低的城市,财政收入、经济发展水平也越低,其实际成本压力反而越大。这些研究结论对于进一步健全农业转移人口市民化成本分担机制也有一定的决策参考价值。

第二节 农业转移人口就业及流动基本状况

本节采用 2014 年流动人口流出地监测调查数据来分析,有效样本为 35 678 份。本次调查所收集的家庭人口信息包括受访者本人、配偶和子女以及与被访者在本地共同居住的家庭其他成员的基本信息。其中配偶和子女无论是否在本地或流入都须汇报其状况,其他家庭成员是指与被访者有姻缘、血缘关系或经济未独立的成员。这种家庭成员的考察方式在关注核心家庭这一当代中国最基本的家庭结构的同时,也将家庭内的其他成员纳入到调查范围之中。这种较广意义上的家庭成员定义方式可以更加有效地了解流动人口的基本家庭结构,发掘流动人口群体家庭结构的特殊性。

一、农业转移人口基本信息

(一)平均受教育年限为 8.99 年

调查表明,农业转移人口的受教育水平多数集中在小学(24.01%)和初中(51.12%)阶段,且未受过教育的流动人口还占到总人口的 6.58%,这要略低于 2012 年人口普查得出的农村人口 7.2% 的文盲率。

考虑到年龄因素,对年龄进行控制,排除 15 岁以下正在接受教育的人口,未上学人口的比率降为 2.48%。修正以后的农业转移人口受教育水平依然集中在小学(22.1%)和初中阶段(55.24%),其中初中阶段文化水平超过一半。将定类的受教育变量进行定距转换得到受教育水平的连续变量,并控制 15 岁及其以上人口,计算得出农业转移人口的平均受教育年限为 8.99 年。图 8.1 列出了修正后的受教育水平的人数,据此可计算相对应的百分比及平均受教育年限。

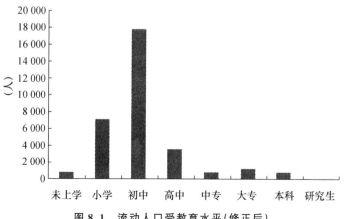

图 8.1 流动人口受教育水平(修正后)

（二）劳动参与率较高

排除学生、离退休人口、学龄前儿童等非劳动适龄人口后，农业转移人口就业状况如图 8.2 所示。

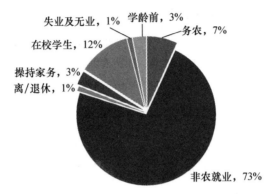

图 8.2　农业转移人口就业状况

从图 8.2 可以看出，农业转移人口的劳动参与率较高。除 1% 的无业人口外，绝大部分劳动适龄流动人口都进行了劳动参与，农业转移人口的非农就业率达到了 73%。

对不同性别农业转移人口的劳动参与类型做进一步的分析发现（见表 8.2），女性劳动者的务农和家务劳动所占比例要远高于男性，尤其是家务劳动女性的参与率高达 6.74%，而男性仅为 0.19%，这表明农业转移人口的劳动参与结构依旧遵循传统的"男主外、女主内"的家庭分工模式，女性更多地顾及家庭。另外，女性劳动者的非农劳动参与率也比较高，体现出女性劳动参与结构多元化的特点。

表 8.2　不同性别劳动参与情况

劳动参与	务农	非农就业	家务	无业及失业	在校生	其他	合计
男（人）	1 427	16 282	41	144	2 391	757	21 042
占比（%）	6.78	77.38	0.19	0.68	11.36	3.60	
女（人）	1 088	9 901	986	116	1 879	640	14 628
占比（%）	7.44	67.69	6.74	0.79	12.97	4.38	

（三）农业转移人口平均家庭规模较高

此次调查结果显示，农业转移人口的平均家庭规模为 4.28 人/户。2010 年国家统计局公布的全国人口平均家庭户规模为 3.10 人/户，根据中国家庭追踪调查（CFPS）中的数据计算得到的农村平均家庭户规模为 4.04 人/户。已有的研究（盛亦男，2014）表明：流动人口的家庭规模会对其流动的可能性与策略产生影响，相对较大规模家庭的人口更有可能进行流动。

（四）家庭组成以夫妻—子女结构为主

此次调查中，家庭成员与被访者的亲属关系大部分为配偶（18.24%）和子女（50.52%），属于孙辈关系的占 6.6%。这反映出大部分农业转移人口的家庭是由配偶、子女为核心家庭构成的。换句话说，大部分举家外出农业转移人口的父母乃至祖辈仍在流出地。

（五）家庭收入平均水平明显高于农村家庭平均水平

根据调查数据结果，农业转移人口 2013 年家庭年平均纯收入（毛收入扣除生产经营支出）为 44 236 元（包括农业收入和非农收入），按照前面调查计算的家庭人口平均规模，人均为 10 336 元，比国家统计局公布的农村人均收入 8 896 元高。可见农业转移人口的外出务工行为给家庭收入带来较大幅度的提升。

二、农业转移人口流向情况

（一）流动范围以出省为主

根据调查数据，农业转移人口跨省流动的比例最大（69%），流动的距离较远、流动范围较广。然后依次是省内跨市（13%）、市内跨县（10%）、县内跨乡（8%），各均占有一定的比例，但相差不大（见图 8.3）。

需要说明的是，国家卫计委的流动人口库，主要是出乡镇的人口，因此其调查结果更接近于国家统计局的外出农民工调查（2013 年中西部跨省农民工分别为 63% 和 54%）。

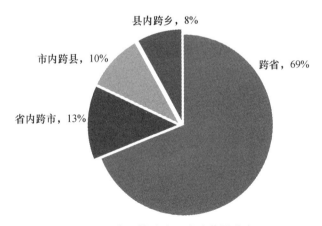

图 8.3 农业转移人口流动范围分布

为了更加清晰地表示农业转移人口的流动地域，我们将其省份分布绘图如下（图 8.4）。

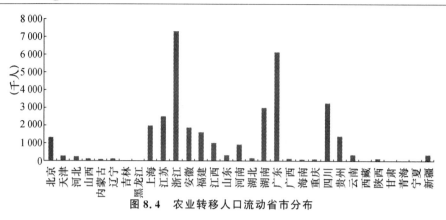

图 8.4 农业转移人口流动省市分布

从图 8.4 可以看出,跨省流动的农业转移人口流向集中的五个省份依次是浙江(20.44%)、广东(17.17%)、四川(9.19%)、湖南(8.49%)、江苏(7.06%)。这五省份占全部跨省农业转移人口分布的 62.35%。其他省份如江苏、上海、安徽、福建、北京也吸纳了一定比例的农业转移人口。此外,跨省农业转移人口主要分布在我国的东部较发达地区,这与人口迁移的推拉理论是一致的。东部地区更高的收入、更多的就业机会和更好的教育医疗水平吸引着外出务工经商人员前来。

(二)流入地以东部地区为主

流入地区是反应流动范围和流动人口分布的重要变量。将全国 31 省级地区行政单位重新编码,分为东部、中部、西部和其他地区[①]。重新统计以后,得到流动人口的流入地区分布如图 8.5 所示。

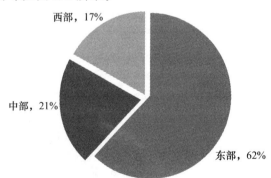

图 8.5 流动人口流入地区分布图

---

① 由全国人大六届四次会议通过的"七五"计划正式公布。东部地区包括北京、天津、河北、辽宁、上海、江苏、浙江、福建、山东、广东和海南 11 个省(市);中部地区包括山西、内蒙古、吉林、黑龙江、安徽、江西、河南、湖北、湖南、广西 10 个省(自治区);西部地区包括四川、贵州、云南、西藏、陕西、甘肃、青海、重庆、宁夏、新疆 10 个省(自治区)。

流动人口的流入区域集中于东部地区,占全部流入地区的62%。中部和西部地区的流入地区相差不大。中部地区的流入省份集中于湖南(39.92%)、安徽(24.94%)和江西(13.67%)三省。西部地区的流入省份更为集中,主要分布于四川(55.26%)和贵州(23.54%)两省。这与平常观察到的流动人口流入地区的空间分布是相符的。上述集中流入地往往需要较多的劳动人口,能提供较多的工作机会,是传统的流动人口的典型流入地区。

(三)流入城市以省会城市和地级市为主

从调查结果看,地级市是农业转移人口的主要流入地,占全部流入地的38%。省会城市和计划单列市也是重要的流入行政区域,占31%,仅比地级市少7%。此外,乡镇(9%)、县级市(12%)、直辖市(10%)也在流入地中占有一定的比例。农业转移人口的流入城市级别所反映的不仅仅是流入地区的经济发展程度,还涉及流入地区对农业转移人口相关社会福利保障水平,以及户籍制度的改革落实情况(见图8.6)。

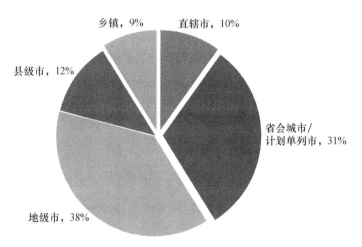

图8.6 流动人口流入地级别图

(四)就业是农业转移人口流动的主要原因

从外出原因来看,绝大部分农业转移人口(80.39%)的流动原因是就业。在其他流动原因中,随迁和学习也占有一定比例,但规模较小。

表8.3 农业转移人口流动原因

	非农就业	随迁	投亲	学习	其他	合计
频数	28 652	3 077	528	2 777	608	35 642
比例(%)	80.39	8.6	1.5	7.79	1.8	100

综合分析农业转移人口的流出原因和流入省份,不难看出农业转移人口往往向就业机会较多、劳动力薪酬回报较高的省份流动。这也表明,经济因素在农业转移人口的流动中起到了主导作用,并推动着当代中国人口流动格局的变迁和发展。

三、小结

通过调查分析,6省农业转移人口跨省流动的比例最大,占69%,流动的距离较远、流动范围较广。然后依次是省内跨市(13%)、市内跨县(10%)、县内跨乡(8%),各均占有一定的比例,但相差不大。流入地以东部地区为主,以省会城市和地级市为主,就业是农业转移人口流动的主要原因。

第三节 不同流向农业转移人口的群体特征及影响因素

根据农业转移人口不同的流向和范围,可将其分为跨省流动、省内跨市、市内跨县和县内跨乡这四种类型。根据国家卫计委流动人口司开展的2014年全国流出地6省流动人口数据调查,筛选出跨乡镇外出半年以上的农业户籍人员作为研究对象。研究发现,农业转移人口以跨省流动为主,而流向选择既与性别、年龄和受教育程度等个人因素有关,也与收入、流出地发展情况、参与社保种类等经济社会因素密切相关。

一、不同流向农业转移人口的群体特征

(一)县内跨乡农业转移人口的群体特征

1. 平均月收入为2 110元

县内跨乡农业转移人口平均月收入为2 110元,其中2 000元及以下占比59.43%,2 001—4 000元占36.57%;收入在4 000元以上的比重很低(见表8.4)。总体来看,农业转移人口在乡内就业收入水平较低,过半人口月收入低于平均水平。

表8.4 县内跨乡农业转移人口平均月收入

平均月收入(元)	样本占比(%)
2 000及以下	59.43
2 001—4 000	36.57
4 001—6 000	2.29
6 001及以上	1.71
总计	100.00

2. 受教育程度以初中为主

县内跨乡农业转移人口的受教育程度以初中为主,占62.29%;小学及以下比例为25.14%;高中占比6.86%;中专占2.29%,大专为3.43%;县内跨乡农业转移人口中没有本科学历(见表8.5)。

表8.5 县内跨乡农业转移人口受教育程度情况

受教育程度	样本占比(%)
未上学	1.14
小学	24.00
初中	62.29
高中	6.86
中专	2.29
大专	3.43
总计	100.00

3. 平均年龄为37岁

县内跨乡农业转移人口平均年龄为37岁,年龄为30—50岁以下的样本占总样本的比例为70.29%;30岁以下的占比为24.00%;50岁及以上的仅占5.71%(见表8.6)。

表8.6 县内跨乡农业转移人口的年龄情况

年龄	样本占比(%)
30岁以下	24.00
30—50岁以下	70.29
50岁及以上	5.71
总计	100.00

4. 单位性质近一半为私营企业

县内跨乡农业转移人口在私营企业就业的最多,占49.71%,其次是个体工商户,占21.71%,剩余被调查对象的就业单位性质包括机关、事业单位、国有企业以及集体企业(见表8.7)。总的来看,私营经济和个体经济吸纳了大部分就业人口,而国有经济和集体经济只吸纳了一少部分,这反映了私营经济在解决农业转移人口就业中的重要作用。

表 8.7　县内跨乡农业转移人口单位性质

单位性质	样本占比(%)
机关、事业单位	1.71
国有及国有控股企业	1.71
集体企业	0.57
个体工商户	21.71
私营企业	49.71
中外合资企业	0.57
无单位	24.00
总计	100.00

5. 近一半人群未签订劳动合同

县内农业转移人口中有46.86%未签订劳动合同,这一方面说明农业转移人口缺乏劳动保障意识,另一方面说明当地缺乏足够的就业机会,对于农业转移人口来说即使没有劳动保障,也愿意参加劳动。签到合同的人中,有固定期限劳动合同的人数占总样本的17.14%,无固定期限合同占6.86%(见表8.8)。

表 8.8　县内跨乡农业转移人口劳动合同种类

劳动合同种类	样本占比(%)
有固定期限	17.14
无固定期限	6.86
完成一次性工作任务	2.29
未签订劳动合同	46.86
不清楚	1.71
不适用	25.14
总计	100.00

6. 社会保障以新农合为主

社保在县内跨乡的农业转移人口中基本实现了全面覆盖,享有一项社保的占75.43%,享有两项社保的占20.00%,享有3项以上的只有2.43%(见表8.9)。可见,虽然社保已经大面积覆盖,但是对于农业转移人口的保障还不全面。

表 8.9　县内跨乡农业转移人口保险种类与流向

保险种类	样本占比(%)
0	1.14
1	75.43
2	20.00
3	2.29
4	0.57
5	0.57
总计	100.00

从表 8.10 所示具体保险类型来看,新农合基本全面覆盖,但是养老保险、商业医疗保险、工伤保险、生育保险等只覆盖极少部分。

表 8.10　县内跨乡农业转移人口保险种类与流向

保险种类	占比情况(%)	
	参加	未参加
新型农村合作医疗保险	98.29	1.71
城镇职工医疗保险	4.57	95.43
城镇居民医疗保险	0.57	99.43
工伤保险	6.86	93.14
生育保险	1.14	98.86
商业医疗保险	7.43	92.57
居民养老保险	0.57	99.43

(二) 市内跨县农业转移人口的群体特征

1. 平均月收入为 2 476 元

市内跨县农业转移人口的平均月收入为 2 476 元,高于县内跨乡人群的平均水平。其中,市内跨县农业转移人口月收入在 2 000 元及以下人数最多,占比达到 55.42%,2 001—4 000 元收入人数占 35.14%,4 001—6 000 元占比 6.6%,6 001 元及以上占比 2.83%,收入在 4 000 元以上的人口占 9.43%,高于其他三组(见表 8.11)。

表 8.11　市内跨县农业转移人口平均月收入

平均月收入(元)	样本占比(%)
2 000 及以下	55.42
2 001—4 000	35.14
4 001—6 000	6.60
6 001 及以上	2.83
总计	100.00

2. 高中及以上文化程度的人口占比最高

市内跨县农业转移人口的文化程度以初中为主,占 60.38%;小学及以下比例不超过 20%;高中文化程度的占比 13.44%,中专占 2.12%,大专和本科占 4.24%(见表 8.12)。与其他三组相比,市内跨县农业转移人口在高中及以上文化程度的占比最高,为 19.80%。

表 8.12　市内跨县农业转移人口的受教育程度

受教育程度	样本占比(%)
未上学	0.94
小学	18.87
初中	60.38
高中	13.44
中专	2.12
大专	2.59
本科	1.65
总计	100.00

3. 平均年龄为 38 岁

市内跨县农业转移人口的平均年龄为 38 岁,略高于县内跨乡人口。其中,年龄在 30—50 岁以下的占 59.2%;30 岁以下的为 28.77%;50 岁及以上的占 12.03%,高于其他三组(见表 8.13)。

表 8.13　市内跨县农业转移人口的年龄情况

年龄	样本占比(%)
30 岁以下	28.77
30—50 岁以下	59.20
50 岁及以上	12.03
总计	100.00

4. 私营企业就业人数占比最低,不足四成

从统计结果来看,市内跨县农业转移人口在私营企业就业的达到38.92%,低于其他三组;个体工商户占比为26.42%,无单位者占28.3%,均高于其他组别(见表8.14)。其余被调查对象的单位性质包括机关事业单位、国有企业、合资企业等。

表8.14 市内跨县农业转移人口单位性质

单位性质	样本占比(%)
机关、事业单位	1.89
国有及国有控股企业	2.12
集体企业	1.89
个体工商户	26.42
私营企业	38.92
中外合资企业	0.24
其他	0.24
无单位	28.30
总计	100.00

5. 签订劳动合同人数占比最低

市内跨县农业转移人口中有48.82%未签订劳动合同,有固定期限合同、无固定期限合同的人群分别占总样本的10.85%、6.13%,签订劳动合同(包括固定期限合同,无固定期限合同)的人数占比总体为16.98%,低于其他三组(见表8.15)。

表8.15 市内跨县转移人口劳动合同种类

劳动合同种类	样本占比(%)
有固定期限	10.85
无固定期限	6.13
完成一次性工作任务	4.72
未签订劳动合同	48.82
不清楚	2.36
不适用	27.12
总计	100.00

6. 享有两种及以上社会保障的占比最低

社保在市内跨县农业转移人口中基本实现了全面覆盖,未参保率仅有1.18%,其中享有两种及以上社保的比重为18.87%,低于其他组别,说明市内跨县农业转移人口享有的社保范围较窄(见表8.16)。

表 8.16 市内跨县农业转移人口保险种类与流向

保险种类	样本占比(%)
0	1.18
1	79.95
2	14.86
3	3.30
4	0.71
总计	100.00

从不同的社保种类来看,新农合基本覆盖,参加比例为 97.41%;其他保险覆盖面较小,享有城镇居民医疗保险的仅占 0.71%(见表 8.17)。

表 8.17 市内跨县农业转移人口保险种类与流向

保险种类	占比情况(%)	
	参加	未参加
新型农村合作医疗保险	97.41	2.59
城镇职工医疗保险	3.07	96.93
城镇居民医疗保险	0.71	99.29
工伤保险	9.91	90.09
生育保险	3.07	96.93
商业医疗保险	6.60	93.40
其他	1.65	98.35

(三)省内跨市农业转移人口的群体特征

1. 平均月收入为 2 364 元

省内跨市农业转移人口平均月收入达到 2 364 元,仅高于县内跨乡人群的平均水平。其中,收入在 6 001 元及以上的仅有 0.9%,远低于其他三组;2 000 元及以下占比达到 54.97%,2 001—4 000 元占 38.25%,4 001—6 000 元占 5.87%(见表 8.18)。

表 8.18 省内跨市农业转移人口平均月收入

平均月收入(元)	样本占比(%)
2 000 及以下	54.97
2 001—4 000	38.25
4 001—6 000	5.87
6 001 及以上	0.90
总计	100.00

2. 大专及以上学历占比最高

省内跨市农业转移人口中大专及以上学历占比为 7.08%,高于其他三组;小学及以下比例为 27.56%;初中占比为 56.02%;高中占比为 6.78%;中专占比为 2.56%(见表 8.19)。

表 8.19 省内跨市农业转移人口的受教育程度情况

受教育程度	样本占比(%)
未上学	1.51
小学	26.05
初中	56.02
高中	6.78
中专	2.56
大专	4.07
本科	3.01
总计	100.00

3. 平均年龄 36 岁

省内跨市农业转移人口平均年龄有 36 岁,低于县内跨乡和市内跨县的人群。其中,30 岁以下的人群占 37.65%,高于其他三组(见表 8.20)。

表 8.20 省内跨市农业转移人口的年龄情况

年龄	样本占比(%)
30 岁以下	37.65
30—50 岁以下	52.26
50 岁及以上	10.09
总计	100.00

4. 在私营企业就业的人群占比最高

从统计结果来看,省内跨市农业转移人口在私营企业就业的比例达到 59.49%,高于其他三组;在机关、事业单位就业比例为 2.26%,也高于其他三组(见表 8.21)。

表 8.21 省内跨市农业转移人口单位性质

单位性质	样本占比(%)
土地承包者	0.60
机关、事业单位	2.26
国有及国有控股企业	3.31
集体企业	1.81
个体工商户	17.02
私营企业	59.49
港澳台企业	0.45
中外合资企业	0.45
其他	0.75
无单位	13.86
总计	100.00

5. 未签订劳动合同人群占比最高

省内跨市农业转移人口中有 59.64% 未签订劳动合同,高于其他三组,说明省内跨市农业转移人口劳动权益意识较为淡薄。其中,有固定期限合同的占总样本的 13.86%,无固定期限合同的占比为 6.63%(见表 8.22)。

表 8.22 省内跨市农业转移人口劳动合同种类

劳动合同种类	样本占比(%)
有固定期限	13.86
无固定期限	6.63
完成一次性工作任务	4.22
未签订劳动合同	59.64
不清楚	1.05
不适用	14.61
总计	100.00

6. 社保覆盖面最高(达到 99.1%)

社保在省内跨市农业转移人口中基本达到了全面覆盖,未参保的人群占比仅为 0.9%;64.01% 的农业转移人口享有一项社保,享有两项的占比为 28.01%;享有三项及以上的社保仅占 7.07%,高于其他三组,说明省内跨市农业转移人口保障更加全面(见表 8.23)。

表 8.23 省内跨市农业转移人口保险种类与流向

保险种类	样本占比(%)
0	0.90
1	64.01
2	28.01
3	5.12
4	1.05
5	0.45
6	0.45
总计	100.00

从保险种类上看,新农合基本实现全面覆盖,参保人数占总人数的比例达到98.19%,城镇职工、城镇居民的医疗保险参保率分别仅为3.01%和1.81%;参加商业医疗保险达到18.07%,高于其他三组;生育保险的参保率也很低,仅为2.26%(见表8.24)。

表 8.24 省内跨市农业转移人口保险种类与流向

保险种类	占比情况(%)	
	参加	未参加
新型农村合作医疗保险	98.19	1.81
城镇职工医疗保险	3.01	96.99
城镇居民医疗保险	1.81	98.19
工伤保险	15.51	84.49
生育保险	2.26	97.74
商业医疗保险	18.07	81.93
其他	5.72	94.28

(四)跨省农业转移人口的群体特征

1. 平均月收入为2 800元

跨省农业转移人口平均月收入达到2 800元,在四类群体中最高。其中,2 000元及以下占比43.65%,2 001—4 000元占比达到48.05%,4 001—6 000元占比5.94%,6 000元以上占比2.36%,总体上看跨省流动人员收入在2 000元以上的比例达到56.35%,高于其他三组,更多人选择跨省流动(见表8.25)。

表 8.25　跨省农业转移人口平均月收入

平均月收入(元)	样本占比(%)
2 000 及以下	43.65
2 001—4 000	48.05
4 001—6 000	5.94
6 001 及以上	2.36
总计	100.00

2. 文化程度总体较高

跨省农业转移人口的学历最高为研究生,而其他三组最高学历仅为本科。其中,跨省农业转移人口的学历有 58.44% 为初中,小学及以下占 29.8%,高中占 7.82%,中专占 2.00%,大专及以上占 1.95%(见表 8.26)。

表 8.26　跨省农业转移人口的受教育情况

受教育程度	样本占比(%)
未上学	2.80
小学	27.00
初中	58.44
高中	7.82
中专	2.00
大专	1.44
本科	0.37
研究生	0.09
缺失值	0.05
总计	100.00

3. 平均年龄为 36 岁

跨省农业转移人口中平均年龄为 36 岁,低于县内跨乡和市内跨县的人群。其中,近六成人群的年龄在 30—50 岁,占比为 59.77%;30 岁以下的为 32.94%,比重略低于省内跨市人群,但高于另两组(见表 8.27)。

表 8.27　跨省农业转移人口的受教育情况

年龄	样本占比(%)
30 岁以下	32.94
30—50 岁以下	59.77
50 岁及以上	7.29
总计	100.00

4. 单位性质更加多元化

跨省农业转移人口的就业单位性质更加多元化,其中,在私营企业就业的最多,占比为59.13%,个体工商户占比为14.98%,在外资企业比重高于其他三组,达到2.23%,还有部分就职于机关、事业单位,合资企业等,无单位者占比16.79%(见表8.28)。

表8.28 跨省农业转移人口单位性质

单位性质	样本占比(%)
土地承包者	0.32
机关、事业单位	0.21
国有及国有控股企业	2.20
集体企业	1.67
个体工商户	14.98
私营企业	59.13
港澳台企业	1.65
日/韩企业	0.30
欧美企业	0.28
中外合资企业	1.97
其他	0.50
无单位	16.79
总计	100.00

5. 签订劳动合同的人群占比最高

跨省农业转移人口中签订劳动合同(包括有固定期限合同,无固定期限合同)的比重达到29.22%,高于其他三组。跨省农业转移人口中51.83%未签订劳动合同,有固定期限合同的占总样本的19.72%,无固定期限合同和完成一次性工作任务占比分别为9.50%和1.63%(见表8.29)。

表8.29 跨省农业转移人口劳动合同种类

劳动合同种类	样本占比(%)
有固定期限	19.72
无固定期限	9.50
完成一次性工作任务	1.63
未签订劳动合同	51.83
不清楚	2.02
不适用	15.30
总计	100.00

6. 可享有的社会保障种类最多

跨省农业转移人口享有社保种类更加丰富,最多享有 7 种社保,而其他三组最多享有 6 种。其中,1.67% 的人群未享受社保,75.02% 的人群享有一项社保(见表 8.30)。

表 8.30 跨省农业转移人口保险种类与流向   单位:%

保险种类	样本占比
0	1.67
1	75.02
2	18.92
3	3.19
4	0.83
5	0.23
6	0.09
7	0.05
总计	100.00

从不同的社保种类来看,有 97.36% 的跨省农业转移人口参加了新型农村合作医疗保险,工伤保险、商业医疗保险的参与率分别是 9.56%、6.63%,城镇职工医疗保险为 2.75%,低于其他三组,城镇居民医疗保险为 0.73%,生育保险的参与率也仅为 1.40%(见表 8.31)。

表 8.31 跨省农业转移人口保险种类与流向   单位:%

保险种类	占比情况	
	参加	未参加
新型农村合作医疗保险	97.36	2.64
城镇职工医疗保险	2.75	97.25
城镇居民医疗保险	0.73	99.27
工伤保险	9.56	90.44
生育保险	1.40	98.60
商业医疗保险	6.63	93.37
其他	9.31	90.69

二、影响农业转移人口流向的主要因素

(一)收入水平对流向的影响

巨大的经济驱动力是促使农业转移人口大规模外出的主要动力,城乡之间巨

大的收入差异是农业转移人口向城市流动的最主要原因。2014年全国6省返乡农业转移人口数据调查结果显示,跨省农业转移人口平均月收入最高达到2 800元,省内跨市、市内跨县农业转移人口平均月收入基本持平,分别为2 364元、2 476元,县内跨乡农业转移人口平均月收入最低,仅为2 110元(见图8.7)。

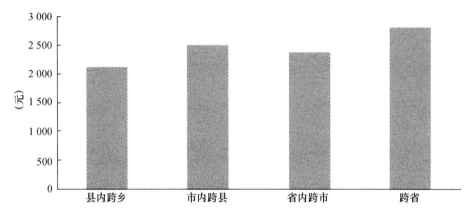

图8.7 各群体平均月收入

从不同收入层次来看,跨省流动的低收入人群(平均月收入2 000元及以下)比例偏低(43.65%),县内跨乡的该比例最高,为59.43%;市内跨县农业转移人口的高收入人群(6 001元及以上)比例最高(2.83%),这是由于跨省和省内跨市流动虽然有获得高收入的吸引力,但也会面临远距离外出打工需要路费及生活费等现金约束,而市内跨县农业转移人口不会受到外出打工所需的现金约束,并能找到较好的工作而不愿意到更远的地方打工;县内跨乡农业转移人口由于流动距离过短,收入水平提高不大。

(二)受教育程度对流向的影响

个人的教育状况是影响农业转移人口流向选择的关键因素。基于样本调查的范围、时间的差异,目前中国关于教育程度对流动人口的流向选择存在正向、负向和倒U形相关这三种结论。2014年全国6省农业转移人口数据调查结果显示,跨省农业转移人口中,大专及以上学历比重为1.90%,远低于其他三组;省内跨市农业转移人口这一比重最高,达到7.08%,市内跨县、县内跨乡比重分别为4.24%、3.43%(见图8.8)。

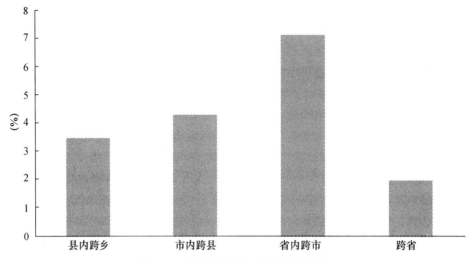

图 8.8 四类群体大专及以上学历占比

尽管跨省流动(6 省)是大多数农业转移人口的流向选择,但随着流动者个人受教育程度的提高,选择跨省流动的比例呈下降趋势。这是由于低学历农业转移人口的就业选择机会相对缺乏,他们往往需要通过远距离流动、额外的颠沛艰辛以寻求有限的个人职业流动与发展,因此小学及以下的农业转移人口占跨省总人口的比例最高,为 2.8%。而受教育程度高的大专及以上人群更倾向于省内跨市流动而不是跨省流动,其原因可能是农业转移人口要实现跨省就业就必须具有一定的文化知识,而调查的这 6 省中受教育程度较高的农业转移人口相对稀缺,使得这部分劳动力较易在本省内找到较好的工作,从而不愿意远距离跨省流动,省内跨市的农业转移人口大专及以上比例最高,为 7.08%。

(三)性别对流向的影响

性别因素在农业转移人口流动中扮演着重要的角色。由于家庭和社会分工的性别特征,男女选择跨省流动的影响可能并不相同。2014 年全国 6 省农业转移人口数据调查结果显示,农业转移人口中大部分为男性。相比之下,男性更倾向于远距离的流动,跨省和省内跨市的男性占比分别是 60.05%、67.47%,而市内跨县、县内跨乡男性占比分别为 57.55%、52.00%(见图 8.9)。

女性更倾向于近距离流动,县内跨乡的女性占比为 48.00%。这是由于在传统家庭分工模式下,女性往往承担更多的家庭照料责任,并且农村女性的整体教育水平较低,高学历农村女性在市场上具有相对稀缺性,其市场竞争压力较小,更易于通过近距离、低成本的流动获得较高的经济回报。与之相比,男性更倾向于远距离流动,但受供给总量相对较大、市场竞争较为激烈的客观影响,不少男性也选择省内跨市的流动方式,一方面为了减少竞争,另一方面为了增加预期回报,因此,男性省内跨市农业转移人口占比反而高于跨省。

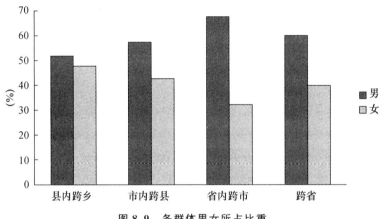

图8.9 各群体男女所占比重

(四)年龄对流向的影响

相关研究表明,年龄与流动距离呈负相关关系,即年龄越大越倾向于近距离流动,年龄越小则越倾向于远距离流动。2014年全国6省返乡农业转移人口数据调查结果也表现出相同的规律。30岁以下的年轻人更倾向于跨省流动和省内跨市流动,占比分别是32.94%和37.65%,由于6省经济发展水平不高,农业转移人口跨省流动和省内跨市流动能获得更好的收入预期。而50岁及以上的中老年人更倾向于市内跨县流动,因为年纪较大的农村劳动力可能由其迁移受益的年限较短以及心理成本过高而不愿意选择远距离流动。

(五)流出地经济发展情况对流向的影响

不同户籍地的流动者流向选择存在显著差异。相关研究表明,东部沿海地区的农村劳动力更倾向于省内流动,而中、西部地区的农村劳动力更倾向于跨省流动。由于改革开放以来,外商直接投资集中在东部沿海地区,该区域的制造业发达,能为农业转移人口提供较好的工作岗位,大部分能够实现省内就业。而中、西部地区的经济发展相对落后,农业转移人口更倾向于向东部沿海地区进行跨省流动。2014年全国6省农业转移人口数据调查是针对安徽省、贵州省、河南省、湖南省、江西省、四川省的,这6省都属于中西部地区,跨省农业转移人口占本省全部农业转移人口的比例分别是83.3%、82.8%、91.0%、62.8%、93.2%、52.7%,由于四川省经济水平较为发达,成都市又是我国西南地区的中心城市,因此跨省流动比例较低,而其余5省跨省流动的人口比例均超过60%,尤其是河南和江西,跨省流动的人口占比超过90%(见表8.32)。

表 8.32　不同流向的农业转移人口流出地情况　　　　　　　单位:%

流出地 人口占比	跨省农业 转移人口	省内跨市 农业转移人口	市内跨县 农业转移人口	县内跨乡 农业转移人口	合计
安徽省	83.3	5.6	4.8	6.3	100
贵州省	82.8	9.9	4.8	2.5	100
河南省	91.0	7.7	0.4	0.9	100
湖南省	62.8	7.7	25.8	3.7	100
江西省	93.2	3.2	2.2	1.5	100
四川省	52.7	36.4	7.0	3.9	100
总体	77.5	11.8	7.5	3.1	100

（六）社会保障水平对流向的影响

从社会保障层面来看,农业转移人口在流入地享有社保项数越多,其流动距离越远。从表 8.33 可以看出,在流入地享有 6 种社保（新型农村合作医疗保险、城镇职工医疗保险、城镇居民医疗保险、工伤保险、生育保险、商业医疗保险）的农业转移人口多是选择跨省或省内跨市流动;而市内跨县和县内跨乡农业转移人口主要参与 1 种社保,且参加 3 种社保的人员比例很低,仅为 3.30% 和 2.29%。

表 8.33　不同流向的农业转移人口参加社保情况　　　　　　　单位:%

参加社保 种类	跨省农业转移 人口样本占比	省内跨市农业转移 人口样本占比	市内跨县农业转移 人口样本占比	县内跨乡农业转移 人口样本占比
0	1.67	0.90	1.18	1.14
1	75.02	64.01	79.95	75.43
2	18.92	28.01	14.86	20.00
3	3.19	5.12	3.30	2.29
4	0.83	1.05	0.71	0.57
5	0.23	0.45	0	0.57
6	0.14	0.45	0	0
总计	100	100	100	100.00

三、小结

不同流向农业转移人口,在收入水平、文化程度、年龄、就业单位性质、参加社会保障等方面,呈现出一定的差异性。

县内跨乡农业转移人口的月均收入最低,为 2110 元,大专及以上学历占比为 3.43%,平均年龄 37 岁,近一半在私营企业就业,近一半未签订劳动合同,社会保障以新农合为主。

市内跨县农业转移人口的月均收入为 2476 元,高中及以上文化程度的人口占比最高,平均年龄38岁,私营企业就业人数占比最低,签订劳动合同人数占比最低,享有两种及以上社会保障的占比最低。

省内跨市农业转移人口的月均收入为2 364元,大专及以上学历占比最高,平均年龄36岁,在私营企业就业的人群占比最高,未签订劳动合同人群占比最高,社保覆盖面最高,达到99.1%。

跨省农业转移人口的月均收入为2 800元,有研究生学历的人群,年龄平均为36岁,单位性质更加多元化,签订劳动合同的人群占比最高,可享有的社会保障种类最多。

从影响因素来看,收入是影响农业转移人口流向的最主要因素,受教育程度、性别、年龄、流出地经济发展水平等也对流向产生一定影响。总体上,收入水平越高,农业转移人口流动距离越远;受教育程度越高,农业转移人口流动距离越远,但随着流动者个人受教育程度的提高,选择跨省流动的比例呈下降趋势。性别对农业转移人口流向有直接影响,女性更倾向于近距离流动。年龄与流动距离呈负相关关系,即年龄越大越倾向于近距离流动,年龄越小则越倾向于远距离流动。流出地经济发展情况也影响农业转移人口的流向,四川等地本省经济较为发达,省内流动的比例相对较高。从社会保障来看,农业转移人口在流入地享有社保项数越多,其流动距离越远。

近年来,中西部地区农民工月工资增长加快,与东部地区的收入水平日益缩小,这也是中西部出省农业转移人口近年来加快回省内就业的重要原因。同时,随着年龄的增长,第一代农业转移人口正在开始返乡,未来这一趋势会更加明显。

第四节 不同流向农业转移人口发展意愿分析

一、不同流向农业转移人口发展意愿

农业转移人口的发展意愿是影响他们未来市民化区域的重要因素。而发展意愿主要包括几个方面:长期居住意愿、迁入户口意愿、购房建房意愿以及养老意愿等。本部分使用国家卫生和计划生育委员会2013年的调查数据,调查地区包括上海市松江区,江苏省苏州市、无锡市,湖北省武汉市,湖南省长沙市,陕西省西安市和咸阳市,福建省泉州市,有效样本共计14 920名农业转移人口。

(一)跨省农业转移人口发展意愿

1. 近半数愿意回户籍地长期居住

从发展意愿来看,跨省流动人口打算在流入地长期居住的比例为49.7%,而不打算长期居住的比例为50.4%。跨省流动人口愿意把户口迁入流入地的比例为52.1%,而不愿意把户口迁入流入地的比例有47.9%。如表8.34所示。

2. 近60%愿意回户籍地购建房,大部分选择在户籍地乡村建房

跨省流动人口打算回户籍地村或乡镇建房的比例最高,为47.1%,回户籍地县市区或乡镇购房的比例为17.3%,回户籍地地级市购房的比例较少,为1.9%,回户籍地省会城市购房的比例更低,仅为0.8%;打算在流入地购房的比例为19.1%,还没有打算的比例较高,占19.2%。

3. 近70%愿意回户籍地养老,大多数意回到户籍地乡村

跨省流动人口打算回户籍地村或乡镇养老的比例最高,为50.9%,回户籍地县市区或乡镇养老的比例为14.7%,回户籍地地级市养老的比例较少,为1.9%,回户籍地省会城市养老的比例更低,仅为0.7%;打算在流入地养老的比例为12.5%,还没有打算的比例较高,占19.1%。

表8.34 跨省农业转移人口发展意愿　　　　　　　　　　　单位:%

发展意愿	选择项	跨省流动人口
是否打算在本地长期居住	是	49.7
	否	50.4
是否愿意把户口迁入本地	是	52.1
	否	47.9
打算在哪里购房、建房	回户籍地的村或乡镇建房	41.1
	回户籍地的县市区或乡镇购房	17.3
	回户籍地地级市购房	1.9
	回户籍地省会城市购房	0.8
	在本地购房	19.1
	没有打算	19.2
	其他	0.8
打算在哪里养老	回户籍地的村或乡镇养老	50.9
	回户籍地的县市区或乡镇养老	14.7
	回户籍地地级市养老	1.9
	回户籍地省会城市养老	0.7
	在本地养老	12.5
	没有打算	19.1
	其他	0.2
总样本量(人)		8 472

(二)省内跨市农业转移人口发展意愿

省内跨市是当前人口流动的一种重要方式,而这一部分农业转移人口的市民化意愿也成为影响省内市际之间人口与资源、经济与社会配置和发展的关键因素。

1. 有60%愿意在流入地长期居住

从2013年流动人口动态监测调查数据来看,省内跨市人口打算在流入地长

期居住的比例为60.4%,而不打算长期居住的比例为39.6%。省内跨市人口愿意把户口迁入流入地的比例为54.0%,而不愿意把户口迁入流入地的比例有46.0%。如表8.35所示。

2. 有超过40%愿意回户籍地购建房,有32%愿意在流入地购房

省内跨市人口打算回户籍地村或乡镇建房的比例较高,为28.8%,回户籍地县市区或乡镇购房的比例为14.0%,回户籍地地级市购房的比例较少,为1.4%,回户籍地省会城市购房的比例更低,仅为0.5%;打算在流入地购房的比例为31.8%,还没有打算的比例较高,占22.3%。

3. 有55%愿意回户籍地养老,大多数也愿意回户籍地乡村

省内跨市人口打算回户籍地村或乡镇养老的比例最高为40.8%,回户籍地县市区或乡镇养老的比例为12.1%,回户籍地地级市养老的比例较少为1.9%,回户籍地省会城市养老的比例更低,仅为0.5%;打算在流入地养老的比例为20.8%,还没有打算的比例较高,占23.8%。

表8.35 省内跨市农业转移人口发展意愿　　　　　　　　　　单位:%

发展意愿	选择项	省内跨市人口
是否打算在本地长期居住	是	60.4
	否	39.6
是否愿意把户口迁入本地	是	54.0
	否	46.0
打算在哪里购房、建房	回户籍地的村或乡镇建房	28.8
	回户籍地县市区或乡镇购房	14.0
	回户籍地地级市购房	1.4
	回户籍地省会城市购房	0.5
	在本地购房	31.8
	没有打算	22.3
	其他	1.3
打算在哪里养老	回户籍地的村或乡镇养老	40.8
	回户籍地的县市区或乡镇养老	12.1
	回户籍地地级市养老	1.9
	回户籍地省会城市养老	0.5
	在本地养老	20.8
	没有打算	23.8
	其他	0.2
总样本量(人)		5 118

(三) 市内跨县农业转移人口发展意愿

市内跨县流动由于距离近、跨度小、经济社会文化发展相近,为农业转移人口

的就近、就地市民化提供了十分便利的条件。

1. 有近60%愿意在流入地长期居住

从市内跨县农业转移人口的发展意愿来看,市内跨县人口打算在流入地长期居住的比例为58.5%,而不打算长期居住的比例为41.5%。市内跨县人口愿意把户口迁入流入地的比例为50.2%,而不愿意把户口迁入流入地的比例有49.9%。

2. 有45%愿意回户籍地购建房,选择回乡村建房比例较高

市内跨县人口打算回户籍地村或乡镇建房的比例最高为32.4%,回户籍地县市区或乡镇购房的比例为11.1%,回户籍地地级市购房的比例较少为2.0%,回户籍地省会城市购房的比例更低,仅为0.4%;打算在流入地购房的比例为29.9%,还没有打算的比例较高,占23.8%。

3. 有54%愿意回户籍地养老,大多数也愿意回到乡村

市内跨县人口打算回户籍地村或乡镇养老的比例最高为40.8%,回户籍地县市区或乡镇养老的比例为10.6%,回户籍地地级市养老的比例较少为2.5%,回户籍地省会城市养老的比例更低,仅为0.1%;打算在流入地养老的比例为19.3%;没有打算的比例也较高,占26.5%。

表8.36 市内跨县农业转移人口发展意愿 单位:%

发展意愿	选择项	市内跨县人口
是否打算在本地长期居住	是	58.5
	否	41.5
是否愿意把户口迁入本地	是	50.2
	否	49.9
打算在哪里购房、建房	回户籍地的村或乡镇建房	32.4
	回户籍地的县市区或乡镇购房	11.1
	回户籍地地级市购房	2.0
	回户籍地省会城市购房	0.4
	在本地购房	29.9
	没有打算	23.8
	其他	0.5
打算在哪里养老	回户籍地的村或乡镇养老	40.8
	回户籍地的县市区或乡镇养老	10.6
	回户籍地地级市养老	2.5
	回户籍地省会城市养老	0.1
	在本地养老	19.3
	没有打算	26.5
	其他	0.2
总样本量(个)		1330

二、不同流向农业转移人口发展意愿的影响因素

影响农业转移人口发展意愿的因素很多,主要包括:(1)年龄特征。一般认为,第一代农业转移人口返回户籍地发展的意愿更强,而"80后""90后"农业转移人口在流入地发展的意愿更强。(2)教育程度。人力资源理论和迁移流动理论的研究表明,教育程度越高,农业转移人口越倾向于在流入地发展,而教育程度较低,农业转移人口更愿意回户籍地发展。(3)流入时间。社会融入理论发现,在流入地的居留时间越长,农业转移人口对当地的社会形态、生活方式等越适应,他们越愿意留下来发展;而流入时间越短,农业转移人口受流出地的影响越大,他们就近市民化的意愿越强烈。(4)职业类型。就业是农业转移人口外出生活的基础和根本,但目前农业转移人口的职业类型主要集中在商业服务业和生产运输建筑两种类型中,两者之间是否具有差异成为市民化研究的重点内容。(5)就业身份。雇员和雇主的发展意愿可能存在明显的不同。(6)收入水平。农业转移人口的家庭收入水平是决定他们发展意愿的关键因素,收入越高,他们在流入地的居住、教育、医疗、消费等行为越可能得到满足;而收入较低,农业转移人口就更倾向于回到户籍地生活和发展。(7)社会保障。有无医疗、养老、失业、工伤等保险是农业转移人口选择发展区域的重要因素。

但这些因素对不同流向的农业转移人口的影响是否一致?如果不一致,差异性有多大?哪些因素的影响导致差异?等等,这些问题的回答需要数据的实证和现实的探索。

(一)年龄对发展意愿的影响

年龄因素对跨省流动人口的户籍地发展意愿的影响更为强烈,特别是"90后"农业转移人口,其户籍地长期居住、保留户籍、购房建房的比例明显要高。从省内跨市人群和市内跨县人群来看,年龄越大,户籍地购房建房、养老意愿越强;而年龄越小,户籍地购房建房、养老比例越低(见表8.37)。

表8.37 年龄差异与不同流向农业转移人口户籍地发展意愿　　　　单位:%

	户籍地居住比例				户籍地保留户口比例		
	跨省流动	省内跨市	市内跨县		跨省流动	省内跨市	市内跨县
第一代	47.7	40.0	52.7	第一代	47.0	49.2	52.7
"80后"	48.3	36.7	48.2	"80后"	44.9	41.6	48.2
"90后"	61.6	47.1	46.2	"90后"	56.8	47.9	46.2

(续表)

	户籍地购房建房比例				户籍地养老比例		
	跨省流动	省内跨市	市内跨县		跨省流动	省内跨市	市内跨县
第一代	61.5	46.4	48.4	第一代	71.3	61.3	60.3
"80后"	58.9	44.0	46.4	"80后"	65.7	51.5	53.8
"90后"	64.4	40.7	36.7	"90后"	66.2	45.5	36.2

（二）学历对发展意愿的影响

总体来看，不同流向农业转移人口的发展意愿都受教育差异的影响。教育程度越高，户籍地发展意愿越弱；教育程度越低，户籍地发展意愿越强。特别是大学专科及以上农业转移人口的户籍地发展意愿要明显低于高中及以下人口（见表8.38）。

表8.38 教育程度与不同流向农业转移人口户籍地发展意愿 单位：%

	户籍地居住比例				户籍地保留户口比例		
	跨省流动	省内跨市	市内跨县		跨省流动	省内跨市	市内跨县
小学及以下	53.3	46.7	46.6	小学及以下	53.8	53.1	54.6
初中	52.4	40.5	42.8	初中	49.2	47.3	51.3
高中/中专	46.9	39.7	40.6	高中/中专	43.3	44.0	47.8
大学专科及以上	31.6	25.9	31.6	大学专科及以上	32.6	36.2	44.2
	户籍地购房建房比例				户籍地养老比例		
	跨省流动	省内跨市	市内跨县		跨省流动	省内跨市	市内跨县
小学及以下	69.0	55.1	56.8	小学及以下	78.0	71.1	63.6
初中	63.6	47.8	47.9	初中	69.8	58.9	58.6
高中/中专	54.0	41.4	43.3	高中/中专	61.6	49.9	48.3
大学专科及以上	36.0	23.2	31.6	大学专科及以上	47.6	31.3	36.8

（三）流入时间对发展意愿的影响

如图8.10所示，跨省流动人口户籍地居住意愿随流入时间的延长呈现均匀的下降趋势。省内跨市人口户籍地居住意愿在5年及以下流入时间内变化较迅速，但5年以上时间内户籍地居住意愿变化较小。而市内跨县人口在流入地居住10年及以上后，户籍地居住意愿有所升高。

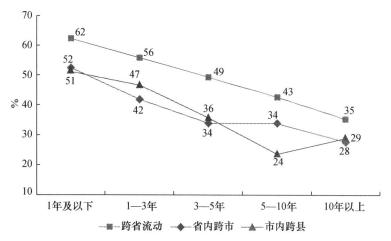

图 8.10　流入时间与不同流向农业转移人口户籍地居住意愿

如图 8.11 所示,跨省流动人口户籍地保留户籍意愿随流入时间的延长呈现均匀的下降趋势。省内跨市人口在流入地居住 1—5 年时间其保留户籍意愿并不发生明显变化。而市内跨县人口在流入地居住 10 年及以上后,保留户籍意愿有明显上升趋势。

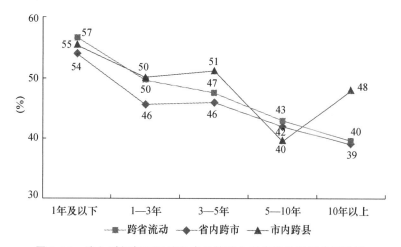

图 8.11　流入时间与不同流向农业转移人口户籍地保留户口意愿

如图 8.12 所示,不同流向农业转移人口的返乡购房、建房意愿都随流入时间的增加呈现递减趋势。例如,跨省流动人口中,流入时间为 1 年及以下的返乡购房、建房比例为 68%,而 1—3 年为 62%,3—5 年为 61%,10 年及以上比例下降为 53%。

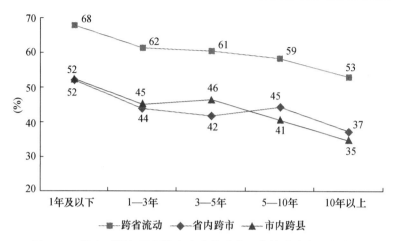

图 8.12 流入时间与不同流向农业转移人口户籍地购房建房意愿

如图 8.13 所示,农业转移人口的养老意愿与流入时间的相关程度不高,仅在 1 年时间内有较大变化。但市内跨县人口在流入地居住 10 年以上后,其户籍地养老意愿有明显升高趋势。

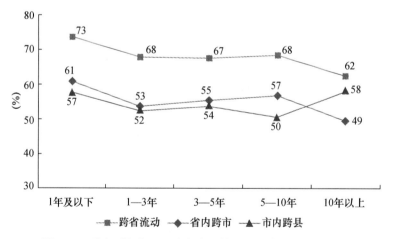

图 8.13 流入时间与不同流向农业转移人口户籍地养老意愿

（四）职业对发展意愿的影响

如图 8.14 所示,生产、运输、建筑等人员打算回户籍地居住的比例较高,跨省流动人口此比例为 61%,省内跨市和市内跨县人口分别为 51% 和 50%。次之的是无固定工作人员,打算回户籍地居住比例也都在 40% 以上。

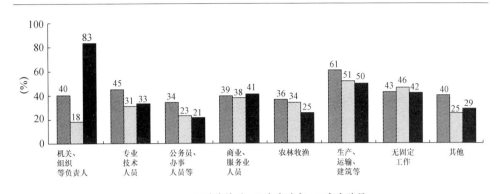

图 8.14 职业类型与不同流向农业转移人口户籍地居住意愿

如图 8.15 所示,市内跨县人口保留户籍的意愿明显高于跨省流动人口和省内跨市人口。其中,最高比例的是农林牧渔人员,其保留户籍比例为 63%。跨省流动人口中保留户籍比例较高的是生产、运输、建筑等人员,达 53%。省内跨市人口中较高比例的是生产、运输、建筑人员,商业服务业人员和农林牧渔人员。

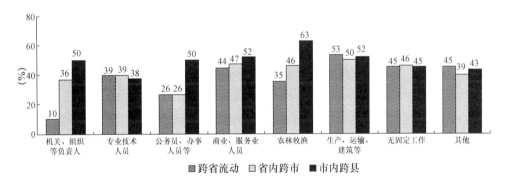

图 8.15 职业类型与不同流向农业转移人口户籍地保留户口意愿

如图 8.16 所示,跨省流动人口中,农林牧渔人员打算在户籍地购房建房的比例较高;而省内跨市人口中,生产、运输、建筑等人员打算在户籍地建房购房的比例最高;市内跨县人口中,由于机关、组织、企事业单位负责人人员很少,样本的发展意愿出现不稳定性。

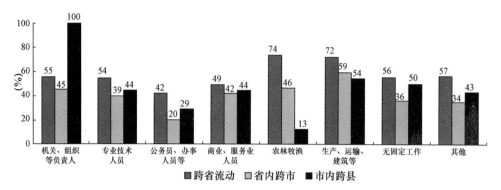

图 8.16 职业类型与不同流向农业转移人口户籍地购房建房意愿

如图 8.17 所示,跨省流动人口和省内跨市人口中,打算回户籍地养老比例较高的是农林牧渔人员和生产、运输、建筑人员,而市内跨县人口中打算回户籍地养老比例较高的是生产、运输、建筑人员和商业、服务业人员。

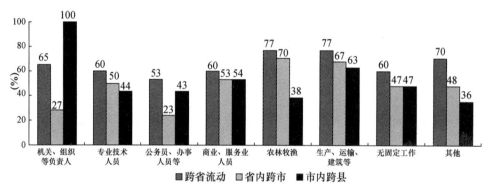

图 8.17 职业类型与不同流向农业转移人口户籍地养老意愿

(五)就业身份对发展意愿的影响

如表 8.39 所示,在跨省流动人口中,雇员的户籍地居住、保留户口、购房养老比例都显著高于雇主、自营劳动者、家庭帮工等群体。在省内跨市人口中,雇员户籍地居住、购房建房以及养老比例都较高,但保留户籍比例低于雇主和自营劳动者;而且,家庭帮工的保留户口比例更是明显降低,仅为 42.4%。在市内跨县人口中,雇员的户籍地居住比例最高,为 48%,而雇主为 37.4%,自营劳动者为 37.2%,家庭帮工仅为 25.5%;但雇主在户籍地的保留户口比例、购房建房比例、返乡养老比例都为最高。

表 8.39　就业身份与不同流向农业转移人口户籍地发展意愿　　　单位:%

	户籍地居住比例				户籍地保留户口比例		
	跨省流动	省内跨市	市内跨县		跨省流动	省内跨市	市内跨县
雇员	57.4	46.4	48.0	雇员	50.8	46.8	50.7
雇主	31.0	35.6	37.4	雇主	41.7	48.8	54.6
自营劳动者	35.9	34.2	37.2	自营劳动者	43.2	47.2	51.6
家庭帮工	30.8	33.1	25.5	家庭帮工	43.9	42.4	43.6
	户籍地购房建房比例				户籍地养老比例		
	跨省流动	省内跨市	市内跨县		跨省流动	省内跨市	市内跨县
雇员	67.2	50.4	47.5	雇员	72.4	57.9	53.5
雇主	45.5	40.4	48.5	雇主	59.0	52.6	61.6
自营劳动者	49.0	40.8	45.1	自营劳动者	61.2	54.9	54.0
家庭帮工	48.1	36.4	30.9	家庭帮工	57.5	48.3	54.5

(六) 收入水平对发展意愿的影响

数据分析结果表明,农业转移人口收入水平越低,户籍地居住比例越高;而收入水平越高,其户籍地居住比例越低。特别是家庭收入水平为1万元及以上的跨省流动人群,其户籍地居住意愿要明显弱于1万元以下样本。换言之,1万元收入是跨省流动人口发展意愿变化的一条明显界线(见图8.18)。

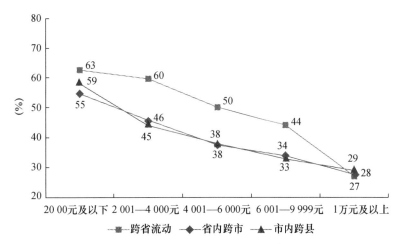

图 8.18　收入水平与不同流向农业转移人口户籍地居住意愿

4 000元是跨省流动人口户籍意愿发生变化的一条明显界限。4 000元以下的户籍保留比例都在54%以上,而4 000元以上呈现显著下降趋势,4 001—6 000元为48%,6 001—9 999元为42%,1万元以上仅为35%。收入为6 001—9 999元的市内跨县人员保留户籍比例最高,为54%。4 000元及以下的省内跨市人口的保留户籍意愿都在50%左右,而4 000元及以上的省内跨市农业转移人口保留户籍比例仅为40%左右(见图8.19)。

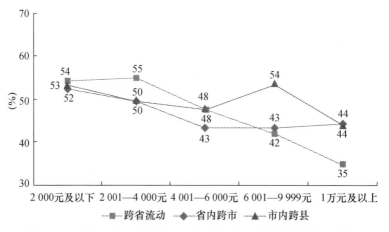

图8.19　收入水平与不同流向农业转移人口户籍地保留户口意愿

从农业转移人口户籍地购房、建房意愿来看,跨省流动人口和省内跨市人口如果家庭收入在1万元以上,他们购房建房的比例会明显降低,但市内跨县人口如果家庭收入在1万元以上,他们户籍地建房购房的比例会明显升高(见图8.20)。

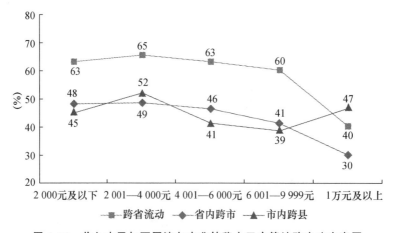

图8.20　收入水平与不同流向农业转移人口户籍地购房建房意愿

从农业转移人口户籍地养老意愿来看,跨省流动人口和省内跨市人口如果家庭收入在 1 万元及以上,他们打算回户籍地养老的比例会明显降低,但市内跨县人口如果家庭收入在 1 万元及以上,他们打算回户籍地养老的比例会明显升高(见图 8.21)。

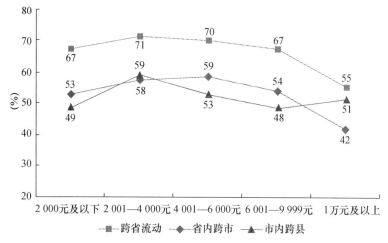

图 8.21 收入水平与不同流向农业转移人口户籍地养老意愿

(七) 社会保障对发展意愿的影响

社会保障对农业转移人口的发展意愿具有显著的影响。以医疗保险为例来看(见表 8.40),有医疗保险的人口在流入地发展的意愿更强,而没有医疗保险的人群回户籍地发展的意愿更强;不论是不同流向,还是不同发展意愿,都是此规律。但市内跨县人口的发展意愿受社会保险的影响更明显,没有医疗保险的样本回户籍地发展的比例高出有医疗保险的样本更多。

表 8.40 医疗保险与不同流向农业转移人口户籍地发展意愿 单位:%

	户籍地居住比例				户籍地保留户口比例		
	跨省流动	省内跨市	市内跨县		跨省流动	省内跨市	市内跨县
没有医疗保险	50.4	41.0	43.0	没有医疗保险	50.4	47.7	50.6
有医疗保险	40.7	32.5	25.0	有医疗保险	40.7	37.1	42.0

(续表)

	户籍地购房建房比例				户籍地养老比例		
	跨省流动	省内跨市	市内跨县		跨省流动	省内跨市	市内跨县
没有医疗保险	61.77	45.57	47.04	没有医疗保险	69.33	56.39	54.93
有医疗保险	58.78	39.95	32.14	有医疗保险	65.14	49.38	43.75

三、小结

从调查结果分析来看,不同流向农业转移人口的发展意愿有较大差异:

跨省流动的农业转移人口中,约50%愿意在户籍省内长期居住和保留户籍。此外,有60%以上的跨省农业转移人口打算回户籍省内购房建房和养老。由于中西部农业转移人口中,有60%—70%为跨省流动,据此推算,中西部全部农业转移人口中有30%—40%愿意在户籍地长期发展。

省内跨市农业转移人口60%打算在流入地长期居住,而40%以上的样本打算回户籍市域购房、建房。因此,省内跨市农业转移人口的市民化主要分化为两个场所:流入市域和户籍市域。市内跨县人口的市民化意愿体现了与省内跨市人口相似的规律,也是分化为流入县域和户籍县域两种市民化意愿,并且各占50%左右。不论选择哪里,省内流动的农业转移人口都选择就近市民化。其中,约有40%愿意回到户籍地县城或乡村购建房,约50%愿意回到户籍地县城或乡村养老。

分析表明,农业转移人口自身的年龄、教育因素、在流入地的居留时间、职业类型、就业身份、收入水平以及社会保障因素都显著影响到他们的发展意愿和市民化地区。总体来看,年龄越大,教育程度越低,流出时间越短,职业等级越低,收入水平越低,社会保障水平越低,越愿意回到户籍地;反之,则更愿意在流入地发展。

在跨省流动的农业转移人口中,"80后"、大学专科及以上、流入5年以上、家庭收入水平较高、有流入地的社会保险、商业服务业人员、自营就业人员在流入省份发展的意愿较强。而"90后"、初中及以下教育水平、流入5年以下、家庭收入在4 000元以下、社会保障参保率较低、从事生产、运输、建筑的受雇人员打算回省内市民化的比例较高。

在省内跨市的农业转移人口中,"80后"、大学专科及以上、流入10年以上、家庭收入在万元以上的人口在流入地发展的意愿较强。而第一代、初中及以下教育水平、流入10年以下、家庭收入在万元以下的人口打算返回户籍市域发展的比例较高。

在市内跨县的农业转移人口中,"90后"在流入区县长期居住和迁入户籍的意愿比较强烈,而"80后"在流入地购房和养老的意愿较强。同时,大学专科及以上、流入5—10年、家庭收入在6 000元—10 000元的人口在流入地发展的意愿最强。第一代、教育程度较低、流入1年及以下、雇主、家庭收入在2 000元—4 000元的人口打算回户籍区县发展的比例较高。

第五节　农业转移人口就近城镇化面临的主要问题

尽管6省农业转移人口的约70%为跨省转移,但从调查数据来看,春节返乡后选择在县内转移就业的比重在提升,从发展意愿来看,即使出省的农业转移人口也有近半数要回乡定居或养老。如果再加上在乡镇内转移就业的农业人口,就近市民化的趋势将日趋明显。从调研情况来看,《国家新型城镇化发展规划(2014—2020年)》出台以后,中央各部委结合自身职能和任务分工,及时研究出台相关政策,各地结合自身实际积极开展探索,农业转移人口就近城镇化的政策环境进一步改善,但政策落实还不均衡,农业转移人口就近城镇化还存在不少问题。

一、农业转移人口的分布现状及趋势

(一) 农业转移人口区域分布现状及趋势

随着区域经济布局的调整,农业转移人口就业布局也出现了新的变化:仍以东部地区为主,但在中西部地区就业的比重开始上升。出现这种变化的一个重要原因,是农业转移人口在中西部省内就近转移就业增长加快。从全国来看(见表8.41),在省内转移就业农民工(包括本乡镇内就业和出乡镇但在省内就业)的数量从2008年的15 058万人,增加到2013年的19 155万人,5年增加了近4 100万人,年均增加820万人。省内转移就业的比重也从2008年的66.8%增加到2013年的71.2%,年均提高约1个百分点。其中,本地(乡镇)就业的比重基本稳定,而出乡镇但在省内就业的比重从29.1%提高到33%,超过出省的比重。

表8.41　全国农民工省内外分布情况

指标	规模(万人)		占全部农民工的比重(%)	
	2008年	2013年	2008年	2013年
农民工总量	22 542	26 894		
1. 外出农民工	14 041	16 610	62.3	61.8
(1) 出省	7 484	7 739	33.2	28.8
(2) 省内乡外	6 557	8 871	29.1	33.0
2. 本地农民工	8 501	10 284	37.7	38.2
省内合计	15 058	19 155	66.8	71.2

资料来源:国家统计局年度农民工监测报告。

分地区来看(见表8.42),东部地区外出农民工(出乡镇)在省内就业的比重一直很高,2008年为79.7%,2013年进一步上升到82.1%。中部地区在省内就业的比重从2008年的29%,提高到2013年的37.5%,年均提高1.7个百分点。西部地区在省内就业的比重从2008年的37%,提高到2013年的45.9%,年均提高1.8个百分点。

表8.42 外出农民工省内外分布比例 单位:%

地区	2008年		2013年	
	省内	省外	省内	省外
东部地区	79.7	20.3	82.1	17.9
中部地区	29	71	37.5	62.5
西部地区	37	63	45.9	54.1

资料来源:国家统计局年度农民工监测报告。

如果再考虑乡镇内部转移就业的农民工,省内就近就业的趋势更加明显。如表8.43所示,在全部农民工中,东部地区省内就业的比重一直在90%以上;中部地区从2008年的47.9%上升到2012年的52%,年均上升约1个百分点;西部地区从50.3%上升到58%,年均上升约2个百分点。可以预计,随着中西部地区经济发展的加快,将会有更多的中西部农业转移人口选择就近转移就业或回乡创业。

表8.43 2008—2012年全部农民工省内外分布情况 单位:%

	2008年				2012年			
	全国	东部	中部	西部	全国	东部	中部	西部
出省①	33.2	9.0	52.1	49.7	29.2	7	48	42
出乡镇但在省内②	29.1	35.3	21.3	29.2	33.2	39	25	35
本乡镇内③	37.7	55.7	26.6	21.0	37.2	54	27	23
省内合计比重②+③	66.8	91.0	47.9	50.3	70.4	93	52	58

资料来源:国家统计局年度农民工监测报告。

(二)农业转移人口城市分布现状及趋势

2013年全国农民工监测调查报告数据表明,在16610万外出农民工中,8.5%流向直辖市,22%流向省会城市,33.4%流向地级市(包括副省级),35.7%流向小城镇(见表8.22)。

但如果再考虑到本乡镇内部转移就业的近40%农民工,则全国农民工中约有60%是流向小城镇的,即约有1.6亿农民工在小城镇(2013年数据)。

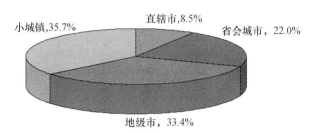

图 8.22　2013 年全国外出农民工流入城市分布状况

在 7 739 万跨省流动的农民工中,14.4% 流向直辖市,22.6% 流向省会城市,39.6% 流向地级市(包括副省级),22.5% 流向小城镇(见图 8.23)。

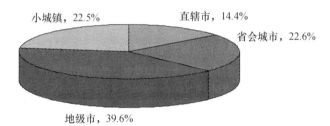

图 8.23　2013 年全国跨省流动农民工流入城市分布状况

在 8 871 万省内流动的农民工中,3.3% 流向直辖市,21.5% 流向省会城市,28.1% 流向地级市(包括副省级),47.1% 流向小城镇(见表 8.24)。

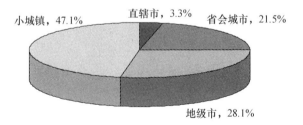

图 8.24　2013 年全国省内流动农民工流入城市分布状况

动态来看,2009—2013 年五年中,农民工流向直辖市、地级市以及县级以下区域的比例都有小幅下降,而流向省会城市的比例有所增加,从 2009 年的 19.8%,上升到 2013 年的 22%(见图 8.25)。

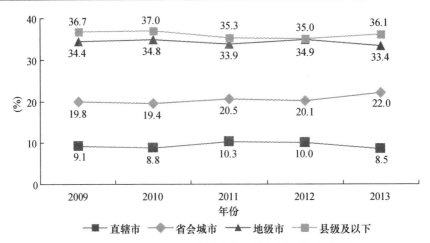

图 8.25　2009—2013 年全国农民工流入城市的变动情况

资料来源:2009—2013 年全国农民工监测调查报告。

二、农业转移人口就近城镇化面临的主要问题

从调研情况来看,农业转移人口省内就近市民化还面临一些突出的矛盾和问题。

(一)中西部部分地区城镇化持续健康发展的内生动力不足

外出农业转移人口主要集中在东部发达地区和地级以上城市(均超过60%),导致大城市人口过于集中,中小城市和城镇发展不足,想吸引农业转移人口的地方引力不大,对农业转移人口引力大的地方又容纳不了。在中西部的大部分地区,工业化基础薄弱,地方加快推进城镇化的愿望较强,但可利用的财政资源有限,可动员的社会资本不足,往往以"土地—房地产"模式推动城镇化建设。从实施效果来看,对于省会城市和其他部分大中城市,产业支撑较为充分,以土地经营为杠杆推动城镇化的效果较好。但对于中西部大部分三、四线城市,由于产业发展基础薄弱,城镇投资建设速度快于产业和人口聚集速度,在经济上行周期中出现了城镇化投资超前以及基础设施规模效应不足、成本较高的问题。在当前经济增速下滑的大背景下,由于房地产市场低迷、地价走低,中西部地区三、四线城市陷入了"业难兴、人难聚、房难卖、地难拍、债难还"的困境,不仅城镇化的内生动力下降,未来还有可能暴露大面积的债务风险。

同时,中西部地区基层公共就业服务机构不健全,中介市场不发达,劳动力供求信息少;本地农民工参加城镇社保的比例更低,权益受损现象比沿海地区更严重;农民工返乡创业面临的土地、资金瓶颈问题突出。

(二)户籍制度改革进展不平衡、不协调

一是一些市县对户籍改革的认识不统一、重视程度不够。存在担心地方财政保障、社会承载力不足，或改变已有制度会引发民事法律纠纷，甚至社会稳定问题的顾虑。

二是省际和省内地市间改革进展不平衡。因强调农业、非农业户口引发保障性住房对象确定、农村独生女高考加分资格审核、公民办理社会事务要求出具户口性质证明等新问题，容易导致居民社会活动受影响，增加社会矛盾。

三是协调机制不完善。如湖北省尚未建立自上而下的户籍管理制度改革专门工作机构，专班不落实，且挂名多，实战少，部门间缺乏实质性沟通，在人力财力精力上投入不足。

四是相关政策法规改革不配套。户籍制度改革，涉及《兵役法》《土地管理法》《物权法》《居民委员会组织法》《村民委员会组织法》等法规，以及一批地方性法规的政策规定，都需要国家从法律法规层面加以系统改革并积极推进。

（三）基本公共服务既没有与原有制度断根，又在城镇化进程中产生一些新的问题

一是一些基本公共服务还没有与原有制度断根。虽然一些地方实行了城乡一元化户籍制度，但依附在户籍制度上的民政、社保、计生、土地管理等政策还没有同步配套改革，不同居民的低保、优抚、生育等政策待遇仍然存在城乡差别。

二是一些公共服务对农业转移人口覆盖面窄。农业转移人口随迁子女义务教育"两为主"进展不均衡，学前教育和中考高考问题日益突出；农业转移人口不能平等享受公共卫生和计生服务，看病难问题突出；在城镇参加社会保障的比率和保障水平低，住房保障程度低。农业转移人口市民化成本分担机制不健全，流入人口较多的地方政府财政压力很大。

三是很多城市的公共资源压力加大，尤其是教育资源不足问题日益突出。湖北省和陕西省都反映，像武汉、西安这样的特大城市，严格控制人口规模与流动人口落户意愿强烈之间的矛盾突出。武汉市城区人口已超过500万，中心城区人口密度为19 742人/平方公里，按照国家规定必须严格控制人口增长，但其经济发展、社会环境条件相对优越，近阶段人口聚集洼地效应愈发明显。据武汉市统计，每年除20万大中专院校学生外，通过工作调动、购房入户、投靠落户、出生登记等多种方式净增人口15万人，而且主要集中在中心城区，造成中心城区现有交通、医疗、住房、就业、教育等公共设施的实际承受能力相对饱和，人口增长与资源环境之间的矛盾加剧。另一方面，中小城市和小城镇发展相对滞后，产业支撑不足、基础设施薄弱、教育和医疗卫生等公共服务欠缺，吸引人口集聚的能力相对不足。农业转移人口想留的大城市不让留，国家鼓励去的小城市和小城镇，农业转移人口又不愿去。

四是在城镇化进程中又出现一些新问题。比如在教育方面，由于城市学校的

生均经费水平要低于农村学校,一些农村学生进入城市上学后,以前一些不用交的钱现在要交了,教育负担反而加重了。一些划入城镇的地区,也因性质的变化,导致学校公用经费减少,影响正常运行。

(四) 农业转移人口市民化成本较高,地方政府财力难以支撑

如武汉市测算,其农业转移人口市民化的成本约为19万元/人,如果到2020年实现200万左右的市外农业转移人口存量及100万左右市内农业转移人口的市民化,政府需要付出的公共成本将达到4 383亿元。2013年武汉市全年地方公共财政收入仅为978.52亿元,难以支撑如此庞大的成本。孝感市测算,其农业转移人口市民化的成本约为6万元/人,到2020年全市农业转移人口市民化的规模约为175万人,地方政府需要承担的公共成本约为188亿元,孝感市7年可提供65亿元,缺口达123亿元。

湖南省资兴市(郴州市代管的县级市)到2017年需要市民化总成本为61.44亿元,政府、用人单位(企业)、个人分担比重约为68.38%、17.09%和14.52%,政府承担的市民化成本为42.01亿元。芷江镇(隶属怀化市芷江侗族自治县)到2020年,需解决9.33万农业转移人口的市民化问题,需投入120亿—140亿元,按照3:5:2的比例,其中政府约承担35亿元。而该镇2013年财政总收入1.64亿元,缺口巨大。

同时,就近市民化也带来一些新的成本分担问题。比如,根据农村义务教育经费保障机制,国家全部免除农村义务教育阶段学生学杂费,免学杂费资金由中央和地方按比例分担,西部地区为8:2,中部地区为6:4,东部地区基本上是由自身承担。但对中西部城市义务教育阶段学生,则无相关补助机制。如果一个农村义务教育阶段学生通过市民化进入城区,则该地区地方财政将减少相应的财政补助。

(五) 就业稳定性不足导致农民进城落户意愿不强

例如,目前除西安市外,陕西省农民进城落户的限制已全面取消,但实际上农民进城落户的意愿并不是很强烈,存在"进城不落户"现象。2013年办理居住证的120万人中,办理城镇户口的仅有55.37万人,仅占46%,宝鸡、安康市进城农村居民办理城镇户口的比例分别只有19.50%和8.14%。

农民进城后不愿意落户的最主要原因是就业收入低、就业存在较大的不稳定性,难以维持在城市可持续的生计。例如,渭南市一般的非技能就业岗位工资仅为1 200元/月左右,一般公务员也只有1 500元/月,本地就业收入无法支撑其在城里买房定居。就地就近的农业转移就业更主要是兼业型,传统农业生产仍然是其家庭生活的重要保障,仍然摆脱不了对土地的依赖。

（六）城镇化融资的可持续性面临严峻挑战

在公共财政收入方面，随着经济进入"新常态"，公共财政收入增速正在经历趋势性下降，用公共财政收入支持城镇化建设的力度也会出现趋势性下降。在土地出让收入方面，由于近期房地产市场不景气，不少地区的土地出让收入出现了显著下降，建设用地指标出现过剩。考虑到房地产市场已基本告别高速增长阶段，土地拆迁及开发成本日渐提高，土地出让金收入或"土地财政"对城镇化的支持力度也会出现趋势性下降。在金融供给方面，中央治理地方政府性债务在短期内对金融体系的城镇化融资供给产生了紧缩效应。本轮地方政府性债务治理的基本原则是"开正门，堵偏门"。但是正门难开，偏门易堵，"开正门"与"堵偏门"在时间上具有非对称性，前者推进的速度远远慢于后者。在社会资本方面，成本较低、期限较长的社会资本（如PPP）引进尚未形成规模。虽然近期财政部和国家发改委发布了有关PPP的指导意见、合同指南和操作指南，部分地方也已开展了项目试点，但由于地方政府缺乏经验，近期内大规模推广的可能性不高。

以上问题在小城市和小城镇表现得更为突出，融资可持续性降低已经威胁到了城镇化的健康发展。一方面，这将直接导致市政基础设施的投入和公共服务的提供不足，影响城镇化的质量；另一方面，在城镇化融资缺口较大的情况下，可能出现收"过头税"或加大税收征管力度的行为，加剧财税政策的顺周期性，企业实际税负的提高也将侵蚀城镇化的产业支撑基础。

三、小结

近年来，农业转移人口省内就近转移就业的趋势日趋明显。从全国来看，农民工省内转移就业的比重从2008年的66.8%增加到2013年的71.2%，年均增加约1个百分点。东部地区，农民工省内就业的比重一直在90%以上；中部地区从2008年的47.9%上升到2012年的52%，年均上升约1个百分点；西部地区从50.3%上升到58%，年均上升约2个百分点。可以预计，随着中西部地区经济发展的加快，将会有更多的中西部农业转移人口选择就近转移就业或回乡创业。

分城市看，省内流动的外出农民工中，3.3%流向直辖市，21.5%流向省会城市，28.1%流向地级市（包括副省级），47.1%流向小城镇。如果再考虑到本乡镇内部转移就业的农民工，则在小城镇就业的比重更高。动态来看，2009—2013年五年中，农民工流向直辖市、地级市以及县级以下区域的比例都有小幅下降，而流向省会城市的比例有所增加。

虽然中西部地区农民工省内就近转移就业的趋势明显，但从调研情况来看，农业转移人口省内就近市民化还面临一些突出的矛盾和问题。中西部部分地区城镇化持续健康发展的内生动力不足；户籍制度改革进展不平衡、不协调；基本公共服务既没有与原有制度断根,又在城镇化进程中产生一些新的问题;农业转移人口市民化成本较高,地方政府财力难以支撑;城镇化融资的可持续性面临严峻挑战。

第六节 不同流向农业转移人口发展意愿影响因素的分析

一、跨省农业转移人口发展意愿的影响因素分析

(一)年龄因素

"90后"跨省农业转移人口流入地长期居住意愿和迁入户口意愿明显偏低;"80后"回户籍地乡镇村建房购房的比例较低,第一代跨省农业转移人口回户籍地乡镇村养老的比例最高。

如表8.44所示,第一代农业转移人口打算在流入地长期居住的比例为52.3%,不打算在流入地长期居住的比例为47.7%;"80后"农业转移人口打算在流入地长期居住的比例为51.7%,不打算长期居住的比例为48.3%;"90后"农业转移人口打算在流入地长期居住的比例仅为38.4%,不打算长期居住的比例达61.6%。

表8.44 跨省农业转移人口年龄差异与居住意愿

观察值/占比			是否打算在本地长期居住		合计
			是	否	
年龄差异	第一代	(人)	1 940	1 769	3 709
		(%)	52.3	47.7	100.0
	"80后"	(人)	1 704	1 594	3 298
		(%)	51.7	48.3	100.0
	"90后"	(人)	562	903	1 465
		(%)	38.4	61.6	100.0
合计		(人)	4 206	4 266	8 472
		(%)	49.7	50.4	100.0

如表8.45所示,第一代农业转移人口愿意把户口迁入流入地的比例为53%,不愿意的比例为47%;"80后"农业转移人口意愿迁入户籍的比例最高,为55.2%,不愿意的比例仅为44.9%;"90后"农业转移人口愿意把户籍迁入流入地的比例最低,仅为43.2%,不愿意的比例最高,为56.8%。

表 8.45 跨省农业转移人口年龄差异与迁户意愿

观察值/占比			是否愿意把户口迁入本地		合计
			是	否	
年龄差异	第一代	（人）	1 965	1 744	3 709
		（％）	53.0	47.0	100.0
	"80后"	（人）	1 819	1 479	3 298
		（％）	55.2	44.9	100.0
	"90后"	（人）	633	832	1 465
		（％）	43.2	56.8	100.0
合计		（人）	4 417	4 055	8 472
		（％）	52.1	47.9	100.0

如表 8.46 所示，第一代农业转移人口打算回户籍地乡镇村、县镇建房购房的比例为 44.8％ 和 14.9％，打算在户籍地地级市或省会城市购房的比例仅为 1.4％ 和 0.5％；而打算在流入地购房的比例为 19.7％。

"80后"农业转移人口打算回户籍地乡镇村、县镇建房购房的比例为 36.8％ 和 18.8％，打算在户籍地地级市或省会城市购房的比例仅为 2.4％ 和 0.8％；而打算在流入地购房的比例为 22.1％。

"90后"农业转移人口打算回户籍地乡镇村、县镇建房购房的比例为 41.5％ 和 19.6％，打算在户籍地地级市或省会城市购房的比例仅为 1.8％ 和 1.4％；而打算在流入地购房的比例为 10.6％。

表 8.46 跨省农业转移人口年龄差异与购房建房意愿

观察值/占比			未来打算在哪里购房、建房							合计
			户籍地乡镇村	户籍地县镇	户籍地地级市	户籍地省会城市	本地	没有打算	其他	
年龄差异	第一代	（人）	1 660	554	51	17	732	655	40	3 709
		（％）	44.8	14.9	1.4	0.5	19.7	17.7	1.1	100.0
	"80后"	（人）	1 215	621	80	26	728	607	21	3 298
		（％）	36.8	18.8	2.4	0.8	22.1	18.4	0.6	100.0
	"90后"	（人）	608	287	27	21	155	361	6	1 465
		（％）	41.5	19.6	1.8	1.4	10.6	24.6	0.4	100.0
合计		（人）	3 483	1 462	158	64	1 615	1 623	67	8 472
		（％）	41.1	17.3	1.9	0.8	19.1	19.2	0.8	100.0

如表 8.47 所示,第一代农业转移人口打算回户籍地乡镇村、县镇养老的比例为 56.3% 和 13.0%,打算在户籍地地级市或省会城市养老的比例仅为 1.5% 和 0.5%;而打算在流入地养老的比例为 13.6%。

"80 后"农业转移人口打算回户籍地乡镇村、县镇养老的比例为 46.4% 和 16.2%,打算在户籍地地级市或省会城市养老的比例仅为 2.4% 和 0.8%;而打算在流入地养老的比例为 13.7%。

"90 后"农业转移人口打算回户籍地乡镇村、县镇养老的比例为 47.6% 和 15.7%,打算在户籍地地级市或省会城市养老的比例仅为 1.9% 和 1.0%;而打算在流入地养老的比例为 7.0%。

表 8.47 跨省农业转移人口年龄差异与养老意愿

观察值/占比			未来打算在哪里养老							合计
			户籍地乡镇村	户籍地县镇	户籍地地级市	户籍地省会城市	本地	没有打算	其他	
年龄差异	第一代	(人)	2 087	483	56	18	505	553	7	3 709
		(%)	56.3	13.0	1.5	0.5	13.6	14.9	0.2	100.0
	"80 后"	(人)	1 530	533	79	25	453	672	6	3 298
		(%)	46.4	16.2	2.4	0.8	13.7	20.4	0.2	100.0
	"90 后"	(人)	697	230	28	15	102	392	1	1 465
		(%)	47.6	15.7	1.9	1.0	7.0	26.8	0.1	100.0
合计		(人)	4 314	1 246	163	58	1 060	1 617	14	8 472
		(%)	50.9	14.7	1.9	0.7	12.5	19.1	0.2	100.0

(二)教育因素

跨省农业转移人口教育程度越高,在流入省份市民化的意愿越强;教育程度越低,在户籍省份市民化的意愿越强。其中,小学及以下样本在户籍地乡镇村发展的比例最高,而高中文化程度样本在户籍地县镇发展的意愿最强。

如表 8.48 所示,小学及以下教育程度的农业转移人口打算在流入地长期居住的比例为 46.7%,不打算在流入地长期居住的比例为 53.3%;初中教育程度的农业转移人口打算在流入地长期居住的比例为 47.6%,不打算长期居住的比例为 52.4%;高中教育程度的农业转移人口打算在流入地长期居住的比例为 53.1%,不打算长期居住的比例达 46.9%。大学专科及以上教育程度的农业转移人口打算在流入地长期居住的比例为 68.4%,不打算长期居住的比例达 31.6%。

表 8.48 跨省农业转移人口教育程度与居住意愿

观察值/占比			是否打算在本地长期居住		合计
			是	否	
教育程度	小学及以下	（人）	627	716	1 343
		（%）	46.7	53.3	100.0
	初中	（人）	2 338	2 577	4 915
		（%）	47.6	52.4	100.0
	高中/中专	（人）	945	836	1 781
		（%）	53.1	46.9	100.0
	大学专科及以上	（人）	296	137	433
		（%）	68.4	31.6	100.0
合计		（人）	4 206	4 266	8 472
		（%）	49.7	50.4	100.0

如表 8.49 所示，小学及以下教育程度的农业转移人口愿意把户口迁入流入地的比例为 46.2%，不愿意迁移户籍的比例为 53.8%；初中教育程度的农业转移人口愿意迁户的比例为 50.8%，不愿意迁户的比例为 49.2%；高中教育程度的农业转移人口愿意迁户的比例为 56.7%，不打算迁移户籍的比例为 43.3%。大学专科及以上教育程度的农业转移人口愿意迁户的比例为 67.4%，不打算迁移户籍的比例为 32.6%。

表 8.49 跨省农业转移人口教育程度与迁户意愿

观察值/占比			是否愿意把户口迁入本地		合计
			是	否	
教育程度	小学及以下	（人）	620	723	1 343
		（%）	46.2	53.8	100.0
	初中	（人）	2 495	2 420	4 915
		（%）	50.8	49.2	100.0
	高中/中专	（人）	1 010	771	1 781
		（%）	56.7	43.3	100.0
	大学专科及以上	（人）	292	141	433
		（%）	67.4	32.6	100.0
合计		（人）	4 417	4 055	8 472
		（%）	52.1	47.9	100.0

如表 8.50 所示，小学及以下教育程度的农业转移人口打算回户籍地乡镇村、县镇建房购房的比例为 52.9% 和 14.4%，打算在户籍地地级市或省会城市购房的

比例仅为1.3%和0.4%；而打算在流入地购房的比例为12.4%。

初中教育程度的农业转移人口打算回户籍地乡镇村、县镇建房购房的比例为43.7%和17.6%，打算在户籍地地级市或省会城市购房的比例仅为1.7%和0.6%；而打算在流入地购房的比例为16.7%。

高中教育程度的农业转移人口打算回户籍地乡镇村、县镇建房购房的比例为31.0%和19.2%，打算在户籍地地级市或省会城市购房的比例仅为2.7%和1.1%；而打算在流入地购房的比例为25.0%。

大学专科及以上教育程度的农业转移人口打算回户籍地乡镇村、县镇建房购房的比例为16.2%和15.0%，打算在户籍地地级市或省会城市购房的比例仅为2.1%和2.8%；而打算在流入地购房的比例为42.7%。

表8.50 跨省农业转移人口教育程度与购房建房意愿

观察值/占比			未来打算在哪里购房、建房							合计
			户籍地乡镇村	户籍地县镇	户籍地地级市	户籍地省会城市	本地	没有打算	其他	
教育程度	小学及以下	(人)	711	193	17	5	166	238	13	1 343
		(%)	52.9	14.4	1.3	0.4	12.4	17.7	1.0	100.0
	初中	(人)	2 150	863	84	27	819	944	28	4 915
		(%)	43.7	17.6	1.7	0.6	16.7	19.2	0.6	100.0
	高中/中专	(人)	552	341	48	20	445	358	17	1 781
		(%)	31.0	19.2	2.7	1.1	25.0	20.1	1.0	100.0
	大学专科及以上	(人)	70	65	9	12	185	83	9	433
		(%)	16.2	15.0	2.1	2.8	42.7	19.2	2.1	100.0
合计		(人)	3 483	1 462	158	64	1 615	1 623	67	8 472
		(%)	41.1	17.3	1.9	0.8	19.1	19.2	0.8	100.0

如表8.51所示，小学及以下教育程度的农业转移人口打算回户籍地乡镇村、县镇养老的比例为65.1%和12.1%，打算在户籍地地级市或省会城市养老的比例仅为0.7%和0.2%；而打算在流入地养老的比例为8.8%。

初中教育程度的农业转移人口打算回户籍地乡镇村、县镇养老的比例为52.9%和14.4%，打算在户籍地地级市或省会城市养老的比例仅为2.0%和0.5%；而打算在流入地养老的比例为11.0%。

高中教育程度的农业转移人口打算回户籍地乡镇村、县镇养老的比例为40.9%和17.2%，打算在户籍地地级市或省会城市养老的比例仅为2.4%和1.1%；而打算在流入地养老的比例为16.0%。

大学专科及以上教育程度的农业转移人口打算回户籍地乡镇村、县镇建房养老的比例为25.9%和15.9%,打算在户籍地地级市或省会城市养老的比例仅为3.2%和2.5%;而打算在流入地养老的比例为27.5%。

表8.51 跨省农业转移人口教育程度与养老意愿

观察值/占比			未来打算在哪里养老							合计
			户籍地乡镇村	户籍地县镇	户籍地地级市	户籍地省会城市	本地	没有打算	其他	
教育程度	小学及以下	(人)	874	162	10	2	118	177	0	1 343
		(%)	65.1	12.1	0.7	0.2	8.8	13.2	0.0	100.0
	初中	(人)	2 599	709	97	25	538	942	5	4 915
		(%)	52.9	14.4	2.0	0.5	11.0	19.2	0.1	100.0
	高中/中专	(人)	729	306	42	20	285	394	5	1 781
		(%)	40.9	17.2	2.4	1.1	16.0	22.1	0.3	100.0
	大学专科及以上	(人)	112	69	14	11	119	104	4	433
		(%)	25.9	15.9	3.2	2.5	27.5	24.0	0.9	100.0
合计		(人)	4 314	1 246	163	58	1 060	1 617	14	8 472
		(%)	50.9	14.7	1.9	0.7	12.5	19.1	0.2	100.0

(三)流入时间

流入时间越长,在流入省份发展意愿越强;而流入时间越短,回户籍省份发展的意愿越强。

如表8.52所示,1年及以下的农业转移人口打算在流入地长期居住的比例为37.8%,不打算在流入地长期居住的比例为62.2%;3—5年的农业转移人口打算在流入地长期居住的比例为50.6%,不打算长期居住的比例为49.4%;10年以上的农业转移人口打算在流入地长期居住的比例为64.8%,不打算长期居住的比例达35.2%。

表8.52 跨省农业转移人口流入时间与居住意愿

观察值/占比			是否打算在本地长期居住		合计
			是	否	
流入时间	1年及以下	(人)	647	1 065	1 712
		(%)	37.8	62.2	100.0
	1—3年	(人)	994	1 256	2 250
		(%)	44.2	55.8	100.0

(续表)

观察值/占比			是否打算在本地长期居住		合计
			是	否	
流入时间	3—5 年	（人）	772	753	1 525
		（%）	50.6	49.4	100.0
	5—10 年	（人）	1 076	802	1 878
		（%）	57.3	42.7	100.0
	10 年以上	（人）	717	390	1 107
		（%）	64.8	35.2	100.0
合计		（人）	4 206	4 266	8 472
		（%）	49.7	50.4	100.0

如表8.53所示,1年及以下的农业转移人口愿意把户籍迁入流入地的比例为43.3%,不愿意迁移户籍的比例为56.7%;3—5年的农业转移人口愿意把户籍迁入流入地的比例为52.6%,不愿意迁移户籍的比例为47.4%;10年以上的农业专业人口愿意把户籍迁入流入地的比例为60.4%,不愿意迁移户籍的比例达39.6%。

表8.53 跨省农业转移人口流入时间与迁户意愿

观察值/占比			是否愿意把户口迁入本地		合计
			是	否	
流入时间	1 年及以下	（人）	742	970	1 712
		（%）	43.3	56.7	100.0
	1—3 年	（人）	1 130	1 120	2 250
		（%）	50.2	49.8	100.0
	3—5 年	（人）	802	723	1 525
		（%）	52.6	47.4	100.0
	5—10 年	（人）	1 074	804	1 878
		（%）	57.2	42.8	100.0
	10 年以上	（人）	669	438	1 107
		（%）	60.4	39.6	100.0
合计		（人）	4 417	4 055	8 472
		（%）	52.1	47.9	100.0

如表8.54所示,1年及以下的农业转移人口打算回户籍地乡镇村、县镇建房购房的比例为45.2%和20.9%,打算在户籍地地级市或省会城市购房的比例仅为1.3%和0.7%;而打算在流入地购房的比例为12.2%。

3—5 年的农业转移人口打算回户籍地乡镇村、县镇建房购房的比例为 41.1% 和 16.6%，打算在户籍地地级市或省会城市购房的比例仅为 2.5% 和 0.7%；而打算在流入地购房的比例为 18.6%。

10 年以上的农业转移人口打算回户籍地乡镇村、县镇建房购房的比例为 37.5% 和 13.3%，打算在户籍地地级市或省会城市购房的比例仅为 1.5% 和 0.7%；而打算在流入地购房的比例为 29.4%。

表 8.54 跨省农业转移人口流入时间与购房建房意愿

观察值/占比			未来打算在哪里购房、建房							合计
			户籍地乡镇村	户籍地县镇	户籍地地级市	户籍地省会城市	本地	没有打算	其他	
流入时间	1 年及以下	（人）	774	357	23	12	209	328	9	1 712
		（%）	45.2	20.9	1.3	0.7	12.2	19.2	0.5	100.0
	1—3 年	（人）	933	388	46	21	373	478	11	2 250
		（%）	41.5	17.2	2.0	0.9	16.6	21.2	0.5	100.0
	3—5 年	（人）	626	253	38	10	284	299	15	1 525
		（%）	41.1	16.6	2.5	0.6	18.6	19.6	1.0	100.0
	5—10 年	（人）	735	317	34	13	424	340	15	1 878
		（%）	39.1	16.9	1.8	0.7	22.6	18.1	0.8	100.0
	10 年以上	（人）	415	147	17	8	325	178	17	1 107
		（%）	37.5	13.3	1.5	0.7	29.4	16.1	1.5	100.0
合计		（人）	3 483	1 462	158	64	1 615	1 623	67	8 472
		（%）	41.1	17.3	1.9	0.8	19.1	19.2	0.8	100.0

如表 8.55 所示，1 年及以下的农业转移人口打算回户籍地乡镇村、县镇养老的比例为 53.6% 和 17.5%，打算在户籍地地级市或省会城市养老的比例仅为 1.7% 和 0.7%；而打算在流入地养老的比例为 7.7%。

3—5 年的农业转移人口打算回户籍地乡镇村、县镇养老的比例为 50.1% 和 14.2%，打算在户籍地地级市或省会城市养老的比例仅为 2.5% 和 0.6%；而打算在流入地养老的比例为 12.1%。

10 年以上的农业转移人口打算回户籍地乡镇村、县镇养老的比例为 49.5% 和 10.8%，打算在户籍地地级市或省会城市养老的比例仅为 1.4% 和 0.6%；而打算在流入地养老的比例为 20.9%。

表 8.55 跨省农业转移人口流入时间与养老意愿

观察值/占比			未来打算在哪里养老						合计
			户籍地乡镇村	户籍地县镇	户籍地地级市	户籍地省会城市	本地	没有打算	其他	
流入时间	1年及以下	(人)	918	299	29	12	131	322	1	1 712
		(%)	53.6	17.5	1.7	0.7	7.7	18.8	0.1	100.0
	1—3年	(人)	1 128	332	44	19	232	493	2	2 250
		(%)	50.1	14.8	2.0	0.8	10.3	21.9	0.1	100.0
	3—5年	(人)	764	216	38	9	185	309	4	1 525
		(%)	50.1	14.2	2.5	0.6	12.1	20.3	0.3	100.0
	5—10年	(人)	956	279	37	11	281	312	2	1 878
		(%)	50.9	14.9	2.0	0.6	15.0	16.6	0.1	100.0
	10年以上	(人)	548	120	15	7	231	181	5	1 107
		(%)	49.5	10.8	1.4	0.6	20.9	16.4	0.5	100.0
合计		(人)	4 314	1 246	163	58	1 060	1 617	14	8 472
		(%)	50.9	14.7	1.9	0.7	12.5	19.1	0.2	100.0

(四) 职业因素

跨省流动的农业转移人口中,商业、服务业人员在流入省份发展的意愿较强,而生产、运输、建筑等人员回户籍省份发展的意愿相对较强。

如表 8.56 所示,商业、服务业人员打算在流入地长期居住的比例达 60.8%,不打算在流入地长期居住的比例为 39.2%;而生产、运输、建筑等人员打算在流入地长期居住的比例达 39.5%,不打算在流入地长期居住的比例为 60.5%。

表 8.56 跨省农业转移人口职业类型与居住意愿

观察值/占比			是否打算在本地长期居住		合计
			是	否	
职业类型	国家机关、党群组织、企事业单位负责人	(人)	12	8	20
		(%)	60.0	40.0	100.0
	专业技术人员	(人)	228	185	413
		(%)	55.2	44.8	100.0
	公务员、办事人员和有关人员	(人)	25	13	38
		(%)	65.8	34.2	100.0
	经商、商贩、餐饮、家政、保洁、保安、装修、其他商业、服务业人员	(人)	1 722	1 111	2 833
		(%)	60.8	39.2	100.0
	农、林、牧、渔、水利业生产人员	(人)	49	28	77
		(%)	63.6	36.4	100.0

(续表)

观察值/占比			是否打算在本地长期居住		合计
			是	否	
职业类型	生产、运输、建筑、其他生产运输设备操作人员及有关人员	(人)	1 630	2 498	4 128
		(%)	39.5	60.5	100.0
	无固定工作	(人)	70	52	122
		(%)	57.4	42.6	100.0
	其他	(人)	36	24	60
		(%)	60.0	40.0	100.0
合计		(人)	3 772	3 919	7 691
		(%)	49.0	51.0	100.0

如表 8.57 所示，专业技术人员愿意把户口迁入流入地的比例为 60.5%，没有迁户意愿的比例为 39.5%；商业、服务业人员愿意把户口迁入流入地的比例为 55.7%，没有迁户意愿的比例为 44.3%；而生产、运输、建筑等人员愿意把户口迁入流入地的比例为 46.8%，没有迁户意愿的比例为 53.3%。

表 8.57 跨省农业转移人口职业类型与迁户意愿

观察值/占比			是否愿意把户口迁入本地		合计
			是	否	
职业类型	国家机关、党群组织、企事业单位负责人	(人)	18	2	20
		(%)	90.0	10.0	100.0
	专业技术人员	(人)	250	163	413
		(%)	60.5	39.5	100.0
	公务员、办事人员和有关人员	(人)	28	10	38
		(%)	73.7	26.3	100.0
	经商、商贩、餐饮、家政、保洁、保安、装修、其他商业、服务业人员	(人)	1 579	1 254	2 833
		(%)	55.7	44.3	100.0
	农、林、牧、渔、水利业生产人员	(人)	50	27	77
		(%)	64.9	35.1	100.0
	生产、运输、建筑、其他生产运输设备操作人员及有关人员	(人)	1 930	2 198	4 128
		(%)	46.8	53.3	100.0
	无固定工作	(人)	67	55	122
		(%)	54.9	45.1	100.0
	其他	(人)	33	27	60
		(%)	55.0	45.0	100.0
合计		(人)	3 955	3 736	7 691
		(%)	51.4	48.6	100.0

如表 8.58 所示,专业技术人员打算回户籍地乡镇村、县镇建房购房的比例为 27.1%和 22.3%,打算在户籍地地级市或省会城市购房的比例仅为 2.9%和 2.2%;而打算在流入地购房的比例为 26.6%。

商业、服务业人员打算回户籍地乡镇村、县镇建房购房的比例为 32.2%和 13.8%,打算在户籍地地级市或省会城市购房的比例仅为 2.0%和 0.8%;而打算在流入地购房的比例为 28.0%。

生产、运输、建筑等人员打算回户籍地乡镇村、县镇建房购房的比例为 49.9%和 19.7%,打算在户籍地地级市或省会城市购房的比例仅为 1.7%和 0.6%;而打算在流入地购房的比例为 11.0%。

表 8.58 跨省农业转移人口职业类型与购房建房意愿

	观察值/占比		未来打算在哪里购房、建房							合计
			户籍地乡镇村	户籍地县镇	户籍地地级市	户籍地省会城市	本地	没有打算	其他	
职业类型	国家机关、党群组织、企事业单位负责人	(人)	10	0	1	0	8	1	0	20
		(%)	50.0	0.0	5.0	0.0	40.0	5.0	0.0	100.0
	专业技术人员	(人)	112	92	12	9	110	75	3	413
		(%)	27.1	22.3	2.9	2.2	26.6	18.2	0.7	100.0
	公务员、办事人员和有关人员	(人)	5	7	2	2	16	4	2	38
		(%)	13.2	18.4	5.3	5.3	42.1	10.5	5.3	100.0
	经商、商贩、餐饮、家政、保洁、保安、装修、其他商业、服务业人员	(人)	913	390	56	22	792	633	27	2 833
		(%)	32.2	13.8	2.0	0.8	28.0	22.3	1.0	100.0
	农、林、牧、渔、水利业生产人员	(人)	36	19	2	0	10	9	1	77
		(%)	46.8	24.7	2.6	0.0	13.0	11.7	1.3	100.0
	生产、运输、建筑、其他生产运输设备操作人员及有关人员	(人)	2 061	815	69	24	455	679	25	4 128
		(%)	49.9	19.7	1.7	0.6	11.0	16.5	0.6	100.0
	无固定工作	(人)	47	18	3	0	27	27	0	122
		(%)	38.5	14.8	2.5	0.0	22.1	22.1	0.0	100.0
	其他	(人)	31	2	0	1	12	14	0	60
		(%)	51.7	3.3	0.0	1.7	20.0	23.3	0.0	100.0
合计		(人)	3 215	1 343	145	58	1 430	1 442	58	7 691
		(%)	41.8	17.5	1.9	0.8	18.6	18.8	0.8	100.0

如表 8.59 所示，专业技术人员打算回户籍地乡镇村、县镇养老的比例为 36.1% 和 19.9%，打算在户籍地地级市或省会城市养老的比例仅为 2.7% 和 1.2%；而打算在流入地养老的比例为 18.6%。

商业、服务业人员打算回户籍地乡镇村、县镇养老的比例为 42.4% 和 13.7%，打算在户籍地地级市或省会城市养老的比例仅为 2.5% 和 1.0%；而打算在流入地养老的比例为 17.7%。

生产、运输、建筑等人员打算回户籍地乡镇村、县镇养老的比例为 59.4% 和 15.4%，打算在户籍地地级市或省会城市养老的比例仅为 1.6% 和 0.4%；而打算在流入地养老的比例为 8.0%。

表 8.59 跨省农业转移人口职业类型与养老意愿

观察值/占比			未来打算在哪里养老							合计
			户籍地乡镇村	户籍地县镇	户籍地地级市	户籍地省会城市	本地	没有打算	其他	
职业类型	国家机关、党群组织、企事业单位负责人	(人)	12	0	1	0	4	3	0	20
		(%)	60.0	0.0	5.0	0.0	20.0	15.0	0.0	100.0
	专业技术人员	(人)	149	82	11	5	77	88	1	413
		(%)	36.1	19.9	2.7	1.2	18.6	21.3	0.2	100.0
	公务员、办事人员和有关人员	(人)	10	8	1	1	10	7	1	38
		(%)	26.3	21.1	2.6	2.6	26.3	18.4	2.6	100.0
	经商、商贩、餐饮、家政、保洁、保安、装修、其他商业、服务业人员	(人)	1 200	389	72	27	500	642	3	2 833
		(%)	42.4	13.7	2.5	1.0	17.7	22.7	0.1	100.0
	农、林、牧、渔、水利业生产人员	(人)	39	19	0	1	10	8	0	77
		(%)	50.7	24.7	0.0	1.3	13.0	10.4	0.0	100.0
	生产、运输、建筑、其他生产运输设备操作人员及有关人员	(人)	2 451	636	66	15	329	626	5	4 128
		(%)	59.4	15.4	1.6	0.4	8.0	15.2	0.1	100.0
	无固定工作	(人)	59	12	1	1	20	29	0	122
		(%)	48.4	9.8	0.8	0.8	16.4	23.8	0.0	100.0
	其他	(人)	37	4	0	1	8	10	0	60
		(%)	61.7	6.7	0.0	1.7	13.3	16.7	0.0	100.0
合计		(人)	3 957	1 150	152	51	958	1 413	10	7 691
		(%)	51.5	15.0	2.0	0.7	12.5	18.4	0.1	100.0

(五) 就业身份

跨省农业转移人口中,雇主在流入省份发展的意愿较强,而雇员回户籍省份发展的比例较高。

如表8.60所示,雇主和家庭帮工打算在流入地长期居住的比例分别为69.0%和69.2%,不打算在流入地长期居住的比例为31.0%和30.8%;自营劳动者打算在流入地长期居住的比例为64.1%,不打算长期居住的比例为35.9%;雇员打算在流入地长期居住的比例仅为42.6%,不打算长期居住的比例达57.4%。

表8.60 跨省人口就业身份与居住意愿

观察值/占比			是否打算在本地长期居住		合计
			是	否	
就业身份	雇员	(人)	2 363	3 179	5 542
		(%)	42.6	57.4	100.0
	雇主	(人)	291	131	422
		(%)	69.0	31.0	100.0
	自营劳动者	(人)	970	543	1 513
		(%)	64.1	35.9	100.0
	家庭帮工	(人)	148	66	214
		(%)	69.2	30.8	100.0
合计		(人)	3 772	3 919	7 691
		(%)	49.0	51.0	100.0

如表8.61所示,雇主愿意把户口迁入流入地的比例为58.3%,不愿意的比例为41.7%;雇员意愿迁入户籍的比例最高,为49.2%,不愿意的比例仅为50.8%;自营劳动者愿意把户籍迁入流入地的比例为56.8%,不愿意的比例为43.2%。

表8.61 跨省农业转移人口就业身份与迁户意愿

观察值/占比			是否愿意把户口迁入本地		合计
			是	否	
就业身份	雇员	(人)	2 729	2 813	5 542
		(%)	49.2	50.8	100.0
	雇主	(人)	246	176	422
		(%)	58.3	41.7	100.0
	自营劳动者	(人)	860	653	1 513
		(%)	56.8	43.2	100.0
	家庭帮工	(人)	120	94	214
		(%)	56.1	43.9	100.0

(续表)

观察值/占比		是否愿意把户口迁入本地		合计
		是	否	
合计	（人）	3 955	3 736	7 691
	（%）	51.4	48.6	100.0

如表 8.62 所示，雇员打算回户籍地乡镇村、县镇建房购房的比例为 45.0% 和 19.3%，打算在户籍地地级市或省会城市购房的比例仅为 2.0% 和 0.9%；而打算在流入地购房的比例为 13.8%。

雇主打算回户籍地乡镇村、县镇建房购房的比例为 30.8% 和 12.6%，打算在户籍地地级市或省会城市购房的比例仅为 1.4% 和 0.7%；而打算在流入地购房的比例为 35.3%。

自营劳动者打算回户籍地乡镇村、县镇建房购房的比例为 34.6% 和 12.3%，打算在户籍地地级市或省会城市购房的比例仅为 1.6% 和 0.5%；而打算在流入地购房的比例为 30.0%。

表 8.62 跨省农业转移人口就业身份与购房建房意愿

	观察值/占比		未来打算在哪里购房、建房							合计
			户籍地乡镇村	户籍地县镇	户籍地地级市	户籍地省会城市	本地	没有打算	其他	
就业身份	雇员	（人）	2 496	1 070	112	47	766	1 016	35	5 542
		（%）	45.0	19.3	2.0	0.9	13.8	18.3	0.6	100.0
	雇主	（人）	130	53	6	3	149	71	10	422
		（%）	30.8	12.6	1.4	0.7	35.3	16.8	2.4	100.0
	自营劳动者	（人）	524	186	24	7	454	307	11	1 513
		（%）	34.6	12.3	1.6	0.5	30.0	20.3	0.7	100.0
	家庭帮工	（人）	65	34	3	1	61	48	2	214
		（%）	30.4	15.9	1.4	0.5	28.5	22.4	0.9	100.0
	合计	（人）	3 215	1 343	145	58	1 430	1 442	58	7 691
		（%）	41.8	17.5	1.9	0.8	18.6	18.8	0.8	100.0

如表 8.63 所示，雇员打算回户籍地乡镇村、县镇养老的比例为 54.2% 和 15.6%，打算在户籍地地级市或省会城市养老的比例仅为 2.0% 和 0.6%；而打算在流入地养老的比例为 9.9%。

雇主打算回户籍地乡镇村、县镇养老的比例为 40.3% 和 16.1%，打算在户籍地地级市或省会城市养老的比例仅为 2.1% 和 0.5%；而打算在流入地养老的比例为 22.5%。

自营劳动者打算回户籍地乡镇村、县镇养老的比例为 45.9% 和 12.6%，打算在户籍地地级市或省会城市养老的比例仅为 2.1% 和 0.6%；而打算在流入地养老的比例为 17.5%。

表 8.63　跨省农业转移人口就业身份与养老意愿

观察值/占比			未来打算在哪里养老							合计
			户籍地乡镇村	户籍地县镇	户籍地地级市	户籍地省会城市	本地	没有打算	其他	
就业身份	雇员	（人）	3 003	865	110	34	549	972	9	5 542
		（%）	54.2	15.6	2.0	0.6	9.9	17.5	0.2	100.0
	雇主	（人）	170	68	9	2	95	78	0	422
		（%）	40.3	16.1	2.1	0.5	22.5	18.5	0.0	100.0
	自营劳动者	（人）	695	191	31	9	265	321	1	1 513
		（%）	45.9	12.6	2.1	0.6	17.5	21.2	0.1	100.0
	家庭帮工	（人）	89	26	2	6	49	42	0	214
		（%）	41.6	12.2	0.9	2.8	22.9	19.6	0.0	100.0
合计		（人）	3 957	1 150	152	51	958	1 413	10	7 691
		（%）	51.5	15.0	2.0	0.7	12.5	18.4	0.1	100.0

（六）收入水平

跨省农业转移人口中，收入水平越高，在流入省份发展的意愿越强；收入水平越低，回户籍省份发展的意愿越强。

如表 8.64 所示，2 000 元及以下的农业转移人口打算在流入地长期居住的比例为 37.2%，不打算在流入地长期居住的比例为 62.8%；4 001—6 000 元的农业转移人口打算在流入地长期居住的比例为 49.7%，不打算长期居住的比例为 50.3%；1 万元及以上的农业转移人口打算在流入地长期居住的比例为 73.0%，不打算长期居住的比例达 27.1%。

表 8.64　跨省农业转移人口收入水平与居住意愿

观察值/占比			是否打算在本地长期居住		合计
			是	否	
收入水平	2 000 元及以下	（人）	150	253	403
		（%）	37.2	62.8	100.0
	2 001—4 000 元	（人）	1 020	1 510	2 530
		（%）	40.3	59.7	100.0
	4 001—6 000 元	（人）	1 502	1 521	3 023
		（%）	49.7	50.3	100.0

(续表)

观察值/占比			是否打算在本地长期居住		合计
			是	否	
收入水平	6 001—9 999元	(人)	948	746	1 694
		(%)	56.0	44.0	100.0
	1万元及以上	(人)	561	208	769
		(%)	73.0	27.1	100.0
合计		(人)	4 181	4 238	8 419
		(%)	49.7	50.3	100.0

如表8.65所示，2 000元及以下的农业转移人口愿意把户口迁入流入地的比例为45.7%，不愿意的比例为54.3%；4 001—6 000元的农业转移人口意愿迁入户籍的比例为52.5%，不愿意的比例仅为47.5%；1万元及以上的农业转移人口愿意把户籍迁入流入地的比例为65%，不愿意的比例最高，为35%。

表8.65 跨省农业转移人口收入水平与迁户意愿

观察值/占比			是否愿意把户口迁入本地		合计
			是	否	
收入水平	2 000元及以下	(人)	184	219	403
		(%)	45.7	54.3	100.0
	2 001—4 000元	(人)	1 139	1 391	2 530
		(%)	45.0	55.0	100.0
	4 001—6 000元	(人)	1 587	1 436	3 023
		(%)	52.5	47.5	100.0
	6 001—9 999元	(人)	983	711	1 694
		(%)	58.0	42.0	100.0
	1万元及以上	(人)	500	269	769
		(%)	65.0	35.0	100.0
合计		(人)	4 393	4 026	8 419
		(%)	52.2	47.8	100.0

如表8.66所示，2 000元及以下的农业转移人口打算回户籍地乡镇村、县镇建房购房的比例为42.7%和18.1%，打算在户籍地地级市或省会城市购房的比例仅为2.0%和0.3%；而打算在流入地购房的比例为11.7%。

4 001—6 000元的农业转移人口打算回户籍地乡镇村、县镇建房购房的比例为43.7%和17.4%，打算在户籍地地级市或省会城市购房的比例仅为1.7%和0.4%；而打算在流入地购房的比例为18.2%。

1万元及以上的农业转移人口打算回户籍地乡镇村、县镇建房购房的比例为25.8%和11.4%,打算在户籍地地级市或省会城市购房的比例仅为2.2%和1.0%;而打算在流入地购房的比例为39.7%。

表8.66 跨省农业转移人口收入水平与购房建房意愿

观察值/占比			未来打算在哪里购房、建房							合计
			户籍地乡镇村	户籍地县镇	户籍地地级市	户籍地省会城市	本地	没有打算	其他	
收入水平	2 000元及以下	(人)	172	73	8	1	47	101	1	403
		(%)	42.7	18.1	2.0	0.3	11.7	25.1	0.3	100.0
	2 001—4 000元	(人)	1 129	457	43	25	305	560	11	2 530
		(%)	44.6	18.1	1.7	1.0	12.1	22.1	0.4	100.0
	4 001—6 000元	(人)	1 320	525	51	13	551	540	23	3 023
		(%)	43.7	17.4	1.7	0.4	18.2	17.9	0.8	100.0
	6 001—9 999元	(人)	650	313	39	17	394	270	11	1 694
		(%)	38.4	18.5	2.3	1.0	23.3	15.9	0.7	100.0
	1万元及以上	(人)	198	88	17	8	305	132	21	769
		(%)	25.8	11.4	2.2	1.0	39.7	17.2	2.7	100.0
合计		(人)	3 469	1 456	158	64	1 602	1 603	67	8 419
		(%)	41.2	17.3	1.9	0.8	19.0	19.0	0.8	100.0

如表8.67所示,2 000元及以下的农业转移人口打算回户籍地乡镇村、县镇养老的比例为51.9%和14.1%,打算在户籍地地级市或省会城市养老的比例仅为1.2%和0.3%;而打算在流入地养老的比例为8.9%。

4 001—6 000元的农业转移人口打算回户籍地乡镇村、县镇养老的比例为52.7%和15.1%,打算在户籍地地级市或省会城市养老的比例仅为1.9%和0.4%;而打算在流入地养老的比例为12.3%。

1万元及以上的农业转移人口打算回户籍地乡镇村、县镇建房养老的比例为38.5%和12.5%,打算在户籍地地级市或省会城市养老的比例仅为2.9%和1.3%;而打算在流入地养老的比例为25.4%。

表 8.67 跨省农业转移人口收入水平与养老意愿

观察值/占比			未来打算在哪里养老							合计
			户籍地乡镇村	户籍地县镇	户籍地地级市	户籍地省会城市	本地	没有打算	其他	
收入水平	2 000元及以下	(人)	209	57	5	1	36	95	0	403
		(%)	51.9	14.1	1.2	0.3	8.9	23.6	0.0	100.0
	2 001—4 000元	(人)	1 360	380	45	20	190	531	4	2 530
		(%)	53.8	15.0	1.8	0.8	7.5	21.0	0.2	100.0
	4 001—6 000元	(人)	1 593	457	56	12	372	528	5	3 023
		(%)	52.7	15.1	1.9	0.4	12.3	17.5	0.2	100.0
	6 001—9 999元	(人)	840	249	35	15	262	290	3	1 694
		(%)	49.6	14.7	2.1	0.9	15.5	17.1	0.2	100.0
	1万元及以上	(人)	296	96	22	10	195	148	2	769
		(%)	38.5	12.5	2.9	1.3	25.4	19.2	0.3	100.0
合计		(人)	4 298	1 239	163	58	1 055	1 592	14	8 419
		(%)	51.1	14.7	1.9	0.7	12.5	18.9	0.2	100.0

(七) 社会保障

没有医疗保险的跨省农业转移人口是否打算在本地长期居住的百分比差别很小,没有显著性差异,而有医疗保险的跨省农业转移人口愿意在本地长期居住的比例更高。

如表 8.68 所示,没有医疗保险的农业转移人口打算在流入地长期居住的比例为 49.6%,不打算在流入地长期居住的比例为 50.4%,二者之间没有显著性差异;有医疗保险的农业转移人口打算在流入地长期居住的比例为 59.3%,不打算长期居住的比例为 40.7%。有医疗保险的农业转移人口打算在流入地长期居住的意愿明显较高。

表 8.68 跨省农业转移人口医疗保险与居住意愿

观察值/占比			是否打算在本地长期居住		合计
			是	否	
医疗保险	无	(人)	3 115	3 162	6 277
		(%)	49.6	50.4	100.0
	有	(人)	1 302	893	2 195
		(%)	59.3	40.7	100.0
合计		(人)	4 417	4 055	8 472
		(%)	52.1	47.9	100.0

如表 8.69 所示,没有医疗保险的农业转移人口打算回户籍地乡镇村、县镇建房购房的比例为 43.6% 和 15.9%,打算在户籍地地级市或省会城市购房的比例仅为 1.6% 和 0.6%;而打算在流入地购房的比例为 18.1%。

有医疗保险的农业转移人口打算回户籍地乡镇村、县镇建房购房的比例为 33.9% 和 21.1%,打算在户籍地地级市或省会城市购房的比例仅为 2.6% 和 1.1%;而打算在流入地购房的比例为 21.7%。

表 8.69 跨省农业转移人口医疗保险与购房建房意愿

观察值/占比			未来打算在哪里购房、建房							合计
			户籍地乡镇村	户籍地县镇	户籍地地级市	户籍地省会城市	本地	没有打算	其他	
医疗保险	无	(人)	2 739	998	101	39	1 138	1 211	51	6 277
		(%)	43.6	15.9	1.6	0.6	18.1	19.3	0.8	100.0
	有	(人)	744	464	57	25	477	412	16	2 195
		(%)	33.9	21.1	2.6	1.1	21.7	18.8	0.7	100.0
合计		(人)	3 483	1 462	158	64	1 615	1 623	67	8 472
		(%)	41.1	17.3	1.9	0.8	19.1	19.2	0.8	100.0

如表 8.70 所示,没有医疗保险的农业转移人口打算回户籍地乡镇村、县镇养老的比例为 53.5% 和 13.4%,打算在户籍地地级市或省会城市养老的比例仅为 1.8% 和 0.7%;而打算在流入地养老的比例为 11.2%。

有医疗保险的农业转移人口打算回户籍地乡镇村、县镇养老的比例为 43.6% 和 18.5%,打算在户籍地地级市或省会城市养老的比例仅为 2.2% 和 0.7%;而打算在流入地养老的比例为 16.3%。

表 8.70 跨省农业转移人口医疗保险与养老意愿

观察值/占比			未来打算在哪里养老							合计
			户籍地乡镇村	户籍地县镇	户籍地地级市	户籍地省会城市	本地	没有打算	其他	
医疗保险	无	(人)	3 356	839	114	42	703	1 214	9	6 277
		(%)	53.5	13.4	1.8	0.7	11.2	19.3	0.1	100.0
	有	(人)	958	407	49	16	357	403	5	2 195
		(%)	43.6	18.5	2.2	0.7	16.3	18.4	0.2	100.0

(续表)

观察值/占比		未来打算在哪里养老							合计
		户籍地乡镇村	户籍地县镇	户籍地地级市	户籍地省会城市	本地	没有打算	其他	
合计	（人）	4 314	1 246	163	58	1 060	1 617	14	8 472
	（％）	50.9	14.7	1.9	0.7	12.5	19.1	0.2	100.0

二、省内跨市人口发展意愿的影响因素分析

（一）年龄因素

省内跨市农业转移人口中，"80后"在流入市发展的意愿最强，第一代农业转移人口回户籍市发展的比例相对更高。

如表8.71所示，第一代农业转移人口打算在流入地长期居住的比例为60.0％，不打算在流入地长期居住的比例为40.0％；"80后"农业转移人口打算在流入地长期居住的比例为63.3％，不打算长期居住的比例为36.7％；"90后"农业专业人口打算在流入地长期居住的比例仅为52.9％，不打算长期居住的比例达47.1％。

表8.71　省内跨市农业转移人口年龄差异与居住意愿

观察值/占比			是否打算在本地长期居住		合计
			是	否	
年龄差异	第一代	（人）	1 439	958	2 397
		（％）	60.0	40.0	100.0
	"80后"	（人）	1 277	739	2 016
		（％）	63.3	36.7	100.0
	"90后"	（人）	373	332	705
		（％）	52.9	47.1	100.0
合计		（人）	3 089	2 029	5 118
		（％）	60.4	39.6	100.0

如表8.72所示，第一代农业转移人口愿意把户口迁入流入地的比例为50.8％，不愿意的比例为49.2％；"80后"农业转移人口意愿迁入户籍的比例最高，为58.4％，不愿意的比例仅为41.6％；"90后"农业转移人口愿意把户籍迁入流入地的比例最低，仅为52.1％，不愿意的比例最高，为47.9％。

表 8.72　省内跨市农业转移人口年龄差异与迁户意愿

观察值/占比			是否愿意把户口迁入本地		合计
			是	否	
年龄差异	第一代	（人）	1 218	1 179	2 397
		（%）	50.8	49.2	100.0
	"80后"	（人）	1 178	838	2 016
		（%）	58.4	41.6	100.0
	"90后"	（人）	367	338	705
		（%）	52.1	47.9	100.0
合计		（人）	2 763	2 355	5 118
		（%）	54.0	46.0	100.0

如表 8.73 所示，第一代农业转移人口打算回户籍地乡镇村、县镇建房购房的比例为 32.7% 和 12.7%，打算在户籍地地级市或省会城市购房的比例仅为 0.8% 和 0.3%；而打算在流入地购房的比例为 31.7%。

"80后"农业转移人口打算回户籍地乡镇村、县镇建房购房的比例为 25.6% 和 15.7%，打算在户籍地地级市或省会城市购房的比例仅为 2.0% 和 0.7%；而打算在流入地购房的比例为 34.7%。

"90后"农业转移人口打算回户籍地乡镇村、县镇建房购房的比例为 25.0% 和 13.2%，打算在户籍地地级市或省会城市购房的比例仅为 2.0% 和 0.6%；而打算在流入地购房的比例为 23.7%。

表 8.73　省内跨市农业转移人口年龄差异与购房建房意愿

观察值/占比			未来打算在哪里购房、建房							合计
			户籍地乡镇村	户籍地县镇	户籍地地级市	户籍地省会城市	本地	没有打算	其他	
年龄差异	第一代	（人）	783	304	19	7	759	488	37	2 397
		（%）	32.7	12.7	0.8	0.3	31.7	20.4	1.5	100.0
	"80后"	（人）	516	317	40	14	699	408	22	2 016
		（%）	25.6	15.7	2.0	0.7	34.7	20.2	1.1	100.0
	"90后"	（人）	176	93	14	4	167	243	8	705
		（%）	25.0	13.2	2.0	0.6	23.7	34.5	1.1	100.0
合计		（人）	1 475	714	73	25	1 625	1 139	67	5 118
		（%）	28.8	14.0	1.4	0.5	31.8	22.3	1.3	100.0

如表 8.74 所示，第一代农业转移人口打算回户籍地乡镇村、县镇养老的比例为 48.2% 和 11.6%，打算在户籍地地级市或省会城市养老的比例仅为 1.2% 和 0.3%；而打算在流入地养老的比例为 20.4%。

"80后"农业转移人口打算回户籍地乡镇村、县镇养老的比例为35.3%和13.2%,打算在户籍地地级市或省会城市养老的比例仅为2.4%和0.6%;而打算在流入地养老的比例为23.3%。

"90后"农业转移人口打算回户籍地乡镇村、县镇养老的比例为31.4%和10.9%,打算在户籍地地级市或省会城市养老的比例仅为2.6%和0.7%;而打算在流入地养老的比例为15.2%。

表8.74 省内跨市农业转移人口年龄差异与养老意愿

观察值/占比			未来打算在哪里养老							合计
			户籍地乡镇村	户籍地县镇	户籍地地级市	户籍地省会城市	本地	没有打算	其他	
年龄差异	第一代	(人)	1 155	278	29	8	488	434	5	2 397
		(%)	48.2	11.6	1.2	0.3	20.4	18.1	0.2	100.0
	"80后"	(人)	712	266	49	11	469	506	3	2 016
		(%)	35.3	13.2	2.4	0.6	23.3	25.1	0.2	100.0
	"90后"	(人)	221	77	18	5	107	277	0	705
		(%)	31.4	10.9	2.6	0.7	15.2	39.3	0.0	100.0
合计		(人)	2 088	621	96	24	1 064	1 217	8	5 118
		(%)	40.8	12.1	1.9	0.5	20.8	23.8	0.2	100.0

(二)教育因素

省内跨市农业转移人口中,教育程度越高,在流入市市民化的意愿越强;教育程度越低,在户籍市市民化的意愿越强。

如表8.75所示,小学及以下教育程度的农业转移人口打算在流入地长期居住的比例为53.3%,不打算在流入地长期居住的比例为46.7%;初中教育程度的农业转移人口打算在流入地长期居住的比例为59.5%,不打算长期居住的比例为40.5%;高中教育程度的农业转移人口打算在流入地长期居住的比例为60.3%,不打算长期居住的比例达39.7%。大学专科及以上教育程度的农业转移人口打算在流入地长期居住的比例为74.1%,不打算长期居住的比例达25.9%。

表8.75 省内跨市农业转移人口教育程度与居住意愿

观察值/占比			是否打算在本地长期居住		合计
			是	否	
教育程度	小学及以下	(人)	236	207	443
		(%)	53.3	46.7	100.0
	初中	(人)	1 699	1 155	2 854
		(%)	59.5	40.5	100.0

	观察值/占比		是否打算在本地长期居住		合计
			是	否	
教育程度	高中/中专	（人）	851	561	1 412
		（%）	60.3	39.7	100.0
	大学专科及以上	（人）	303	106	409
		（%）	74.1	25.9	100.0
合计		（人）	3 089	2 029	5 118
		（%）	60.4	39.6	100.0

如表8.76所示，小学及以下教育程度的农业转移人口愿意把户口迁入流入地的比例为47.0%，不愿意迁移户籍的比例为53.0%；初中教育程度的农业转移人口愿意迁户的比例为52.7%，不愿意迁户的比例为47.3%；高中教育程度的农业转移人口愿意迁户的比例为56.0%，不打算迁移户籍的比例为44.0%。大学专科及以上教育程度的农业转移人口愿意迁户的比例为63.8%，不打算迁移户籍的比例为36.2%。

表8.76 省内跨市农业转移人口教育程度与迁户意愿

	观察值/占比		是否愿意把户口迁入本地		合计
			是	否	
教育程度	小学及以下	（人）	208	235	443
		（%）	47.0	53.0	100.0
	初中	（人）	1 503	1 351	2 854
		（%）	52.7	47.3	100.0
	高中/中专	（人）	791	621	1 412
		（%）	56.0	44.0	100.0
	大学专科及以上	（人）	261	148	409
		（%）	63.8	36.2	100.0
合计		（人）	2 763	2 355	5 118
		（%）	54.0	46.0	100.0

如表8.77所示，小学及以下教育程度的农业转移人口打算回户籍地乡镇村、县镇建房购房的比例为39.1%和15.4%，打算在户籍地地级市或省会城市购房的比例仅为0.5%和0.2%；而打算在流入地购房的比例为21.4%。

初中教育程度的农业转移人口打算回户籍地乡镇村、县镇建房购房的比例为31.2%和14.6%，打算在户籍地地级市或省会城市购房的比例仅为1.5%和0.5%；而打算在流入地购房的比例为29.9%。

高中教育程度的农业转移人口打算回户籍地乡镇村、县镇建房购房的比例为25.8%和13.7%,打算在户籍地地级市或省会城市购房的比例仅为1.6%和0.4%;而打算在流入地购房的比例为33.3%。

大学专科及以上教育程度的农业转移人口打算回户籍地乡镇村、县镇建房购房的比例为11.7%和8.8%,打算在户籍地地级市或省会城市购房的比例仅为1.7%和1.0%;而打算在流入地购房的比例为50.9%。

表8.77 省内跨市农业转移人口教育程度与购房建房意愿

<table>
<tr><th colspan="2" rowspan="2">观察值/占比</th><th></th><th colspan="7">未来打算在哪里购房、建房</th><th rowspan="2">合计</th></tr>
<tr><th></th><th>户籍地乡镇村</th><th>户籍地县镇</th><th>户籍地地级市</th><th>户籍地省会城市</th><th>本地</th><th>没有打算</th><th>其他</th></tr>
<tr><td rowspan="8">教育程度</td><td rowspan="2">小学及以下</td><td>(人)</td><td>173</td><td>68</td><td>2</td><td>1</td><td>95</td><td>100</td><td>4</td><td>443</td></tr>
<tr><td>(%)</td><td>39.1</td><td>15.4</td><td>0.5</td><td>0.2</td><td>21.4</td><td>22.6</td><td>0.9</td><td>100.0</td></tr>
<tr><td rowspan="2">初中</td><td>(人)</td><td>890</td><td>417</td><td>42</td><td>15</td><td>852</td><td>599</td><td>39</td><td>2 854</td></tr>
<tr><td>(%)</td><td>31.2</td><td>14.6</td><td>1.5</td><td>0.5</td><td>29.9</td><td>21.0</td><td>1.4</td><td>100.0</td></tr>
<tr><td rowspan="2">高中/中专</td><td>(人)</td><td>364</td><td>193</td><td>22</td><td>5</td><td>470</td><td>344</td><td>14</td><td>1 412</td></tr>
<tr><td>(%)</td><td>25.8</td><td>13.7</td><td>1.6</td><td>0.4</td><td>33.3</td><td>24.4</td><td>1.0</td><td>100.0</td></tr>
<tr><td rowspan="2">大学专科及以上</td><td>(人)</td><td>48</td><td>36</td><td>7</td><td>4</td><td>208</td><td>96</td><td>10</td><td>409</td></tr>
<tr><td>(%)</td><td>11.7</td><td>8.8</td><td>1.7</td><td>1.0</td><td>50.9</td><td>23.5</td><td>2.4</td><td>100.0</td></tr>
<tr><td colspan="2" rowspan="2">合计</td><td>(人)</td><td>1 475</td><td>714</td><td>73</td><td>25</td><td>1 625</td><td>1 139</td><td>67</td><td>5 118</td></tr>
<tr><td>(%)</td><td>28.8</td><td>14.0</td><td>1.4</td><td>0.5</td><td>31.8</td><td>22.3</td><td>1.3</td><td>100.0</td></tr>
</table>

如表8.78所示,小学及以下教育程度的农业转移人口打算回户籍地乡镇村、县镇养老的比例为57.8%和10.8%,打算在户籍地地级市或省会城市养老的比例仅为1.8%和0.7%;而打算在流入地养老的比例为13.3%。

初中教育程度的农业转移人口打算回户籍地乡镇村、县镇养老的比例为43.9%和12.8%,打算在户籍地地级市或省会城市养老的比例仅为1.9%和0.4%;而打算在流入地养老的比例为19.7%。

高中教育程度的农业转移人口打算回户籍地乡镇村、县镇养老的比例为35.3%和12.0%,打算在户籍地地级市或省会城市养老的比例仅为2.2%和0.4%;而打算在流入地养老的比例为22.0%。

大学专科及以上教育程度的农业转移人口打算回户籍地乡镇村、县镇建房养老的比例为19.8%和9.8%,打算在户籍地地级市或省会城市养老的比例仅为1.0%和0.7%;而打算在流入地养老的比例为32.8%。

表 8.78 省内跨市农业转移人口教育程度与养老意愿

观察值/占比		未来打算在哪里养老							合计
		户籍地乡镇村	户籍地县镇	户籍地地级市	户籍地省会城市	本地	没有打算	其他	
教育程度	小学及以下 (人)	256	48	8	3	59	69	0	443
	(%)	57.8	10.8	1.8	0.7	13.3	15.6	0	100
	初中 (人)	1 253	364	53	12	561	608	3	2 854
	(%)	43.9	12.8	1.9	0.4	19.7	21.3	0.1	100
	高中/中专 (人)	498	169	31	6	310	395	3	1 412
	(%)	35.3	12.0	2.2	0.4	22.0	28.0	0.2	100
	大学专科及以上 (人)	81	40	4	3	134	145	2	409
	(%)	19.8	9.8	1	0.7	32.8	35.5	0.5	100
合计	(人)	2 088	621	96	24	1 064	1 217	8	5 118
	(%)	40.8	12.1	1.9	0.5	20.8	23.8	0.2	100

(三) 流入时间

省内跨市农业转移人口中,流入时间越长,在流入市发展意愿越强;而流入时间越短,回户籍市发展的意愿越强。

如表 8.79 所示,1 年及以下的农业转移人口打算在流入地长期居住的比例为 47.8%,不打算在流入地长期居住的比例为 52.2%;3—5 年的农业转移人口打算在流入地长期居住的比例为 65.8%,不打算长期居住的比例为 34.2%;10 年以上的农业转移人口打算在流入地长期居住的比例为 71.9%,不打算长期居住的比例达 28.1%。

表 8.79 省内跨市人口农业转移流入时间与居住意愿

观察值/占比		是否打算在本地长期居住		合计
		是	否	
流入时间	1 年及以下 (人)	527	575	1 102
	(%)	47.8	52.2	100.0
	1—3 年 (人)	922	662	1 584
	(%)	58.2	41.8	100.0
	3—5 年 (人)	606	315	921
	(%)	65.8	34.2	100.0
	5—10 年 (人)	614	313	927
	(%)	66.2	33.8	100.0
	10 年以上 (人)	420	164	584
	(%)	71.9	28.1	100.0

(续表)

观察值/占比		是否打算在本地长期居住		合计
		是	否	
合计	（人）	3 089	2 029	5 118
	（%）	60.4	39.6	100.0

如表 8.80 所示,1 年及以下的农业转移人口愿意把户籍迁入流入地的比例为 46.1%,不愿意迁移户籍的比例为 53.9%;3—5 年的农业转移人口愿意把户籍迁入流入地的比例为 54.0%,不愿意迁移户籍的比例为 46.0%;10 年以上的农业转移人口愿意把户籍迁入流入地的比例为 61.0%,不愿意迁移户籍的比例达 39.0%。

表 8.80　省内跨市农业转移人口流入时间与迁户意愿

观察值/占比			是否愿意把户口迁入本地		合计
			是	否	
流入时间	1 年及以下	（人）	508	594	1 102
		（%）	46.1	53.9	100.0
	1—3 年	（人）	863	721	1 584
		（%）	54.5	45.5	100.0
	3—5 年	（人）	497	424	921
		（%）	54.0	46.0	100.0
	5—10 年	（人）	539	388	927
		（%）	58.1	41.9	100.0
	10 年以上	（人）	356	228	584
		（%）	61.0	39.0	100.0
合计		（人）	2 763	2 355	5 118
		（%）	54.0	46.0	100.0

如表 8.81 所示,1 年及以下的农业转移人口打算回户籍地乡镇村、县镇建房购房的比例为 32.9% 和 16.3%,打算在户籍地地级市或省会城市购房的比例仅为 2.6% 和 0.3%;而打算在流入地购房的比例为 22.0%。

3—5 年的农业转移人口打算回户籍地乡镇村、县镇建房购房的比例为 26.0% 和 13.7%,打算在户籍地地级市或省会城市购房的比例仅为 1.2% 和 0.9%;而打算在流入地购房的比例为 35.7%。

10 年以上的农业转移人口打算回户籍地乡镇村、县镇建房购房的比例为 23.6% 和 12.5%,打算在户籍地地级市或省会城市购房的比例仅为 1.0% 和 0.2%;而打算在流入地购房的比例为 42.3%。

表 8.81　省内跨市农业转移人口流入时间与购房建房意愿

观察值/占比			未来打算在哪里购房、建房							合计
			户籍地乡镇村	户籍地县镇	户籍地地级市	户籍地省会城市	本地	没有打算	其他	
流入时间	1 年及以下	(人)	362	180	29	3	242	276	10	1 102
		(%)	32.9	16.3	2.6	0.3	22.0	25.0	0.9	100.0
	1—3 年	(人)	466	205	19	8	478	388	20	1 584
		(%)	29.4	12.9	1.2	0.5	30.2	24.5	1.3	100.0
	3—5 年	(人)	239	126	11	8	329	196	12	921
		(%)	26.0	13.7	1.2	0.9	35.7	21.3	1.3	100.0
	5—10 年	(人)	270	130	8	5	329	177	8	927
		(%)	29.1	14.0	0.9	0.5	35.5	19.1	0.9	100.0
	10 年以上	(人)	138	73	6	1	247	102	17	584
		(%)	23.6	12.5	1.0	0.2	42.3	17.5	2.9	100.0
合计		(人)	1 475	714	73	25	1 625	1 139	67	5 118
		(%)	28.8	14.0	1.4	0.5	31.8	22.3	1.3	100.0

如表 8.82 所示,1 年及以下的农业转移人口打算回户籍地乡镇村、县镇养老的比例为 44.5% 和 13.0%,打算在户籍地地级市或省会城市养老的比例仅为 2.6% 和 0.5%;而打算在流入地养老的比例为 13.3%。

3—5 年的农业转移人口打算回户籍地乡镇村、县镇养老的比例为 39.1% 和 14.4%,打算在户籍地地级市或省会城市养老的比例仅为 1.3% 和 0.3%;而打算在流入地养老的比例为 22.4%。

10 年以上的农业转移人口打算回户籍地乡镇村、县镇养老的比例为 37.7% 和 9.6%,打算在户籍地地级市或省会城市养老的比例仅为 1.2% 和 0.7%;而打算在流入地养老的比例为 31.0%。

表 8.82　省内跨市农业转移人口流入时间与养老意愿

观察值/占比			未来打算在哪里养老							合计
			户籍地乡镇村	户籍地县镇	户籍地地级市	户籍地省会城市	本地	没有打算	其他	
流入时间	1 年及以下	(人)	490	143	29	6	147	285	2	1 102
		(%)	44.5	13.0	2.6	0.5	13.3	25.9	0.2	100.0
	1—3 年	(人)	620	178	35	8	331	411	1	1 584
		(%)	39.1	11.2	2.2	0.5	20.9	26.0	0.1	100.0
	3—5 年	(人)	360	133	12	3	206	206	1	921
		(%)	39.1	14.4	1.3	0.3	22.4	22.4	0.1	100.0

(续表)

观察值/占比		未来打算在哪里养老							合计
		户籍地乡镇村	户籍地县镇	户籍地地级市	户籍地省会城市	本地	没有打算	其他	
流入时间	5—10年 (人)	398	111	13	3	199	203	0	927
	(%)	42.9	12.0	1.4	0.3	21.5	21.9	0.0	100.0
	10年以上 (人)	220	56	7	4	181	112	4	584
	(%)	37.7	9.6	1.2	0.7	31.0	19.2	0.7	100.0
合计	(人)	2 088	621	96	24	1 064	1 217	8	5 118
	(%)	40.8	12.1	1.9	0.5	20.8	23.8	0.2	100.0

（四）职业因素

省内跨市的农业转移人口中，商业、服务业人员在流入市发展的意愿较强，而生产、运输、建筑等人员回户籍市发展的比例较高。

如表 8.83 所示，商业、服务业人员打算在流入地长期居住的比例达 62.0%，不打算在流入地长期居住的比例为 38.0%；而生产、运输、建筑等人员打算在流入地长期居住的比例达 48.7%，不打算在流入地长期居住的比例为 51.3%。

表 8.83 省内跨市农业转移人口职业类型与居住意愿

观察值/占比		是否打算在本地长期居住		合计
		是	否	
职业类型	国家机关、党群组织、企事业单位负责人 (人)	9	2	11
	(%)	81.8	18.2	100.0
	专业技术人员 (人)	172	77	249
	(%)	69.1	30.9	100.0
	公务员、办事人员和有关人员 (人)	27	8	35
	(%)	77.1	22.9	100.0
	经商、商贩、餐饮、家政、保洁、保安、装修、其他商业、服务业人员 (人)	1 850	1 135	2 985
	(%)	62.0	38.0	100.0
	农、林、牧、渔、水利业生产人员 (人)	33	17	50
	(%)	66.0	34.0	100.0
	生产、运输、建筑、其他生产运输设备操作人员及有关人员 (人)	549	578	1 127
	(%)	48.7	51.3	100.0
	无固定工作 (人)	51	44	95
	(%)	53.7	46.3	100.0
	其他 (人)	46	15	61
	(%)	75.4	24.6	100.0

（续表）

观察值/占比		是否打算在本地长期居住		合计
		是	否	
合计	（人）	2 737	1 876	4 613
	（%）	59.3	40.7	100.0

如表 8.84 所示，专业技术人员愿意把户口迁入流入地的比例为 60.6%，没有迁户意愿的比例为 39.4%；商业、服务业人员愿意把户口迁入流入地的比例为 53.1%，没有迁户意愿的比例为 46.9%；而生产、运输、建筑等人员愿意把户口迁入流入地的比例为 49.9%，没有迁户意愿的比例为 50.1%。

表 8.84 省内跨市农业转移人口职业类型与迁户意愿

观察值/占比			是否愿意把户口迁入本地		合计
			是	否	
职业类型	国家机关、党群组织、企事业单位负责人	（人）	7	4	11
		（%）	63.6	36.4	100.0
	专业技术人员	（人）	151	98	249
		（%）	60.6	39.4	100.0
	公务员、办事人员和有关人员	（人）	26	9	35
		（%）	74.3	25.7	100.0
	经商、商贩、餐饮、家政、保洁、保安、装修、其他商业、服务业人员	（人）	1 586	1 399	2 985
		（%）	53.1	46.9	100.0
	农、林、牧、渔、水利业生产人员	（人）	27	23	50
		（%）	54.0	46.0	100.0
	生产、运输、建筑、其他生产运输设备操作人员及有关人员	（人）	562	565	1 127
		（%）	49.9	50.1	100.0
	无固定工作	（人）	51	44	95
		（%）	53.7	46.3	100.0
	其他	（人）	37	24	61
		（%）	60.7	39.3	100.0
合计		（人）	2 447	2 166	4 613
		（%）	53.0	47.0	100.0

如表 8.85 所示，专业技术人员打算回户籍地乡镇村、县镇建房购房的比例为 19.7% 和 16.9%，打算在户籍地地级市或省会城市购房的比例仅为 2.0% 和 0.4%；而打算在流入地购房的比例为 42.6%。商业、服务业人员打算回户籍地乡镇村、县镇建房购房的比例为 28.0% 和 11.8%，打算在户籍地地级市或省会城市购房的比例仅为 1.4% 和 0.6%；而打算在流入地购房的比例为 34.8%。生产、运

输、建筑等人员打算回户籍地乡镇村、县镇建房购房的比例为37.0%和20.7%,打算在户籍地地级市或省会城市购房的比例仅为1.4%和0.4%;而打算在流入地购房的比例为21.5%。

表8.85 省内跨市农业转移人口职业类型与购房建房意愿

观察值/占比		未来打算在哪里购房、建房							合计
		户籍地乡镇村	户籍地县镇	户籍地地级市	户籍地省会城市	本地	没有打算	其他	
职业类型	国家机关、党群组织、企事业单位负责人	(人)	4	1	0	0	4	2	0	11
		(%)	36.4	9.1	0	0	36.4	18.2	0	100
	专业技术人员	(人)	49	42	5	1	106	43	3	249
		(%)	19.7	16.9	2	0.4	42.6	17.3	1.2	100
	公务员、办事人员和有关人员	(人)	2	4	0	1	20	8	0	35
		(%)	5.7	11.4	0	2.9	57.1	22.9	0	100
	经商、商贩、餐饮、家政、保洁、保安、装修、其他商业、服务业人员	(人)	836	353	43	17	1038	664	34	2985
		(%)	28	11.8	1.4	0.6	34.8	22.2	1.1	100
	农、林、牧、渔、水利业生产人员	(人)	16	7	0	0	17	8	2	50
		(%)	32	14	0	0	34	16	4	100
	生产、运输、建筑、其他生产运输设备操作人员及有关人员	(人)	417	233	16	4	242	196	19	1127
		(%)	37	20.7	1.4	0.4	21.5	17.4	1.7	100
	无固定工作	(人)	24	10	0	0	21	40	0	95
		(%)	25.3	10.5	0	0	22.1	42.1	0	100
	其他	(人)	13	8	0	0	20	19	1	61
		(%)	21.3	13.1	0	0	32.8	31.2	1.6	100
合计		(人)	1361	658	64	23	1468	980	59	4613
		(%)	29.5	14.3	1.4	0.5	31.8	21.2	1.3	100

如表8.86所示,专业技术人员打算回户籍地乡镇村、县镇建房购房的比例为35.3%和12.1%,打算在户籍地地级市或省会城市购房的比例仅为1.6%和0.8%;而打算在流入地购房的比例为26.5%。商业、服务业人员打算回户籍地乡镇村、县镇建房购房的比例为39.2%和11.2%,打算在户籍地地级市或省会城市购房的比例仅为2.2%和0.4%;而打算在流入地购房的比例为22.3%。生产、运

输、建筑等人员打算回户籍地乡镇村、县镇建房购房的比例为49.2%和16.2%,打算在户籍地地级市或省会城市购房的比例仅为1.2%和0.5%;而打算在流入地购房的比例为0.5%。

表8.86 省内跨市农业转移人口职业类型与养老意愿

观察值/占比			未来打算在哪里养老							合计
			户籍地乡镇村	户籍地县镇	户籍地地级市	户籍地省会城市	本地	没有打算	其他	
职业类型	国家机关、党群组织、企事业单位负责人	(人)	3	0	0	0	4	4	0	11
		(%)	27.3	0.0	0.0	0.0	36.4	36.4	0.0	100.0
	专业技术人员	(人)	88	30	4	2	66	59	0	249
		(%)	35.3	12.1	1.6	0.8	26.5	23.7	0.0	100.0
	公务员、办事人员和有关人员	(人)	4	4	0	0	18	9	0	35
		(%)	11.4	11.4	0.0	0.0	51.4	25.7	0.0	100.0
	经商、商贩、餐饮、家政、保洁、保安、装修、其他商业、服务业人员	(人)	1 171	333	67	13	666	730	5	2 985
		(%)	39.2	11.2	2.2	0.4	22.3	24.5	0.2	100.0
	农、林、牧、渔、水利业生产人员	(人)	29	6	0	0	9	6	0	50
		(%)	58.0	12.0	0.0	0.0	18.0	12.0	0.0	100.0
	生产、运输、建筑、其他生产运输设备操作人员及有关人员	(人)	554	183	14	6	169	199	2	1 127
		(%)	49.2	16.2	1.2	0.5	15.0	17.7	0.2	100.0
	无固定工作	(人)	32	13	0	0	19	31	0	95
		(%)	33.7	13.7	0.0	0.0	20.0	32.6	0.0	100.0
	其他	(人)	22	6	0	1	10	21	1	61
		(%)	36.1	9.8	0.0	1.6	16.4	34.4	1.6	100.0
合计		(人)	1 903	575	85	22	961	1 059	8	4 613
		(%)	41.3	12.5	1.8	0.5	20.8	23.0	0.2	100.0

(五)就业身份

总体来看,省内跨市农业转移人口中,雇主在流入市发展的意愿较强,而雇员回户籍市发展的比例较高。但雇员愿意把户口迁入流入地的比例要高于雇主。

如表8.87所示,雇主和家庭帮工打算在流入地长期居住的比例分别为64.4%和66.9%,不打算在流入地长期居住的比例为35.6%和33.1%;自营劳动者打算在流入地长期居住的比例为 65.8%,不打算长期居住的比例为 34.2%;雇员打算在流入地长期居住的比例仅为 53.6%,不打算长期居住的比例达 46.4%。

表 8.87 省内跨市农业转移人口就业身份与居住意愿

观察值/占比			是否打算在本地长期居住		合计
			是	否	
就业身份	雇员	(人)	1 299	1 124	2 423
		(%)	53.6	46.4	100.0
	雇主	(人)	239	132	371
		(%)	64.4	35.6	100.0
	自营劳动者	(人)	1 098	570	1 668
		(%)	65.8	34.2	100.0
	家庭帮工	(人)	101	50	151
		(%)	66.9	33.1	100.0
合计		(人)	2 737	1 876	4 613
		(%)	59.3	40.7	100.0

如表 8.88 所示,雇主愿意把户口迁入流入地的比例为 51.2%,不愿意的比例为 48.8%;雇员意愿迁入户籍的比例最高,为 53.2%,不愿意的比例仅为 46.8%;自营劳动者愿意把户籍迁入流入地的比例为 52.8%,不愿意的比例为 47.2%。

表 8.88 省内跨市农业转移人口就业身份与迁户意愿

观察值/占比			是否愿意把户口迁入本地		合计
			是	否	
就业身份	雇员	(人)	1 289	1 134	2 423
		(%)	53.2	46.8	100.0
	雇主	(人)	190	181	371
		(%)	51.2	48.8	100.0
	自营劳动者	(人)	881	787	1 668
		(%)	52.8	47.2	100.0
	家庭帮工	(人)	87	64	151
		(%)	57.6	42.4	100.0
合计		(人)	2 447	2 166	4 613
		(%)	53	47.0	100.0

如表 8.89 所示,雇员打算回户籍地乡镇村、县镇建房购房的比例为 31.2% 和 17.4%,打算在户籍地地级市或省会城市购房的比例仅为 1.4% 和 0.5%;而打算在流入地购房的比例为 27.0%。

雇主打算回户籍地乡镇村、县镇建房购房的比例为28.0%和8.9%,打算在户籍地地级市或省会城市购房的比例仅为1.9%和1.6%;而打算在流入地购房的比例为41.0%。

自营劳动者打算回户籍地乡镇村、县镇建房购房的比例为27.9%和11.4%,打算在户籍地地级市或省会城市购房的比例仅为1.2%和0.3%;而打算在流入地购房的比例为35.8%。

表8.89 省内跨市农业转移人口就业身份与购房建房意愿

	观察值/占比		未来打算在哪里购房、建房							合计
			户籍地乡镇村	户籍地县镇	户籍地地级市	户籍地省会城市	本地	没有打算	其他	
就业身份	雇员	(人)	755	422	33	11	654	520	28	2 423
		(%)	31.2	17.4	1.4	0.5	27.0	21.5	1.2	100.0
	雇主	(人)	104	33	7	6	152	63	6	371
		(%)	28.0	8.9	1.9	1.6	41.0	17.0	1.6	100.0
	自营劳动者	(人)	465	190	20	5	597	367	24	1 668
		(%)	27.9	11.4	1.2	0.3	35.8	22.0	1.4	100.0
	家庭帮工	(人)	37	13	4	1	65	30	1	151
		(%)	24.5	8.6	2.7	0.7	43.1	19.9	0.7	100.0
合计		(人)	1 361	658	64	23	1 468	980	59	4 613
		(%)	29.5	14.3	1.4	0.5	31.8	21.2	1.3	100.0

如表8.90所示,雇员打算回户籍地乡镇村、县镇养老的比例为41.9%和13.9%,打算在户籍地地级市或省会城市养老的比例仅为1.7%和0.5%;而打算在流入地养老的比例为18.5%。雇主打算回户籍地乡镇村、县镇养老的比例为35.3%和13.8%,打算在户籍地地级市或省会城市养老的比例仅为2.4%和1.1%;而打算在流入地养老的比例为28.0%。自营劳动者打算回户籍地乡镇村、县镇养老的比例为41.8%和10.6%,打算在户籍地地级市或省会城市养老的比例仅为2.0%和0.4%;而打算在流入地养老的比例为22.4%。

表8.90 省内跨市农业转移人口就业身份与养老意愿

	观察值/占比		未来打算在哪里养老							合计
			户籍地乡镇村	户籍地县镇	户籍地地级市	户籍地省会城市	本地	没有打算	其他	
就业身份	雇员	(人)	1 015	336	40	11	448	568	5	2 423
		(%)	41.9	13.9	1.7	0.5	18.5	23.4	0.2	100.0
	雇主	(人)	131	51	9	4	104	70	2	371
		(%)	35.3	13.8	2.4	1.1	28.0	18.9	0.5	100.0

(续表)

观察值/占比			未来打算在哪里养老							合计
			户籍地乡镇村	户籍地县镇	户籍地地级市	户籍地省会城市	本地	没有打算	其他	
就业身份	自营劳动者	(人)	697	177	34	7	374	378	1	1 668
		(%)	41.8	10.6	2.0	0.4	22.4	22.7	0.1	100.0
	家庭帮工	(人)	60	11	2	0	35	43	0	151
		(%)	39.7	7.3	1.3	0.0	23.2	28.5	0.0	100.0
合计		(人)	1 903	575	85	22	961	1 059	8	4 613
		(%)	41.3	12.5	1.8	0.5	20.8	23.0	0.2	100.0

（六）收入水平

总体来看，省内跨市农业转移人口中，收入水平越高，在流入市发展的意愿越强；收入水平越低，回户籍市发展的意愿越强。特别是从购房建房意愿和养老意愿来看，万元收入是一条明显的分界线。

如表 8.91 所示，2 000 元及以下的农业转移人口打算在流入地长期居住的比例为 45.2%，不打算在流入地长期居住的比例为 54.8%；4 001—6 000 元的农业转移人口打算在流入地长期居住的比例为 62.4%，不打算长期居住的比例为 37.6%；1 万元及以上的农业转移人口打算在流入地长期居住的比例为 72.0%，不打算长期居住的比例达 28.0%。

表 8.91 省内跨市农业转移人口收入水平与居住意愿

观察值/占比			是否打算在本地长期居住		合计
			是	否	
收入水平	2 000 元及以下	(人)	170	206	376
		(%)	45.2	54.8	100.0
	2 001—4 000 元	(人)	844	705	1 549
		(%)	54.5	45.5	100.0
	4 001—6 000 元	(人)	1 096	660	1 756
		(%)	62.4	37.6	100.0
	6 001—9 999 元	(人)	612	315	927
		(%)	66.0	34.0	100.0
	1 万元及以上	(人)	337	131	468
		(%)	72.0	28.0	100.0
合计		(人)	3 059	2 017	5 076
		(%)	60.3	39.7	100.0

如表 8.92 所示，2 000 元及以下的农业转移人口愿意把户口迁入流入地的比

例为47.6%,不愿意的比例为52.4%;4 001—6 000元的农业转移人口意愿迁入户籍的比例为56.8%,不愿意的比例仅为43.2%;1万元及以上的农业转移人口农业专业人口愿意把户籍迁入流入地的比例为55.6%,不愿意的比例为44.4%。

表8.92 省内跨市农业转移人口收入水平与迁户意愿

观察值/占比			是否愿意把户口迁入本地		合计
			是	否	
收入水平	2 000元及以下	(人)	179	197	376
		(%)	47.6	52.4	100.0
	2 001—4 000元	(人)	780	769	1 549
		(%)	50.4	49.6	100.0
	4 001—6 000元	(人)	997	759	1 756
		(%)	56.8	43.2	100.0
	6 001—9 999元	(人)	526	401	927
		(%)	56.7	43.3	100.0
	1万元及以上	(人)	260	208	468
		(%)	55.6	44.4	100.0
合计		(人)	2 742	2 334	5 076
		(%)	54.0	46.0	100.0

如表8.93所示,2 000元及以下的农业转移人口打算回户籍地乡镇村、县镇建房购房的比例为31.1%和13.8%,打算在户籍地地级市或省会城市购房的比例仅为1.9%和1.3%;而打算在流入地购房的比例为17.0%。4 001—6 000元的农业转移人口打算回户籍地乡镇村、县镇建房购房的比例为30.1%和14.8%,打算在户籍地地级市或省会城市购房的比例仅为1.2%和0.3%;而打算在流入地购房的比例为32.7%。1万元及以上的农业转移人口打算回户籍地乡镇村、县镇建房购房的比例为18.2%和9.4%,打算在户籍地地级市或省会城市购房的比例仅为1.3%和1.1%;而打算在流入地购房的比例为49.2%。

表8.93 省内跨市农业转移人口收入水平与购房建房意愿

观察值/占比			未来打算在哪里购房、建房							合计
			户籍地乡镇村	户籍地县镇	户籍地地级市	户籍地省会城市	本地	没有打算	其他	
收入水平	2 000元及以下	(人)	117	52	7	5	64	129	2	376
		(%)	31.1	13.8	1.9	1.3	17.0	34.3	0.5	100.0
	2 001—4 000元	(人)	480	244	23	7	389	392	14	1 549
		(%)	31.0	15.8	1.5	0.5	25.1	25.3	0.9	100.0

(续表)

观察值/占比			未来打算在哪里购房、建房							合计
			户籍地乡镇村	户籍地县镇	户籍地地级市	户籍地省会城市	本地	没有打算	其他	
收入水平	4 001—6 000 元	（人）	529	260	21	5	575	345	21	1 756
		（%）	30.1	14.8	1.2	0.3	32.7	19.7	1.2	100.0
	6 001—9 999 元	（人）	255	110	15	3	357	172	15	927
		（%）	27.5	11.9	1.6	0.3	38.5	18.6	1.6	100.0
	1 万元及以上	（人）	85	44	6	5	230	84	14	468
		（%）	18.2	9.4	1.3	1.1	49.2	18.0	3.0	100.0
合计		（人）	1 466	710	72	25	1 615	1 122	66	5 076
		（%）	28.9	14.0	1.4	0.5	31.8	22.1	1.3	100.0

如表 8.94 所示，2 000 元及以下的农业转移人口打算回户籍地乡镇村、县镇养老的比例为 36.4% 和 12.5%，打算在户籍地地级市或省会城市养老的比例仅为 2.1% 和 1.6%；而打算在流入地养老的比例为 12.2%。4 001—6 000 元的农业转移人口打算回户籍地乡镇村、县镇养老的比例为 44.1% 和 12.2%，打算在户籍地地级市或省会城市养老的比例仅为 1.9% 和 0.3%；而打算在流入地养老的比例为 20.5%。1 万元及以上的农业转移人口打算回户籍地乡镇村、县镇建房养老的比例为 30.3% 和 8.8%，打算在户籍地地级市或省会城市养老的比例仅为 1.7% 和 0.9%；而打算在流入地养老的比例为 34.8%。

表 8.94　省内跨市农业转移人口收入水平与养老意愿

观察值/占比			未来打算在哪里养老							合计
			户籍地乡镇村	户籍地县镇	户籍地地级市	户籍地省会城市	本地	没有打算	其他	
收入水平	2 000 元及以下	（人）	137	47	8	6	46	132	0	376
		（%）	36.4	12.5	2.1	1.6	12.2	35.1	0.0	100.0
	2 001—4 000 元	（人）	657	203	28	4	260	396	1	1 549
		（%）	42.4	13.1	1.8	0.3	16.8	25.6	0.1	100.0
	4 001—6 000 元	（人）	775	215	33	5	360	367	1	1 756
		（%）	44.1	12.2	1.9	0.3	20.5	20.9	0.1	100.0
	6 001—9 999 元	（人）	365	111	19	4	228	195	5	927
		（%）	39.4	12.0	2.1	0.4	24.6	21.0	0.5	100.0
	1 万元及以上	（人）	142	41	8	4	163	109	1	468
		（%）	30.3	8.8	1.7	0.9	34.8	23.3	0.2	100.0
合计		（人）	2 076	617	96	23	1 057	1 199	8	5 076
		（%）	40.9	12.2	1.9	0.5	20.8	23.6	0.2	100.0

(七) 社会保障

没有医疗保险的省内跨市农业转移人口打算回户籍地乡镇村发展的比例较高,而有医疗保险的省内跨市农业转移人口愿意回户籍地县镇的比例更高。

如表 8.95 所示,没有医疗保险的农业转移人口打算在流入地长期居住的比例为 59.0%,不打算在流入地长期居住的比例为 41.0%;有医疗保险的农业转移人口打算在流入地长期居住的比例为 67.5%,不打算长期居住的比例为 32.5%。

表 8.95 省内跨市农业转移人口医疗保险与居住意愿

观察值/占比			是否打算在本地长期居住		合计
			是	否	
医疗保险	无	(人)	2 538	1 764	4 302
		(%)	59.0	41.0	100.0
	有	(人)	551	265	816
		(%)	67.5	32.5	100.0
合计		(人)	3 089	2 029	5 118
		(%)	60.4	39.6	100.0

如表 8.96 所示,没有医疗保险的农业转移人口愿意把户口迁入流入地的比例为 52.3%,不愿意的比例为 47.7%;有医疗保险的农业转移人口意愿迁入户籍的比例最高,为 62.9%,不愿意的比例仅为 37.1%。

表 8.96 省内跨市农业转移人口医疗保险与迁户意愿

观察值/占比			是否愿意把户口迁入本地		合计
			是	否	
医疗保险	无	(人)	2 250	2 052	4 302
		(%)	52.3	47.7	100.0
	有	(人)	513	303	816
		(%)	62.9	37.1	100.0
合计		(人)	2 763	2 355	5 118
		(%)	54.0	46.0	100.0

如表 8.97 所示,没有医疗保险的农业转移人口打算回户籍地乡镇村、县镇建房购房的比例为 30.7% 和 13.0%,打算在户籍地地级市或省会城市购房的比例仅为 1.4% 和 0.5%;而打算在流入地购房的比例为 29.6%。

有医疗保险的农业转移人口打算回户籍地乡镇村、县镇建房购房的比例为 18.8% 和 19.0%,打算在户籍地地级市或省会城市购房的比例仅为 1.6% 和 0.6%;而打算在流入地购房的比例为 43.0%。

表 8.97　省内跨市农业转移人口医疗保险与购房建房意愿

观察值/占比			未来打算在哪里购房、建房							合计
			户籍地乡镇村	户籍地县镇	户籍地地级市	户籍地省会城市	本地	没有打算	其他	
医疗保险	无	(人)	1 322	559	60	20	1 274	1 018	49	4 302
		(%)	30.7	13.0	1.4	0.5	29.6	23.7	1.1	100.0
	有	(人)	153	155	13	5	351	121	18	816
		(%)	18.8	19.0	1.6	0.6	43.0	14.8	2.2	100.0
合计		(人)	1 475	714	73	25	1 625	1 139	67	5 118
		(%)	28.8	14.0	1.4	0.5	31.8	22.3	1.3	100.0

如表 8.98 所示,没有医疗保险的农业转移人口打算回户籍地乡镇村、县镇养老的比例为 42.5% 和 11.4%,打算在户籍地地级市或省会城市养老的比例仅为 2.0% 和 0.4%;而打算在流入地养老的比例为 18.8%。

有医疗保险的农业转移人口打算回户籍地乡镇村、县镇养老的比例为 31.9% 和 15.8%,打算在户籍地地级市或省会城市养老的比例仅为 1.1% 和 0.6%;而打算在流入地养老的比例为 31.3%。

表 8.98　省内跨市农业转移人口医疗保险与养老意愿

观察值/占比			未来打算在哪里养老							合计
			户籍地乡镇村	户籍地县镇	户籍地地级市	户籍地省会城市	本地	没有打算	其他	
医疗保险	无	(人)	1 828	492	87	19	809	1 064	3	4 302
		(%)	42.5	11.4	2.0	0.4	18.8	24.7	0.1	100.0
	有	(人)	260	129	9	5	255	153	5	816
		(%)	31.9	15.8	1.1	0.6	31.3	18.8	0.6	100.0
合计		(人)	2 088	621	96	24	1 064	1 217	8	5 118
		(%)	40.8	12.1	1.9	0.5	20.8	23.8	0.2	100.0

三、市内跨县人口发展意愿的影响因素分析

(一) 年龄因素

年龄越大,市内跨县人口回户籍县区发展的意愿越强;年龄越小,在流入县区发展的比例越高。但很多"90 后"农业转移人口购房建房意愿和养老意愿还未定型。

如表 8.99 所示,第一代农业转移人口打算在流入地长期居住的比例为 47.3%,不打算在流入地长期居住的比例为 52.7%;"80 后"农业转移人口打算在流入地长期居住的比例为 51.8%,不打算长期居住的比例为 48.2%;"90 后"农业

转移人口打算在流入地长期居住的比例仅为 53.8%,不打算长期居住的比例达 46.2%。

表 8.99 市内跨县农业转移人口年龄差异与居住意愿

观察值/占比			是否打算在本地长期居住		合计
			是	否	
年龄差异	第一代	(人)	275	306	581
		(%)	47.3	52.7	100.0
	"80后"	(人)	285	265	550
		(%)	51.8	48.2	100.0
	"90后"	(人)	107	92	199
		(%)	53.8	46.2	100.0
合计		(人)	667	663	1 330
		(%)	50.2	49.8	100.0

如表 8.100 所示,第一代农业转移人口打算回户籍地乡镇村、县镇建房购房的比例为 36.8% 和 9.6%,打算在户籍地地级市或省会城市购房的比例仅为 1.6% 和 0.3%;而打算在流入地购房的比例为 30.5%。"80后"农业转移人口打算回户籍地乡镇村、县镇建房购房的比例为 31.6% 和 12.0%,打算在户籍地地级市或省会城市购房的比例仅为 2.6% 和 0.2%;而打算在流入地购房的比例为 31.8%。"90后"农业转移人口打算回户籍地乡镇村、县镇建房购房的比例为 21.6% 和 12.6%,打算在户籍地地级市或省会城市购房的比例仅为 1.5% 和 1.0%;而打算在流入地购房的比例为 22.6%。

表 8.100 市内跨县农业转移人口年龄差异与购房建房意愿

观察值/占比			未来打算在哪里购房、建房							合计
			户籍地乡镇村	户籍地县镇	户籍地地级市	户籍地省会城市	本地	没有打算	其他	
年龄差异	第一代	(人)	214	56	9	2	177	117	6	581
		(%)	36.8	9.6	1.6	0.3	30.5	20.1	1.0	100.0
	"80后"	(人)	174	66	14	1	175	119	1	550
		(%)	31.6	12.0	2.6	0.2	31.8	21.6	0.2	100.0
	"90后"	(人)	43	25	3	2	45	81	0	199
		(%)	21.6	12.6	1.5	1.0	22.6	40.7	0.0	100.0
合计		(人)	431	147	26	5	397	317	7	1 330
		(%)	32.4	11.1	2.0	0.4	29.9	23.8	0.5	100.0

如表 8.101 所示,第一代农业转移人口打算回户籍地乡镇村、县镇养老的比例为 47.0% 和 11.0%,打算在户籍地地级市或省会城市养老的比例仅为 2.1% 和 0.2%;而打算在流入地养老的比例为 19.6%。"80 后"农业转移人口打算回户籍地乡镇村、县镇养老的比例为 40.6% 和 10.4%,打算在户籍地地级市养老的比例仅为 2.9%;而打算在流入地养老的比例为 20.0%。"90 后"农业转移人口打算回户籍地乡镇村、县镇养老的比例为 23.6% 和 10.1%,打算在户籍地地级市养老的比例仅为 2.5%;而打算在流入地养老的比例为 16.6%。

表 8.101 市内跨县农业转移人口年龄差异与养老意愿

观察值/占比			未来打算在哪里养老							合计
			户籍地乡镇村	户籍地县镇	户籍地地级市	户籍地省会城市	本地	没有打算	其他	
年龄差异	第一代	(人)	273	64	12	1	114	115	2	581
		(%)	47.0	11.0	2.1	0.2	19.6	19.8	0.3	100.0
	"80 后"	(人)	223	57	16	0	110	144	0	550
		(%)	40.6	10.4	2.9	0.0	20.0	26.2	0.0	100.0
	"90 后"	(人)	47	20	5	0	33	94	0	199
		(%)	23.6	10.1	2.5	0.0	16.6	47.2	0.0	100.0
合计		(人)	543	141	33	1	257	353	2	1 330
		(%)	40.8	10.6	2.5	0.1	19.3	26.5	0.2	100.0

(二) 教育因素

市内跨县农业转移人口中,教育程度越高,在流入区县市民化的意愿越强;教育程度越低,在户籍区县市民化的意愿越强。

如表 8.102 所示,小学及以下教育程度的农业转移人口打算在流入地长期居住的比例为 53.4%,不打算在流入地长期居住的比例为 46.6%;初中教育程度的农业转移人口打算在流入地长期居住的比例为 57.2%,不打算长期居住的比例为 42.8%;高中教育程度的农业转移人口打算在流入地长期居住的比例为 59.5%,不打算长期居住的比例达 40.6%。大学专科及以上教育程度的农业转移人口打算在流入地长期居住的比例为 68.4%,不打算长期居住的比例达 31.6%。

表 8.102　市内跨县农业转移人口教育程度与居住意愿

观察值/占比			是否打算在本地长期居住		合计
			是	否	
教育程度	小学及以下	（人）	47	41	88
		（%）	53.4	46.6	100.0
	初中	（人）	405	303	708
		（%）	57.2	42.8	100.0
	高中/中专	（人）	261	178	439
		（%）	59.5	40.6	100.0
	大学专科及以上	（人）	65	30	95
		（%）	68.4	31.6	100.0
合计		（人）	778	552	1 330
		（%）	58.5	41.5	100.0

如表 8.103 所示，小学及以下教育程度的农业转移人口愿意把户口迁入流入地的比例为 45.5%，不愿意迁移户籍的比例为 54.6%；初中教育程度的农业转移人口愿意迁户的比例为 48.7%，不愿意迁户的比例为 51.3%；高中教育程度的农业转移人口愿意迁户的比例为 52.2%，不打算迁移户籍的比例为 47.8%。大学专科及以上教育程度的农业转移人口愿意迁户的比例为 55.8%，不打算迁移户籍的比例为 44.2%。

表 8.103　市内跨县农业转移人口教育程度与迁户意愿

观察值/占比			是否愿意把户口迁入本地		合计
			是	否	
教育程度	小学及以下	（人）	40	48	88
		（%）	45.5	54.6	100.0
	初中	（人）	345	363	708
		（%）	48.7	51.3	100.0
教育程度	高中/中专	（人）	229	210	439
		（%）	52.2	47.8	100.0
	大学专科及以上	（人）	53	42	95
		（%）	55.8	44.2	100.0
合计		（人）	667	663	1 330
		（%）	50.2	49.8	100.0

如表 8.104 所示，小学及以下教育程度的农业转移人口打算回户籍地乡镇村、县镇建房购房的比例为 50.0% 和 6.8%，而打算在流入地购房的比例为

25.0%。初中教育程度的农业转移人口打算回户籍地乡镇村、县镇建房购房的比例为35.3%和10.5%,打算在户籍地地级市或省会城市购房的比例仅为1.6%和0.6%;而打算在流入地购房的比例为28.8%。高中教育程度的农业转移人口打算回户籍地乡镇村、县镇建房购房的比例为27.8%和12.8%,打算在户籍地地级市或省会城市购房的比例仅为2.5%和0.2%;而打算在流入地购房的比例为30.1%。大学专科及以上教育程度农业转移人口打算回户籍地乡镇村、县镇建房购房的比例为15.8%和11.6%,打算在户籍地地级市购房的比例仅为4.2%;而打算在流入地购房的比例为47.1%。

表8.104 市内跨县农业转移人口教育程度与购房建房意愿

观察值/占比			未来打算在哪里购房、建房							合计
			户籍地乡镇村	户籍地县镇	户籍地地级市	户籍地省会城市	本地	没有打算	其他	
教育程度	小学及以下	(人)	44	6	0	0	22	16	0	88
		(%)	50.0	6.8	0.0	0.0	25.0	18.2	0.0	100.0
	初中	(人)	250	74	11	4	204	162	3	708
		(%)	35.3	10.5	1.6	0.6	28.8	22.9	0.4	100.0
	高中/中专	(人)	122	56	11	1	132	114	3	439
		(%)	27.8	12.8	2.5	0.2	30.1	26.0	0.7	100.0
	大学专科及以上	(人)	15	11	4	0	39	25	1	95
		(%)	15.8	11.6	4.2	0.0	41.1	26.3	1.1	100.0
合计		(人)	431	147	26	5	397	317	7	1 330
		(%)	32.4	11.1	2.0	0.4	29.9	23.8	0.5	100.0

如表8.105所示,小学及以下教育程度的农业转移人口打算回户籍地乡镇村、县镇养老的比例为55.7%和6.8%,打算在户籍地地级市养老的比例仅为1.1%;而打算在流入地养老的比例为19.3%。初中教育程度的农业转移人口打算回户籍地乡镇村、县镇养老的比例为45.5%和11.0%,打算在户籍地地级市或省会城市养老的比例仅为2.0%和0.1%;而打算在流入地养老的比例为17.2%。高中教育程度的农业转移人口打算回户籍地乡镇村、县镇养老的比例为34.2%和10.9%,打算在户籍地地级市养老的比例仅为3.2%;而打算在流入地养老的比例为19.6%。大学专科及以上教育程度的农业转移人口打算回户籍地乡镇村、县镇建房养老的比例为23.2%和9.5%,打算在户籍地地级市养老的比例仅为4.2%;而打算在流入地养老的比例为33.7%。

表 8.105　市内跨县农业转移人口教育程度与养老意愿

观察值/占比			未来打算在哪里养老							合计
			户籍地乡镇村	户籍地县镇	户籍地地级市	户籍地省会城市	本地	没有打算	其他	
教育程度	小学及以下	(人)	49	6	1	0	17	15	0	88
		(%)	55.7	6.8	1.1	0.0	19.3	17.1	0.0	100.0
	初中	(人)	322	78	14	1	122	170	1	708
		(%)	45.5	11.0	2.0	0.1	17.2	24.0	0.1	100.0
	高中/中专	(人)	150	48	14	0	86	140	1	439
		(%)	34.2	10.9	3.2	0.0	19.6	31.9	0.2	100.0
	大学专科及以上	(人)	22	9	4	0	32	28	0	95
		(%)	23.2	9.5	4.2	0.0	33.7	29.5	0.0	100.0
合计		(人)	543	141	33	1	257	353	2	1 330
		(%)	40.8	10.6	2.5	0.1	19.3	26.5	0.2	100.0

（三）流入时间

流入时间越长，在流入区县发展意愿越强；而流入时间越短，在流入区县发展的比例越低。

如表 8.106 所示，1 年及以下的农业转移人口打算在流入地长期居住的比例为 48.5%，不打算在流入地长期居住的比例为 51.5%；3—5 年的农业转移人口打算在流入地长期居住的比例为 64.5%，不打算长期居住的比例为 35.5%；10 年以上的农业专业人口打算在流入地长期居住的比例为 71.0%，不打算长期居住的比例达 29.0%。

表 8.106　市内跨县农业转移人口流入时间与居住意愿

观察值/占比			是否打算在本地长期居住		合计
			是	否	
流入时间	1 年及以下	(人)	164	174	338
		(%)	48.5	51.5	100.0
	1—3 年	(人)	257	227	484
		(%)	53.1	46.9	100.0
	3—5 年	(人)	136	75	211
		(%)	64.5	35.5	100.0
	5—10 年	(人)	150	47	197
		(%)	76.1	23.9	100.0
	10 年以上	(人)	71	29	100
		(%)	71.0	29.0	100.0

(续表)

观察值/占比		是否打算在本地长期居住		合计
		是	否	
合计	(人)	778	552	1 330
	(%)	58.5	41.5	100.0

如表8.107所示,1年及以下的农业转移人口愿意把户籍迁入流入地的比例为44.7%,不愿意迁移户籍的比例为55.3%;3—5年的农业转移人口愿意把户籍迁入流入地的比例为48.8%,不愿意迁移户籍的比例为51.2%;10年以上的农业转移人口愿意把户籍迁入流入地的比例为52.0%,不愿意迁移户籍的比例达48.0%。

表8.107　市内跨县农业转移人口流入时间与迁户意愿

观察值/占比			是否愿意把户口迁入本地		合计
			是	否	
流入时间	1年及以下	(人)	151	187	338
		(%)	44.7	55.3	100.0
	1—3年	(人)	242	242	484
		(%)	50.0	50.0	100.0
	3—5年	(人)	103	108	211
		(%)	48.8	51.2	100.0
	5—10年	(人)	119	78	197
		(%)	60.4	39.6	100.0
	10年以上	(人)	52	48	100
		(%)	52.0	48.0	100.0
合计		(人)	667	663	1 330
		(%)	50.2	49.8	100.0

如表8.108所示,1年及以下的农业转移人口打算回户籍地乡镇村、县镇建房购房的比例为36.4%和12.1%,打算在户籍地地级市或省会城市购房的比例仅为3.0%和0.9%;而打算在流入地购房的比例为23.1%。3—5年的农业转移人口打算回户籍地乡镇村、县镇建房购房的比例为36.5%和8.1%,打算在户籍地地级市或省会城市购房的比例仅为1.4%和0.5%;而打算在流入地购房的比例为36.0%。10年以上的农业转移人口打算回户籍地乡镇村、县镇建房购房的比例为27.0%和7.0%,打算在户籍地地级市购房的比例仅为1.0%;而打算在流入地购房的比例为43.0%。

表 8.108　市内跨县农业转移人口流入时间与购房建房意愿

观察值/占比			未来打算在哪里购房、建房							合计
			户籍地乡镇村	户籍地县镇	户籍地地级市	户籍地省会城市	本地	没有打算	其他	
流入时间	1年及以下	(人)	123	41	10	3	78	83	0	338
		(%)	36.4	12.1	3.0	0.9	23.1	24.6	0.0	100.0
	1—3年	(人)	157	55	6	1	125	139	1	484
		(%)	32.4	11.4	1.2	0.2	25.8	28.7	0.2	100.0
	3—5年	(人)	77	17	3	1	76	37	0	211
		(%)	36.5	8.1	1.4	0.5	36.0	17.5	0.0	100.0
	5—10年	(人)	47	27	6	0	75	37	5	197
		(%)	23.9	13.7	3.1	0.0	38.1	18.8	2.5	100.0
	10年以上	(人)	27	7	1	0	43	21	1	100
		(%)	27.0	7.0	1.0	0.0	43.0	21.0	1.0	100.0
合计		(人)	431	147	26	5	397	317	7	1 330
		(%)	32.4	11.1	2.0	0.4	29.9	23.8	0.5	100.0

如表 8.109 所示,1 年及以下的农业转移人口打算回户籍地乡镇村、县镇养老的比例为 41.7% 和 12.1%,打算在户籍地地级市养老的比例仅为 3.6%;而打算在流入地养老的比例为 14.5%。3—5 年的农业转移人口打算回户籍地乡镇村、县镇养老的比例为 40.8% 和 11.9%,打算在户籍地地级市养老的比例仅为 1.0%;而打算在流入地养老的比例为 20.9%。10 年以上的农业转移人口打算回户籍地乡镇村、县镇养老的比例为 52.0% 和 6.0%;而打算在流入地养老的比例为 24.0%。

表 8.109　市内跨县农业转移人口流入时间与养老意愿

观察值/占比			未来打算在哪里养老							合计
			户籍地乡镇村	户籍地县镇	户籍地地级市	户籍地省会城市	本地	没有打算	其他	
流入时间	1年及以下	(人)	141	41	12	0	49	95	0	338
		(%)	41.7	12.1	3.6	0.0	14.5	28.1	0.0	100.0
	1—3年	(人)	197	44	12	1	76	154	0	484
		(%)	40.7	9.1	2.5	0.2	15.7	31.8	0.0	100.0
	3—5年	(人)	86	25	2	0	44	54	0	211
		(%)	40.8	11.9	1.0	0.0	20.9	25.6	0.0	100.0
	5—10年	(人)	67	25	7	0	64	32	2	197
		(%)	34.0	12.7	3.6	0.0	32.5	16.2	1.0	100.0
	10年以上	(人)	52	6	0	0	24	18	0	100
		(%)	52.0	6.0	0.0	0.0	24.0	18.0	0.0	100.0

(续表)

观察值/占比		未来打算在哪里养老							合计
		户籍地乡镇村	户籍地县镇	户籍地地级市	户籍地省会城市	本地	没有打算	其他	
合计	（人）	543	141	33	1	257	353	2	1 330
	（％）	40.8	10.6	2.5	0.1	19.3	26.5	0.2	100.0

（四）职业因素

市内跨县的农业转移人口中,商业、服务业人员在流入区县发展的意愿较强,而生产、运输、建筑等人员回户籍区县发展的意愿相对较强。

如表8.110所示,商业、服务业人员打算在流入地长期居住的比例达58.6%,不打算在流入地长期居住的比例为41.4%;而生产、运输、建筑等人员打算在流入地长期居住的比例达50.3%,不打算在流入地长期居住的比例为49.8%。

表8.110 市内跨县农业转移人口职业类型与居住意愿

	观察值/占比		是否打算在本地长期居住		合计
			是	否	
职业类型	国家机关、党群组织、企事业单位负责人	（人）	1	5	6
		（％）	16.7	83.3	100.0
	专业技术人员	（人）	32	16	48
		（％）	66.7	33.3	100.0
	公务员、办事人员和有关人员	（人）	11	3	14
		（％）	78.6	21.4	100.0
	经商、商贩、餐饮、家政、保洁、保安、装修、其他商业、服务业人员	（人）	506	357	863
		（％）	58.6	41.4	100.0
	农、林、牧、渔、水利业生产人员	（人）	6	2	8
		（％）	75.0	25.0	100.0
	生产、运输、建筑、其他生产运输设备操作人员及有关人员	（人）	100	99	199
		（％）	50.3	49.8	100.0
	无固定工作	（人）	22	16	38
		（％）	57.9	42.1	100.0
	其他	（人）	10	4	14
		（％）	71.4	28.6	100.0
合计		（人）	688	502	1 190
		（％）	57.8	42.2	100.0

如表8.111所示,专业技术人员愿意把户口迁入流入地的比例为62.5%,没有迁户意愿的比例为37.5%;商业、服务业人员愿意把户口迁入流入地的比例为

48.2%,没有迁户意愿的比例为51.8%;而生产、运输、建筑等人员愿意把户口迁入流入地的比例为47.7%,没有迁户意愿的比例为52.3%。

表 8.111　市内跨县农业转移人口职业类型与迁户意愿

	观察值/占比		是否愿意把户口迁入本地		合计
			是	否	
职业类型	国家机关、党群组织、企事业单位负责人	(人)	3	3	6
		(%)	50.0	50.0	100.0
	专业技术人员	(人)	30	18	48
		(%)	62.5	37.5	100.0
	公务员、办事人员和有关人员	(人)	7	7	14
		(%)	50.0	50.0	100.0
	经商、商贩、餐饮、家政、保洁、保安、装修、其他商业、服务业人员	(人)	416	447	863
		(%)	48.2	51.8	100.0
	农、林、牧、渔、水利业生产人员	(人)	3	5	8
		(%)	37.5	62.5	100.0
	生产、运输、建筑、其他生产运输设备操作人员及有关人员	(人)	95	104	199
		(%)	47.7	52.3	100.0
	无固定工作	(人)	21	17	38
		(%)	55.3	44.7	100.0
	其他	(人)	8	6	14
		(%)	57.1	42.9	100.0
	合计	(人)	583	607	1190
		(%)	49.0	51.0	100.0

如表8.112所示,专业技术人员打算回户籍地乡镇村、县镇建房购房的比例为31.3%和8.3%,打算在户籍地地级市购房的比例仅为4.2%;而打算在流入地购房的比例为39.6%。商业、服务业人员打算回户籍地乡镇村、县镇建房购房的比例为31.2%和10.9%,打算在户籍地地级市或省会城市购房的比例仅为1.7%和0.5%;而打算在流入地购房的比例为30.6%。生产、运输、建筑等人员打算回户籍地乡镇村、县镇建房购房的比例为38.2%和11.1%,打算在户籍地地级市或省会城市购房的比例仅为4.5%和0.5%;而打算在流入地购房的比例为21.6%。

表 8.112 市内跨县农业转移人口职业类型与购房建房意愿

观察值/占比			未来打算在哪里购房、建房							合计
			户籍地乡镇村	户籍地县镇	户籍地地级市	户籍地省会城市	本地	没有打算	其他	
职业类型	国家机关、党群组织、企事业单位负责人	(人)	6	0	0	0	0	0	0	6
		(%)	100.0	0.0	0.0	0.0	0.0	0.0	0.0	100.0
	专业技术人员	(人)	15	4	2	0	19	8	0	48
		(%)	31.3	8.3	4.2	0.0	39.6	16.7	0.0	100.0
	公务员、办事人员和有关人员	(人)	0	4	0	0	7	3	0	14
		(%)	0.0	28.6	0.0	0.0	50.0	21.4	0.0	100.0
	经商、商贩、餐饮、家政、保洁、保安、装修、其他商业、服务业人员	(人)	269	94	15	4	264	213	4	863
		(%)	31.2	10.9	1.7	0.5	30.6	24.7	0.5	100.0
	农、林、牧、渔、水利业生产人员	(人)	0	1	0	0	5	2	0	8
		(%)	0.0	12.5	0.0	0.0	62.5	25.0	0.0	100.0
	生产、运输、建筑、其他生产运输设备操作人员及有关人员	(人)	76	22	9	1	43	46	2	199
		(%)	38.2	11.1	4.5	0.5	21.6	23.1	1.0	100.0
	无固定工作	(人)	16	3	0	0	8	11	0	38
		(%)	42.1	7.9	0.0	0.0	21.1	29.0	0.0	100.0
	其他	(人)	6	0	0	0	4	3	1	14
		(%)	42.9	0.0	0.0	0.0	28.6	21.4	7.1	100.0
合计		(人)	388	128	26	5	350	286	7	1 190
		(%)	32.6	10.8	2.2	0.4	29.4	24.0	0.6	100.0

如表 8.113 所示,专业技术人员打算回户籍地乡镇村、县镇建房购房的比例为 27.1% 和 8.3%,打算在户籍地地级市购房的比例仅为 8.3%;而打算在流入地购房的比例为 31.3%。商业、服务业人员打算回户籍地乡镇村、县镇建房购房的比例为 40.3% 和 10.8%,打算在户籍地地级市或省会城市购房的比例仅为 2.3% 和 0.1%;而打算在流入地购房的比例为 19.0%。生产、运输、建筑等人员打算回户籍地乡镇村、县镇建房购房的比例为 48.7% 和 10.1%,打算在户籍地地级市购房的比例仅为 4.5%;而打算在流入地购房的比例为 14.6%。

表 8.113　市内跨县农业转移人口职业类型与养老意愿

观察值/占比			未来打算在哪里养老							合计
			户籍地乡镇村	户籍地县镇	户籍地地级市	户籍地省会城市	本地	没有打算	其他	
职业类型	国家机关、党群组织、企事业单位负责人	(人)	6	0	0	0	0	0	0	6
		(%)	100.0	0.0	0.0	0.0	0.0	0.0	0.0	100.0
	专业技术人员	(人)	13	4	4	0	15	12	0	48
		(%)	27.1	8.3	8.3	0.0	31.3	25.0	0.0	100.0
	公务员、办事人员和有关人员	(人)	4	2	0	0	6	2	0	14
		(%)	28.6	14.3	0.0	0.0	42.9	14.3	0.0	100.0
	经商、商贩、餐饮、家政、保洁、保安、装修、其他商业、服务业人员	(人)	348	93	20	1	164	237	0	863
		(%)	40.3	10.8	2.3	0.1	19.0	27.5	0.0	100.0
	农、林、牧、渔、水利业生产人员	(人)	2	1	0	0	3	2	0	8
		(%)	25.0	12.5	0.0	0.0	37.5	25.0	0.0	100.0
	生产、运输、建筑、其他生产运输设备操作人员及有关人员	(人)	97	20	9	0	29	43	1	199
		(%)	48.7	10.1	4.5	0.0	14.6	21.6	0.5	100.0
	无固定工作	(人)	14	4	0	0	6	14	0	38
		(%)	36.8	10.5	0.0	0.0	15.8	36.8	0.0	100.0
	其他	(人)	5	0	0	0	3	5	1	14
		(%)	35.7	0.0	0.0	0.0	21.4	35.7	7.1	100.0
合计		(人)	489	124	33	1	226	315	2	1 190
		(%)	41.1	10.4	2.8	0.1	19.0	26.5	0.2	100.0

(五) 就业身份

市内跨县农业转移人口中,雇主迁户意愿低于雇员,但雇主在流入区县居住、购房、养老的意愿都高于雇员。雇员中没有打算的比例更高。

如表 8.114 所示,雇员打算在流入地长期居住的比例为 52.0%,不打算在流入地长期居住的比例为 48.0%;自营劳动者打算在流入地长期居住的比例为 62.8%,不打算长期居住的比例为 37.2%;雇主打算在流入地长期居住的比例为 62.6%,不打算长期居住的比例为 37.4%。

表 8.114 市内跨县农业转移人口就业身份与居住意愿

观察值/占比			是否打算在本地长期居住		合计
			是	否	
就业身份	雇员	(人)	315	291	606
		(%)	52.0	48.0	100.0
	雇主	(人)	62	37	99
		(%)	62.6	37.4	100.0
	自营劳动者	(人)	270	160	430
		(%)	62.8	37.2	100.0
	家庭帮工	(人)	41	14	55
		(%)	74.6	25.5	100.0
合计		(人)	688	502	1 190
		(%)	57.8	42.2	100.0

如表 8.115 所示,雇主愿意把户口迁入流入地的比例为 45.5%,不愿意的比例为 54.6%;雇员意愿迁入户籍的比例为 49.3%,不愿意的比例仅为 50.7%;自营劳动者愿意把户籍迁入流入地的比例为 48.4%,不愿意的比例为 51.6%;家庭帮工愿意把户籍迁入流入地的比例最高,为 56.4%,不愿意的比例为 43.6%。

表 8.115 市内跨县农业转移人口就业身份与迁户意愿

观察值/占比			是否愿意把户口迁入本地		合计
			是	否	
就业身份	雇员	(人)	299	307	606
		(%)	49.3	50.7	100.0
	雇主	(人)	45	54	99
		(%)	45.5	54.6	100.0
	自营劳动者	(人)	208	222	430
		(%)	48.4	51.6	100.0
	家庭帮工	(人)	31	24	55
		(%)	56.4	43.6	100.0
合计		(人)	583	607	1 190
		(%)	49.0	51.0	100.0

如表 8.116 所示,雇员打算回户籍地乡镇村、县镇建房购房的比例为 33.8% 和 10.7%,打算在户籍地地级市或省会城市购房的比例仅为 2.8% 和 0.2%;而打算在流入地购房的比例为 25.9%。雇主打算回户籍地乡镇村、县镇建房购房的比例为 32.3% 和 15.2%,打算在户籍地地级市或省会城市购房的比例仅为 1.0%;

而打算在流入地购房的比例为36.4%。自营劳动者打算回户籍地乡镇村、县镇建房购房的比例为32.1%和10.5%,打算在户籍地地级市或省会城市购房的比例仅为1.6%和0.9%;而打算在流入地购房的比例为30.7%。

表8.116 市内跨县农业转移人口就业身份与购房建房意愿

观察值/占比			未来打算在哪里购房、建房							合计
			户籍地乡镇村	户籍地县镇	户籍地地级市	户籍地省会城市	本地	没有打算	其他	
就业身份	雇员	(人)	205	65	17	1	157	159	2	606
		(%)	33.8	10.7	2.8	0.2	25.9	26.2	0.3	100.0
	雇主	(人)	32	15	1	0	36	14	1	99
		(%)	32.3	15.2	1.0	0.0	36.4	14.1	1.0	100.0
	自营劳动者	(人)	138	45	7	4	132	100	4	430
		(%)	32.1	10.5	1.6	0.9	30.7	23.3	0.9	100.0
	家庭帮工	(人)	13	3	1	0	25	13	0	55
		(%)	23.6	5.5	1.8	0.0	45.5	23.6	0.0	100.0
合计		(人)	388	128	26	5	350	286	7	1190
		(%)	32.6	10.8	2.2	0.4	29.4	24.0	0.6	100.0

如表8.117所示,雇员打算回户籍地乡镇村、县镇养老的比例为40.4%和9.6%,打算在户籍地地级市养老的比例仅为3.5%;而打算在流入地养老的比例为18.8%。雇主打算回户籍地乡镇村、县镇养老的比例为45.5%和15.2%,打算在户籍地地级市养老的比例仅为1.0%;而打算在流入地养老的比例为24.2%。自营劳动者打算回户籍地乡镇村、县镇养老的比例为40.5%和11.2%,打算在户籍地地级市或省会城市养老的比例仅为2.1%和0.2%;而打算在流入地养老的比例为17.9%。

表8.117 市内跨县农业转移人口就业身份与养老意愿

观察值/占比			未来打算在哪里养老							合计
			户籍地乡镇村	户籍地县镇	户籍地地级市	户籍地省会城市	本地	没有打算	其他	
就业身份	雇员	(人)	245	58	21	0	114	167	1	606
		(%)	40.4	9.6	3.5	0.0	18.8	27.6	0.2	100.0
	雇主	(人)	45	15	1	0	24	14	0	99
		(%)	45.5	15.2	1.0	0.0	24.2	14.1	0.0	100.0

(续表)

观察值/占比			未来打算在哪里养老							合计
			户籍地乡镇村	户籍地县镇	户籍地地级市	户籍地省会城市	本地	没有打算	其他	
就业身份	自营劳动者	(人)	174	48	9	1	77	120	1	430
		(%)	40.5	11.2	2.1	0.2	17.9	27.9	0.2	100.0
	家庭帮工	(人)	25	3	2	0	11	14	0	55
		(%)	45.5	5.5	3.6	0.0	20.0	25.5	0.0	100.0
合计		(人)	489	124	33	1	226	315	2	1 190
		(%)	41.1	10.4	2.8	0.1	19.0	26.5	0.2	100.0

(六) 收入水平

总体来看,市内跨县农业转移人口中,收入水平越高,在流入区县发展的意愿越强;收入水平越低,在流入区县发展的比例越低。但万元以上人口回户籍区县发展的比例有所回升。

如表 8.118 所示,2 000 元及以下的农业转移人口打算在流入地长期居住的比例为 41.4%,不打算在流入地长期居住的比例为 58.6%;4 001—6 000 元的农业转移人口打算在流入地长期居住的比例为 61.9%,不打算长期居住的比例为 38.1%;1 万元及以上农业转移人口打算在流入地长期居住的比例为 71.0%,不打算长期居住的比例达 29.0%。

表 8.118 市内跨县农业转移人口收入水平与居住意愿

观察值/占比			是否打算在本地长期居住		合计
			是	否	
收入水平	2 000 元及以下	(人)	63	89	152
		(%)	41.4	58.6	100.0
	2 001—4 000 元	(人)	272	219	491
		(%)	55.4	44.6	100.0
	4 001—6 000 元	(人)	236	145	381
		(%)	61.9	38.1	100.0
	6 001—9 999 元	(人)	128	64	192
		(%)	66.7	33.3	100.0
	1 万元及以上	(人)	71	29	100
		(%)	71.0	29.0	100.0
合计		(人)	770	546	1 316
		(%)	58.5	41.5	100.0

如表 8.119 所示,2 000 元及以下的农业转移人口愿意把户口迁入流入地的比例为 46.7%,不愿意的比例为 53.3%;4 001—6 000 元的农业转移人口意愿迁入户籍的比例为 52.2%,不愿意的比例仅为 47.8%;1 万元及以上的农业转移人口愿意把户籍迁入流入地的比例为 56.0%,不愿意的比例最低,为 44.0%。

表 8.119　市内跨县农业转移人口收入水平与迁户意愿

观察值/占比			是否愿意把户口迁入本地		合计
			是	否	
收入水平	2 000 元及以下	(人)	71	81	152
		(%)	46.7	53.3	100.0
	2 001—4 000 元	(人)	246	245	491
		(%)	50.1	49.9	100.0
	4 001—6 000 元	(人)	199	182	381
		(%)	52.2	47.8	100.0
	6 001—9 999 元	(人)	89	103	192
		(%)	46.4	53.6	100.0
	1 万元及以上	(人)	56	44	100
		(%)	56.0	44.0	100.0
合计		(人)	661	655	1 316
		(%)	50.2	49.8	100.0

如表 8.120 所示,2 000 元及以下的农业转移人口打算回户籍地乡镇村、县镇建房购房的比例为 30.9% 和 13.2%,打算在户籍地地级市购房的比例仅为 1.3%;而打算在流入地购房的比例为 10.5%。4 001—6 000 元的农业转移人口打算回户籍地乡镇村、县镇建房购房的比例为 31.8% 和 6.8%,打算在户籍地地级市或省会城市购房的比例仅为 2.6% 和 0.3%;而打算在流入地购房的比例为 36.5%。1 万元及以上的农业转移人口打算回户籍地乡镇村、县镇建房购房的比例为 35.0% 和 11.0%,打算在户籍地地级市或省会城市购房的比例仅为 1.0%;而打算在流入地购房的比例为 36.0%。

表 8.120　市内跨县农业转移人口收入水平与购房建房意愿

观察值/占比			未来打算在哪里购房、建房							合计
			户籍地乡镇村	户籍地县镇	户籍地地级市	户籍地省会城市	本地	没有打算	其他	
收入水平	2 000 元及以下	（人）	47	20	2	0	16	66	1	152
		（%）	30.9	13.2	1.3	0.0	10.5	43.4	0.7	100.0
	2 001—4 000 元	（人）	171	71	11	2	119	115	2	491
		（%）	34.8	14.5	2.2	0.4	24.2	23.4	0.4	100.0
	4 001—6 000 元	（人）	121	26	10	1	139	83	1	381
		（%）	31.8	6.8	2.6	0.3	36.5	21.8	0.3	100.0
	6 001—9 999 元	（人）	52	19	2	2	82	34	1	192
		（%）	27.1	9.9	1.0	1.0	42.7	17.7	0.5	100.0
	1 万元及以上	（人）	35	11	1	0	36	16	1	100
		（%）	35.0	11.0	1.0	0.0	36.0	16.0	1.0	100.0
合计		（人）	426	147	26	5	392	314	6	1 316
		（%）	32.4	11.2	2.0	0.4	29.8	23.9	0.5	100.0

如表 8.121 所示，2 000 元及以下的农业转移人口打算回户籍地乡镇村、县镇养老的比例为 34.2% 和 13.2%，打算在户籍地地级市养老的比例仅为 1.3%；而打算在流入地养老的比例为 7.9%。4 001—6 000 元的农业转移人口打算回户籍地乡镇村、县镇养老的比例为 42.3% 和 7.6%，打算在户籍地地级市养老的比例仅为 3.2%；而打算在流入地养老的比例为 22.8%。1 万元及以上的农业转移人口打算回户籍地乡镇村、县镇建房养老的比例为 39.0% 和 10.0%，打算在户籍地地级市养老的比例仅为 2.0%；而打算在流入地养老的比例为 21.0%。

表 8.121　市内跨县农业转移人口收入水平与养老意愿

观察值/占比			未来打算在哪里养老							合计
			户籍地乡镇村	户籍地县镇	户籍地地级市	户籍地省会城市	本地	没有打算	其他	
收入水平	2 000 元及以下	（人）	52	20	2	0	12	66	0	152
		（%）	34.2	13.2	1.3	0.0	7.9	43.4	0.0	100.0
	2 001—4 000 元	（人）	218	60	11	1	87	113	1	491
		（%）	44.4	12.2	2.2	0.2	17.7	23.0	0.2	100.0
	4 001—6 000 元	（人）	161	29	12	0	87	92	0	381
		（%）	42.3	7.6	3.2	0.0	22.8	24.2	0.0	100.0
	6 001—9 999 元	（人）	65	22	6	0	49	50	0	192
		（%）	33.9	11.5	3.1	0.0	25.5	26.0	0.0	100.0
	1 万元及以上	（人）	39	10	2	0	21	28	0	100
		（%）	39.0	10.0	2.0	0.0	21.0	28.0	0.0	100.0

(续表)

观察值/占比		未来打算在哪里养老							合计
		户籍地乡镇村	户籍地县镇	户籍地地级市	户籍地省会城市	本地	没有打算	其他	
合计	（人）	535	141	33	1	256	349	1	1 316
	（%）	40.7	10.7	2.5	0.1	19.5	26.5	0.1	100.0

（七）社会保障

没有医疗保险的市内跨县农业转移人口回户籍区县发展的比例更高,而有医疗保险的市内跨县农业转移人口愿意在流入区县发展的意愿更强。

如表8.122所示,没有医疗保险的农业转移人口打算在流入地长期居住的比例为57.0%,不打算在流入地长期居住的比例为43.0%;有医疗保险的农业转移人口打算在流入地长期居住的比例为75.0%,不打算长期居住的比例为25.0%。

表8.122 市内跨县农业转移人口医疗保险与居住意愿

观察值/占比			是否打算在本地长期居住		合计
			是	否	
医疗保险	无	（人）	694	524	1 218
		（%）	57.0	43.0	100.0
	有	（人）	84	28	112
		（%）	75.0	25.0	100.0
合计		（人）	778	552	1 330
		（%）	58.5	41.5	100.0

如表8.123所示,没有医疗保险的农业转移人口愿意把户口迁入流入地的比例为49.4%,不愿意的比例为50.6%;有医疗保险的农业转移人口意愿迁入户籍的比例最高,为58.0%,不愿意的比例仅为42.0%。

表8.123 市内跨县农业转移人口医疗保险与迁户意愿

观察值/占比			是否愿意把户口迁入本地		合计
			是	否	
医疗保险	无	（人）	602	616	1 218
		（%）	49.4	50.6	100.0
	有	（人）	65	47	112
		（%）	58.0	42.0	100.0
合计		（人）	667	663	1 330
		（%）	50.2	49.8	100.0

如表 8.124 所示,没有医疗保险的农业转移人口打算回户籍地乡镇村、县镇建房购房的比例为 34.1% 和 10.9%,打算在户籍地地级市或省会城市购房的比例仅为 1.7% 和 0.3%;而打算在流入地购房的比例为 28.3%。有医疗保险的农业转移人口打算回户籍地乡镇村、县镇建房购房的比例为 14.3% 和 12.5%,打算在户籍地地级市或省会城市购房的比例仅为 4.5% 和 0.9%;而打算在流入地购房的比例为 46.4%。

表 8.124　市内跨县农业转移人口医疗保险与购房建房意愿

观察值/占比			未来打算在哪里购房、建房							合计
			户籍地乡镇村	户籍地县镇	户籍地地级市	户籍地省会城市	本地	没有打算	其他	
医疗保险	无	(人)	415	133	21	4	345	295	5	1 218
		(%)	34.1	10.9	1.7	0.3	28.3	24.2	0.4	100.0
	有	(人)	16	14	5	1	52	22	2	112
		(%)	14.3	12.5	4.5	0.9	46.4	19.6	1.8	100.0
合计		(人)	431	147	26	5	397	317	7	1 330
		(%)	32.4	11.1	2.0	0.4	29.9	23.8	0.5	100.0

如表 8.125 所示,没有医疗保险的农业转移人口打算回户籍地乡镇村、县镇养老的比例为 42.0% 和 10.6%,打算在户籍地地级市或省会城市养老的比例仅为 2.2% 和 0.1%;而打算在流入地养老的比例为 18.1%。有医疗保险的农业转移人口打算回户籍地乡镇村、县镇养老的比例为 27.7% 和 10.7%,打算在户籍地地级市养老的比例仅为 5.4%;而打算在流入地养老的比例为 33.0%。

表 8.125　市内跨县农业转移人口医疗保险与养老意愿

观察值/占比			未来打算在哪里养老							合计
			户籍地乡镇村	户籍地县镇	户籍地地级市	户籍地省会城市	本地	没有打算	其他	
医疗保险	无	(人)	512	129	27	1	220	328	1	1 218
		(%)	42.0	10.6	2.2	0.1	18.1	26.9	0.1	100.0
	有	(人)	31	12	6	0	37	25	1	112
		(%)	27.7	10.7	5.4	0.0	33.0	22.3	0.9	100.0
合计		(人)	543	141	33	1	257	353	2	1 330
		(%)	40.8	10.6	2.5	0.1	19.3	26.5	0.2	100.0

第七节　农业转移人口返乡时间及返乡后流向分析

本部分根据2014年国家卫计委组织的6省流出地调查数据,重点分析农业转移人口返乡后再流动情况(该项调查时间是在春节期间)。

一、返乡时间

农业转移人口的返乡时间分析可以大致分为返乡年份和返乡月份两个维度。返乡年份和返乡月份相结合可以表示出农业转移人口的个人离家时间,返乡月份本身还能够显示出年内农业转移人口返乡的时间结构。

其中,83.92%的受调查农业转移人口的上次返乡时间是2个月前。进一步对农业转移人口返乡的时间结构进行探析,发现82.27%的农业转移人口是在1月份返乡,其他月份农业人口返乡的较少,而且分布较均匀。12月、1月的返乡高峰与全国的春节运输高峰相符。

二、返乡主因

从更深层次上来说,流动人口的返乡时间和其他返乡行为的选择受到其返乡动机和原因的影响。进一步根据调查数据将农业转移人口返乡原因绘制出图8.26。

如图8.26所示,87%的农业转移人口的返乡主要原因是探亲,6%的农业转移人口返乡是为了照顾家庭,婚丧嫁娶、生育和健康原因也是返乡选择中起作用的因素。综合来看,93%的农业转移人口做出返乡选择是为了亲人和家庭,可见中国的家庭伦理观念和传统重家主义的思想在农业转移人口身上依旧有比较明显的体现。

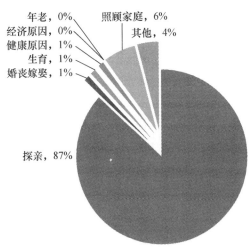

图8.26　农业转移人口返乡原因分布图

三、九成返乡人口将继续流动

返乡后的流动选择包括是否留乡和继续外出工作两种。数据显示,返乡后6个月内不再发生转移的人口,占到10.31%,而剩下89.65%的人依然选择在6个月后继续外出。对不再继续外出的人口,分析他们的返乡原因是否与其他流动人口有所区别;对继续选择流动的人口,则分析他们未来的流向是否发生改变。最后,比较不再流动和继续流动的农业转移人口在个体特征层面上可能存在的不同之处,以强化对农业转移人口的流动选择的理解。

(1) 农业转移人口留乡的重要原因是需要照顾家庭。返乡后不再流动的人口占所有返乡人口的10.31%,即一成左右(表8.126中不再流动人口较少是因为很多不再流动人口未填写返乡原因)。其中,由于需要照顾家庭而不再流动的人口占有最高的比例,即36.89%,可见不再外出务工的人口主要是受到家庭的牵绊。

表 8.126 返乡农业转移人口流向选择及原因

	探亲	婚丧嫁娶	生育	年老	经济	健康	照顾家庭	其他	总计
继续外出(人次)	25 500	119	55	7	21	50	561	835	27 148
占比(%)	93.93	0.44	0.2	0.03	0.08	0.18	2.07	3.08	100
不再外出(人次)	971	85	101	113	78	108	1 151	513	3 120
占比(%)	31.12	2.72	3.24	3.62	2.5	3.46	36.89	16.44	100
总计(人次)	26 471	204	156	120	99	158	1 712	1 348	30 268

注:表中各类别数据的上一行为频数。

(2) 继续流动的农业转移人口大多选择出省。其中,68%的人会跨省流动,12%会省内跨市流动,9%会市内跨县流动,11%会县内跨镇流动(见图8.27)。

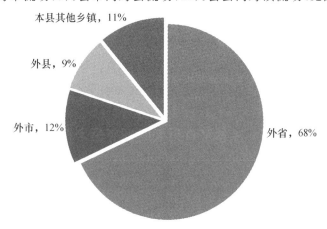

图 8.27 返乡后继续流动的农业转移人口流动去向

比较来看,返乡后再次流动的人口中,选择跨市和跨县的比例降低,选择跨省的比例基本稳定,选择县内跨镇的比重有一定提高,这说明部分农业转移人口更愿意选择离家近一点的县内其他镇工作。

(3)受教育程度较低、收入水平较低的农业转移人口更愿意留乡。按照是否继续流动分组,比较两个群体在收入、年龄、教育三个基本特征间的差异。首先,将教育和年龄进行对比,绘成表8.127。

表8.127 不同流动选择农业转移人口基本信息差异

	继续流动	不再流动
教育年限(年)	8.69	7.15
年龄(岁)	31.08	33.84

表8.127比较清晰地展示了继续流动和不再流动的农业转移人口在教育年限和年龄在平均水平上的差异。不再流动的农业转移人口其教育年限低于继续流动的人口(7.15<8.69),而不再流动的农业转移人口的年龄也高于继续流动人口(33.84>31.08)。可见,因为教育水平较低,不再外出人口本身难以获得外出打工的优势地位,因此做出了不再流动的选择。换句话说,这是一个"失意归乡"的假设。因为年龄作为工作经验的积累(年龄较大),不再外出的人口其收入水平可能较高,选择不再外出并非失意而是其他原因。换句话说,这是一种"荣归故里"的假设("失意"和"荣归"仅就经济收入而言)。

进一步将继续流动和不再流动的农业转移人口绘制出图8.28。

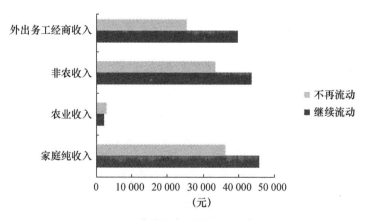

图8.28 不同流动选择农业转移人口收入水平差异

根据图8.28,不再流动的农业转移人口其家庭纯收入、外出务工经商收入和非农收入都低于继续流动的农业转移人口(36 136<45 839,25 269<39 663,

33 453＜43 644），而不再继续流动的农业转移人口其农业收入高于继续流动的农业转移人口（2 862＞2 194）。这说明，不再进行农业转移的人口，其收入整体水平较低，而且外出务工收入水平在总收入中的比例也低。

第八节 农业转移人口就近市民化的基本路径和政策建议

从国情出发，推进农业转移人口省内就近市民化应坚持两条腿走路：一方面，加快户籍制度改革，放宽落户条件，让有意愿、有能力的农业转移人口在城镇落户定居成为市民；另一方面，推进公共服务均等化，将社会福利与户籍剥离，让暂不符合落户条件或没有落户意愿又有常住需求的农业转移人口，能享有基本公共服务。

一、基本路径

结合产业布局调整和劳动力流向转移的趋势，把就近转移就业和省内市民化提到更加重要的位置，作为今后我国就业促进政策和城镇化战略的重点。2020年前，使省内就业的比重每年提高1—2个百分点，2020年省内就业比重达到80%左右①，在政策层面基本能实现省内自由落户，实际落户的比例达到60%左右。

在具体方式上，应以省内落户定居和公共服务均等化为重点，区分不同城市、不同群体、不同公共服务项目，有序推进。

（一）迎接数千万出省农业转移人口返乡潮，鼓励其返乡就业创业和落户定居

2013年，全国外出农民工中，跨省流动的有7 739万人。其中，第一代农民工约占40%，约有3 100万人，这部分人未来将逐步退出城市劳动力市场。同时，还有一部分1980年后、1990年前出生的新生代农民工，要回省就业或创业。要积极迎接这一趋势，鼓励农业转移人口返乡创业和再就业，引导其在家乡城市（城镇）落户定居，使存量农民工中的80%左右在省内实现市民化。

（二）引导新增农业转移人口就近就地转移就业，在省内就近市民化

2013年，全国新增农民工633万人，其中在本乡镇就业的比重为56%，如果加上省内乡外就业的农民工，省内合计比重已超过60%。中西部地区新增农民工中，也有约40%和50%在本乡镇内就业，出乡镇但在省内就业比重在10%以上，省内就业的比重分别也超过50%和60%，而且这一比重也是稳中有升。到2030年，我国还将新增1亿多农村转移人口，应通过加快产业布局调整，大力发展中小城市和县域经济，使新增农业转移人口的大多数（60%以上）在省内转移就业，在本地实现市民化。

---

① 2013年全国省内就业的农业转移劳动力比重为71.2%，这一比重未来年均可提高1个百分点，中西部地区省内就业的比重提高更快。

（三）以举家外出人群为重点，推进跨市跨县农业转移人口在流入地落户定居

中小城市和城镇要加快取消落户门槛，把有意愿的跨市跨县农业转移人口转为市民；大城市和特大城市也要制定透明落户政策，合理设置门槛，通过积分落户等方式，让跨市跨县农业转移人口落户。优先解决举家外出农业转移人口的落户问题。

（四）加快推进公共服务均等化，实现基本公共服务向农业转移人口全覆盖

对暂不符合落户条件或没有落户意愿又有常住需求的农业转移人口，根据权利和义务对等原则，梯度赋权，优先解决子女教育、公共卫生、住房保障等基本民生问题，使他们在流入地居住期间享受与户籍居民同等的基本公共服务，并随社会贡献的增加享受到更多的市民权利。

二、政策建议

（一）提升中西部地区城镇化的支撑能力

一是要提升产业支撑能力。依托现有产业基础，加大科技、人才、资金的投入，推动产业向价值链高端延伸和扩展，做大做强核心优势产业。充分发掘地区特色优势资源，改变传统工业发展模式，支持中西部地区、中小城市发展生态旅游、休闲农业、文化创意产业等富民产业、绿色产业，以人气、资本聚集促进关联服务业发展和城镇化水平提升。

二是要提升基础设施支撑能力。加强国家重要战略性、基础性、支柱性产业在中西部地区、中小城市的布局，加大对中西部地区、中小城市重点产业基础设施建设的支持。通过增强交通基础设施的连接性，提高中小城市对区域核心城市的人口承接能力，并根据人口流动趋势，合理规划保障性住房等基础设施的规模与分布，提高城市基础设施的利用效率。

三是要完善就业创业政策环境，鼓励在省内转移就业。实行城乡统一的就业登记制度，建立城乡人力资源信息库和企业用工信息库。以中西部基层为重点，加快构建全国城乡沟通、就业供求信息联网，网点到达县城、乡镇和城市街道、社区的劳动力市场和就业服务网络体系。加强对中小企业劳动用工的规范和指导，切实保障农业转移人口的劳动权益。加强对农民工创业的政策引导、项目开发、风险评估、小额担保贷款、跟踪扶持等一条龙服务，扶持各类农民工创业园的建设。

四是完善有利于加快小城市和城镇发展的财税、土地、投融资政策，提高其综合承载能力。

（二）加快推进户籍制度改革，完善相关政策

一是尽快制定《户籍法》《姓名条例》。《户口登记条例》与当前社会发展不相适应，且相关规定随着《治安管理处罚法》《行政许可法》出台而废止，导致户籍管

理缺乏强有力保障,执行效力不高。需要加快制定新的《户籍法》,对户口登记的法律地位、管理范围、民事行为、权利义务等进行界定,在管理体系上形成全国统一的基本条件和标准,确保符合条件的公民在国内自由迁移。同时,集中清理户籍管理文件,相应作出取消修改或废止的决定。

二是尽快出台国家层面的居住证管理办法。在全国层面明确居住证持有人享受的各项基本公共服务、各项基本权利和便利。政府各有关部门也要同步修改相关政策,取消保障房、低保、优抚、生育政策等依附在户籍上的不平等政策,明确突出问题的处置标准。

三是督促各地尽快出台新的户籍制度改革落实政策。根据国家的统一要求,因地制宜地制定公开透明的落户标准、居住证享有的公共服务和便利的范围,并限时向社会公布。

(三)以新生代农民工为重点,有序推进公共服务均等化

一是切实保障农业转移人口随迁子女受教育权利,重点是落实以"流入地政府为主、普惠性幼儿园为主"的政策,解决农业转移人口随迁子女接受学前教育问题;落实异地高考政策,特别是要完善大城市的异地高考政策。

二是加强农业转移人口公共卫生和医疗服务,重点是合理配置医疗卫生服务资源,提高农业转移人口接受医疗卫生服务的可及性;推广在农业转移人口聚居地指定新型农村合作医疗定点医疗机构的经验,方便农业转移人口在城务工期间就近就医和及时补偿。

三是做好农业转移人口社会保障工作,重点是健全城镇企业职工基本养老保险与居民养老保险制度之间,以及城镇职工医疗保险和新农合之间的衔接政策,实现养老和医疗保险在城乡之间以及跨统筹地区之间的顺畅转移接续;提高农业转移人口在流入地城镇的参保率,解决非正规就业、劳务派遣工、随迁家属的参保问题。

四是以公共租赁住房为重点,扩大城镇住房保障覆盖范围,将中低收入住房困难的农业转移人口家庭纳入保障体系;逐步将住房公积金制度覆盖范围扩大到在城市有固定工作的流动人口群体,建立和完善住房公积金异地转移接续制度。

(四)健全农业转移人口市民化成本分担机制

一是进一步明确中央政府、省级政府和城市政府在推进农业转移人口市民化方面的主要职责。中央政府主要负责制定基本公共服务全国最低标准,依法承担义务教育、社会保障、公共卫生等基本公共服务成本,增加对接受跨省农业转移人口较多省份的支出补助。省级政府主要负责制定本省(自治区、直辖市)公共服务标准,承担公共服务成本省级负担部分,增加对接受跨市农业转移人口较多城市的支出补助。城市(含区、县)政府要承担公共服务成本市(县)级分担部分,以及

基础设施建设和运营成本。

二是适应农业转移人口市民化的客观趋势,进一步完善财税制度,以常住人口作为财政分成依据来调整各级政府之间的财政分配关系。健全中央和省两级专项资金转移支付制度,对吸纳农业转移人口较多的城市给予资金补助,建立"钱随人走"的挂钩机制。促进生产型税收向消费型税收的转变,增强流入城市吸引人口定居的动力。建立健全财权与事权相匹配的财政管理体制,实现基层政府"事权"和"财权"的对应,确保基层政府具备提供公共服务和以一定财政资金调配人口空间分布的能力。

(五)构建多元化、可持续的城镇化投融资机制

从提高财政资金使用效率、积极稳妥吸引社会资本以及合理发挥金融杠杆等三个方面,构建多元、可持续的城镇化投融资体制。

一是盘活财政存量。增加一般性转移支付,减少专项转移支付,适当提高财政资金的集中度,改善财政资金的拨放节奏,改变财政资金在各部门细碎化分布的局面,提高城镇基础设施建设的统筹性,压缩因财政资金分散、不连续而形成的额外融资需求。

二是积极稳妥地引进社会资本。对于社会资本的引进,既要积极也不能盲目,要综合考虑财政成本和社会成本,以及有可能产生的财政隐性负债。在借助土地增减挂钩指标吸引社会资本时,在规范和改进操作机制的前提下,可根据现实发展需求适度扩大交易范围,实现富裕地区对落后地区的反哺。

三是合理发挥金融杠杆的作用。进一步发挥政策性金融供给规模大、期限长、利息成本低的优势和主导作用;在规范地方债务管理的基础上,有计划地实施地方债置换计划,以新债换旧债,以长债换短债,以低息债换高息债,避免出现"堵偏门"太快、"开正门"不够,导致在建、续建项目的资金链断裂。

(六)健全包括农业转移人口在内的流动人口信息管理体系

一是整合部门信息资源,完善人口和城镇化统计制度。进一步加强和完善人口普查、人口抽样调查制度,准确反映流动人口规模、结构和变化情况。建立流动人口动态监测和信息共享工作制度,整合公安、人力资源和社会保障、人口计生和统计等部门的报表和监测信息,全面了解流动人口生存发展状况,为完善相关政策提供数据支持。完善城镇化统计制度,把与城镇基础设施相通、人口密度相符的新型农村居住社区作为新的城镇单元,纳入城镇人口统计范畴。

二是加快建设国家人口基础信息库。以建设国家人口基础信息库为契机,加快建立"综合采集、集中管理、信息共享"的流动人口信息综合数据库和共享平台,能实时掌握"人从哪里来,人到哪里去",夯实人口管理和公共服务均等化的基础

第九章　我国能源的供给和需求

第一节　从能源视角看供给侧改革

习近平总书记于 2015 年 11 月 10 日在中央财经领导小组第 11 次会议上首次提出了"供给侧改革",要求在适度扩大总需求的同时,着力加强供给侧结构性改革,着力提高供给体系质量和效率,增强经济持续增长动力,推动我国社会生产力水平实现整体跃升[①]。在 2015 年 11 月 11 日,国务院常务会议强调要"培育形成新供给新动力扩大内需"。2015 年 12 月 18—21 日召开的中央经济工作会议进一步明确了"去产能、去库存、去杠杆、降成本、补短板"等当前供给侧改革的五大重点任务。可见,供给侧改革已经成为我国宏观经济管理的核心内容与主攻方向,供给侧改革将会是"十三五"期间我国践行"创新、协调、绿色、开放、共享"发展理念的重要政策着力点。[②]

一、理解供给侧改革的基本逻辑

所谓"供给侧改革",是相对于需求侧管理而言。供给和需求是经济活动不可或缺的两大主导因素,前者是指生产环节,即自然资源、劳动力、资本和技术等生产要素的组合与配置,后者是指生产环节所生产的产品的去向,包括消费、投资和出口,即通常所谓的"三驾马车"。在经济增长中,供给和需求互为条件、相互转化,没有需求的供给和没有供给的需求一样都无法实现经济增长。传统上,经济增长下行被认为是总需求不足的结果,即有供给无需求,使得实际产出小于潜在产出。相应地,政府宏观调控的重点是需求侧管理,通过扩张性的财政政策和货币政策,刺激消费、投资和出口,扩大总需求,使实际产出回归到潜在产出,从而促进经济增长。我国之前的宏观调控的主要政策着力点正是基于这一凯恩斯主义的需求侧管理理念。比如,2008 年面临全球金融危机和经济衰退,我国政府出台了举世瞩目的"四万亿"一揽子经济刺激方案。

不过,需求侧管理隐含的一个前提假设是供给侧没有出问题,即供给体系是高效率、高质量的,同时也不存在没有供给的需求。如果这一前提假设不成立,就不能单纯从需求侧入手进行宏观调控。比如,20 世纪七八十年代,美、英经济相继

---

① 参见"习近平提'供给侧结构性改革',深意何在?",新华社北京 2015 年 11 月 19 日。
② 参见"供给侧结构性改革:中国经济新常态'棋局'下的'急所'",新华社北京 2016 年 2 月 2 日。

陷入滞胀,扩大需求在推动经济增长的同时可能会加剧通货膨胀,面对这一两难选择,"里根经济学"和"撒切尔主义"分别采用减税和国企改革等"供给侧改革"措施帮助经济走出衰退。当前,中央密集强调"着力加强供给侧结构性改革",意味着对经济增长问题的基本判断是供给体系出了问题,仅靠传统的凯恩斯主义总需求管理难以保障经济持续增长。那么,我国的供给体系出了什么问题?或者说,为什么要进行供给侧改革?进而,供给侧改革改什么?怎么改?这是理解供给侧改革所必须回答的三个问题。

如前所述,供给侧的本质是自然资源、劳动力、资本和技术等生产要素的组合与配置,供给体系所存在的问题本质上就是生产要素低效率、低质量的"错配"。能源既是满足居民消费需求的终端产品和生活要素,更是满足国民经济各行业发展不可或缺的中间投入品和生产要素。能源资源的开发利用、加工转换等环节所形成的行业本身就是供给体系的一部分,同时,作为其他行业的生产要素,能源的终端消费(生活用能除外)也是供给体系的有机组成部分。本节从能源视角理解供给侧改革,分析为什么改、改什么、怎么改这三个问题。

二、从能源视角看供给侧改革的必要性

供给体系涉及国民经济的各行各业,涉及自然资源、劳动力、资本和技术等各种生产要素。从能源的视角看,主要是两个方面,一是能源行业自身的生产环节,二是其他行业生产过程中的能源使用,后者又包括总量与结构两个方面。下面,从能耗水平、能源结构和能源行业自身三个方面分析当前我国供给体系存在的突出问题以及供给侧改革的必要性。

(一)高能耗的产业体系难以为继

我国经济在快速增长的同时也消耗了大量的能源资源,特别是 21 世纪以来,伴随着重化工业的加速发展,能源消费快速增加。根据国家统计局的数据,2014年我国能源消费总量为 42.6 亿吨标准煤,是 2000 年的 2.9 倍,14 年间年均增加近 2 亿吨标准煤。与同样作为能源消费大国的美国相比较,2003 年我国能源消费总量(19.7 亿吨标准煤)大约相当于美国 1967 年的水平(20.1 亿吨标准煤),而2009 年我国能源消费总量(33.6 亿吨标准煤)则相当于美国 2007 年的水平(33.9亿吨标准煤),这意味着在这一阶段的能源增长上我国仅用 6 年的时间就完成了美国 40 年的历程。① 2009 年我国的能源消费总量超过美国,成为全球第一大能源消费国。

从能耗强度看,2014 年我国每万美元 GDP 能耗为 4.1 吨标准煤,是世界平均水平的 1.7 倍,是 OECD 成员平均水平的 2.6 倍,是美国的 2.2 倍、日本的 2.9

---

① 中国的数据来自《中国统计年鉴(2015)》,美国的数据来自《BP 世界能源统计(2015)》。

倍、英国的 4.5 倍(见图 9.1)。

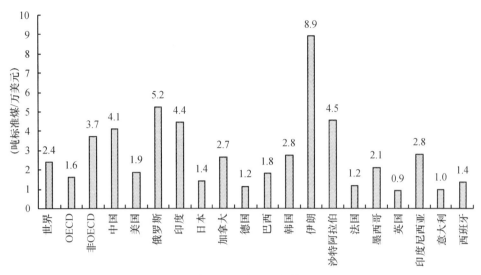

图 9.1 能耗强度的国际比较(2014)

注:国内生产总值为 2014 年现价美元。

资料来源:中国能源消费数据来自国家统计局《中国统计年鉴(2015)》,其余国家和地区能源消费数据来自《BP 世界能源统计(2015)》(BP Statistical Review of World Energy 2015),OECD 及非 OECD 成员国内生产总值数据来自世界银行,其余国家和地区的生产总值数据来自国际货币基金组织,世界经济展望数据库 2015 年 4 月(IMF, World Economic Outlook Database)。

高能耗的产业体系难以满足经济持续增长的要求。首先,创造同等价值的产品消耗更多的能源意味着更高的生产成本,特别是那些过去依赖低能源成本优势发展起来的产业,当能源成本优势不在的时候,产业的竞争力就会大大削弱。比如,美国页岩气革命使得其国内天然气现货市场价格降低到每百万英热单位 2 美元左右,这必然会削弱我国化工行业的竞争力。其次,高能耗的产业体系使得依赖能源进口的产业面临日趋严峻的能源安全问题。我国的石油对外依存度超过 60%,天然气对外依存度超过 30%,并且主要进口来源地为社会政治不稳定的中东、西亚等地区,一旦能源供应安全无法保障,产业经济安全必然受到威胁。再次,高能耗产业体系的发展面临着日趋严峻的资源环境约束。特别是在我国大部分地区的环境承载力已达到或接近上限的情况下,高能耗产业发展必然受到环境因素的严格制约。在这种情况下,扩大内需难以实现合意的政策效果。同时,在雾霾肆虐的背景下,依靠财政货币政策刺激内需与日趋增长的清洁空气需求是相矛盾的。

(二)高污染的能源结构加剧矛盾

如果说高能耗的产业体系难以为继,那么,我国高污染、高碳化的能源结构则使得问题更加突出。截至 2014 年年底,我国煤炭消费量占一次能源消费总量的比重依然高达 66%,比世界平均水平高 36 个百分点,比 OECD 成员高 47 个百分点;水电、风电、核电、天然气等清洁能源消费量占一次能源消费总量的比重为 16.9%,比世界平均水平低 20.5 个百分点,比 OECD 成员低 27 个百分点(见表 9.1)。

表 9.1 2014 年主要国家和地区一次能源消费结构 单位:%

国家/地区	煤炭	石油	清洁能源合计	天然气	非化石能源合计	核能	水电	可再生能源
世界	30.0	32.6	37.4	23.7	13.7	4.4	6.8	2.5
OECD	19.1	37.0	43.9	26.1	17.8	8.2	5.7	3.9
非 OECD	38.1	29.3	32.6	22.0	10.6	1.7	7.6	1.4
欧盟	16.7	36.8	46.5	21.6	24.9	12.3	5.2	7.4
中国	66.0	17.1	16.9	5.7	11.2	—	—	—
美国	19.7	36.4	43.9	30.2	13.7	8.3	2.6	2.8
俄罗斯	12.5	21.7	65.8	54.0	11.8	6.0	5.8	0.0
印度	56.5	28.3	15.2	7.1	8.1	1.2	4.6	2.2
日本	27.7	43.2	29.1	22.2	6.9	0.0	4.3	2.6
加拿大	6.4	31.0	62.6	28.2	34.4	7.2	25.8	1.5
德国	24.9	35.9	39.2	20.5	18.7	7.1	1.5	10.2
法国	3.8	32.4	63.8	13.6	50.2	41.5	6.0	2.7
英国	15.7	36.9	47.4	31.9	15.5	7.7	0.7	7.0
韩国	31.0	39.5	29.5	15.7	13.8	13.0	0.3	0.4
巴西	5.2	48.2	46.6	12.1	34.5	1.2	28.2	5.2
伊朗	0.5	37.0	62.5	60.8	1.7	0.4	1.4	0.0
沙特	0.0	59.3	40.7	40.7	0.0	0.0	0.0	0.0
印尼	34.8	42.3	22.9	19.8	3.1	0.0	1.9	1.3
意大利	9.0	38.0	53.0	34.3	18.7	0.0	8.7	10.0
西班牙	9.0	44.7	46.3	17.8	28.5	9.7	6.7	12.1

注:标准量按发电煤耗法计算。

资料来源:中国数据来自国家统计局《2015 中国统计年鉴》,其他国家和地区的数据来自《BP 世界能源统计 2015》(BP Statistical Review of World Energy 2015)。

高污染、高碳化的能源结构进一步制约了我国经济发展的空间。一方面,全国大范围严重的雾霾天气使得大气污染防治压力与日俱增;另一方面,国际社会应对全球气候变化的形势也日趋严峻。巴黎气候变化大会悄然开启了化石能源终结时代,这是不以我们的意志为转移的。因此,如果不首先通过供给侧改革,改变高污染、高碳化的能源结构,依靠总需求管理,无法满足拉动经济绿色发展,强行的刺激只能继续牺牲环境,导致更严重的大气污染,导致更大的国际压力,最终使我国经济走入"死胡同"。

(三) 严重的产能过剩制约国家竞争力

我国能源行业产能严重过剩,煤炭产能超过50亿吨,过剩产能保守估计也超过10亿吨;炼油能力超过7亿吨,但平均开工率仅67%,山东地炼的开工率更是仅在30%左右;发电装机容量接近14亿千瓦,火电装机容量严重过剩,2014年火电利用小时数为4 706小时,跌破5 000小时,创1978年以来新低,而且企业还在继续投资建设火电厂。如此大规模的生产能力闲置造成极大的资源浪费,系统运行效率低下。不仅如此,这些闲置生产能力的资本成本在很大程度上由能源终端用户承担,提高了经济社会的发展成本,影响国家竞争力。

三、供给侧改革的重要着力点:能源革命

第二部分的分析表明,从能源的角度看,当前我国供给侧存在产业体系高能耗、能源结构高污染和产能严重过剩等三大问题。相应地,供给侧改革的主要内容也应该从这三个方面入手。

(一) 节能降耗,构建能源节约型的产业体系

考虑到能源是国民经济各行各业生产过程中不可或缺的中间投入品和生产要素,能源的消费侧实际上是国民经济产业体系的供给侧。这就意味着供给侧改革不仅仅是能源供给侧的问题,也包括能源需求侧管理。而且,首先应该是能源需求侧管理,不同于能源供给侧仅涉及能源行业自身,能源需求侧涉及整个国民经济的产业体系。

针对当前我国高能耗的产业体系,供给侧改革要求构建能源节约型的产业体系。主要包括两个方面:一是强化各行业的节能降耗工作,提供能源利用效率,降低产品能耗,在降低生产成本和产品价格、释放有效需求的同时缓解环境制约。二是着重发展低能耗行业,重点是高端制造业、生产性服务业等,培育新供给和新需求,形成经济增长新动力,优化经济结构。

(二) 重塑能源,构建清洁低碳、安全高效的现代能源体系

针对我国高污染、高碳化的能源结构问题,供给侧改革要求重塑我国能源生产和消费体系。重塑能源格局是世界发展大势所趋,为此,美国在全球范围内主打"技术领先战略",欧盟主打"低碳战略",已经持续了二三十年。从这一层面看,

我国已经落后发达经济几十年。长期以来，我国在能源保障上注重的是量的保障，而忽视了质的保障。而纵观世界各国发展，经济发展从中等收入国家跨入高收入国家无一例外地要求优质能源供应作为保障。以煤为主的能源结构可以支撑我国进行快速的工业化和城镇化，但是，如果没有优质能源供应作为保障，恐怕难以支撑我国成功跨越"中等收入陷阱"，顺利进入后工业化社会。

在这一方面，十八大明确提出了要推动能源生产和消费革命，2014年召开的中央财经领导小组第六次会议进一步明确要求推动能源消费革命、能源供给革命、能源技术革命和能源体制革命。五中全会关于"十三五"发展规划的建议中要求"建设清洁低碳、安全高效的现代能源体系"。这些都构成供给侧结构性改革的重要内容。在具体实践中，要加快推进煤炭清洁利用、加快发展天然气和可再生能源等清洁能源、安全发展核电等。力争使煤炭消费量占一次能源消费总量的比重到2020年下降到60%以下，到2030年下降到50%以下；清洁低碳能源消费比重到2020年上升到25%左右，到2030年上升到35%左右。

（三）化解产能过剩，构建适应新常态的能源基础设施体系

针对我国能源行业产能严重过剩问题，供给侧改革要求淘汰过剩产能，形成与新常态下能源需求新形势相适应的生产能力。新常态首先意味着经济增速放缓，能源需求不可能再像过去重化工业加速发展时期那样高速增长；同时，新常态还意味着经济结构优化升级以及增长动力转向创新驱动，这将深度改变能源消费与经济增长之间的相关关系。综合这两个方面的因素，随着经济增长由高速增长转向中高速增长，预计能源消费会进入中低速增长轨道，特别是煤炭消费已经进入峰值平台期，未来难有增长空间。在这种情况下，必须下定决心、加大力度化解产能过剩问题。特别是在煤炭和火电两个领域，在特定的体制机制下，过剩产能没有退出市场，存在大量的"僵死企业"，这些过剩产能不清除，必将拖累整个行业健康发展。当务之急，是要建立健全行业退出机制，最终构建适应新常态的能源基础设施体系，既保障行业健康发展，又降低经济社会发展的资本成本。

四、供给侧改革的实现方式

第三部分针对能源视角下我国供给体系存在的三个方面的主要问题，提出了供给侧改革的三个方面的内容。那么，具体实践中应该通过什么样的方式实现上述方面的供给侧改革呢？按照党的十八届三中全会提出的使市场在资源配置中起决定性作用和更好发挥政府作用的要求，本节提出四个方面的供给侧改革的主要手段和方式。

（一）加快推进体制机制改革，充分发挥价格机制的调节作用

无论是构建能源节约型的产业体系，还是构建清洁低碳、安全高效的现代能源体系，抑或是构建适应新常态的能源基础设施体系，都要求对生产要素和稀缺

资源进行重新配置。优化配置各种资源的基本前提就是要发挥市场在资源配置中的决定性作用,充分发挥价格机制的调节作用。这就要求加快推进体制机制改革,尤其是在能源领域。以电力行业产业过剩化解为例。我国电力行业的管理方式在很大程度上依然停留在"计划经济"的管理办法上,项目投资建设、电量分配和价格等方面都由政府行政审批。发电领域严重的产能过剩正是政府失灵的结果,化解产能过剩不能再依靠政府有形之手,而应该充分发挥市场的作用。具体地,就是要尽快建设电力批发和零售市场,政府不再分配电量。在市场竞争中,哪些产能该淘汰由市场决定。这一方面有利于淘汰过剩的发电设备,另一方面又会促进发电企业提高其经营管理水平、降低成本以增强市场竞争力。资本成本和经营成本的降低最终将传导到终端用户价格上,减轻企业负担,增强我国制造业发展优势和国家竞争力。

(二)加快推进结构性税收改革,强化财政政策的引导作用

我国化石能源消费过快增长的一个很重要的原因是长期以来对于化石能源消费所导致的环境污染的外部性社会成本没有内部化。不管是构建能源节约型的产业体系还是构建低碳清洁、安全高效的现代能源体系,都要求把化石能源消费的外部性社会成本内部化。具体地,就是要在降低企业税收负担和社保负担的同时,征收环境污染税和碳税。通过征收环境污染税和碳税,充分考虑化石能源消费的社会成本,一方面有利于促进企业加强节能,推动能源节约型产业体系的构建;另一方面,有利于提高天然气、新能源与可再生能源等清洁低碳能源的竞争力,推动我国能源革命。

(三)加快构建现代市场监管体系,强化监管的约束作用

供给侧改革从生产环节着手,改革供给结构和生产方式,而供给结构和生产方式都是企业行为的结果。对于企业行为,政府可以通过税收和补贴政策加以引导,也可以通过制定规则和标准并监督企业执行的方式加以约束。在市场经济条件下,监管的约束作用不可或缺。长期以来,我国各领域生产环节政府监管缺位现象十分普遍,企业在环境、健康、安全、质量等诸多方面不按国家标准行事,"野蛮生长",这也是导致我国当前供给体系质量和效益较低的一个重要原因。加强供给侧改革要求加快构建现代市场监管体系,政府在能效、排放、质量、健康、安全等方面制定明确的标准和负面清单,并通过强有力的监督管理,约束企业依法依规办事,以实现供给侧改革的政策目标。

(四)加大基础研究投入,强化政府公共服务

推进供给侧改革,无论是适应新常态,提升全要素生产率,还是引领新常态,发展新产品、新业态,最终的落脚点都需要依靠科技进步和科技创新。在能源领域,无论是在能源资源开发环节,还是在能源资源加工转换环节,或是在能源终端

利用环节,都正在孕育着新一轮的重大技术突破,未来十到二十年将是能源科技创新的集中"爆发期"。技术创新具有很强的外部性和公共产品性质,要求整合各方面的力量,在国家层面上进行统一部署,特别是要强化政府在基础研究方面的公共服务职能。具体地,可以由国家能源主管部门、科技主管部门和财政主管部门联合建设国家节能实验室、国家新能源与可再生能源实验室等,加强科学技术领域的基础研究。

五、结论

供给侧改革是我国适应新常态、引领新常态的重要政策着力点,是未来一段时间内宏观经济管理的主攻方向。本节认为供给侧改革是国家基于经济增长问题主要出在供给侧的判断,对宏观调控政策做出的主动调整,其核心是通过改革推动自然资源、劳动、资本和技术等生产要素的重新组合和优化配置,重塑我国产业体系,保障经济持续高效增长。文章以能源为视角审视我国当前供给体系存在的主要问题,分析供给侧改革为什么改、改什么和怎么改等三个方面的问题。

从能源视角看,我国当前的供给体系主要存在三个方面的问题:一是产业体系高能耗,产业发展空间日趋受制于环境约束;二是以煤为主的一次能源结构排放出大量的环境污染物和温室气体,国内大气污染防治和国际上应对全球气候变化的压力与日俱增,进一步限制我国产业发展空间;三是能源行业产能严重过剩,不利于行业健康发展,制约生产成本和产品价格下降空间,制约我国制造业发展优势和国家竞争力。

针对供给体系存在的三个问题,本节从能源视角提出供给侧改革的主要内容是构建三个体系:一是能源节约型的产业体系,二是清洁低碳、安全高效的现代能源体系,三是适应新常态的能源基础设施体系。按照"使市场在资源配置中起决定性作用和更好发挥政府作用"原则,提出供给侧改革的四个方面的手段和方式:一是加快推进体制机制改革,充分发挥价格机制的调节作用;二是加快推进结构性税收改革,强化财政政策的引导作用;三是加快构建现代市场监管体系,强化监管的约束作用;四是加大基础研究投入,强化政府公共服务。

第二节 新常态下中国能源需求预测

一、引言

改革开放三十多年来,中国经济持续快速增长,能源消费也保持较快的增长速度。特别是 2002 年以来,伴随着中国经济的快速增长和重化工业的加快发展,能源消费快速增加,2011 年能源消费总量是 2001 年的 2.3 倍,十年间年均增长 8.8%。但是,2012 年以来中国经济增速放缓,能源消费增速以更大的幅度逐年回落,从 2011 年的 7.1% 回落到 2012 年的 3.9%、2013 年的 3.7%、2014 年的

2.2%。总体上看,中国经济已经从过去三十多年的高速增长期进入到中高速增长的"新常态",这将深度影响能源消费需求。一方面,能源消费与经济发展密切相关,经济增速的放缓必然会导致能源消费增速的回落;另一方面,中国经济新常态还意味着经济结构的优化升级,以及经济增长动力从要素驱动、投资驱动转向创新驱动,而不管经济结构的调整还是技术创新都将深度改变经济增长与能源消费之间的相关关系,进而影响未来能源消费需求。

当前,中国政府正在研究制定能源发展"十三五"规划以及2030年能源生产和消费革命战略,准确把握新常态下能源消费与经济增长之间的新关系,科学判断未来能源需求走势,无论是对于政策制定者确定能源战略与规划,还是对于企业安排能源投资与生产,都具有重大的决策参考价值。本节在深入解析能源消费与经济增长相关关系的基础上,特别是在深入探讨产业结构调整和能源利用效率改进对能源消费强度影响的基础上,构建一个能源需求总量模型,运用恩格尔—格兰杰(Engle-Granger)两步法,基于1980—2013年时间序列数据检验模型中各变量的协整性,并估计出能源需求总量方程。同时,对影响能源消费需求的几个关键变量进行新常态下的情景假设,并以此预测2015—2030年中国能源需求的走势。

区别于已有研究,根据本节模型的估计结果,能源需求的收入弹性等于1。一个好的能源需求总量模型要求能够很好地解释能源消费强度的变化,而控制了能源消费强度变化后,能源消费与经济增长就应该是同比例的。另外,本节采用Engle-Granger两步法而不是在现有文献中更加流行的Johansen-Juselius多种协整理论进行模型的协整检验和参数估计,主要原因在于本节所构建的能源需求总量模型中引入了产业结构变量,而产业结构变化对能源消费需求的影响是当期的。

二、文献综述

能源需求总量预测一直是能源经济研究的重要议题。早期的研究主要基于弹性系数法,即根据能源消费的收入弹性(income elasticity of energy consumption),即能源消费总量增速与国内生产总值增速的比值。比如Adams和Miovic(1968)估计发达经济体在20世纪60年代的能源需求弹性系数为0.7—0.9,这一研究结果在当时被广泛接受,并被用以预测能源需求总量的重要参考。弹性系数法简单易懂,可操作性强。但实际上,能源消费的收入弹性本身是能源经济系统运行的内生变量,特别是在经济结构和能源利用技术处于快速变迁的情况下,能源消费的收入弹性会发生较大幅度的波动,用弹性系数法预测能源消费总量容易导致系统性偏差。

20世纪70年代石油危机给世界市场带来较大冲击,使人们充分认识到能源供应安全的重要性,能源需求预测的理论和实证研究日渐兴起,从而产生了一系列预测方法和模型。其中较为简单的一类模型是时间序列模型,即运用时间序列的趋势分析来推断未来能源需求。时间序列预测方法包括自回归法(AR)、移动平均法(MR)、指数平滑法(ES)、自回归移动平均法(ARMA)和自回归整体移动平均法(ARIMA)等。Suganthi 和 Samuel(2012)对时间序列预测方法及其在各国实证研究中的运用进行了综述。时间序列模型运用过去的趋势来推导未来,其缺陷是难以预测出时间序列的拐点,特别是当能源经济系统发生结构性变化的时候,趋势外推法同样容易出现系统性偏差。

为了更准确地刻画能源经济系统的结构性变化,能源经济学家在分析能源需求决定因素的基础上建立能源需求函数,决定能源需求的主要因素包括经济增长、产业结构、技术、人口、城市化率、能源价格和气温条件等(Samouilidis 和 Mitropoulos,1984;Arsenault 等,1995)。依据能源需求函数设定结构性经济计量模型,并在参数估计和情景假设的基础上预测未来能源需求。为了避免由于随机时间序列不平稳而导致的虚假回归问题(Greene,2000),Engle 和 Granger(1987)提出了考察变量长期均衡关系的协整分析方法和误差修正模型,Johansen 和 Juselius(1990)则基于极大似然估计法进一步提出多重协整理论和向量误差修正模型,这一方法被广泛运用。比如,林伯强(2003)在国内生产总值、价格和人口之外进一步引入反映经济结构变化和能源利用效率改进的变量构建电力需求模型,并运用 Johansen 多重协整方法预测长期电力需求,运用误差修正模型预测短期电力需求。何晓萍等(2009)进一步引入城市化变量,认为城市化进程以及城市化发展阶段所表现出的工业化特征推动了电力需求快速增长,并预测 2020 年中国人均电力需求为 5 000 千瓦时左右。

此外,能源需求预测方法还包括人工神经网络(ANN)、贝叶斯神经网络(BNN)、灰色预测、投入产出模型、遗传算法、模糊逻辑、贝叶斯向量自回归(BVAR)、支持向量回归(SVR)、蚁群算法和粒子群优化算法等以及 MARKAL、LEAP 等自下而上的能源模型等。这些方法也被广泛运用于中国能源需求预测。比如,Xiong 等(2014)提出一个优化的灰色模型 GM(1,1)预测 2013—2017 年中国能源消费和生产。Crompton 和 Wu(2005)运用贝叶斯向量自回归方法预测到 2010 年中国能源消费总量为 21.73 亿吨标准煤,这与中国能源消费的实际情况相去甚远。偏差的主要原因是低估了中国经济增速以及对结构变化方向的错误性判断。Yuan 等(2014)基于 Kaya 恒等式提出一个分析分析框架以展望 2050 年中国能源消费和 CO_2 减排情景,其结论是中国能源消费总量将在 2035—2040 年达到峰值,峰值为 52 亿—54 亿吨标准煤,人均能源消费量将在 2020—2030 年达到峰值,峰值为 4 吨标准煤。

三、模型设定

能源主要作为一种中间投入品,其需求与经济增长密切相关。Kraft 和 Kraft(1978)对二者的关系进行了开拓性的研究,之后文献中出现了检验二者关系的大量研究。这些研究的主要结论是:经济增长将带动能源消费,但是单纯从两个变量看,二者并不存在长期的协整均衡关系,能源消费与经济增长并不是简单的线性关系。

用 TEC 代表能源消费总量,GDP 代表国内生产总值,EI 代表能源消费强度(即单位国内生产总值能源消费量),则一个国家或者地区在一定时期内的能源消费总量可以用公式表达:

$$\text{TEC} = \text{GDP} \times \text{EI} \tag{9.1}$$

对式(9.1)两边取自然对数,可得到:

$$\ln\text{TEC} = \ln\text{GDP} + \ln\text{EI} \tag{9.2}$$

式(9.1)和式(9.2)清晰地表达了现有文献中对能源消费与经济增长关系的研究结论。首先经济增长带动能源消费,国内生产总值的大小直接影响着能源消费总量的大小。在当今社会,任何经济活动都必然伴随着或多或少的能源消耗,因此国内生产总值的大小对能源消费需求的影响不言而喻。如图9.2所示,从总量上看,能源消费总量的对数值(lnTEC)与国内生产总值的对数值(lnGDP)高度正相关,二者的相关系数为 0.99;从增速上看,能源消费与经济增长具有同周期性。

式(9.1)、式(9.2)和图9.2同时还表明,国内生产总值并不能完全解释能源消费需求的变化。如图9.2所示,在 2000 年之前,能源消费总量的对数值一直都大于国内生产总值对数值;而 2000 年以后,除了 2004 年和 2005 年两年能源消费总量的对数值与国内生产总值对数值基本持平外,在其他年份能源消费总量的对数值则小于国内生产总值对数值。导致这种变化的原因是能源消费强度的变化,2000 年之前中国万元国内生产总值的能源消费量大于 1 吨标准煤,2000 年之后除了 2004 年和 2005 年两年,能源消费强度小于 1。从增速上看,除了 2003 年和 2004 年两年,能源消费的增速都慢于经济增长速度。在能源消费增速慢于经济增长速度的年份,能源消费强度相对于前一年都是降低,而 2003 年和 2004 年能源消费增速快于经济增长速度的两年里,能源消费强度都有不同程度的提高。

由此可见,能源消费强度是理解能源消费与经济增长之间关系的关键因素。如果能源消费强度不变,则能源消费与经济增长同步;如果能源消费强度下降,则能源消费的增长慢于经济增长;反之,如果能源消费强度上升,则能源消费的增长快于经济增长。那么,能源消费强度又受到哪些因素的影响呢?尽管在什么因素起主导作用上存在分歧,但是现有研究文献影响能源消费强度的因素上存在共

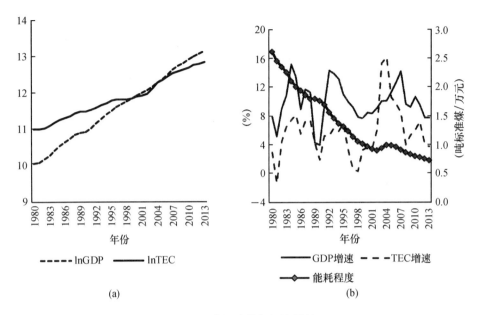

图 9.2 能源消费与经济增长

注:GDP 按照 2010 年的不变价格计算;图(b)中 TEC 增速、GDP 增速绘制于主坐标轴,能源消费强度绘制于次坐标轴。

资料来源:国家统计局,历年《中国能源统计年鉴》。

识,主要包括两个方面:一是产业结构变化,二是能源利用效率改进。比如 Voigt 等(2014)分析了 40 个主要经济体能源消费强度的变化趋势,并运用迪氏对数指数分解法(LMDI)将这种变化归因为经济结构变化和技术进步两种效应。史丹(2002)、林伯强(2003)、韩智勇等(2004)等也强调了结构变化和效率改进对能源消费强度的影响。

实际上,能源消费强度是分行业单位产值能源消费量根据其产值结构加权平均所得,可由式(9.3)表达:

$$EI = \sum S_i \times EI_i \tag{9.3}$$

其中,$S_i = Y_i/Y$,代表第 i 个产业部门增加值占国内生产总值的比重,反映一个国家或地区的产业结构;$EI_i = EC_i/Y_i$ 代表第 i 个产业部门单位产值能源消费量,反映一个国家或者地区的能源利用效率。式(9.3)表明,无论是产值结构的变化还是分行业单位产值能源消费量的变化都会影响到能源消费强度。换言之,决定能源消费强度的两大因素:一是产业结构,二是能源利用效率。

对于一个国家或地区,不同的经济生产部门生产等量产值的能源消费量是不同的:第二产业的单位产值能耗大于第一、三产业①;在工业内部,重工业的能源消费强度也要高于轻工业。在其他条件不变的情况下,一个经济体中耗能越低的产业比重越高,生产等量 GDP 所需的能源消耗越少,其能源消费强度自然越小;反之,低耗能产业比重越低的经济体其能源消费强度也就越大。例如,1998 年中国第三产业比重上升 2.06 个百分点,为 1992 年以来增幅最大的一年;同年第二产业占比下降 1.33 个百分点,重工业占工业比重下降 0.3 个百分点;能源消费强度降低 7.1%,仅次于 1997 年(−8.0%)和 1992 年(−7.9%),为 1992 年以来降幅第三大的年份。如图 9.3 所示,自 1980 年以来中国的第三产业比重(STR_3)②和能源消费强度(EI)呈现出反向的变动趋势,而两者在相反方向上的变动幅度也较为一致。从国际比较来看,发达国家的能源消费强度普遍小于发展中国家③,其中一个很重要的原因就是发达国家已经完成工业化进程,其产业结构以能耗水平低的第三产业为主,而处于工业化进程中的发展中国家则往往以高耗能的工业部门为主导产业。

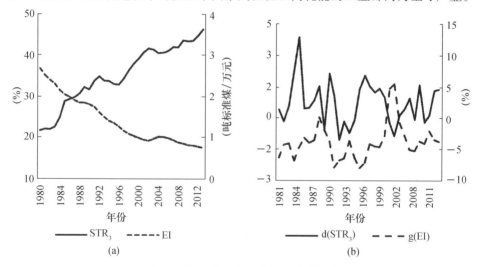

图 9.3 第三产业比重和能源消费强度

注:图(a)中第三产业比重(STR_3)绘制于左坐标轴,能源消费强度(EI)绘制于右坐标轴;图(b)中 $d(STR_3)$ 绘制于右坐标轴,能源消费强度变动率(g(EI))绘制于左坐标轴。

资料来源:根据中国国家统计局的相关统计数据计算得到。

---

① 根据中国国家统计局的统计数据,按照 2010 年不变价计算,2012 年中国第一、二、三产业的单位产值能耗分别为 0.16 吨标准煤/万元、1.14 吨标准煤/万元、0.27 吨标准煤/万元。

② 本节中所使用的第三产业比重数据为第三产业增加值/国内生产总值乘以 100。以下第二产业比重、重工业占工业比重均做相同处理。

③ 根据国际能源署的统计数据,按照 2005 年不变价美元计算,2012 年 OECD 成员的能源消费强度是 0.13 吨油当量/千美元,而同期非 OECD 成员的能源消费强度为 0.51 吨油当量/千美元。具体到国家,日本和德国为 0.1 吨油当量/千美元,中国为 0.64 吨油当量/千美元,印度为 0.57 吨油当量/千美元。

除了三次产业结构外,产业结构对于能源消费强度的影响还体现在高耗能产业(第二产业)内部结构的变化上。如图9.4(a)所示,1991—1993年和2003—2004年中国的第二产业比重(STR_2)均出现了明显的持续上升过程,但两个阶段的能源消费强度(EI)的变动方向却完全不同。究其原因,1991—1993年第二产业比重的增加幅度要大于重工业占工业比重(STR_h)[①]的增加幅度,能源消费强度逐年下降3.7%、7.9%和6.8%;而在2003—2004年,第二产业比重的增加幅度小于重工业占工业比重的增加幅度,能源消费强度分别上升了4.8%和5.5%。这说明,工业化进程对于能源消费强度的影响不仅体现在三次产业结构变动造成的影响,同时还受工业内部轻重工业比重变化的影响。

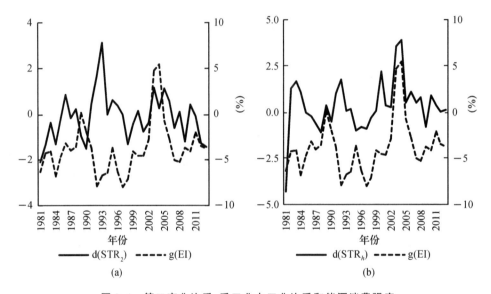

图9.4 第二产业比重、重工业占工业比重和能源消费强度

注:$d(STR_2)$和$d(STR_h)$分别绘制于图(a)、(b)的右坐标轴,能源消费强度变动率($g(EI)$)均绘制于左坐标轴。

资料来源:根据中国国家统计局的相关统计数据计算得到。

决定能源消费强度大小的另一主导因素是能源利用效率,具体体现在国民经济中各细分行业单位产值的能源消费量上[②]。即使产业结构没有发生变化,如果因为技术进步或者管理水平提高等因素使得能源利用效率提高,分行业单位产

[①] 重工业占工业比重=(重工业总产值/工业总产值)×100,2000年以后工业总产值的统计口径为规模以上,重工业占工业比重已据此做出相应调整。

[②] 也可以用单位产品能耗来衡量一个国家或者地区的能源利用效率。

值能源消费量下降,也会使经济体的能源消费强度下降。例如2008年中国三次产业结构并未发生明显变动,尽管重工业占工业比重上升了0.8个百分点,但体现能源利用效率的发电煤耗指标较2007年的332克/千瓦时大幅下降10克/千瓦时,使得当年的能源消费强度下降5.2%,为2000年以来降幅最大的年份。

此外,在分析能源需求时通常不能忽略的一个重要因素是能源价格或者能源使用成本。根据需求定律,商品的消费需求与其价格存在负相关关系,这一理论当然也适用于能源消费。比如,Fisher-Vanden等(2004)运用1997—1999年中国能源密集产业2500家大中型企业的数据,分析表明能源价格对能源消费强度具有显著的影响。不过,不同于终端消费品,能源主要作为一种中间投入品,其价格对消费需求的影响主要体现在两个方面:一是影响产业结构,能源价格较高的国家或者地区会选择侧重发展能源要素密集程度较低的产业,这符合比较优势理论;二是影响能源利用效率,能源价格较高的国家或者地区往往更有激励提高能效。无论是对产业结构的影响,还是对能源利用效率的影响,能源价格对能源需求的作用综合体现在能源消费强度上,在其他条件不变的情况下,能源价格较高的国家或者地区其能源消费强度通常也较小[①]。

这里需要补充说明的是,产业结构和能源利用效率主要解释的是生产领域能源消费强度的变化,而实际上对于能源消费总量来说,能源消费强度既包括生产部门也包括生活部门。如果把能源消费总量(TEC)区分为生产部门能源消费量(PEC)和生活部门能源消费量(REC),则能源消费强度可以表示为:

$$EI = \frac{TEC}{GDP} = \frac{PEC}{GDP} + \frac{REC}{GDP} = \frac{PEC}{GDP} + \frac{\left(\frac{REC}{POP}\right)}{\left(\frac{GDP}{POP}\right)} \quad (9.4)$$

式(9.4)右边第一项表示生产部门能源消费强度,主要受产业结构和能源利用效率影响。第二项是人均生活能源消费量与人均GDP的比值,代表生活部门能源消费强度。Lenzen等(2006)表明生活部门能源消费强度的主要影响因素包括气温条件、资源禀赋、生活习俗等多方面,这些因素在各地区存在较大差异。不过考虑到两个方面的原因,本节所建立的模型中省略了这些影响因素:一是本节所要分析的是整个国家能源消费总量的变化趋势而不是地区差异;二是生活能源消费在能源消费总量中所占的比重在10%左右,生产领域的能源消费占据主导地位。

---

① 根据国际能源署的统计数据,按照2005年不变价美元计算,同样作为发达国家,2012年美国的能源消费强度为0.15吨油当量/千美元,而同期英国的能源消费强度为0.08吨油当量/千美元。

综合上述分析,考虑了能源价格或者能源使用成本后,能源消费需求的直接影响因素包括国内生产总值、产业结构和能源利用效率三个方面,结合式(9.2)可以建立如下回归模型:

$$\ln \text{TEC} = \alpha + \beta \ln \text{GDP} + \sum \gamma_i \text{STR}_i + \delta \text{EFF} + \varepsilon \qquad (9.5)$$

其中,STR_i是衡量产业结构变化的变量,根据前面的分析,选取第三产业比重(STR_3)、第二产业比重(STR_2)、重工业占工业比重(STR_h)等作为反映产业结构变化的变量。另外,前面的分析表明,第二产业比重提高是否会导致能源消费强度上升从而增加能源消费总量,取决于第二产业内部轻重工业比重的变化情况,因此在模型中需要加入第二产业比重和重工业占工业比重的交互项(STR)[①]。能源利用效率方面,由于缺乏各产业部门能源利用技术参数的详细数据,这里用发电煤耗(EFF)[②]的变化代表能源利用效率的变化。

需要特别指出的是,在理论上β的值应该等于1。因为β的含义是假定其他条件不变,经济增长1个百分点,能源消费会增加几个百分点。如果模型(9.5)能够很好地从产业结构的变化和能源利用效率的改进来解释能源消费强度的变化,则在能源消费强度不变的情况下,经济增长1个百分点,能源消费也应该增加1个百分点。因此β的估计值是否为1也是判断上面所建立的模型是否能够很好地解释能源消费强度变化的衡量标准。

四、实证分析与参数估计

验证第三部分所建立的能源需求总量模型,要求检验被解释变量与各解释变量之间的协整性,即长期均衡关系。下面用1980—2013年的时间序列数据估计式(9.5)的参数。方法上,本节采用Engle-Granger两步法而不是文献中更加流行的Johansen-Juselius多重协整检验,主要原因是结构变化对能源消费的影响是当期的。Johansen协整检验基于VAR模型把当期关系隐含到随机扰动项之中,采用该方法需要进行结构分析或者建立结构化向量自回归模型(SVAR),这一点为现有文献中的一些研究所忽略。

首先运用ADF方法对模型所涉及的各时间序列进行平稳性检验,结果如表9.2所示。

---

① 本节中$\text{STR} = (\text{STR}_2 \times \text{STR}_h) \div 100$。
② 发电煤耗数据来自中国电力企业联合会,《电力工业统计资料汇编》。

表 9.2 变量的 ADF 检验结果

序列	水平			一阶差分		
	ADF	5%显著水平的临界值	Mackinnon P 值	ADF	5%显著水平的临界值	Mackinnon P 值
lnTEC	0.13	−2.96	0.9629	−3.01	−2.96	0.0450
lnGDP	0.21	−2.97	0.9686	−4.38	−2.96	0.0016
STR_3	−1.17	−2.95	0.6763	−4.15	−2.96	0.0028
STR_2	−2.29	−2.96	0.1825	−3.89	−2.96	0.0055
STR_h	−0.55	−2.96	0.8685	−5.38	−2.96	0.0001
STR	−1.11	−2.96	0.6997	−4.95	−2.96	0.0004
EFF	2.39	−2.96	0.9999	−4.29	−2.96	0.0021

表 9.2 显示,各时间序列的一阶差分均在 5%的显著性水平下通过平稳性检验,因此可以对式(9.5)进行协整回归。以 1980—2013 年的数据估计国内生产总值、产业结构和能源利用效率的变化对能源消费总量的影响,表 9.3 列出了不同模型设定下式(9.5)的 OLS 回归结果,被解释变量为能源消费总量的对数值(lnTEC)。

表 9.3 能源消费总量的 OLS 回归结果

	a	b	c	d	e	f	g
lnTEC	0.736	0.786	0.994	1.148	0.718	0.849	0.980
	(0.090)***	(0.081)***	(0.040)***	(0.064)***	(0.037)***	(0.040)***	(0.036)***
lnGDP	−0.019	−0.021	−0.034	−0.050	−0.012	−0.025	−0.033
	(0.007)***	(0.006)***	(0.008)***	(0.009)***	(0.005)**	(0.005)***	(0.005)***
STR_3	−0.063	0.001		−0.031		−0.023	−0.069
	(0.059)	(0.027)		(0.011)		(0.005)***	(0.007)***
STR_2	−0.009	0.043			0.031	0.029	
	(0.046)	(0.016)**			(0.003)***	(0.003)***	
STR_h	0.074	−0.035					0.065
	(0.097)	(0.038)					(0.007)***
EFF	0.003	0.005	0.004	0.005	0.006	0.006	0.008
	(0.002)*	(0.001)***	(0.001)***	(0.001)***	(0.000)***	(0.000)***	(0.000)***
Cons	4.093						
	(3.359)						
Adjusted R^2	0.9958	0.9957	0.9741	0.9791	0.9927	0.9957	0.9948
DW 值	0.6594	0.7350	0.1797	0.3669	0.5509	0.8152	0.8833

(续表)

	h	i	j	k	l	m	n
lnTEC	0.787 (0.032)***	0.805 (0.031)***	0.648 (0.020)***	0.740 (0.035)***	0.535 (0.035)***	0.635 (0.017)***	0.638 (0.016)***
lnGDP	−0.021 (0.004)***						
STR_3		0.006 (0.012)	−0.008 (0.006)	−0.058 (0.010)***	0.067 (0.021)***		
STR_2	0.043 (0.003)***		0.036 (0.003)***		0.084 (0.013)***	0.035 (0.003)***	0.043 (0.005)***
STR_h	−0.034 (0.007)***			0.083 (0.010)***	−0.121 (0.033)***		−0.018 (0.008)**
EFF	0.005 (0.000)***	0.006 (0.001)***	0.007 (0.000)***	0.010 (0.001)***	0.002 (0.001)*	0.006 (0.000)***	0.006 (0.000)***
Cons							
Adjusted R^2	0.9959	0.9580	0.9918	0.9866	0.9942	0.9915	0.9923
DW 值	0.7373	0.0830	0.6240	0.4865	0.5803	0.5998	0.6336

注：括号中为标准差，***、**与*分别代表1%、5%与10%的显著性水平。

表 9.3 中第 a 列为式(9.5)中所有解释变量(含常数项)的回归结果，第 b—n 列为式(9.5)中去除常数项后依次变换产业结构变量STR_i的回归结果。从解释变量的显著性水平和模型的拟合效果来看，模型 c、e—h、k—n 的效果较好。对这几个模型的残差的水平值做 ADF 检验，检验结果如表 9.4 所示，模型 f、g 和 h 的残差序列通过了 ADF 检验，分别为 5%、5% 和 10% 的显著性水平下的平稳序列。

表 9.4　模型残差的 ADF 检验结果

序列	ADF	5%显著水平的临界值	Mackinnon P 值
Residuals c	−1.77	−2.96	0.3899
Residuals e	−2.26	−2.95	0.1919
Residuals f	−3.40	−2.97	0.0194
Residuals g	−3.07	−2.95	0.0387
Residuals h	−2.67	−2.95	0.0923
Residuals k	−1.80	−2.95	0.3751
Residuals l	−2.36	−2.95	0.1607
Residuals m	−2.30	−2.95	0.1777
Residuals n	−2.38	−2.95	0.1553

从解释变量的估计系数看,对于国内生产总值(GDP)这一解释变量,根据式(9.2),在其他条件不变的情况下,国内生产总值增长1%,能源消费总量也应当增长1%,即在能源需求函数(式(9.5))中,应当接近1,模型g中的估计系数为0.98,最为符合理论推断。

综合上述对能源需求函数的回归分析结果,选择模型g作为能源需求函数的参数估计结果,即:

$$\ln TEC = 0.980 \ln GDP - 0.033\, STR_3 - 0.069\, STR_2 \\ + 0.065 STR_h + 0.008 EFF \qquad (9.6)$$

需要进一步解释的是,模型g中第二产业比重对能源需求总量的直接影响为负,可以理解为在控制其他变量不变的情况下,第二产业比重的上升可能是在替代技术水平更低下的第一产业,它所反映的不仅是产业结构的变动,同时也可能是工业化进程中的技术进步,带来能源利用效率的提高,对能源需求产生负效应。也就是说在工业化进程中,第二产业比重的上升并不一定导致能源需求总量的上升,但工业内部重工业比重的上升却对能源需求的增长有绝对的正向作用。考虑了第二产业比重与重工业比重的交互影响后,在重工业占工业比重越高时,第二产业比重对能源需求总量的负向影响越小;另外,重工业占工业比重对于能源需求总量的影响绝对为正,在第二产业比重越高时,这一影响越大。这符合前面产业结构变化对能源需求影响的理论假说。

五、情景假设与预测结果

(一)情景假设

根据本节第二、三部分对能源需求影响因素的分析以及各影响因素的参数估计,我们就可以在对新常态下各影响因素未来走势判断的基础上,对能源需求进行预测。实际上,这些影响因素的新变化本身就是中国经济新常态的重要表现特征。[①]

1. 经济增速放缓

经济从过去的高速增长转入中高速增长阶段是中国经济新常态的最明显特征。从需求的角度看,模仿型排浪式消费阶段基本结束,基础设施和房地产等投

[①] 中国政府对新常态特征的总结是:模仿型排浪式消费阶段基本结束,个性化、多样化消费渐成主流;基础设施互联互通和一些新技术、新产品、新业态、新商业模式的投资机会大量涌现;低成本比较优势发生了转化,高水平引进来、大规模走出去正在同步发生;新兴产业、服务业、小微企业作用更凸显,生产小型化、智能化、专业化将成产业组织新特征;人口老龄化日趋发展,农业富余人口减少,要素规模驱动力减弱,经济增长将更多依靠人力资本质量和技术进步;市场竞争逐步转向质量型、差异化为主的竞争;环境承载能力已达到或接近上限,必须推动形成绿色低碳循环发展新方式;经济风险总体可控,但化解以高杠杆和泡沫化为主要特征的各类风险将持续一段时间;既要全面化解产能过剩,也要通过发挥市场机制作用探索未来产业发展方向。

资建设趋于减缓,低成本比较优势发生转化影响外需。从供给的角度看,人口老龄化日趋发展,农业富余人口减少,要素规模驱动力减弱;从资源环境看,环境承载能力已达到或接近上限,对经济发展的约束日趋明显。这些都意味着经济增速必然会放缓。"十二五"以来国内生产总值增长率逐年分别为9.5%、7.7%、7.7%和7.4%,已明显反映出新常态下经济增速的变化。我们判断在新常态下,中国经济增速将进一步放缓。当然,正如中国政府一再强调的,其宏观调控的工具箱里还有好多工具可供选择,可以使经济增长保持在一个合理的区间。关键是需要在经济增长的速度和质量之间权衡取舍,特别在全国发生大规模持续雾霾天气的背景下,中国需要在经济增长速度和环境保护力度之间权衡取舍。据此,我们假设中国未来经济增长存在三种情景:第一种情景是低增长情景,即政府在政策选择上更加注重环境保护,加大力度治理环境,我们称之为"绿色增长情景"。当然追求环境质量需要在一定程度上牺牲经济增速,因此在绿色增长情景下,经济增速放缓的幅度会较大,我们假设2015—2020年、2021—2025年、2026—2030年这三个时期的经济增速分别为6.5%、5.0%和4.0%。按照这样的增速测算,刚好基本满足中国政府提出的到2020年国内生产总值比2010年翻一番的战略目标,应该说6.5%的增速也是政策选择的底线。第二种情景是基准情景,即政府在环境治理方面依据已经出台的《大气污染防治行动计划》施政,这种情景又称之为"大气污染防治新政情景"。在这种情景下2015—2020年、2021—2025年、2026—2030年这三个时期的经济增速分别被假设为7.0%、5.5%和4.5%。第三种情景是高增长情景,即政府在环境治理的政策措施执行不到位,仍然依靠牺牲环境以片面追求经济增长速度。在这种情景下2015—2020年、2021—2025年、2026—2030年这三个时期的经济增速分别被假设为7.5%、6.0%和5.0%(如表9.5所示)。

表9.5 新常态下中国经济增长情景设置

年均GDP增速	低增长情景	基准情景	高增长情景
2015—2020	6.5%	7.0%	7.5%
2020年为2010年的倍数	1.98	2.04	2.10
2021—2025	5.0%	5.5%	6.0%
2026—2030	4.0%	4.5%	5.0%

2. 工业化进入后期

总体上判断,中国工业进程进入后期,第三产业比重的持续上升和第一、第二产业比重的持续下降是中国经济新常态在产业结构方面的表现特征。2013年第三产业比重上升并超过第二产业比重已反映出这一新的变化趋势。假定新常态下,第三产业的比重由2013年的46.1%上升到2020年的54.7%,进一步上升到2030年的65.0%;第二产业比重由2013年的43.9%下降到2020年的37.6%,并进一步下降到2030年的30.5%;第一产业比重由2013年的10%下降到2020年的7.7%,并进一步下降到2030年的4.5%。

另外,2002年以来重化工业大规模扩张的阶段已经结束,钢铁、水泥等重化工业产品需求已经达到或者接近峰值。在工业内部,重工业总产值所占的比重难以有大幅度的提高。从国际经验看,工业化进入后期后,重工业比重也将逐渐达到峰值,并在后工业化阶段有所回落。英国、美国和日本重工业化率的峰值分别为69%、66%和75%。据此,我们假定中国重工业总产值占工业总产值的比重到2020年保持在70%左右,到2030年逐步下降至65%(见图9.5)。

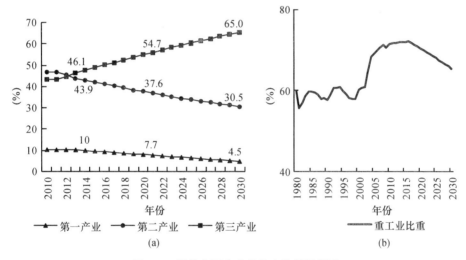

图9.5 新常态下产业结构变化情景假设

3. 创新驱动加强,能源利用效率提高

经济发展新常态下,人口要素的规模驱动力逐渐减弱等都要求中国的产业结构必须优化升级,必须更加依靠创新驱动。同时,资源环境的约束进一步显现,过去的能源资源和生态环境空间相对较大,现在环境承载能力已经达到或接近上限,经济的绿色低碳循环发展成为新常态下的新要求,能源使用成本也将随之进一步上升,这对于能源利用效率的提高更有激励作用。本节中用发电煤耗代表能源利用效率,我们用这一时间序列的自回归值作为情景假设,代表未来能源利用效率提高的趋势(见图9.6)。

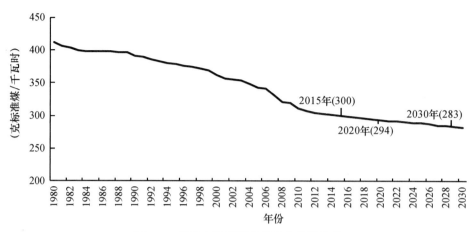

图 9.6　新常态下能源利用效率情景假设

(二) 预测结果

根据前面的模型和情景假设,表 9.6 和表 9.7 给出了中国能源需求的预测结果:到 2020 年中国能源需求总量在 44.2 亿—46.3 亿吨,2030 年为 47 亿—54 亿吨标准煤。考虑到中国根据第三次经济普查把 2013 年的能源消费总量调高了 4 亿吨标准煤左右,我们预计到"十三五"末期中国能源消费总量为 48 亿—50 亿吨标准煤,到 2030 年为 51 亿—58 亿吨标准煤。从增速上,在基准情景和绿色增长情景下,2016—2020 年中国能源消费年均增速都将低于 3%,2021—2025 年年均增速低于 2%,2026—2030 年年均增速低于 1%。

表 9.6　新常态下中国能源需求总量预测结果　　　　单位:亿吨标准煤

年份	能源需求总量		
	低增长情景	基准情景	高增长情景
2020	44.2	45.3	46.3
2025	46.7	48.9	51.2
2030	47.3	50.7	54.4

表 9.7　新常态下中国能源需求增速预测结果　　　　单位:%

年份	年均增速		
	低增长情景	基准情景	高增长情景
2016—2020	2.4	2.9	3.4
2021—2025	1.1	1.6	2.0
2026—2030	0.3	0.7	1.2
2011—2020	3.4	3.7	3.9
2021—2030	0.7	1.1	1.6

六、结论

新常态下,中国经济增速的放缓必然会导致能源消费增速的回落。此外,中国工业化进程步入后期,重化工业产业总体上进入饱和期,产业结构的深度调整将降低能源消费强度,进一步拉低能源消费增速。不仅如此,面对资源环境压力,传统高耗能、高投入的要素驱动型发展方式难以为继,新常态下中国经济发展将更加依靠创新驱动,这将降低中国经济发展对能源消费的依赖程度。经济增速放缓、产业结构调整、能源利用效率提高这三种力量综合作用决定了新常态下中国能源消费增速将加速回落。本节在深入解析能源消费需求影响的基础上建立能源需求总量模型,并运用1980—2013年的时间序列数据进行参数估计。在对经济增长、产业结构调整和能效提高三种因素做情景假设的基础上,预测2016—2030年中国能源消费需求的走势。

总体上看,中国能源需求增速的回落是大势所趋。但是具体回落的幅度与中国政府的政策选择密切相关。如果仍然以牺牲环境为代价片面追求经济增速,中国能源消费需求仍将保持较高的增速,预计到2020年和2030年能源消费总量将分别达到50亿吨和58亿吨标准煤。在大气污染防治新政情景下,"十三五"期间中国能源消费年均增速将会降低到3%以下,2021—2030年的年均增速将会降低到1%左右。进一步地,如果更加注重绿色增长,加大环境规制力度,到2030年中国能源消费总量有希望控制在51亿吨标准煤左右,特别是到2025年之后能源消费增速将降低到0.3%左右,能源消费需求进入饱和期。

主要参考文献

陈丰:"从'虚城市化'到市民化:农民工城市化的现实路径",《社会科学》,2007年第2期。
国家统计局:《国家统计调查制度2012》,2011年制定。
国家统计局:《国家统计调查制度2013》,2013年制定。
国家统计局国民经济核算司:《中国第二次经济普查年度国内生产总值核算方法》,2011年制定。
国家统计局国民经济核算司:《中国非经济普查年度国内生产总值核算方法(第一次修订)》,2013年制定。
国家统计局国民经济核算司:《中国非经济普查年度国内生产总值核算方法》,中国统计出版社,2008年。
国家统计局国民经济核算司:《中国经济普查年度国内生产总值核算方法》,中国统计出版社,2007年。
国家统计局国民经济核算司:《中国经济普查年度资金流量表编制方法》,中国统计出版社,2007年。
国家统计局国民经济核算司:《中国年度国内生产总值计算方法》,中国统计出版社,1997年。
国家统计局国民经济核算司:《中国资金流量表编制方法》,2012年制定。
国家卫生和计划生育委员会流动人口司:《中国流动人口发展报告》,中国人口出版社,2011—2014年。
国务院发展研究中心课题组、侯云春、韩俊、蒋省三、何宇鹏、金三林:"农民工市民化进程的总体态势与战略取向",《改革》,2011年第5期。
国务院发展研究中心课题组:《农民工市民化制度创新与顶层政策设计》,中国发展出版社,2011年。
傅晨、任辉:"农业转移人口市民化背景下农村土地制度创新的机理:一个分析框架",《经济学家》,2014年第3期。
高华:"论农民工融入城市过程中主体作用的发挥",《理论界》,2007年第6期。
海关总署:中国对外贸易指数,2009、2011、2012年。
韩俊:《中国农民工战略问题研究》,上海远东出版社,2009年.
韩俊、何宇鹏、金三林:"农民工市民化调查",《决策》,2011年第9期。
韩俊:"以制度创新促进城乡一体化发展",《理论视野》,2010年第3期。
韩智勇、魏一鸣、范英:"中国能源强度与经济结构变化特征研究",《数理统计与管理》,2004年第1期。

何晓萍、刘希颖、林艳苹:"中国城市化进程中的电力需求预测",《经济研究》,2009年第1期。

贾康、苏京春:"探析'供给侧'经济学派所经历的两轮'否定之否定'——对'供给侧'学派的评价、学理启示及立足于中国的研讨展望",《财政研究》,2014年第8期。

康德拉季耶夫:"经济生活中的长波",载《现代国外经济学论文选》第10辑,商务印书馆1986年。

李强:"中国大陆城市农民工的职业流动",《社会学研究》,2002年第5期。

李艳、孔德永:"农民工对城市认同感缺失的现状、原因与对策分析",《山东省农业管理干部学院学报》,2008年第5期。

林伯强:"结构变化、效率改进与能源需求预测——以中国电力行业为例",《经济研究》,2003年第5期。

林娣:"新生代农民工市民化的人力资本困境",《东北师大学报(哲学社会科学版)》,2014年第2期。

林卫斌、方敏:《能源管理体制比较与研究》,商务印书馆,2013年。

卢海元:"建立健全被征地农民社会保障制度的理论思考与政策建议",《经济学动态》,2004年第10期。

刘传江、徐建玲:"第二代农民工及其市民化研究",《中国人口资源与环境》,2007年第1期。

刘传江:《中国农民工市民化进程研究》,人民出版社,2008年。

刘伟、苏剑,"如何刺激投资?——兼谈创新支持政策与货币政策的关系以及宏观调控方式的未来走向",《中国工商管理研究》,2009年第3期。

刘伟、蔡志洲:"产业结构演进中的经济增长和就业——基于中国2000—2013年经验的分析",《学术月刊》,2014年第6期。

刘霞辉:"供给侧的宏观经济管理——中国视角",《经济学动态》,2013年第10期。

梅建明、熊珊:"基于四个维度的农民工市民化实证研究",《中南民族大学学报》,2013年7期。

钱正武:"青年农民工的市民化问题分析",《青年探索》,2006年第1期。

单菁菁:"城市发展转型的缘起、内涵与态势",《城市观察》,2010年第3期。

桑言:"中国GDP高估了",FT中文网,2015年7月15日。

盛昕:"新型城镇化发展中农民工市民化问题研究",《华中师范大学学报(人文社科版)》,2013年第4期。

盛亦男:"中国的家庭化迁居模式",《人口研究》,2014年第3期。

史丹:"我国经济增长过程中能源利用效率的改进",《经济研究》,2002年第9期。

史蒂夫·约翰逊:"中国经济增速'被高估'",《金融时报》(英国),2015年6月9日。

史溪源:"对农民工城市归属感缺乏的原因分析——以社会流动的视角",《山东行政学院学报》,2011年第5期。

苏剑、刘斌,"美国金融危机的成因和我国的对策",《经济前沿》,2009年第1期。

唐健:"让农民'带地进城'",《中国土地》,2010年第7期。

王桂芳:"城市农民工市民化问题研究综述",《中共山西省委党校学报》,2008年第10期。

王艳华:"新生代农民工市民化的社会学分析",《中国青年研究》,2007年第5期。

王正中:"'民工荒'现象与新生代农民工的理性选择",《理论学刊》,2006年第9期。

许峰:"农民工市民化问题探讨",《绿色中国》,2004年20期。

许宪春:"中国现行工农业不变价增加值的计算方法及其改革",《管理世界》,2001年第3期。

许宪春:"准确理解中国的收入、消费和投资",《中国社会科学》,2013年第2期。

许宪春:"准确理解中国经济统计",《经济研究》,2010年第5期。

叶鹏飞:"探索农民工城市社会融合之路——基于社会交往'内卷化'的分析",《城市发展研究》,2012年第1期。

叶兴庆:《现代化与农民进城》,中国言实出版社,2013年。

约翰·梅纳德·凯恩斯,《就业、利息和货币通论》,高鸿业译,商务印书馆,2005年。

张国胜、陈瑛:"社会成本、分摊机制与我国农民工市民化———基于政治经济学的分析框架",《经济学家》,2013年第1期。

赵进文、范继涛:"经济增长与能源消费内在依从关系的实证研究",《经济研究》,2007年第8期。

周密、张广胜、黄利:"人力资本、社会资本与市民化抑制",《中国人口资源与环境》,2012年第7期。

中华人民共和国国家质量监督检验检疫局、中国国家标准化管理委员会:《国民经济行业分类(2011)》,中国标准出版社,2011年。

Abel, Andrew B. and Ben S. Bernanke, *Macroeconomics* (5th ed.), Pearson Addison Wesley, 2005.

Adams, F. G. and P. Miovic, "On relative fuel efficiency and the output elasticity of energy consumption in Western Europe", *The Journal of Industrial Economics*, 1968, 17(1): 41—56.

Arsenault, E., J. T. Bernard and C. W. Carr et al., "A total energy demand model of Québec: forecasting properties", *Energy Economics*, 1995, 17(2): 163—171.

Chari, V. V., Patrick J. Kehoe, and Ellen R. McGrattan, "Business Cycle Accounting", *Econometrica*, 2007, 75(3), 781—836.

Crompton, P. and Y. Wu, "Energy consumption in China: past trends and future directions", *Energy Economics*, 2005, 27(1): 195—208.

Engle, R. F. and C. W. J. Granger, "Co-integration and error correction: representation, estimation, and testing", *Econometrica*, 1987, 55(2): 251—276.

Fisher-Vanden, K., G. H. Jefferson, H. Liu and Q. Tao, "What is driving China's decline in energy intensity", *Resource and Energy Economics*, 2004, 26(1): 77—97.

Greene, W. H., *Econometric Analysis*, New Jersey: Prentice Hall, 2000.

Johansen, S. and K. Juselius, "Maximum likelihood estimation and inference on cointegration — with applications to the demand for money", Oxford Bulletin of Economics and Statistics, 1990, 52(2): 169—210.

Jones, Larry E. and A. Schoonbroodt, "Baby busts and baby booms: the fertility response to shocks in dynastic models", Working Paper 16596, http://www.nber.org/papers/w16596

Kraft, J. and A. Kraft, "Relationship between energy and GNP", *Journal of Energy and Development*, 1978, 3(2): 326—331.

Lenzen, M., M. Wier and C. Cohen et al., "A comparative multivariate analysis of household energy requirements in Australia, Brazil, Denmark, India and Japan", *Energy*, 2006, 31: 181—207.

Okun, Arthur M., *Potential GNP, its measurement and significance*, Cowles Foundation, Yale University, 1962.

Samouilidis, J. and C. Mitropoulos, "Energy and economic growth in industrialized counties", *Energy Economics*, 1984, 191—201.

Suganthi, L. and A. Samuel, "Energy models for demand forecasting—a review", *Renewable and Sustainable Energy Reviews*, 2012, 16(2): 1223—1240.

United Nations, European Commission, International Monetary Fund, Organization for Economic Co-operation and Development, World Bank, *System of National Accounts 2008*, New York, United Nations, 2009.

Voigt, S., E. De Cian and M. Schymura et al., "Energy intensity developments in 40 major economies: structural change or technology improvement?", *Energy Economics*, 2014, 41: 47—62.

Xiong, P., Y. Dang and T. Yao et al., "Optimal modeling and forecasting of the energy consumption and production in China", *Energy*, 2014, 77: 623—634.

Yuan, J., Y. Xu and Z. Hu et al., "Peak energy consumption and CO_2 emissions in China", *Energy Policy*, 2014, 68: 508—523.